全国中医药行业高等教育"十三五"规划教材

全国高等中医药院校规划教材（第十版）

中医药文献信息检索与利用

（供中医药学类、中西医临床等专业研究生用）

主　编
林丹红（福建中医药大学）

副主编（以姓氏笔画为序）
刘军凤（辽宁中医药大学）　　　　米　鹏（山东中医药大学）
孙　玲（湖北中医药大学）　　　　高日阳（广州中医药大学）
章新友（江西中医药大学）

编　　委（以姓氏笔画为序）
王平南（湖南中医药大学）　　　　王喜臣（长春中医药大学）
刘　洋（黑龙江中医药大学）　　　李建梅（云南中医学院）
李董男（安徽中医药大学）　　　　陆伟路（上海中医药大学）
易安宁（浙江中医药大学）　　　　郑　凯（天津中医药大学）
黄瑞敏（福建中医药大学）　　　　程树英（山西中医学院）

学术秘书
苏晓宇（福建中医药大学）

中国中医药出版社
·北　京·

图书在版编目（CIP）数据

中医药文献信息检索与利用/林丹红主编.—北京：中国中医药出版社，2016.7
全国中医药行业高等教育"十三五"规划教材
ISBN 978-7-5132-2870-1

Ⅰ.①中⋯　Ⅱ.①林⋯　Ⅲ.①中国医药学-情报检索-中医药院校-教材
Ⅳ.①G252.7

中国版本图书馆 CIP 数据核字（2015）第 264739 号

中国中医药出版社出版
北京市朝阳区北三环东路 28 号易亨大厦 16 层
邮政编码　100013
传真　010 64405750
三河市宏达印刷有限公司印刷
各地新华书店经销

开本 850×1168　1/16　印张 15.25　字数 377 千字
2016 年 7 月第 1 版　2016 年 7 月第 1 次印刷
书　号　ISBN 978-7-5132-2870-1

定价　36.00 元
网址　www.cptcm.com

社长热线　010 64405720
购书热线　010 64065415　010 64065413
微信服务号　zgzyycbs

书店网址　csln.net/qksd/
官方微博　http://e.weibo.com/cptcm

淘宝天猫网址　http://zgzyycbs.tmall.com

编写说明

　　研究生教育是创新型人才的主要来源和建设创新型国家的重要领域。与本科生相比，研究生更应强调探索新的知识，研究新问题，为学科发展做出贡献。在这个意义上，研究生是研究工作的生力军，在高校、医疗机构和科研院所的研究工作中起着非常重要的作用。面对 21 世纪日新月异信息社会的发展和变化，信息素养对每一位研究生的学习、研究、工作都具有重要的意义，不具备信息意识和获取信息的能力，不掌握信息知识就难以产生创新思维，难以胜任科学研究，而研究生阶段提升信息素养最直接且有效的途径就是进行文献检索与利用课程的学习。该课程是集理论和实践为一体、强调技能训练的一门课程，在各中医药院校均被列为研究生的基础课、公共课或指定选修课。

　　本教材是在全国中医药行业高等教育"十二五"规划教材《中西医学文献检索》的基础上，充分考虑研究生课程强调结合专业的自主学习和综合应用的特点，既与本科教材保持知识性、系统性的延续，从知源、知取、知用三个层次展开教学内容，又在内容的深度和广度上超过本科教材。其一，注重检索策略与技巧的分析，对研究生在信息检索过程中常见误区结合实例展开分析。其二，对本科阶段学过的中文数据库不再逐一进行平铺直叙的介绍，而是通过基本功能、扩展功能（如聚类、分析、引证、关联等）等横向、纵向的比较和归纳，综合介绍一类数据库的使用和延伸功能。其三，首次在同类教材中单列学术影响力信息的检索，介绍期刊、论文、学术人物、科研机构、学科竞争力等涉及学术影响力信息的检索。其四，突出和扩展"知用"篇幅，强调文献的综合利用和评价，用三个章节分别介绍学术评价方法与工具，文献阅读、文献综述和研究生开题报告与检索的关系。

　　本教材分为三个部分：基础和知源篇、知取篇和知用篇，由 11 个章节构成。第一部分基础和知源篇，含第一章 21 世纪对研究生信息素养的要求，介绍 21 世纪技能和信息素养的相应要求与内容，单列出研究生信息道德规范以强调学术道德的重要性；第二章检索策略与技巧，包括文献信息资源的搜集途径、文献检索、检索策略、文献信息检索的常见误区和策略调整。第二部分知取篇，含第三章中医药文献检索工具，包括中医药纸质文献检索工具和中医药文献数据库检索；第四章三大中文全文数据库，介绍三大全文数据库的基本功能（论文、学者、基金项目资助、论文的被引检索、期刊导航和分类检索）和扩展功能（聚类、分析、引证、关联功能）；第五章生物医药类数据库，主要介绍 PubMed 和中国生物医学文献服务系统的使用和特点；第六章文献全文获取，包括利用图书馆的馆藏文献、网上免费开放资源和向作者求助；第七章学术影响力信息检索，包括期刊评价检索和学术影响力检索；第八章其他检索，包括循证医学文献检索、专利文献检索、科研基金的相关信息检索和定题检索与定题推送。第三部分知用篇，含第九章学术评价方法与工具，包括文献评价方法、学术分析与评价工具；第十章文献信息管理工具；第十一章是检索后的综合应用，包括文献的阅读与检索、文献综述、开题报告的格式与撰写，期刊投稿指南。

文献检索与利用课程纳入研究生指定选修课或公共课已经有十余年的时间，参与本教材编写者绝大部分是承担本课程教学多年的教师或研究生导师。他们具有丰富的教学经验，这为保证本教材的编写质量奠定了基础。

本教材具体编写分工：编写大纲、编写说明由林丹红撰写；第一章由林丹红撰写；第二章由黄瑞敏撰写；第三章由孙玲撰写；第四章由章新友、林丹红、苏晓宇撰写；第五章由刘军凤撰写；第六章由王喜臣撰写；第七章第一节由陆伟路撰写，第二节由高日阳、林丹红、苏晓宇撰写；第八章第一节由易安宁撰写，第二节由程树英、林丹红撰写，第三节由刘洋撰写，第四节由米鹂、林晓华撰写；第九章第一节由李董男、苏晓宇撰写，第二节由李董男、郑凯撰写；第十章由李建梅撰写；第十一章第一节由林丹红撰写，第二、三、四节由王平南撰写。全书由林丹红统稿并审核。本教材配套的教学大纲由黄瑞敏、苏晓宇撰写。

感谢参考文献的作者，是他们辛勤研究的成果丰富了本书的内容；感谢所有为协助编写付出辛勤劳动的老师们；感谢所有曾经使用本教材（初稿或部分章节）上课的同学们提出宝贵的修改建议；最后特别要感谢中国中医药出版社的领导和编辑的指导和为出版付出的心血。

文献信息检索与利用是一门动态发展的课程，在使用过程中需要结合资源的实际情况不断与时俱进。由于水平有限，疏漏之处在所难免，敬请使用者提出，以便再版时修订提高。

《中医药文献信息检索与利用》编委会

2015 年 8 月

目 录

基础与知源篇

第一章　21世纪对研究生信息素养的要求

　　研究生教育是创新型人才的主要来源和建设创新型国家的重要领域。新世纪以来，全球化的政治经济社会发展和信息技术日新月异的应用，给包括发达国家在内的全人类带来了新的挑战。面对未来的挑战，欧美等发达国家相继提出：若要成功面对信息时代日益剧烈的学习、生活、职业挑战及全球性竞争，当代的全体学生都需要培养适应21世纪发展的技能。随着医学科技的迅速发展，医学教育将面临更多的变化和要求，广大的医学生和研究生应了解21世纪技能内容，培养信息意识，掌握信息技术知识和技能，提高信息发现、获取、评价、利用和交流能力，加强自我学习和创新能力，加强学术规范和信息道德修养，为21世纪学习、工作和生活做好充分的准备。

第一节　21世纪技能

　　"21世纪技能"包括三套内容：第一套技能是学习与创新技能（learning and innovation skills），它是开启创造性工作和终身学习的钥匙，包括三项具体技能，即批判性思维与问题解决技能、沟通与合作技能、创造力与创新技能（表1-1）。

表1-1　21世纪技能——学习与创新技能

批判性思维与问题解决技能	1. 有效推理 2. 使用系统思维 3. 判断和决策 4. 解决问题
沟通与合作技能	1. 清晰沟通，运用各种形式，在各种语境下清楚表达想法和观念；认真而有效地倾听 2. 与人合作，展示出与不同的团队有效工作、互相尊重的能力；表现出灵活性与主动意愿；为集体工作分担责任
创造力与创新技能	1. 创造性思维，包括运用多种观念创意方法，顿悟或逐渐形成的思维方式 2. 与人协同开展创造性工作 3. 实施

　　第二套技能是数字素养技能（digital literacy skills），包括三项具体技能，即信息素养技能、媒体素养技能、信息与交流技术技能（表1-2）。

表1-2　21世纪技能——数字素养技能

信息素养技能	1. 存取和评估信息：高效地（时间）、有效地（来源）存取信息；能富有成效地评估信息 2. 使用和管理信息：针对手头问题，准确而富有创造性地使用信息；管理好来源广泛多样的信息流；在存取和使用信息时，能够运用基本的伦理/法律知识
媒体素养技能	1. 分析媒体：理解媒体信息构建方式、原因及用途；考察每一个人在解释信息时所出现的差异；在存取和使用媒体时，能够运用基本的伦理/法律知识 2. 创造媒体产品：了解和利用最合适的媒体创造工具、特性和惯例；在多元化环境下，了解和有效利用最为合适的表达手段与解释途径
信息与交流技术技能	有效应用技术：将运用技术作为一种研究、组织、评估与交流信息的工具；恰当地使用数字技术（电脑、媒体播放器、全球定位系统等）、交流工具和社交网络来访问、管理、整合、评估和创造信息，以期能在知识经济时代如鱼得水；在存取和使用信息技术时，能够运用基本的伦理/法律知识

　　第三套技能是职业与生活技能（career and life skills），是21世纪学习、工作与生活的必备技能，学生唯有充分掌握有效的职业与生活技能，才能灵活应对复杂工作与生活环境中的各种挑战。虽然一直以来人们已经或多或少地使用了此种类型的技能，但在今天强大数字工具的引领下，此类技能又呈现出了新的特点与意义，具体包括五项具体技能，即灵活性与适应性技能、主动性与自我指导技能、社会与跨文化技能、产出能力与问责技能、领导力与责任技能。

第二节　信息素养

　　21世纪是信息和知识的时代。随着信息技术的迅速发展、信息数量的指数性增长，以及信息需求的逐年增加，人们普遍感觉有用信息获取日益困难，因而信息素养（information literacy）的概念应运而生。

　　信息素养的概念最早是由美国信息产业协会主席Paul G. Zurkowski于1974年在向美国图书情报学会全国委员会提交的一份报告中提出的。其定义为："所有经过训练的在工作中善于运用信息资源的人即称为具有信息素养的人。他们具有利用多种信息工具及主要信息资源解决问题的技能。"这一时期对信息素养的定义多为强调信息获取的技巧、信息定位和信息利用等。20世纪90年代后，信息素养的内涵不断丰富，其外延也随之不断扩大，从与计算机技术相关、与图书馆及教育界相关发展到与终身学习相关。目前，信息素养较多地被定义为从各种信息资源中检索、评价和使用信息的能力，是信息社会劳动者必须掌握的终身技能。其内涵包括信息意识、信息能力和信息道德三个方面。

一、信息素养标准

　　信息素养的教育受到世界各国政府及教育部门的高度重视，欧美各国制定了适合不同教育阶段和层次的信息素养教育内容和评价指标体系。其中，2000年美国大学与研究型图书馆协会（ACRL）批准并颁布的《高等教育信息素养能力标准》（ACRL标准）已成为国际公认的最具影响力的高等教育信息素养能力评估标准，使高等院校的教师、图书馆馆员、行政管理人员明确了培养学生信息素养的目标，为评价学生是否具有信息素养提供了具体的指标。该标准共分为 5 项一级指标、22 项执行指标和 87 项参考指标。其一级指标、执行指标见表 1-3 所示。

表 1-3 《高等教育信息素养能力标准》（ACRL 标准）

一级指标	执行指标
标准一：能明确所需信息的类型和范围	（1）能限定和阐明自己的信息需求 （2）鉴别各种类型和形式的、潜在的信息来源 （3）考虑到获取所需信息的成本和收益 （4）重新评估所需信息的类型和范围
标准二：能有效而又高效率地获取所需信息	（1）能选择最为适宜的调查方法或是信息检索系统来获取所需的信息 （2）能构思和实施有效的检索策略 （3）能检索线上信息，或是利用其他各种方法检索各种载体形式的信息资源 （4）如果有必要，能使自己的检索策略变得更为完善 （5）能摘录、标明和管理信息以及信息的来源
标准三：能批判性地评估信息和它的来源，并将精选的信息纳入到自己的知识基础和价值系统中去	（1）能从收集、摘录的信息中概括出主要的观点 （2）能阐明和应用最初的标准来评估信息和它的来源 （3）能综合主要的观点来重建新的概念 （4）能将新的知识与以前的知识进行对比，以确定信息增值、信息的矛盾性，以及信息的其他特性 （5）能够确定新的知识是否会对个人的价值系统产生影响，以及是否需要采取措施来解释它们的不同 （6）能通过与他人、与学科专家和从事实践工作的专家的交流来证实自己对信息的理解和解释 （7）能确定是否需要对最初的问题进行修改
标准四：具有信息素质的学生，无论是个人还是作为一个小组的成员，能有效地利用信息来完成一项特殊的研究	（1）能将新的和先前的信息应用到一项特殊的计划或要完成的项目的设计和创造中去 （2）能改变一项计划和项目的发展过程 （3）能与他人有效地交流成果或方案
标准五：具有信息素质的学生懂得许多有关信息利用的经济、法律和社会问题，能够合乎伦理道德地、合法地获取和利用信息	（1）懂得许多有关信息和信息技术的道德、法律和社会经济问题 （2）能遵守关于信息资源获取和利用的法律、规定、政策以及礼节 （3）在交流成果或业绩时能利用信息资源

二、医学教育与医学信息素养

医学是科技领域发展进步最迅速的一个学科，其信息老化进程和更新周期在不断加快，以医学信息获取、评价和利用为核心的信息素养不仅是临床医疗及医学相关科研工作的重要条件和必备能力，更是全球医学教育的一项重要内容。

1. 《全球最低医学教育基本要求》与信息素养 2001 年 11 月，国际医学教育专门委员会（IIME）正式出台了《全球最低医学教育基本要求》（GMER），其为各国在医学教育标准方面的互认搭建了一个国际性平台。GMER 界定了世界各地医学院校培养的医学本科毕业生必须具备的基本素质，包括 7 个宏观的能力领域，即职业价值、态度、行为和伦理，医学科学基础知识，沟通技能，临床技能，群体健康和卫生系统，信息管理，批判性思维和研究。其中，"信息管理"领域下设 5 条标准，即从不同的数据库和数据源中检索、收集、组织和分析有关卫生和生物医学信息；从临床医学数据库中检索特定病人的信息；运用信息和通信技术帮助诊断、治疗和预防，以及对健康状况的调查和监控；懂得信息技术的运用及其局限性；保存医疗工作的记录，以便进行分析和改进。

我国对医学教育中的信息素养培养也提出了新的要求。2004 年 9 月，《中国本科医学教育标准》发布，包括医学毕业生应达到的基本要求和医学本科教育办学标准两个方面的内容，共 10 个领域 44 个项目。其中，医学本科毕业生应达到的基本要求之技能目标第 10 条，强调医学生应能够"结合临床实际，能够独立利用图书馆和现代信息技术研究医学问题及获取新知识与相关信息，能用一门外语阅读医学文献"。

2. 中医药学信息素养　中医药高等教育是我国高等教育体系中的重要组成部分。为适应 21 世纪知识经济时代对信息素养的要求，中医药信息素养已成为我国中医药高等教育中体现学生"知识与技能"水平的一项重要指标。

2007 年，《中国·本科中医学教育标准》发布，包括中医学本科毕业生应达到的基本要求（34 项）和办学标准（11 个领域 47 项）两个部分。其中，基本要求之技能指标第八、九、十条强调，中医学本科毕业生应"具有利用图书馆和计算机、网络等现代信息技术研究医学问题及获取新知识与相关信息的能力"；"具有阅读中医药古典医籍以及搜集、整理、分析临床医案和医学相关文献能力"；"具有运用一门外语查阅医学文献和进行国际交流初步能力"。该要求突出了中医药特色资源"中医古典医籍"在中医药学科信息素养教育中的重要性。

2009 年，《全国中药学本科专业认证标准》发布，其"知识要求与技能要求"中强调，中药学本科学生应"掌握中药学相关方面的知识及技能，掌握相关的人文社科知识，能够比较熟练应用计算机，掌握文献检索、资料查询及运用现代信息技术获取相关信息的基本方法"；"能够了解中药学及相关学科的发展动态和前沿信息，熟悉药学法规、政策"。

中医药信息素养不仅要满足《高等教育信息素养能力标准》（ACRL 标准）、《全球最低医学教育基本要求》（GMER），以及国内医学、中医药学相关标准对医学信息素养的要求，还应符合中医药学科自身专业特色及发展需求。

（1）**中医药信息意识**　信息意识是指对信息的敏感程度，包括对信息价值的判断力与洞察力，以及捕捉、反馈、分析、判断与吸收信息的自觉程度。中医药信息意识需自觉关注中医药学科或中药、针灸等专业领域及其相关学科的专业信息、发展动态和前沿信息、法规政策等，具备对中医药学科或专业领域的再现事件保持记忆、及时关联和发现线索的敏感性。

（2）**中医药信息知识**　作为中医药专业的学生，信息素养所需要的知识至少包括学科专业知识、信息知识和语言知识三个方面。

1）学科专业知识：中医药不仅是一门医学学科，也是中华民族的传统文化。具有高水平信息素养的中医药学生，需要掌握的知识不仅包括中医、中药、针灸和现代医学等专业知识，还应包括相关的人文社科知识，如哲学、文学、史学、文献学、考古学等方面的知识。

2）信息知识：主要指信息技术知识。中医药学生既要掌握常用的电脑、网络等信息设备的使用技术和方法，也要掌握使用信息设备进行中医药信息采集、加工、存储、分析与利用等信息处理技术。

3）语言知识：主要指中医药学生至少要掌握一门外语。随着中医药的发展，不同语种如英文、日文、韩文的中医药文献不断增加，中医药学生应具备熟练运用一门外语查阅医学文献的能力。

（3）**中医药信息能力**　主要指发现、获取、评价、利用和交流信息的一系列能力，是信息素养的核心。中医药信息能力主要包括信息发现能力、信息获取能力、医学信息评价能力、信息利用和交流能力、终身学习能力几个方面。

1）信息发现能力：能及时发现和跟踪中医药及相关学科的各种类型和形式的、潜在的信息源及其更新信息；能从海量科技文献和新闻信息的常规搜索及快速泛读中发现有价值的中医药信息；能从中医临床诊疗等现场实践中发现有价值的信息；能从与各类人员特别是病人交谈、交流中发现有用信息。

2）信息获取能力：能限定和阐明所需信息的类型和范围；能选择适宜的信息检索系统检索和获取所需信息；能构思和实施有效的检索策略；能利用各种方法、途径检索和获取各种载体形式的信息资源；能有效搜集、整理、分析中医临床医案和医学相关文献信息；能快速、有效地处理医学信息检索结果。需强调的是，中医药古籍是传承和发展中医药学术的重要文献，是中医药学科领域独特的文献信息源，其有效获取和利用是中医药信息获取能力中的一项重要内容，故中医药学生应具备检索、阅读、获取中医药古籍信息的基本能力。

3）医学信息评价能力：能从不同角度对文献的可靠性、可信性、可能性进行甄别，判断信息"有没有""真不真""对不对"；能从获取的医学信息中总结要点，进行观点概括、综述评价；能熟练掌握循证医学方法对文献质量进行科学评价，对某个医疗问题进行 Meta 分析和系统评价；能自觉地和有目的地积累、储备所需信息，避免"信息积累就是收集和物理储存大量相关信息"的认识误区。

4）信息利用和交流能力：能从特定的目的和需求角度，结合医学专业知识对所获取的信息进行管理和组织，如信息整理、评价、筛选、重组、分类存储等；能通过与他人、学科专家或行家讨论，有效交流、表达自己对获取信息的理解和解释；能将获取的信息融入自身的知识体系，综合主要观点形成新的概念，形成新的知识体系，并应用于中医药科研与实践；利用从不同来源获得的信息进行临床医疗决策，解决病人的实际问题。

5）终身学习能力：能了解信息素养是终身学习的重要组成部分；能不断吸收和积累中医药学科领域知识；能利用各种方法和新兴技术把握本领域的发展趋势。

第三节　研究生信息道德规范

信息道德属于信息素养的一部分，是"21 世纪技能"强调的内容，也是研究生在围绕学位撰写相关论文、报告过程中需要重视的问题，因此，有必要加强学术过程的信息道德教育。

1. 信息道德　能了解与信息相关的伦理、法律和社会经济问题，比如网络信息安全、知识产权保护等；遵循在获得、存储、交流、利用信息过程中的法律和道德规范，包括遵守医学信息行为规范，尊重患者隐私，遵守患者病历文件、知识产权权益，以及保密和剽窃等伦理约束。

2. 学术规范

（1）学术研究规范　在进行每项研究前必须充分了解有关的已有成果；必须说明自己成果与已有成果的关系；必须如实、详细说明研究过程，公布有关数据、资料来源等。

（2）学术道德规范　在中医药教育、科研中充分尊重他人的学术成果，通过注释、征引等方式进行学术创新。

（3）学术引用规范　学术引用需体现学术独立和学者尊严；要尊重作者原意，不可断章取义，如有增删，必须加以明确标注；引证观点尽可能追溯到相关论说的原创者；引用标识需明显，以避免读者误会；引用著录需采用国家标准（GB/T7714-2005《文后参考文献著录规则》）。

3. 学术不端行为　研究生及研究人员必须避免和反对以下学术不端行为。

（1）学术失范　主要是因知识缺乏或学术不严谨而引起的失误，如行文失范、引注失范、论文发表失范等，属于非主观故意行为。

（2）学术不端　主要指抄袭、剽窃、一稿多投、学术造假等不良行为。

（3）学术腐败　主要指凭借权力为自己谋求学术利益，包括在成果评奖、科研项目申报、论文答辩、学位授予、项目评审等各种学术活动中以权谋私的行为。

思考练习

1. 什么是21世纪技能？你认为了解和具备21世纪技能的目的是什么？

2. 简述信息素养与文献检索课程之间的关系。

3. 结合21世纪技能要求，研究生应该在信息素养方面达到什么要求？

第二章　文献信息检索的途径与策略

第一节　文献信息检索的途径

【示例】有用户从西藏旅游花高价买回一种红色外壳的动物干品，当地药贩说是价值连城的中药材"雪地龙"。他带着动物干品来到图书馆，让图书馆员通过查文献看看这到底是什么？图书馆员通过图书馆相关数据库和网络搜索引擎，了解到所谓的中药材"雪地龙"根本不存在。该动物干品是娃娃蛇，又名红瘰疣螈（*Tylotriron verrucosus* Anderson），是中药蛤蚧（*Cekko gecko* L.）的混伪品。图书馆员通过多种文献资源检索途径，使用户得到辨清。那么，图书馆员是如何找到答案的？

针对示例中的动物干品，图书馆员首先要弄清"查什么数据库，去哪里查"的问题。也就是说，面对任何一个检索问题，熟练地知道"信息源在哪里，资源到哪里去找"是解决问题的前提。如何选择合适的文献信息源、如何判断文献信息的真伪、如何评价文献信息的优劣及学术价值等，已经成为用户是否具备信息检索能力的重要内容。医学信息源的载体有文献型和非文献型两大类，文献资料类型不同，文献搜集的渠道也不同。对于研究生来说，应掌握两个大的方向，即数据库和网络检索工具。

一、重点掌握国内外专业核心数据库

每个专业核心数据库都有自己的特点，其收录的年限、内容和范围不同，检索方法也不同。因此，要分清楚哪些数据库仅提供摘要、哪些数据库能提供全文、哪些数据库需要授权后方能使用等。

（一）中医药文献信息资源

中医药文献信息资源检索包括古代中医药文献信息资源检索和现代中医药文献信息资源检索两类。

1. 古代中医药文献信息资源检索　包括古医籍源流、存佚、收藏，以及古代的医经、医案、针灸、本草、方剂等学术资源的专题检索。古代中医药文献专题检索主要通过中医药类书。例如，对于本草类文献检索，可以查询古代本草文献著作，如《本草纲目》等，还可通过一些大型的综合性类书，如《古今图书集成》等，或电子版的数据库，如《中药大辞典》《中华本草》等有关栏目查找。检索古代文献源流，除了查找各类医籍考如《中国医籍通考》《中国医籍考》等，还可充分利用医书附见书目，一些卷帙较大的医书，如方书、全书、类书等都附有参考引用书目。对于古代文献的存佚，可以查找《中国医籍提要》《中国医学大成》等；对于古代中医药文献收藏情况，可通过馆藏目录和联合目录进行检索；检索古代中医药文献，除通过印刷型书籍外，还可通过电子版综合型数据库进行查找，如《中华医典》《中国基

NOTE

本古籍库》、读秀知识库等。

2. 现代中医药文献信息资源检索　　主要通过线索型和事实型检索工具。线索型检索工具主要包括中国中医药数据库检索系统中的中国中医药期刊文献数据库、中国药学文摘数据库、民国期刊文献数据库等。随着计算机检索系统的发展，网络词典、维基百科、百度百科以及中医药事实型等数字化参考工具倍受青睐，由中医药参考工具构成的事实型数据库有中国中医药数据库检索系统中的中国中药数据库、中国中药化学成分数据库、中国方剂数据库、方剂现代应用数据库，以及万方医学网的中医药知识系统等。

（二）　综合性文献信息资源

综合性全文型文献信息检索，国内如"中文三大检索系统（万方数据知识服务平台、维普期刊资源整合服务平台、中国知网）"、读秀知识库等；国外如 ScienceDirect Onsite（SDOS）、OVID、Springer-Link 等。

1. 万方数据知识服务平台（万方）　　万方数据知识服务平台包括学术期刊、学位论文、会议论文、外文文献、专利技术、中外标准、科技成果、图书、政策法规、机构和科技专家 11 个类别的资源，并提供知识脉络分析、学术统计分析、万方学术圈等服务。万方独家拥有中华医学会 115 种医学期刊的数字出版权，为生物医学信息专设万方医学网。期刊论文是万方数据知识服务平台的重要组成部分，它收录 1998 年以来各学科期刊的全文内容，其中，绝大部分是进入科技部科技论文统计源的核心期刊，医药卫生类期刊论文是其中一部分。

2. 维普期刊资源整合服务平台（维普）　　维普期刊资源整合服务平台（维普）是一个由单纯提供原始文献信息服务过渡延伸到提供深层次知识服务的整合服务系统。该平台包含期刊文献检索、文献引证追踪、科学指标分析、高被引析出文献和搜索引擎服务 5 个功能模块，新近又推出了智立方知识发现系统、考试资源系统、图书馆学科服务平台、文献共享服务平台，提供中刊检索、文献查新、期刊导航、检索历史、引文检索、引证追踪、H 指数（H 代表高引用次数）、影响因子、排除自引、索引分析、排名分析、学科评估、顶尖论文、搜索引擎服务、知识管理与情报服务、模拟考试与学习平台、提供学科服务、资源共享服务等。其中，期刊文献数据库收录了 1989 年以来国内 1.2 万余种期刊刊载的 3000 余万篇文献。

3. 中国知网（CNKI）　　中国知网涵盖了我国自然科学、工程技术、人文与社会科学期刊、博硕士论文、报纸、图书、会议论文等公共知识信息资源。中国知识资源总库包括了中国学术期刊网络出版总库、中国优秀硕士学位论文全文数据库、中国博士学位论文全文数据库、中国重要会议论文全文数据库、中国年鉴网络出版总库、中国工具书网络出版总库、中国专利全文数据库、中国科技项目创新成果鉴定意见数据库、国家标准全文数据库、中国行业标准全文数据库、德国 Springer 期刊及图书数据库、中国引文数据库等多个专题数据库。其中，中国学术期刊网络出版总库收录我国正式出版发行的、涵盖各个学科的学术期刊（含英文版）全文文献，收录国内学术期刊 7900 多种，其中创刊至今出版的学术期刊 4600 余种，最早回溯至1915 年，文献总量达 3400 多万篇。

4. 读秀知识库　　由北京世纪读秀技术有限公司研发。它是全球最大的中文图书搜索及全文文献传递系统，收录了 1949 年以来我国出版的 95% 以上中文图书的基本书目数据，280 万种电子图书原文拆分成的 9 亿页资料、2.5 亿条目次；收录了 5000 万条期刊元数据、

2000 万条报纸元数据、100 万个人物简介、1000 万个词条等，为查检者提供了深入章节和全文的内容检索、部分文献的原文试读，以及参考咨询服务，是一个集成式的学术搜索与文献服务平台。

5. Science Direct On Site（SDOS） 由具有 100 多年历史的 Elsevier Science 出版商发行，内容涉及生命科学、物理、医学、工程技术及社会科学等多学科领域，其中许多为 SCI 收录的源期刊。

6. OVID 医学电子期刊 OVID Technologies 是全球著名的数据库提供商，根据各馆的需求和能力，提供医学期刊检索和全文下载。

7. Springer-Link 电子期刊 由德国施普林格（Springer-Verlag）提供，全文电子期刊共有 1321 种，包括医学（249 种）、生物医学与生命科学（228 种）等。

（三） 生物医药类文献资源

国内常用的生物医学相关的中文文摘型数据库有中国生物医学文献服务系统（SinoMed）、中文生物医学期刊文献数据库（CMCC）等，国外常用的有 PubMed、Biosis Previews（美国生物医学文摘）等。

1. 中国生物医学文献服务系统（SinoMed） 涵盖资源丰富，中西兼有。在全面涵盖中国生物医学文献数据库（CBM）的基础上，新增西文生物医学文献数据库（WBM）、日文生物医学文献数据库、俄文生物医学文献数据库、英文文集汇编文摘数据库、英文会议文摘数据库、北京协和医学院博硕学位论文数据库、中国医学科普文献数据库 7 种资源，学科范围广泛，年代跨度大。中国生物医学文献数据库（CBM）收录了 1978 以来 1800 余种中国生物医学期刊，以及汇编、会议论文的文献题录 540 余万篇（条），全部题录均进行主题标引和分类标引等规范化加工处理。年增文献 40 余万篇，每月更新。

2. PubMed 系统 PubMed 系统是美国国立医学图书馆（NLM）下属的国家生物技术信息中心（NCBI）开发的基于 Web 的生物医学文献检索系统，是 NCBI 检索体系 Entrez 的一部分。它收录了 1950 年以来 1600 多万篇生物医学文献题录及文摘，收录的文献来自 MEDLINE 及其他生命科学期刊，可提供部分全文及相关文献的链接，数据每日更新。PubMed 因使用免费、收录范围广、报道文献快、检索功能强、查全率高等优点而成为查找 Free MEDLINE 频率最高的网站。

此外，可根据生物医药不同专业类型查看相应的文献数据库，例如，药学专业还可以查看 TOXLINE（毒理学文献数据库）、HSDB（危险化合物数据库）等。

（四） 引文资源

评估科研人员学术专业影响力可以从其科研成果的社会评价入手，如该成果（论文、研究报告、专著等）被引用、转载、获奖等情况。查找论文被收录与被引用检索的数据库当属美国科学引文数据库（SCI）库、中国科学引文数据库（CSCD）库，以及"中文三大检索系统"中的数据库，如中国引文数据库、维普文献引证追踪、万方数据知识服务平台中引文嵌入论文中的检索等，以及 Google 学术搜索。查找图书被引用检索，首选读秀知识库，中国引文数据库和 Google 学术搜索可作为补充。

1. 美国科学引文数据库（Web of Science，SCI） 基于 ISI Web of Knowledge 平台的 Web of Science（SCI 网络版）数据库是美国 Thomson Scientific（汤姆森科技信息集团）开发的大型

综合性、多学科、核心期刊引文索引数据库。其通过独特的引文索引法揭示科技文献之间的内在逻辑与联系，反映文献之间引用与被引用的关系，体现了科学和技术的发展过程，同时帮助研究人员了解自己著作的被引用率和持续时间，从而估计其影响力。Web of Science 共包括 12000 多种世界范围内最有影响力的、经过同行专家评审的高质量的期刊。

2. 中国科学引文数据库（Chinese Science Citation Database，CSCD）　由中国科学院文献情报中心 1989 年创建的中国科学引文数据库，收录了我国数学、物理、化学、天文学、地理学、生物学、农林科学、医药卫生、工程技术、环境科学和管理科学等领域出版的中英文科技核心期刊和优秀期刊千余种。它是分析国内科学技术活动的整体状况、帮助科教决策部门科学评价我国科学活动的宏观水平和微观绩效、帮助科学家个人客观地了解自身学术影响力的得力工具。

3. 中国引文数据库　中国引文数据库是中国知网旗下系列数据库的一个产品。该数据库收录了中国学术期刊电子杂志社出版的所有源数据产品的科技类文献的中外文参考文献，具有被引用数据相对较全面、更新及时等特点。

4. 读秀知识库　读秀知识库提供图书的被引用情况检索，引文检索功能已融合在图书检索平台中，查检者需要在"图书"检索的项目下，才能实现查看图书的被引用情况。通过图书题名的链接进入图书详细信息查看界面，在界面中间的"引用图书（以下图书均引用了本图书）"可以看到当前查看的图书被其他图书引用的详细情况。

（五）其他文献信息资源

1. 科研基金项目资源　科研基金项目可用数据库包括万方医学网的"基金信息"栏目检索，其下设国家自然科学基金（NSFC）、国家重点基础研究发展计划（"973"计划）、国家重大科学研究计划、国家高技术研究发展计划（"863"计划）、国家科技重大专项、国家科技支撑计划、霍英东教育基金、高等学校博士学科点专项科研基金 8 项基金检索，还可利用中国知网的"基金导航""基金列表"、学科专业数字图书馆（http://ec.cnki.net/zxjg/）的"基金列表"进行基金相关的文献信息检索。

此外，利用国家自然科学基金网站上的"科学基金共享服务网"（http://npd.nsfc.gov.cn/），可进行资助项目、结题项目的检索。

2. 循证医学文献资源　循证医学是国际临床领域自 20 世纪 80 年代以来发展起来的一种新的医学模式。循证医学是最佳研究证据、临床技能和病人价值的结合。常用的循证医学数据库有以下几种。

（1）Cochrane Library（http://www.thecochranelibrary.com）　是 the Cochrane Collaboration 的主要产品，目前由 John Wiley & Sons 国际出版社出版，包含 CDSR（系统评价数据库）、DARE（效果评价文摘数据库）、CENTRAL（临床对照试验注册数据库）、CMR（方法学注册库）、HTA（卫生技术评估数据库）和 NHSEED（经济评估数据库）6 个数据库。其中，CDSR、CENTRAL、CMR 由 Cochrane 协作网专业组制作，DARE、HTA、NHSEED 由美国约克大学卫生评估与传播中心（CRD）提供。数据库提供免费查看文摘的服务。

（2）NGC（National Guideline Clearinghouse，美国国家指南交换中心，http://www.guideline.gov）　NGC 提供浏览（Browse）、简单检索（Search）、高级检索（限定检索，Advanced Search）和指南比较等服务。

（3）Clinical Evidence（http：//clinicalevidence.bmj.com/ceweb/index.jsp） 由英国医学会组织研究、英国医学杂志出版集团（BMJ）汇总的来自系统评价、随机对照试验，以及经过同行评价过的当前可得的最佳证据。

（4）PubMed 检索 利用 PubMed 检索循证医学证据可通过以下几种途径。

①临床咨询（Clinical Queries）功能：系统包括 Clinical Study Categories、Systematic Reviews、Medical Genetics 3 个平台，查检者不需要复杂的检索策略，只要输入检索词，系统会在 3 个平台自动检索，并按照 3 种类型展示检索结果。

②直接检索：直接以系统综述（Systematic Review）、荟萃分析（Cochrane、Meta - Analysis）、多中心研究（Multicenter-Study）等为检索词进行检索。

（5）临床决策循证数据库 临床决策循证数据库属于第二代医学专业搜索引擎，它以国际上最权威的生物医学文献数据库 PubMed 1990 年以来的引文数据为基础数据，对 1000 多万条数据进行加工处理和有效整合，揭示了 4388 种疾病、8338 种药物、14 万条化合物与物质、500 多种诊断方法，以及近千种治疗方法和技术，数据范围涵盖临床医学各领域的重要文献信息。该检索平台提供关键词检索、循证医学的 PICO 检索、主题词检索等多种检索方式，支持英、汉两种语言的检索。

3. 专利文献资源

（1）专利检索与服务系统（http：//www.sipo.gov.cn） 由国家知识产权局创建，收录了1985 年 9 月以来我国公布的全部专利信息，包括发明、实用新型和外观设计 3 种专利的著录项目及摘要，可浏览各种说明书全文及外观设计图形。

（2）美国专利商标局数据库（http：//www.uspto.gov） 美国专利商标局（United States Patent and Trademark Office，USPTO）建立的专利全文数据库，面向世界各国免费提供专利、商标、国际法律法规及其他知识产权信息检索服务。

（3）欧洲专利局数据库（http：//ep.espacenet.com） 由欧洲专利局（简称 EPO）和专利组织成员国专利局基于互联网向世界各国免费提供专利文献数据库的检索系统。本系统包括世界专利数据库（worldwide）、欧洲专利组织（EP）数据库、世界知识产权组织（WIPO）数据库。

二、善用搜索引擎

互联网上大大小小的搜索引擎繁多，如果不加选择就使用，只会事倍功半。利用互联网查询医学资料的方法有两种：一是进入通用或专业搜索引擎网站，利用关键词或分类进行查找；二是通过开放获取资源。

常用的通用型搜索引擎有百度和 Google 搜索引擎，它们是目前最流行的网络检索工具。学术搜索引擎是专门用于搜索互联网上图书、论文、预印本、专利、报告、同行评论文章等学术信息资源的搜索引擎。其将互联网上各种资源与学术资源结合起来，一般以综合性为主，覆盖各个学科领域，但也有少部分针对某个专业的专门性学术搜索引擎，如医学搜索引擎。随着开放获取资源的日益增加，学术搜索引擎能提供更多数量的文献全文，使其学习与科研的重要性日益彰显。常用的学术搜索引擎有 Google 学术搜索/谷粉搜索、InfoMine、Scirus 等。医学搜索引擎包括 Medscape、Medical Matrix、HON、PubGene 等。Medscape 是美国著名的专业医学搜索引擎网站，可检索图像、声频、视频资料，至今共收藏了近 20 个临床学科的文献，是目前 Web 上最大的提供免费临床医学全文文献和继续医学教育（CME）资源项目信息的网站之一。此外，利用开放获取（Open Access，OA）的期刊或文档或文库，可获取免费资源。国外最常见的开放获取网站包括 HighWire Press、DOAJ、BioMed Central、Free Medical Journals、KoreaMed，国内常见的开放获取网站包括中国教育图书进出口公司建设和推广的"OA 资源的一站式检索服务平台"（Socolar）、中国科技论文在线、中国开放教育资源联合体（CORE）等。

三、收藏本专业核心站点

尽管各种搜索引擎可以找到自己需要的网站，但如果在平时注意归类总结、分门别类，重点掌握本专业的知名常用核心网站，将会省时省力，起到事半功倍的效果。

中医类专业网站，可以访问迈博中医药、中国中医小天地、东方保健、医药博览-中草药信息等，以上网站大多为用户提供了保健常识、养生知识、食疗资源、饮食健康、中药大典、中草药图谱、民族医药等内容。此外，还可以进入中医之家、中医小天地（繁体）、国医堂等网站查询中医理论；通过华佗网、中医之窗、TMC 南京英特传统医学等网站进行专业咨询。

药学专业网站，可以访问官方机构和组织，如 FDA、WHO、美国医院药师学会（ASHP）等；查《药典》，可通过药家网药典助手；查药品市场信息，可通过 Internet 找到上市药品的详细信息，包括商品名、化学名、用量、剂型、毒副作用、生产厂家、价格等。

针灸学专业网站可以访问针灸网系统（http：//www.acupuncture.com）、针灸、针灸学教学系统、针灸学习园地等网站，查询相关的经络、腧穴、针灸的理论知识及实践应用等。其中，世界针灸学会联合会（English）是世界针联的主页，提供近期针灸活动的报道及针灸在世界各国的发展情况，可以了解最新动态。

此外，还可以借助一些医学网站，如传统医学网站（http：//www.cintcm.com）、21 世纪医疗网（http：//www.imed21.com）等。总之，我们应该在实践中加以总结，收藏自己所关注领域的顶级站点，有相关的问题就可以直接到相应网站寻找帮助。

四、用足图书馆资源

用足图书馆资源主要体现在充分利用图书馆馆藏文献、馆际互借与远程文献传递。

图书馆馆藏文献，除了图书馆印刷型书刊，还包括图书馆订购的电子书刊。随着计算机的发展，图书馆的馆藏目录从卡片、书本式目录发展到联机公共查询系统（OPAC）。读者不仅可以方便、快捷地获取本馆的馆藏书目信息，还可以获取其他图书馆的书目信息。除了到图书馆获取图书外，也可以通过电子图书信息源，如超星电子图书、Apabi 电子图书、读秀知识库等获取。另外，还可以通过网络图书信息源，如当当网上书城、亚马逊网上书店等途径获取。为了方便查询，图书馆建立了电子期刊导航，以方便查检期刊信息。

当所需文献在本单位图书馆无法找到时，可以通过馆际互借来获取。它扩大了读者对文献的利用范围，弥补了馆藏的不足。网络环境下的馆际互借服务主要有 CALIS 馆际互借/文献传递服务网、国家图书馆、国家科学图书馆、解放军医学图书馆等开展的馆际互借。大学城资源共享平台是高校图书馆实现馆际的资源互借和远程文献传递最常用的方式。

五、借力网络论坛

在文献信息资源的搜集中，还可以通过网络论坛等方式向同行网友求助。

虚拟学术社区或论坛是通过信息通信技术在 Internet 上或者在局域网内创建的学术学习环境。虚拟学术社区按照"资源+交流"的模式，提供学术研究和学术交流相关信息，查检者可以借助学术社区网站满足自己的学术需求，如访问学问社区（http：//www.51xuewen.com/）、小木虫论坛（http：//www.emuch.net/）、零点花园学术论坛（http：//www.soudoc.com/bbs/）、丁香园生物医学科技网的丁香园论坛（http：//www.dxy.cn/bbs/index.html）、生物谷的中国生命科学论坛（http：//www.bioon.com/）等。这些网站大部分为学术人群提供功能强大的互助共享平台，有文献求助板块等，可以满足学术人群对交流、资源、软件、个人展示服务等多方面的需求。在利用网络求助方式时，要认真阅读所在论坛有关文献求助的规定，包括文献类型的限制、发帖格式、内容、接受网友应助的规则。另外，网友互助形式获取的全文只能用于个人学习和研究，提供全文时最好直接用 E-mail 发送，不要在帖子中以附件的形式提供下载。

思考练习

1. 信息资源收集途径有哪些？
2. 梳理出你的专业检索所涉及的中外数据库，并进行简要描述。
3. 如何通过开放获取获得本专业资源？
4. 除书中所列的专业核心站点和网络论坛外，你还常用哪些？
5. 本节开篇的示例应该利用哪些信息资源解决问题？

第二节　文献信息检索的策略

【示例】一位用户想让图书馆馆员帮助查找其父亲早年发表的一篇文献并获得全文。他提供了以下信息：论文题目为"针刺睛明穴治愈一年眼泪不断奇症"，发表在《针灸医学》1952年第 8 期 28~29 页上，出版及发行者为中国针灸学研究社，该社地址在苏南苏州司前街 45 号，印刷者为毛上珍印书馆，地址在苏州临顿路南 100 号。

这位用户之前通过期刊名进行查找，一无所获，根本无《针灸医学》这本期刊，遂求助于图书馆。该馆员先确定是否存在期刊变更之类的信息，查无眉目后，根据用户提供的其他文献线索，调整了检索策略，不仅尝试从书刊数据库，还尝试从搜索引擎中获取相关信息，最终找到了这篇文献的全文。原来该论文并非发表在期刊上，而是发表在《针灸医学》丛书第 8 辑上。可见，文献信息检索策略制定的是否合理直接关系到文献检出情况。

那么，如何制定文献检索策略呢？美国麦克·艾森堡（Mike Eisenberg）和鲍伯·伯克维茨（Bob Berkowitz）两位学者于 1988 年提出了"BIG 6 信息问题解决模式"（Big 6 Model of Information Problem-Solving）。其将信息问题的解决方案分为 6 个部分，即：①Be sure you understand the problem. Task definition（定义任务）。②Identify sources of information. Information seeking

NOTE

strategies（制定策略）。③Gather relevant information. Location and access（搜索信息）。④Select a solution. Use of information（筛选信息）。⑤Integrate the ideas into a product. Synthesis（整合信息）。⑥Exam the result. Evaluation（评估信息）。因取六个部分的英文名称的首字母（B-I-G-S-I-X），故简称 BIG 6。基于 BIG 6，结合信息检索的基本程序，我们拟定了文献信息检索的 6 个步骤，即确定问题任务，表达信息需求；选择信息源，确定搜索范围和工具；制定检索表达式；获取相关信息线索或全文；阅读与筛选检索结果；整合信息。

一、确定问题任务，表达信息需求

确定问题任务，是需要明确课题的信息需求，包括研究课题所需的信息内容、性质、水平等情况，是要获得具体的文献资料，还是要了解某一主题的研究概况；对文献的新颖程度，以及对检索的查全与查准情况有何要求等。

在明确问题任务后，根据课题已有线索，形成主题概念，包括所需信息的主题概念可能有几个、概念的专指度是否合适、哪些是主要的、哪些是次要的等等，力求主题概念准确反映检索需要。

以本节开头的示例为例，该用户的信息需求包括以下两个部分。

（1）确定信息问题的任务　查找该篇论文并获取全文。

（2）完成这项任务所需的信息　从用户提供的信息中我们可以析出的检索点为：论文题目、刊名或书名及时间、出版及发行者、印刷者等信息；可能的检索概念为"针刺睛明穴治愈一年眼泪不断奇症""针灸医学"、1952、中国针灸学研究社、毛上珍印书馆等等。

二、选择信息源，确定搜索范围和工具

根据检索主题概念的学科性质，确定检索的学科范围，选择相应的检索工具和数据库。目前，我国的检索工具和数据库收录内容各具特色，有专业的、综合的；检索手段有机检、手检等。医学领域至今还没有一种检索工具或一个数据库能包罗万象，能满足任何用户的检索要求。因此，要根据检索课题需要，选择检索工具及多个数据库互为补充，并有所侧重。

1. 要检索生物医学类研究的相关文献，国内可侧重选择中国生物医学文献服务系统（SinoMed）、中文生物医学期刊文献数据库（CMCC）、中国中医药期刊文献数据库等；国外可选择 PubMed 检索系统、西文生物医学期刊文献数据库（FMJS）等。

2. 要查找新药开发方面的文献，可注意选择国家食品药品监督管理局网站、中医药在线上的国家基本药物数据库、中国医药产品数据库、中药新药品种数据库等。

3. 要获取期刊论文的全文，国内可选择维普科技期刊全文数据库、中国知网全文数据库、万方全文数据库等；国外可选择 Science Direct（SD）等全文型数据库；还可通过读秀知识库或者大学城资源共享平台的"文献传递"，也可通过 Google 等搜索引擎获取国内外论文全文。

4. 涉及循证医学方面的文献，可查询 Cochrane Library、NGC（National Guideline Clearinghouse，美国国家指南交换中心）、Clinical Evidence、PubMed 下的"Clinical Queries"下的"Systematic Reviews"、TRIP 数据库、康健临床决策循证数据库等。

5. 要检索书籍内容的课题，除查找馆藏书目（本馆馆藏和联合目录）外，还可查找读秀

知识库、超星电子图书、书生之家、Apabi 电子图书等，以及网上书店，如当当网上书城、亚马逊网上书店等。

6. 要查找中医药古代文献，除用印刷型书籍外，还可通过《中华医典》《中国基本古籍库》《文渊阁四库全书文本数据光盘》《中医中药古籍大系全文库》、读秀知识库等电子版综合型数据库查找。

7. 要查找成果获奖情况的课题，重点选择国家科技成果网、（CNKI）国家科技成果数据库、（万方）科技成果网、中国科技成果获奖数据库等。

8. 要查找器械、产品制备方面的内容，着重选择专利数据库。专利数据库对设备结构的描述十分清楚，专利说明书含有设备的示意图、结构图和文字说明等，可与检索项目做对比分析，从而更好地检出所需文献。国内外常用的专利数据库包括国家知识产权局的专利检索与服务系统、美国专利商标局（USPTO）建立的专利全文数据库、欧洲专利局（EPO）和专利组织成员国专利局提供的专利文献数据库的检索系统。

9. 充分利用搜索引擎。通过搜索引擎，可以通过包括网络论坛、个人网站、博客等多种方式了解各类信息。如果领域内的顶尖研究人员和研究机构建立了网站和博客，用户也能从中获得不少有价值的文献线索。在选择网络检索工具时应兼顾权威性、真实性和高质量性，这类检索工具主要包括政府、机关或学术机构的门户网站，专业文献检索工具提供商、专业出版社提供的文献检索工具。另外，注意关注 Google 学术搜索/谷粉搜索，因为它可以从一个位置方便地搜索各种资源，查找报告、摘要、图书及引用内容，便于使用者了解任何科研领域的重要文献。

10. 其他：选择数据库中心站点；使用有知识链接的数据库；利用参考文献进行回溯检索；若检索和搜集最新召开的学术会议论文，注意关注会议数据库；机检与手检配合使用。

总之，应根据课题需要，查找相关检索工具及数据库。

本节示例中通过提供的线索，可知要查找的论文"针刺睛明穴治愈一年眼泪不断奇症"发表在 1952 年，年代较为久远，论文最常见的是发表在杂志上，也可能收藏在以图书形式出版的论文集/辑中，由"毛上珍印书馆"字样，可以判断该论文以图书形式出版，因此论文可以通过书刊数据库和搜索引擎两大方向查找。

三、制定检索表达式

检索表达式又称检索式或检索提问式。检索策略是为实现检索目标而制定的全盘计划或方案。编制检索策略是在正确分析课题主题的基础上，把选择好的检索词或检索标识按检索系统规定或允许的运算符或检索规则连接起来，并提交计算机检索系统进行处理的全过程。制定检索表达式时必须对文献检索工具所使用的检索语言和提供的各种功能以及编制检索式的技巧非常熟悉。

（一）检索语言

检索语言是人们在信息检索领域中用来描述文献外表特征、内容特征及检索提问的一种专用语言。它是人与检索系统对话的基础，用于描述信息特征和表达检索信息提问，在信息检索中起着桥梁作用，用于沟通信息存储和检索两个过程。

检索语言分为描述文献外部特征的检索语言和描述文献内部特征的检索语言。检索语言的

NOTE

基本成分是检索词，检索词是能表达文献特征的语词，可以是文献外部特征的语词，如题目、著者、刊名、机构等；也可以是文献内容特征的语词，如主题词、关键词、分类号等。描述文献外部特征的检索语言是以文献外表特征，例如文献的题名、著者、单位名称、出处（刊名、年、卷期页或出版地、出版者、出版年）和文献序号（专利号、标准号）等作为信息存储的标识和检索依据。描述文献内容特征的检索语言根据其构成原理主要有分类检索语言和主题检索语言。

本科阶段对检索语言进行了较为详尽的描述（表2-1）。

表2-1　检索语言一览表

分类	常见类目名称	举例
外部特征语言	题名	参芪降糖颗粒辅助治疗早期糖尿病临床观察
	书名	《2型糖尿病诊疗指南》
	作者/著者	刘芳洁、朱禧星；chen kj［au］
	单位名称（机构）	浙江省舟山医院/上海糖尿病学会编
	出处（刊名、年、卷期页）	中国中医急症，2013，22（11）：1945-1946
	出版地、出版者、出版年	上海市：上海科学技术文献出版社，2000
	专利号/标准号	ZL88201465．X／GB2604-1999
	基金资助	国家自然科学基金
内容特征语言	分类号	R2中国医学
	叙词（主题词）	白细胞介素2
	关键词（文本词）	白介素2、白细胞介素2、IL2、IL-2
	摘要	本文从中药复方治疗糖尿病的机理……
	全文	具体方药，如石斛、五味子、党参等

描述文献外部特征的检索语言直观、表象，描述文献内容特征的检索语言揭示文献内在实质。

1. 分类检索语言　分类检索语言又称分类法，是将文献按学科性质进行分类和系统排列，以分类符号作为文献标识的一类检索语言。分类检索语言的国家标准是《中国图书馆图书分类法》（以下简称中图法），如我们要采用分类号检索本节示例中提到的"针刺睛明穴治愈一年眼泪不断奇症"，就应该按照中图法的相关分类标准，找到针灸学、针灸疗法对应的分类号R245，然后再进入数据库检索。

2. 主题检索语言　主题检索语言是用语词作为检索标识来表达各种概念，并按字顺组织起来的一种检索语言，包括文本词、标题词、单元词、叙词和关键词，其中应用较多的是文本词、叙词和关键词。主题检索语言分经过词表规范化处理的受控语言（叙词）和未经过词表规范化处理的自然语言（关键词），两者区别见表2-2。

表2-2　关键词语言与叙词语言比较

内容	关键词语言（非受控语言）	叙词语言（受控语言）
概念	从文献题目、文摘或正文中提取出来的并具有实质意义、能代表文献主题内容的语词	能代表文献中心内容、经过严格规范化、对表示同一概念的同义词具有聚类功能的专业名词术语或词组

续表

内容	关键词语言（非受控语言）	叙词语言（受控语言）
主要特点	1. 未经过词表规范化处理的自然语言 2. 要用多个同义词，每个自由词均要逐一查找 3. 不能扩展，不能加权检索 4. 从文献中直接抽取，方便快捷	1. 经过词表规范化处理的受控语言 2. 一个主题概念可集中同义词，避免多次、分散检索 3. 根据主题词之间的隶属关系，可编制主题词分类索引和树状结构，可扩展或缩小检索 4. 同一篇文献的每个主题词都可以作为检索词，提供多个检索入口点，便于查找
举例	分别输入：糖尿病、消渴	糖尿病

3. 分类检索语言和主题检索语言的特点　　分类检索语言和主题检索语言的优缺点见表2-3。

表 2-3　分类检索语言和主题检索语言比较

内容	分类检索语言	主题检索语言
优点	1. 具有反映学科体系的特点 2. 采用族性检索，将同类文献集中在一起，涉及同一学科概念的文献查找更为方便 3. 按照学科概念的内部关系的逻辑分类，通过上下位类目的选择，较为灵活地扩大或缩小检索范围 4. 组配性不强	1. 主题词的专指性强 2. 采用特性检索，对分散于各类目中的跨学科或跨专业的文献，能通过反映同一概念的主题词而查找出来 3. 能适应学科发展需要，随时增添和改换主题词，有利于查检一些新的知识和学科概念 4. 具有很强的组配性
缺点	1. 分类结构一旦确定，便不易更改，许多边缘学科、交叉学科及新兴的科学技术和方法很难迅速反映出来 2. 对于一些新概念和跨学科文献难以进行或极易漏检	1. 对一些内容复杂和主题分散的课题，主题词的选择有一定难度，组配较为困难，容易漏检，须经一定的检索训练方能掌握 2. 建立主题索引，工作量大，要求较高，报道时差和文献量可能受影响

4. 检索词选词原则

（1）选择能准确表达课题核心概念与隐性概念的语词。

（2）选主题词：主题词检索能紧扣问题中心，网罗性强，可用副主题词限定，可进行上下位词扩检与缩减等，选择检索词可以首先考虑使用。

（3）用文本词或自由词检索时，要考虑到同一概念可能有不同的表达方法，包括同义词、近义词、不同词形变化、缩写词等。根据文献检出情况，进行扩检或缩减调整。

①扩检调整法　除上述选词原则外，可提炼最精炼的检索词；进行截词检索，通过后截断、前截断、前后截断等截词方法找到相关文献。此外，增加检索途径，将主题途径与非主题途径联合使用；采用变化字段的限定条件，以全文字段或摘要字段进行扩检；采用模糊检索等。

②缩减调整法　包括提高检索词的专指度，用下位词替代上位词；检索词增加引号；限制检索词输出的文献类型、文献语种与文献出版年代等；限定可检字段，把模糊检索改为精确检索；主题词数据库中用特定的副主题词进行限定等。

（二）　检索途径

不同种类的检索语言组成不同的检索途径，如以外部特征为检索途径的包括题名途径、著者途径、机构途径（单位名称等）、号码途径（标准号、专利号）；以内容特征为检索途径的包括分类途径和主题途径（主题词途径、关键词途径、摘要途径、全文或任意字段途径）。

（三）编制检索表达式

检索表达式简称检索式，一般由检索词和各种检索算符组成，是检索策略的具体体现，它是用检索系统规定的各种算符将检索词之间的逻辑关系、位置关系等连接起来，构成计算机可以识别和执行的检索命令式。检索式中常用的算符和规则包括布尔逻辑运算符、截词检索和限定字段检索等。

1. 布尔逻辑运算符 表达检索词之间的逻辑关系，包括逻辑"与"、逻辑"或"和逻辑"非"3种类型，分别用 AND、OR 和 NOT 表示。AND 检索式写成 A AND B，表示检索结果中同时包含检索词 A 和检索词 B 的文献，其作用是减少命中文献量，提高查准率。OR 检索式写成 A OR B，表示检索结果中包含检索词 A 或者检索词 B 或者同时包含检索词 A 和 B 的文献，其基本作用是扩大检索范围，增加命中文献量。NOT 表示排除关系，检索式写成 A NOT B，表示检索结果中包含检索词 A 同时不包含检索词 B 的文献，其基本作用也是缩小检索范围，提高查准率。逻辑"与""或""非"如图 2-1 所示。

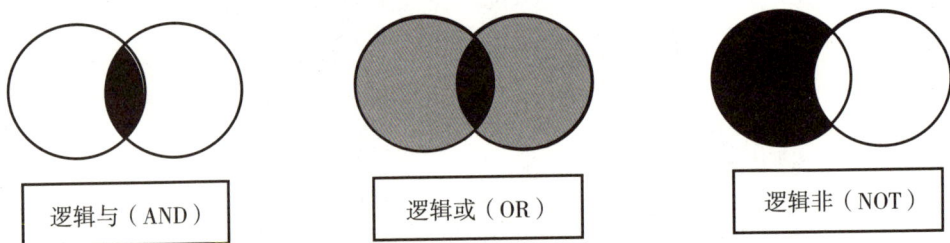

| 逻辑与（AND） | 逻辑或（OR） | 逻辑非（NOT） |

图 2-1 布尔逻辑运算关系示意图

2. 截词检索 截词检索是指截取检索词中的一部分进行文献检索的方式。截词检索可扩大检索范围，提高检索结果的查全率。截词检索可解决检索词的单复数问题、词干相同而词尾不同问题，以及英美单词的拼写差异问题，为英文检索所常用。截词检索的通配符一般用"＊""？"表示。如在检索系统中输入 comput＊ 可查到 computer、computing、computerized 等所有以 comput 开头的检索词。不同的检索系统，通配符的符号可能不同。

3. 限定字段检索 限定字段检索将检索词限制在文献特定字段中进行检索，目的是缩小检索范围，提高查准率。不同的检索系统中所包含的字段数目不尽相同，字段名称也有区别。常用的中文字段名有"题名""关键词""作者"等，如在 PubMed 系统中，则有〔TI〕（题名）、〔AB〕（摘要）、〔AU〕（著者）、〔LA〕（语种）、〔PT〕（文献类型）等。

本节示例我们通过中文期刊数据库（三大全文库）中的多种途径，如题名途径、刊名途径、关键词途径、出版机构途径、著者途径等进行检索均无结果；这时，我们想是否为丛书中的论文，转查读秀知识库，因读秀知识库收录了 1949 年以后出版的 95% 以上的中文图书，通过"知识"字段检索，未找到相关内容；再查看搜索引擎，用用户提供的多种路径进行查找，包括出版者和出版时间途径，在百度中输入"毛上珍印书馆 1952"，两词之间空格默认为"AND"，于是查到了孔夫子旧书网上有关《针灸医学》丛书的相关信息（图 2-2）。

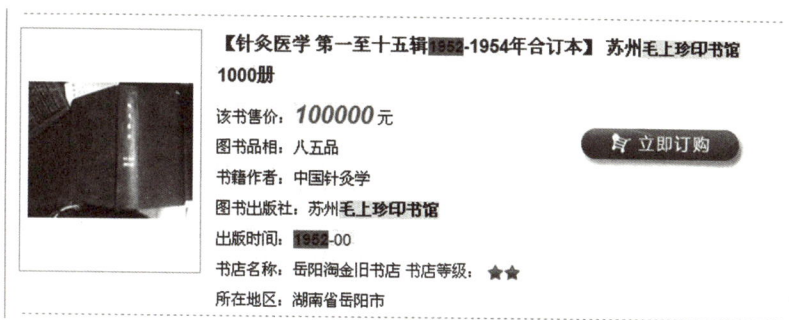

图 2-2　孔夫子旧书网《针灸医学》的相关信息

四、获取相关信息线索或全文

根据课题需求，通过各种途径，找到相关信息线索，获取全文。

1. 通过网络数据库获取原始论文。网络数据库包括中文三大全文数据库（维普、万方、CNKI），外文包括 Science Direct（SD）、西文生物医学期刊文献数据库（FMJS）、康健数据库等。

2. 通过网络检索工具，如 Google 学术搜索等获取原始论文。

3. 通过馆藏目录、联合目录等获取原文，通过"按需印制服务"等方式获取原始文献。

4. 通过馆际互借获取原始论文，如读秀知识库的"文献传递中心"、大学城资源共享平台的"文献传递：邮箱接收全文"服务、"文献互助"中心等。

5. 通过咨询网上书店等购买原文。

6. 通过出版单位获取原始论文。

7. 以发邮件或写信的方式向作者获取原始论文。

五、阅读与筛选检索结果

阅读和筛选阶段要求用户能够快速阅读并摘录有用的信息。摘录信息常用的方法有 Word 或 Excel 文档法、计算机个人文献管理工具等。很多用户习惯将检索到的文献线索直接拷贝到 Word 文档里，这样比较方便。随着基于计算机网络的联机文献检索工具的产生，著名的计算机个人文献管理工具，如 NoteExpress、Endnote 软件开始流行，第十一章将详细介绍其使用方法和技巧。

六、整合信息

整合信息即要求检索用户从多个资源中组织信息和表达信息，通过从各个文献检索工具中"阅读"并"摘录"阶段获得的信息进行综合分析，形成课题调研报告或综述论文。同时，通过评价所获得的信息，判断是否解决了最初的信息问题，以及整个信息问题解决过程的效率和方法是否最优，以便调整策略，达到信息最优。

基于 BIG 6 的六大步骤可以获得很高的效率，已广泛应用于许多科学研究，采用这一方法，应用各种资源来解决问题或完成任务。本节示例中，我们可知如何判断文献信息为何种类型，如何通过各种不同途径的信息资源获取所需要的信息。

思考练习

1. 何谓 BIG 6 信息问题解决模式？
2. 简述文献检索的基本步骤。结合自身专业，自拟一题加以论述。
3. 分类检索语言与主题检索语言各自的特点。
4. 叙词和关键词各自的特点，并举例说明。
5. 检索词选词原则是什么？文献扩检和缩减时检索词应如何变换？

第三节　文献信息检索的常见误区和策略调整

【示例】某用户想查找"中医体质学说与肺癌的辨证论治"这方面的资料，其用关键词中医体质学说、肺癌、辨证直接组配，检索结果为零。这时需调整检索策略，将主题概念加以变换，通过联想或延伸法将同义词、近义词、上位词考虑在内，如中医体质学说可用体质学说、中医体质，肺癌可用肺肿瘤，辨证可用证候等，把隐含的相关词找出，即可在不同的数据库中检索出不同篇数的相关文献。

为什么会出现检索不到相关文献的情况呢？为什么不同的数据库检出的篇数不同呢？为什么会检出不相关的文献？事实上，在文献检索中，常常会出现检索结果不理想的情况，这往往是因为误检、漏检造成的，当检索结果与检索预期存在差距时，应该正确分析原因，对检索策略进行调整优化。

文献检索的常见误区可归纳为六个方面。

一、检索任务分析不透

在文献检索过程中，无论是研究生还是从事信息工作的初学者，常常在主题概念提炼方面出现问题，常见的有三个方面。

（一）提取的概念未突出重点

主题分析缺乏控制，分不清主次，析出的主题概念太多导致漏检，与检索系统中实有的相关文献不符。

【示例】检索"针刺对局部脑缺血大鼠体感诱发电位影响的实验研究"。

该课题从题目上粗看有几个概念，即针刺、局部、脑缺血、大鼠、体感诱发电位、影响、实验研究，若都作为主题概念用"逻辑与"组配，那么检索结果可能为零，这里存在着将次相关甚至无关紧要的内容作为主题的情况。

策略调整：检索时应突出重点，提取最核心的概念。该题核心词有针刺、脑缺血、体感诱发电位；次要概念为大鼠；实验研究为泛指词，无实际检索意义，检索时无需列入，这样就能检出相关的文献，否则易造成文献漏检。

（二）忽略了隐性的主题概念

因疏漏了隐性的主题概念，使得分析出的主题少于文献实际隐含的有参考价值的内容。

【示例】检索"养阴固精化痰渗湿法对糖尿病肾病疗效的研究"。

如果用题目上的字提炼关键词，加以组配，结果可能为零。

策略调整：除用"糖尿病肾病"外，将养阴固精化痰渗湿法引申到"治则"或"治法"，就能查到相关文献。这里"治则""治法"属于隐性主题概念。

（三）　主题概念模糊、不具体

【示例】检索"中药对胃肠激素类影响"的相关文献。

这里"胃肠激素类"是一个抽象、泛指、集合的概念词，胃肠激素类包括缩胆囊素、表皮生长因子、肠抑胃肽、胃泌素释放肽、胃泌素类、胰高血糖素原、促胃动素、肽 YY、分泌素、血管活性肠肽等词，如果不了解用户需求，不能将"胃肠激素类"这个抽象概念具体化，就会影响检索结果。

策略调整：明晰查找概念，了解具体要求。通过与用户沟通了解到，用户需查胃泌素释放肽、胰高血糖素原等具体的概念词，经过调整后再进行检索，达到了检准的目的。

二、对数据库的特点不熟悉

不了解每个数据库各自的特色，包括收录范围、文献信息类型、报道时差和更新频率等，导致未查找与课题内容密切相关的数据库，使检出文献出现偏差。

（一）　未使用跨库检索平台

万方、CNKI 检索系统（中心网站）都属于跨库检索的平台，可查找不同类型（期刊、学位论文、会议论文、专利、成果等）的文献，若不充分加以利用，则会遗失文献。

【示例】检索"建立 GC-MS 法来评价草珊瑚挥发油成分"是否有创新。

从这一题目中析出关键词气相色谱-质谱（GC-MS）、草珊瑚，查检者如只选择中文生物医学期刊文献数据库（CMCC），则查检结果为零；但在万方数据知识服务平台，关键词字段写 GC-MS，全文字段写草珊瑚（考虑中药草珊瑚可能有其他名称等），结果可查出一篇文章："GC-MS 法分析肿节风叶中挥发油化学成分"。

（二）　选择数据库缺乏针对性

【示例1】检索《咽喉秘集》收藏地点、主要版本。

这里涉及古籍文献的查找。查找中医药古籍文献，不懂得用除馆藏印刷型书目外，还可用各古籍数据库如《中华医典》《中国基本古籍库》、网络搜索，尤其是读秀知识库等电子版综合型数据库进行检索，是检不全相关文献的。

通过检索了解到，《咽喉秘集》收藏在中国中医科学院图书馆、广东省立中山图书馆、浙江图书馆等十余处，现存有十余种版本，最早见于清海山仙馆刻本。1954 年锦章书局出有石印本。1980 年，湖南科技出版社根据 1892 年（清光绪壬辰）傅宝垓手抄自"海山仙馆"吴、张氏刻印原本，是现今流传最广的《咽喉秘集》吴、张氏原本。

【示例2】检索"正脊远红外线牵引床"方面的文献。

要检索器械、产品制备方面的内容，除了医学相关数据库（CBM、PubMed 等库）及中文三大检索系统外，应特别注意选择专利数据库。因为专利数据库对设备的结构描述十分清楚，专利说明书含有设备的示意图、结构图和文字说明等，可与检索项目进行对比分析，这是其他非专利文献数据库所不具备的特点。国内的专利库查国家知识产权局专利检索与服务系统，国外专利库查美国专利数据库、欧洲专利数据库等，检索词可用牵引床、远红外线等。

只有熟悉了解各个数据库的收录范围、功能特点，熟练掌握各数据库的使用方法及操作技巧，才能做到心中有数（具体可查看第二节"选择信息源，确定搜索范围和工具"）。

三、未采用合适的检索途径和字段

以文献外部特征为检索途径，包括题名、著者、机构、序号途径等；以文献内容特征为检索途径，包括分类号、主题词、关键词、摘要、全文等。如果在检索过程中，没有根据课题实际情况选择相应的检索字段和检索方式（如必要时采用跨库检索、高级检索、选择期刊类型、倒序按钮、语种限定、年份限定）等，将会影响检索结果。

【示例】检索"运用石油醚、氯仿和乙醇提取不同极性的巴戟天成分"。

若直接在关键词字段输入石油醚、氯仿、乙醇、巴戟天并加以组配，则检索结果为零。

策略调整：这类情况不妨将最重要的词设定在关键词字段，而将次重要甚至出现频率低的词设定在文摘或全文字段。以中国知网（CNKI）为例，检索字段"关键词"中输入"巴戟天"，"全文字段"中分别输入"石油醚""氯仿""乙醇"，通过检索，可在中国知网"中国学位论文数据库"和"中国期刊全文数据库"中找到相关文献。当检出文献较多时，可以通过年份、语种、选择期刊类型等加以限制。

四、检索词运用不当

在检索策略中，检索词选择正确与否对检索结果影响很大，应特别予以重视。如果没有按照检索词选择原则和使用技巧进行检索，则容易造成文献漏检和误检，从而降低文献查全率和查准率。

（一）文献漏检

1. 未采用最精炼的检索词 检索词常使用词组甚至句子，析出的概念受到限制，命中文献则相对较少。

【示例】检索"脊柱损伤的垫枕"方面的文献（表2-4）。

表2-4 比较选用不同检索词命中文献

序号	检索表达式	命中相关文献篇数
1	脊柱损伤 垫枕	4
2	脊柱 损伤 垫枕	11
3	脊柱 损伤 垫	18

由表2-4可见，如果用户没有提炼检索词，势必影响检索结果。

策略调整：在文献很少的情况下，最精炼词的使用尤为必要。将"枕垫"一词拆成最精炼词枕或垫，可检出更多文献。

又如：检索"中华鳖食疗对改善围绝经期综合征疗效"的文献。这里用最精炼词"鳖"与围绝经期综合征/更年期综合征组配，能找出更多相关文献。

再如：检索"中药祛斑贴脐散治疗黄褐斑"的文献，用"祛斑贴脐"查找则为零，用"斑 贴脐"查找则可查到相关文献。

2. 忽略同类词 在使用关键词（自由词）而非主题词的数据库未考虑同类词，如同义词、近义词、缩略语、相关词等。

（1）忽略同义词（异称词）

【示例】检索帕金森病方面的文献（表2-5）。

表2-5　使用同义词命中文献

序号	检索表达式	命中相关文献篇数
1	帕金森病	4877
2	震颤麻痹 OR 帕金森病 OR 帕金森氏病 OR PD	10164

从表2-5可见，如果直接使用"帕金森病"进行检索，命中文献则相对较少。

策略调整：应考虑到帕金森病的同类词，包括同义词或相关词。除检索"帕金森病"一词外，还可用"震颤麻痹""帕金森氏病""PD"等不同提法，这样检出的文献就比较全面，否则会发生漏检。

中药有其异称词，如学名、别名、俗名、英文名、商品名、拉丁名等，不应忽略。

【示例】检索"余甘子"的文献。

如果用户直接以"余甘子"进行检索，则命中的文献篇数将少于系统中实际拥有的数目。

策略调整：应考虑异称词，余甘子又名余甘、望果、橄榄等，分别以其别名进行检索，以扩大搜索范围。

又如：芦笋，学名石刁柏，又名龙须菜、露笋；五指毛桃，又称五爪龙、南芪、五指牛奶、土黄芪；雪胆素，又名罗锅底；茶素，又名蛇葡萄素、二氢杨梅素、双氢杨梅树皮素等；肿节风，又名草珊瑚、九节风、骨风消、大威灵仙；养心草，又名土三七、费菜、景天三七。中药如用学名找不到时，可通过中药类数据库查找别名。

（2）忽略近义词

例如：中风患者生存质量调查，这里"生存质量""生活质量"等为近义词，可以扩大检索；又如叩背排痰法，这里"叩背"与"拍背"为相近词；再如"制备""制造""合成""生产"等词相近。每一个关键词下均能找到文献，但若采用其中一个关键词去检索，往往只能找到部分文献。

（3）忽略缩略语、元素符号

例如：检索"骨髓基质干细胞"方面的文献。如果直接使用"骨髓基质干细胞"，则检索出的文献相对较少。

策略调整：应考虑缩略语、元素符号。可以利用主题词检索或其他搜索引擎查找出"骨髓基质干细胞"英文缩写（MSCs），并采用"MSCs"加以检索。

3. 未考虑族性词

例如：检索"草菇"栽培的文献，如果直接查"草菇"的栽培，则没有相关的记录。

策略调整：族性检索反映事物的隶属、派生关系。通过中图分类表或数据库中的树状结构图可以了解，必要时采用族性词检索，进行上、下位词的互代。查"草菇"的栽培无命中时，可检索上位类"食用菌"的栽培。

又如：检索"伤寒与哲学"关系的文献，单用"伤寒""哲学"两个关键词检出文献较少，如果上位类"伤寒"用其下位类具体方剂去，如"桂枝汤""麻黄汤""柴胡汤"等；哲

NOTE

学用其下位词"辨证"进行检索，则可检索到更多相关的文献。

4. 未使用截词检索

【示例】检索"竹圈盐灸的临床应用研究"文献（表2-6）。

表2-6　使用截词检索命中文献

序号	检索词	命中相关文献篇数
1	竹圈盐灸	1
2	盐灸	36

表2-6表明，检索词采用"竹圈盐灸"，命中的相关文献篇数仅有1篇。

策略调整：考虑截词检索。用"盐灸"检索，可检出如"竹圈隔盐灸治疗网球肘40例体会"等密切相关的文献，不致漏检。

5. 遗漏模糊检索

【示例】通过数据库检索有关钠-钾ATP酶的文献（表2-7）。

表2-7　使用模糊检索命中文献

序号	检索词	命中篇数
1	钠-钾ATP酶（全角）	0
2	钠-钾ATP酶（半角）	13
3	钠 钾ATP酶（空格）	65

从表2-7可以看出，检索词的不同表达对检索结果的影响是很大的，特别是对带"-"和希腊字母这样易漏检的检索词，应考虑到半角、全角会影响检索结果。

策略调整：在数据库检索中采用模糊检索，去掉"-"换为"空格键"，这样易查全。通过输入"钠 钾ATP酶"，我们可以查到钠-钾ATP酶在数据库不同文章中的表达方式，如：钠/钾ATP酶、钠-钾ATP酶、钠钾ATP酶等等。可见，使用模糊检索可避免漏检。

6. 未采用主题途径　有主题词检索途径的数据库未尽量采用主题途径。

【示例】试比较采用主题词获得性免疫缺陷综合征与单一使用关键词爱滋病、艾滋病、获得性免疫缺陷综合征、AIDS检索结果的不同（表2-8）。

表2-8　主题词和关键词命中文献情况比较

序号	途径	检索词	命中相关文献篇数
1	主题词	获得性免疫缺陷综合征	1328
2	关键词	爱滋病/艾滋病/获得性免疫缺陷综合征/AIDS	40/403/332/180

这个例子使用中国中医药检索系统（检索时间：2014/6/13），结果表明，使用该库的主题检索途径和基本检索途径（关键词途径），检索结果相差较大。

策略调整：为达到较高的查准率和查全率，如果检索工具做了主题标引，提供了主题词这一检索途径，就应该选择主题词进行检索。因为用主题词检索具有紧扣文章中心、网罗同义词等优点，可防止漏检。

又如，白介素2、白细胞介素2、IL2、IL-2等词可使用"白细胞介素2"这一主题词表达。

7. 未考虑分类和主题联合检索

【示例】检索"近 5 年有关伤寒杂病论中'治未病'方面的论文"。

以 CNKI 数据库检索为例，单纯用主题（语词）检索，即主题＝伤寒杂病论，并且 主题＝治未病，检出结果为 27 篇。

策略调整：采用分类加主题检索方式，即在分类导航中，点击医药卫生科技——中国医学——中医基础理论——中医学——中医基础理论——伤寒金匮（伤寒杂病论），同时在检索框中输入"治未病"，选"主题"检索项，限定检索年份为 2008～2013，检出结果为 75 篇。由此可见：分类和主题（语词）联合检索查全率高。

（二）文献误检

1. 忽略专用词（低频词）　查询的词不够具体明确，使用了太宽泛的词。如"研究""开发""Program"等泛指词。没有看具体项目要求，有"按摩"不用，而用泛指词"治疗"。

【示例】检索"穴位埋线防治原发性骨质疏松症的临床研究"文献。

这个课题里提到了具体的穴位肾俞，这时我们就应该用具体明确的穴位"肾俞"一词来替代"穴位"进行查找，这样检出文献更确切。

2. 未使用带引号的短语

【示例】比较在搜索引擎中输入"健康活动计划"，指出带引号和不带引号检索结果的区别。

检索步骤：在搜索引擎中分别输入带引号和不带引号的"健康活动计划"，其检索结果见表 2-9。

表 2-9　采用专指词命中文献

序号	检索词	命中篇数
1	健康活动计划	452000
2	"健康活动计划"	838

该例表明，为提高查准率，不要忽略对专用短语加引号。

3. 未采用下位类词　没有根据检索需要进行族性检索，用下位类词代替上位类词。例如：有"梅花针"（下位类）却用"针灸"（上位类），使得文献检索较多，影响检准率。

又如：检索"六味地黄汤加减治疗糖尿病视网膜病变"的文献，药物治疗首先考虑具体概念"六味地黄汤"，而不是直接用"中药"一词。

4. 主题词库中未用特定的副主题词加以限定　例如，"丹瓜方治疗动脉粥样硬化的研究文献"，在有主题词数据库中就可用"冠状动脉硬化"，副主题词用"中药疗法"进行检索，以提高检准率。

五、组配存在问题

没有正确理解检索词之间的关系，比如同义关系等，采用了错误的逻辑组配符。另外，各数据库采用的逻辑符号表达意思不同，由于误用造成文献无法检出。

【示例】检索"中医治疗糖尿病研究"的文献。

NOTE

糖尿病中医又称为"消渴"，以中医 and（糖尿病 and 消渴）进行检索，没有检索到相关记录。

策略调整：编写正确检索式。正确表达为中医 AND（糖尿病 OR 消渴）。在检索过程中要正确理解逻辑"与"、逻辑"或"、逻辑"非"的关系。另外，要注意各数据库采用的逻辑符号表达意思的不同，比如：CMCC、CBM 数据库中，用" ＊ "代表 0～N 个字符，而不是逻辑组配符。

又如：检索"八珍猪脚在骨伤康复中的应用"，原组配为"（八珍 OR 中药）AND（骨伤 OR 康复）"，而从题目意义看，不能漏了"药膳"一词，因此，正确组配应为"（八珍猪脚 OR 八珍 OR 猪脚 OR 药膳）AND（骨伤 OR 康复）"。

六、忽视文献追踪在检索过程中的应用

文献追踪主要包括两方面含义：①对文献的追本溯源，检索有关文献，对经典文献内容加以分析，利用引文等线索扩大查找范围，借助原始文献追踪查找关联文献，便于了解某学科继承和发展，同时找出这一领域的主要研究者与研究单位。②是针对某一主题不断出现的新文献进行及时准确的追踪、捕捉与整理，把握学术前沿，掌握国内外的最新发展动态，包括对核心期刊加以追踪等。实际工作中往往忽视这些方面，对检索结果及科研产生影响。

（一） 没有对参考文献加以追踪

【示例】检索有关"脾制水理论与肾小管上皮线粒体相关性研究"观点是否创新。

经检索文献，在题为"胃脘痛患者胃黏膜超微结构研究及中医'脾-线粒体相关'理论探讨［J］/ 刘友章，宋雅芳，邓铁涛（广州中医药大学）// 中华中医药学刊，2007，12（25）"的摘要中提到：刘友章曾提出中医"脾-线粒体相关"理论，认为"线粒体与中医的脾有着密切的联系"，浏览该篇的参考文献，引用了报纸新闻。

策略调整：对该报纸进行跟踪，找到 1987 年 12 月 2 日广州中医学院的院报上写有"刘友章提出'中医脾-线粒体'学说的设想，专家认为他开拓了中医脾本质研究新领域"。通过该报纸发现，广州中医药大学刘友章教授及其团队从 1984 年就开始研究"脾与肾小管线粒体相关"理论，从而否定了用户提出这一观点的创新性。若不对参考文献加以追踪，就无法论证观点是否正确。可见，对参考文献加以追踪是很重要的。

（二） 没有对主题及核心期刊加以追踪

有关文献主题追踪的方法较多，如追踪某个机构、研究团队、某知名专家、核心期刊等发表的系列文献，还可利用数据库的推送服务获取主题文献。在实践中，我们往往在获得自己所需要的文献后就停止继续检索，忽视了追踪核心期刊的论文。

策略调整：

1. 追踪服务主题的确定　深入研究准备进行追踪服务的课题或某一研究问题的具体内容，提炼其研究重点，确定追踪主题。

2. 对出版社网站的关注与追踪　找出研究领域的核心出版社，对其出版情况进行追踪。

3. 对核心期刊的追踪　核心期刊发表某一学科（或某领域）的论文较多、使用率（含被引率、摘转率和流通率）较高、学术影响较大，能够反映该学科最新成果和前沿动态。以图书馆已订阅的中外文核心期刊与其他相关期刊为对象，利用纸质馆藏或数据库确定重点追踪的领

域期刊，查找或制定最新一期的目次信息和相关论文信息。

4. 利用搜索引擎进行文献追踪，可以扩大文献追踪服务的范围　也可以利用一些数据库提供的 RSS 定制服务对有关主题或学术团体及个人进行追踪。

（三）　缺乏对文献内容加以追踪

【示例】检索"湿热型慢性肾小球肾炎以芪药赤芍汤为基本方结合三焦辨证进行治疗"的相关文献。

原用户提出的方药芪药赤芍汤，其组方为黄芪、山药、菟丝子、赤芍等。以其为基本方，结合三焦辨证，治疗湿热型慢性肾小球肾炎。经检索，检出文献"刘明教授从湿热论治慢性肾小球肾炎浅识/汤溟//中医药学刊，2005，23（9）：1563-1564"。但该篇没有摘要，看不出与要检索资料的相关度。因此，只有追踪原文内容，并加以比对，才能知道其相关度。

策略调整：追踪原文献，通过仔细阅读，将相关内容补充到摘要中："从肺、脾、肾及三焦入手，清热利湿，补脾益肾，扶正祛邪，攻补兼施，辨证论治。在治疗慢性肾炎时注重调畅气机，在用黄芪、太子参、山药、白术、白扁豆等补益药中加入少量调理气机之剂，如柴胡、连翘、砂仁、莱菔子、川楝子、陈皮等醒脾胃，但行气药多为辛温之品，久用易化燥伤阴，故多佐以酸甘养阴之品，如生地、沙参、白芍、麦冬等，取得了良好的效果。"若没有仔细阅读原始文献，就不能很好地进行文献对比分析，结论就无法下定。

本节谈了文献信息检索的几个常见误区。为避免漏查、误查，提高文献的查全率及查准率，查检人员要建立检索策略的调整与优化机制。在主题概念提炼上，要突出重点，找出核心概念；找出隐性的主题概念；主题概念明确、具体。在数据库选择上，综合数据库和专业数据库配合使用；考虑多种文献类型的查找，注意使用跨库检索；搜索引擎和数据库配合查找。在检索途径上，选择相应字段；可采用高级检索。在检索词选择上，遵循全面性、专指性和一致性原则。自由词检索中要提炼检索词，考虑同类词、族性检索；采用截词检索、模糊检索；选择主题词编制完整的数据库检索；采用主题词和分类号相结合的检索等提高查全率。在检索文献量大的情况下，注意查找重点专业数据库；限定字段；采用精确检索和专用词，注意逻辑符号的正确使用，以提高查准率。总之，检索结果需要不断检验和调整，当检索结果过少时，需要扩大查找范围；当检索结果过多时，则需要缩小检索范围；当检索结果为"零"时，应根据检索内容，不断调整检索策略。同时要注重文献追踪在检索过程中的应用，注意对参考文献、核心期刊、文献内容及主题的追踪。通过检索策略的优化，达到最终找到满意文献的目的。

思考练习

1. 何谓检索策略？文献信息检索常见误区有哪几个方面？

2. 结合专业检索实例，说明检索词运用不当对文献检索结果的影响。

3. 实际操作中应如何避免漏查和误查，提高查全率和查准率？

4. 文献追踪的含义是什么？

5. 如何将文献追踪方法应用于专业文献信息检索？

第三章　中医药文献检索工具

中医药学的传承和发展，主要依赖文献的载录。中医药文献浩如烟海，要想全面、迅速、准确地了解中医药文献信息，就需要利用有关的检索工具对相关的中医药文献进行检索。

第一节　中医药纸质文献检索工具

【示例】某中医文献专业的研究生，想研究明代著名医家万密斋的学术思想，他需要系统检索明代之后的历代有关资料。那么，如何全面、准确地检索中医药古代文献呢？

中医药古代文献是中医学伟大宝库中的璀璨明珠，是我国人民数千年来与疾病做斗争的历史记录。它系统总结了"民国"以前历代医家的学术思想和临证经验。检索中医药古代文献，是中医药教学、科研、医疗工作中经常遇到的问题，其目的，一是了解某学科或某专业有哪些中医药古籍，二是了解某一学科中医药古籍的主要内容、学术价值，以及流传、版本和收藏情况。

一、中医药古代文献信息源

中医药学发展的特点，决定了中医学术研究不能脱离对中医药古代文献的依赖。中医药古代文献，是中医药学传承发展的基础，对中医古籍的整理和研究，关系到能否坚守中医的根基，传承中医的命脉，保障中医健康持续发展。

纵观人类历史，很早就有人们传播和利用信息的记载。我国先秦时代，是信息传播活动相当活跃的一个时期。例如，鲁定公"十三年春，齐侯、卫侯次于垂葭……使师代晋，将济河。诸大夫皆曰：'不可'。邴意兹曰：'可，锐师伐河内，传必数日而后及降。"这里说的"传必数日而后及降"，指的就是一种信息传递活动。又如魏公子无忌"与魏王博，而北境传举烽，言'赵寇至。且入界'，魏王释博，欲召大臣谋。公子止王曰：'赵王田猎耳，非为寇也。'复博如故。王恐，心不在博。居顷，复从北方来传曰：'赵王猎耳，非为寇也。'魏王大惊，曰：'公子何以知之？'公子曰：'臣之客有能探得赵王阴事者，赵王所为，客辄以报臣。臣以此知之。'"这里说的"北方来传"和"客辄以报臣"也是一种信息传递活动，传的都是新近发生的事实。可见，在先秦时代，信息传递活动大量存在，其方式也多种多样，这时已有借物传报者。自先秦而后，我国历经汉、晋、南北朝、隋、唐、宋、元、明、清，在这长达四千多年的历史长河中，人们已在利用各种手段来传递信息以指导自己的生产和生活。信息主宰着人类的一切活动。人类在长期的生产和生活实践中运用信息启迪人们的思想，不断发展和创造着人类文明史，孕育出一大批思想家、政治家、哲学家、文学家、史学家、军事家、科学家和发明家，他们为后人留下的无比丰富的文化遗产——记录着上下五千年文明史的文献凝结着我们中华民族的智慧结晶。

（一） 中医药古代文献资源

通常把成书于1911年（辛亥革命）以前，以抄写和雕版印刷为主要记录手段而形成的医药文献称为中医药古籍。近代以来出现的以石印、油印、排印，乃至仿刻、影印、扫描手段复制的中医药古籍，在检索利用上具有同样的作用。中医药古籍记载了历代医家研究总结中医药学理、法、方、药的成果，是中医药学传承发展的文献保障，是当代医家学习与研究中医药学的文献宝库，对中医药学这样一个具有悠久历史渊源的学科来说，古籍是它的本底资料，本底资料发掘研究不够，这个学科的发展就会成为无源之水、无本之木，就会逐渐失去它的优势与特色，检索利用中医药古籍，可借鉴前人的经验与教训，承前启后，继往开来，对提高中医医疗水平、发扬中医特色、实现中医药的现代化有极其重要的意义。

研究古代中医文献，首先需要从客观上了解它的总体情况，全面概括地对其进行分类。古代文献种类很多，分类方法也不尽相同，为有益于文献研究，我们将古代中医文献归为六大类：传世文献、出土文献、辑佚文献、海外文献、文史工具书、小说笔记。

1. 传世文献   传世文献指自问世以来一直流传并现存的古代文献。它又分为医学文献与非医书中的医学资料两大部分。

（1）医学文献   通常称之中医古籍，其成书年代截止于1911年，即清代以前（含清代）。

根据现代通行分类法，其又可分为医经与基础理论、内、外、妇、儿、骨、伤、五官、针灸、本草、方书、综合性医书、医案医话、医史等。此外，医学文献也可统分为基础理论和临床文献两大类。它们囊括了中医药体系形成与发展的绝大部分内容与信息。医学文献是保存中医学遗产最直接的载体，也是现行古代中医文献的主体，是古代中医文献研究关注的主要内容。

（2）非医书中的医学资料   在研究古代中医文献各个专题过程中，围绕主题会辐射到大量相关文献资料，这其中有很多属于非医书的医学资料。某些古籍虽不是中医专著，但其中篇节专论中医，或所述与中医有着千丝万缕的联系，这类文献我们称之非医书中的医学资料。它们是古代中医文献研究不可或缺的素材，有时成为研究的有力依据与可靠线索，起着医学文献不可替代的作用。熟知它们将有助于古代中医文献研究。古代文献分为经、史、子、集四大类，其中蕴藏着无数与医学相关的信息，如《神农本草经辑注》第十二章"传世非药典性本草学古籍所记载《本经》古本佚文考"，专门论述《本经》佚文。《本经》在历史的传承过程中，原本佚失，内容保存于后世众多古文献之中。除本草著作与医书古籍外，广泛存于非医书中的医学资料里。借助非医书中的医学资料进行中医文献研究，其意义不容忽视。

2. 出土文献   有些古文献随墓葬埋藏地下，很长历史时期之后重新被发掘出土面世，这类文献谓之出土文献。医学出土文献从目前来看主要来自唐朝以前，虽零星散在，却不乏具有重大意义者。近百年古代医学文献陆续出土不少，仅就已经公开发表或出版的成果，其成就已令世人瞩目。20世纪70年代湖南长沙马王堆出土了一大批简帛医籍，在考古界和科技界引起轰动并波及海外。出土的 14 种简帛古医籍成书时代较之现存古典医籍《黄帝内经》《神农本草经》《伤寒论》等为早，它们不仅充实了古代中医文献，更弥补了现存远古医学文献之不足。出土卷子是出土医学文献另一重要内容，其中以敦煌出土卷子数量居多，敦煌医学卷子的很大一部分保存收藏于海外。敦煌卷子现代已形成专门研究领域，医学卷子的发掘整理研究取得丰硕成果，数十种医药文献已校勘并正式出版，融入博大的中医药体系，成为新的文献资源。

出土文献横跨相当长的历史时期，是早期历史文献的重要补充，其内容丰富，不仅本身是中医文献研究的对象，同时也是相关文献研究最真实的佐证材料，是古代中医文献宝库之瑰宝。

3. 辑佚文献　古代很多文献在历史流传过程中消失，人们只能根据古人目录著作得知它们曾经存在。它们或被后人流传下来的古籍引用抄录，后人因此见到一些蛛丝马迹，这类文献称为佚失文献，保存下来的这类文字称佚文。宋代刻本书问世之前，大量早期古医籍主要以写本形式传播，写本数量很有限，传播范围甚小，故佚失者数不胜数。后人将保留的佚文一一摘录，并尽可能恢复原书面貌，形成相对完整的古籍。这即是佚失文献的辑复，被辑复的文献称为辑佚文献。《神农本草经》属于中医辑佚文献。

4. 海外文献　海外文献主要包括两方面，一是指收藏于海外的中医古代文献，二是指海外作者撰写的中医著作。自古以来，中医学受到海外尤其是周边国家的青睐、重视、崇尚，学习者从未间断，随着中外文化与科技的传播交流，很多中医古籍漂洋过海，为异域他国病人祛除痛苦，并入乡生根，历代流传。如在日本、朝鲜汉医学历史悠久，古代中医文献的外传对医学交流传播起着决定性作用。无数中医古籍传至海外，翻刻重印，并长期收藏于异域。保存收藏于海外的中医古籍同样是古代中医文献的宝贵组成部分，中医文献研究不可或缺。

中医古籍海外流传，带动了域外中医的发展，历史上日本曾出现研究中医的著名家族如丹波氏、半井氏，其著作又回传国内，对国内中医发展产生积极影响，如《医心方》等。此外《大同类聚方》《金兰方》《顿医抄》《覆载万安方》《福田方》等均是日本中医古籍影响较大者。《乡药集成方》《医方类聚》《东医宝鉴》则为朝鲜的著名中医古籍，不仅在朝鲜，在中国也是学术成就甚高的中医著作。

5. 文史工具书　文史工具书如字书、辞书、韵书等都含有或援引了诸多医学文献，如《释名》释形体、释疾病，《说文》《广韵》中的医学专用字等。清·顾炎武《音学五书》、朱骏声《说文通训定声》等，都有引用或结合医学文献进行研究的内容。

6. 小说笔记　历代的小说笔记中，载录医学文献的数量颇多，涉及面广，且多有医学著作中所未载的内容。如钱远铭的《经史百家医录》，从经史百家 3 万余卷中辑录医学文献 110 余万字；陶御风的《历代笔记医事别录》，收录唐至明清历代笔记 300 余家，辑录医学文献 50 万言；孟庆云的《历代笔记小说中的医方》，记载唐至清 800 余种笔记中有药方的达 300 余种。

（二）中医药古代文献的分布

中医药古籍产生于秦汉之前，形成于隋唐之际，发展于宋元之后，延绵两千多年历史，浩瀚数十万卷之众，构成了我国独有的中医药文献宝库。据史载书目粗略统计，1911 年以前我国曾刊行过两万余种中医药古籍。据《全国中医图书联合目录》（1991 年版）统计，现存国内 113 家省市公共图书馆、高校图书馆与科研系统图书馆收藏的中医药古籍就达一万余种，至于散藏于民间和有关地、市（县）文物保管部门、图书馆及中医院图书资料室的中医药古籍有多少，尚无统计资料。但据浙江中医药大学图书馆对该省现存中医药古籍调查情况看，就发现了四百余种《全国中医图书联合目录》未收入者。由于封建帝王对文化之禁锢、对图书的查抄、焚毁及残酷的文字狱、历代战火的劫难和保管不善及自然原因，尤其是帝国主义侵略的掠夺，造成中医药古籍大量流失散佚，清代赵学敏的《本草纲目拾遗》引书260余部，距今不过210余年，失传者已近半数。有的流失到国外，如明隆庆间的《证类本草》14卷（桐城一航老人陆芝祝辑、白云山人阮自嵩校刊）现被美国国会图书馆收藏。有的虽然尚有书在，但其善本却为他人所占，如唐代昝殷的《经效产宝》国内仅有光绪间的刻本，日本却有北宋刊本。现在全国所藏幸存的古代中医药古籍，有不少已成海内孤本。为了使这座中医药文献宝库更加丰富，近几年来，以我国中医科学院医史文献研究所为主要力量的专家、学者艰辛地开展着流失境外的中医药古籍"回归"工作，即通过友好协商以拍照或扫描的形式将这些宝贵的文献带回来，再制成印刷品。目前已有数十种中医药古籍"回归"，其中大多为国内缺失者。现存于世的中医药古籍，从内容上看，既有《内经》《本草经》《伤寒论》《金匮要略》等对中医药学有普遍指导意义的经典医籍，以及在广泛医疗实践中概括提炼出来的系统的理论著作，又有历代医家各科诊疗经验的总结记录，学科类别涉及医经、基础理论、伤寒金匮、诊法、针灸推拿、本草方书、内科、外科、妇科、儿科、五官科、养生及医学史，其知识信息构建了一个完整的中医药学术体系。从编撰形式上看有原著本文，也有注解释疑；有辑佚、类编，也有选编、汇录；有歌括、歌诀，也有散论、答辩；有只叙一科一派一家的专著，也有广采博取的文献汇编；有单行、附录，也有丛书、类书、全书及书目工具。从卷帙上看，有的一部一卷，大部分则一部数卷，但也不乏一部数十卷、数百卷者。其中记载中药方剂的药学著作与方书就有三千多种，是开发研制中药新药的文献源泉。临证医著更为丰富，是当代临床工作者提高中医疗效与加强中医特色迫切需要借鉴应用的知识信息宝库。

（三） 中医药古代文献的特点

中医药古代文献有较为明显的特点。

1. 古代文献丰富，检索利用不便　由于中医药学源远流长，从产生、发展到现在已有两千多年的历史，记载中医药知识的文献代代相传，世世积累，历代医家与学者的著述十分丰富，但由于清末以前我国对文献的编目整理基本上沿用"四部分类"法，这种传统的分类方法缺乏系统性与逻辑性，单体文献的篇章布局除了冠有"目次""目录"外没有辅助的检索途径，这就给后人的检索利用带来不便。另外，历代医著在传承翻刻的过程中，同一种书有不同时期与不同地点、不同刻者的版本，不懂得一些版本目录学知识是无法准确检索与利用的。

2. 知识相互记载，术语与今有别　中医药学是多学科知识交互渗透的产物。两千多年来在吸纳我国传统哲学、语言学、文学、天文气象学、历史学、伦理学、地理学、农学等多种学科知识的同时又丰富了这些学科的内涵，所以这些学科的文献中都或多或少记载有中医药学的知识内容，如在古代经部文献中既有专门的医药知识记载，又有与医药有关的内容（《诗经》《尔雅》记载有数百种草、木、动物的形态、产地）；史部文献收录了许多医家传记和历代医学制度、法令、教育、考试、疾疫流行和中外医学交流情况；在子部文献中，除了"医家"类专收医书外，在"道家"类中有丰富的气功养生文献，在"农家"和"谱录类"中有大量的本草资料，在"兵家"类中有疗伤治病的药方记载，在"杂家"类有病因、生理、药理等内容的记载（沈括的《梦溪笔谈》卷二十六即为"药议"）；在集部文献中收载了许多完整的医学文献,如《六臣文选注》中收有《素问》《神农本草经》《名医别录》等多部古医书。这种现象在现代同样存在。现代中医药学在发展过程中广泛采用自然科学的技术手段,其他学科的专业技术人员也都对中医药学开展了各个方面的研究,故中医药学的研究早已突破了传统框架,在文献发表与信息交流上出现了比较普遍的分散现象,如中医药学的论文不仅发表在本学科、本专业的报刊上,而且会出现在其他学科的报刊上。中医药文献的这种分散现象有利于学科之间的交流融合,但给专业人员的检索利用带来一定的不便。所以要全面、系统地收集某方面的中医药知识,应注意对相关学科文献的检索利用。由于古代中医药文献是用古代汉语记录的,不同时代的语言文字在表达与术语的使用上有很大差别,再加上古体字、通假字、异体字与避讳字的出现,使后人在阅读时产生了种种障碍。为此,只有同时具备古代汉语知识和中医药学知识,检索古代中医药文献才能得心应手。

3. 学术价值久远　中医药古代文献虽然有部分内容已过时或现今认为不科学,如某些迷信或庸俗的治疗方法,但总体而言,其中古代医家确立的中医基础理论和辨证论治体系,甚至许多治疗方法、药物与方剂对当代中医药临床实践与学术研究仍起着重要的指导作用。历代刻印的中医药古籍被奉为中医药学的瑰宝,阅读者众多;半个世纪以前发表的中医药论文,研究者甚众。可见,对中医药学来说,如何检索利用这些早期的中医药文献,充分汲取其知识营养仍然是需要重视的问题。

二、中医药古代文献检索

(一) 书目检索

中医药图书浩繁,内容广,种类多,但是面对如此多的图书信息,如何全面、迅速、准确地了解中医药图书的出版、存佚、收藏,以及学术内容、学术价值等情况就需要利用有关的书目来检索。

书目是治学的重要工具。书目在我国有悠久的历史,在整个学术发展史上始终占有重要的地位,并在长期的实践中形成了"辨章学术,考镜源流"的优良传统。书目的基本职能是揭示与报道图书,但它又反映了一定时期科学文化的发展概况。历代学者对书目的编制和利用都十分重视,所编制的书目不仅类型多样,而且体例严谨。

1. 书目的作用

(1) 揭示刊行情况,提供流传线索　各个历史时期的著述,基本上反映在各个历史时期的各类书目之中。通过书目,可以从宏观上了解和掌握一定历史时期文献的著述、刊行、流传、存佚等基本情况。例如,有人估计我国现存古籍可能在 15 万种左右,就是根据《四库全书总目》《中国丛书综录》《贩书偶记》等书目加以统计的。又如,通过《全国总书目》,可以了解新中国成立以后历年中医药图书的出版情况。由于书籍是一定历史时期科技文化的记录,因此,通过书目还可以了解各个时期科学文化发展的概貌,尤其是专科书目,更是学科发展史的一个缩影。

(2) 揭示图书特征,提供研究资料　书目著录了所收图书的书名、卷帙、撰者、版本、提要等,这些内容使人们得以了解每种书的撰述情况、著者生平、简要内容、书名异同、版本优劣、学术价值,以及进一步研究的线索等。这些资料也是人们阅读、校勘和考证等不可缺少的。例如《中国分省医籍考》对于各书的作者,凡是在方志中能查到的传记资料均予以全文载录，其内容往往比《中国医学人名志》还要详细。又如《三百种医籍录》中指出：《杨敬斋针灸全书》"一说系托名著述，非陈氏编撰"，又指出"书中内容与徐凤《针灸大全》基本相同"，为研究该书提供了指导意见。

（3）评价图书得失，指导读书门径　清代学者王鸣盛在《十七史商榷》中指出："凡读书最切要者，目录之学。目录明，方可读书，不明，终是乱读。"书目通过对有关文献特征的集中反映，尤其是书目中的说明和提要，学术源流、类目条析和书籍内容的评价，对人们了解、选择和利用图书起着重要的指导作用。通过书目可以了解某一学科图书的全貌，了解某一图书在学科中的地位、价值和作用，也就是前人所说的"辨章学术、考镜源流"。例如《四库全书总目提要》子部医家类类序中指出："儒之门户分于宋，医之门户分于金元。观元好问《伤寒会要》序，知河间之学与易水之学争；观戴良作朱震亨传，知丹溪之学与宣和局方之学争也。"寥寥数语，揭示了医儒学术思想的关系，并提示了研究金元医学之途径。故清代目录学家张之洞说："今为诸生指一良师，将《四库全书总目提要》读一过，即略知学问门径矣。"

2. 书目的类型

（1）官修书目　指封建王朝宫廷的藏书目录。此类书目由皇帝诏命大臣或知名学者专门修撰。西汉末年，刘向、刘歆父子等编撰了中国最早的综合性官修书目——《别录》《七略》。《别录》《七略》不仅反映了先秦以来的丰富古籍，对当时学术界"辨章学术、考镜源流"起了推动作用，同时也奠定了我国目录学的基础，对两千多年来书目编制的原则、体例和方法产生了深远的影响。

清代乾隆年间（1781 年）编撰的《四库全书总目》是中国历史上规模最大、体例最完善的一部官修书目。由于《四库全书总目》卷帙太繁，翻阅不便，纪昀等又删节提要，除去存目，编成《四库全书简明目录》20 卷。因为《四库全书总目》存在一些不足，后来不少学者作了纠谬补阙的工作，重要的有余嘉锡撰的《四库提要辨证》，胡玉缙、王欣夫辑的《四库全书总目提要补正》等。

（2）史志书目　指史书里面记录图书的"艺文志"或"经籍志"。东汉班固编著《汉书》，根据刘歆《七略》改编而成"艺文志"，开创了根据官修书目编制正史艺文志的先例。《汉书·艺文志》是我国现存最早的一部古典书目。此后，各正史中以例编撰"艺文志"的有《隋书·经籍志》《旧唐书·经籍志》《新唐书·艺文志》《宋史·艺文志》《明史·艺文志》《清史稿·艺文志》。其他没有"艺文志"的史书，清代以来的学者纷纷补编，形成了一个史志书目的流派，连贯起来就成为中国古籍的总目，基本反映从古代至清末的著述情况。

（3）方志书目　指地方志中的图书目录。各省、州、府、县地方志，一般都编有"艺文志"或"经籍志"这一项，主要收录当地历代人士的著作，或内容与本地有关的书籍。方志目录收录图书的数量远远超过正史，一般以县志记载最为详细。如《河北医籍考》一书就是根据河北省 91 种地方志辑成，其中医籍大多数为历来公私书目所未载。

（4）私撰书目　主要指个人编纂的目录和私人的藏书目录。这类目录大多出自藏书名家之手，有较高的学术研究价值。现存最早、最负盛名的是宋代晁公武编的《郡斋读书志》。清代钱曾的《读书敏求记》，不仅是一部私藏书目，而且也是中国第一部研究版本目录的专著。私撰书目虽然随着封建社会的解体而消亡，但历代所编的数以百计的书目仍然发挥着重要作用。

（5）**专科书目** 指围绕某一学科系统、全面地收集文献而编制的书目。汉武帝时，军政杨仆在整理兵书的基础上编制了《兵录》。这是我国第一部有文献记载的专科书目。明末殷仲春的《医藏书目》是现存最早的医学书目。

（6）**导读书目** 中国古典书目中，还有一种指导读书的推荐书目，这类书目又叫导读书目。现存最早的是唐代末年编的《杂钞》。它以问答的形式给青年开列了一部包括数十种书的书目单。影响最大的是光绪年间（1876 年）张之洞编制的《书目答问》，以书目形式回答了全国各地考生的问题。该书目分经、史、子、集、丛书五部，列举了 2200 多种书，重要的书后加注语，指出阅读时需注意的问题。此后，范希曾撰《书目答问补正》，纠正了《书目答问》中的错误，补收了一些与原书性质相近的图书。两种书目虽然是指导读古书、治旧学的工具，但至今仍被人们作为选用古籍的参考。20 世纪 20 年代，出现了编制推荐书目的高潮。1923 年胡适首先在《晨报副刊》上发表了《一个最低限度的国学书目》。对此，梁启超有不同意见，于同年编写了《国学入门书要目及其读法》。李笠、章太炎等一批学者也效其法，编制国学入门书目。根据各家开列的国学图书，商务印书馆经过整理，编印了《国学基本丛书》。

3. 书目的体例 一部完整的书目主要由前言与凡例、目次、正文和辅助资料四部分组成。

（1）**前言与凡例** 前言又称序言、引言、编辑说明、编者的话等；凡例又称序例、编例、编写条例等。前言与凡例是任何一部书目都不可缺少的组成部分，其内容大致包括介绍书目编制的目的和过程，书目的性质、用途、结构，以及收录的范围、编排和使用方法等。这些说明有助于读者了解和利用书目。

（2）**目次** 目次是反映书目内容的大纲。通过目次，可以直接、快速地了解书目的内容、结构及其体例。目次也是从学科类别检索图书的途径。

（3）**正文** 正文是书目的主体，是利用书目的主要对象。它是由著录、提要和小序三个部分组成的。书目著录项主要包括书名、版本、真伪、失佚、著者等项。

（4）**辅助资料** 辅助资料是指附在书目正文后面的各种有关资料，一般包括各种辅助索引，如书名索引、作者索引等，还有收入单位名录及引用文献等。个人著述目录还附有作者生平、著译年表等。

4. 中医药专科书目的利用 中医药古代图书刊行历史悠久，数量庞大，种类繁多，版本复杂。在长期流传过程中存在许多复杂现象，如散佚、伪托、讹误及内容增删、书名变化等，只有掌握一定的检索规律和方法，才能全面、迅速、准确地检索古代中医药图书，有效利用中医药专科书目、有关综合性丛书和馆藏目录等。

（1）**《中国分省医籍考》** 郭霭春主编，1984~1987 年由天津科学技术出版社出版，分上、下两册。上册包括河北、河南、山东、江苏、浙江、江西六省，下册包括除上述省以外的全部省、自治区（其中包括台湾省在内，北京、天津属于河北省，上海市隶属江苏省）及全书的人名、书名索引。全书收录医籍的时间范围上始先秦，下至清末，著录了全国近 3000 种地方志中的医籍 8000 余种。各省医籍，按类编排。每类之下，按历史朝代及作者生存年代的先后次序排列。每种书目标明卷数、著作朝代、作者姓名及作者小传。该书目不仅收罗丰富，而且在编排体例上首创分省著录。每书之下附有医家小传，各省卷首有该省医学文献综述。

（2）**《中国医籍通考》** 严世芸主编，1990~1994 年由上海中医学院出版社出版。共 4 卷，索引 1 卷。

该书目是目前规模较大的一部辑录体中医药古籍目录，收辑上溯先秦，下迄清末，旁及日本、朝鲜的中医药古籍9000余种。全书分4卷，按类及成书时间顺序编排。第1卷为医经、伤寒、金匮、藏象、诊法、本草、运气、养生；第2~3卷为温病、针灸、推拿、方论；第4卷为方论、医案医话、丛书、全书、史传、书目、法医、房中、祝由、补编。方论为临床著作（包括方书），按综合、妇科、儿科、外科、伤科、五官科顺序编排。每书大体按书名、作者、卷帙、存佚、序跋、作者传略、载录资料、现存版本等项著录，阙项付如。部分书还附有编者所作考证的按语。该书目广征博引，资料丰富，为检索和研究我国古代医学文献提供了很大的方便。

（3）《历代史志书目著录医籍汇考》　李茂如等编著，1994年人民卫生出版社出版。

该书目是考溯历代医籍流传存佚的工具书，汇采历代史志、公私书目，以及诸家文集、札记、论说等文献183种，按其类属析为史志、书目、广录3篇。各篇所统各种文献，按所属时代之先后排次标目与著录。凡有出之辑佚、补编、续编或考证、注释等书，则一律著录于初目之后。各篇所举各种文献均分别著录，首述撰人生平、书旨大要、篇目卷次，以及其中有关医书之著录概况，间附按语说明。次则辑录其中有关医学诸书之著录原文，务求详备无遗。该书辑录医书原文，除全采医门诸书外，亦广采法家、农家、谱录诸门中有关法医、兽医、食养诸书。

该书的资料排列以所属时代之先后为序，故对我们从总体上考察历代医籍的流传演变情况有较大帮助。

（4）《中国医籍提要》　该书编写组编，吉林人民出版社1984~1988年出版，分上、下册。

上册收录医籍504部，主要是清代以前的著作，兼采日本、朝鲜比较著名的中医药著作。下册收录医籍402部，主要是清代至近现代（1960年以前）的中医药著作。上、下册均分为基础理论、临床各科、综合、医史法医养生4大类，大类下分若干子目。每种书的著录项为书名、成书年代、撰作者、内容提要和版本。其中内容提要按原著卷目、章节、内容简介、学术成就、学术思想、学术源流及对后世的影响、作者生平传略等层次分段撰写。书后附书名、人名笔画索引。

该书目是在名老中医任应秋教授指导下编写的，提要撰写比较规范，突出了文献的学术价值，是中医药书目中提要撰写得较好的一部。

（5）《中医古籍珍本提要》　余瀛鳌、傅景华主编，1992年中医古籍出版社出版。

该书选取全国114个大中图书馆所藏中医古籍中之珍本共1080种，分为14大类，分别以"提要"为主的形式予以阐介。对每种医籍撰写的重点为作者简介、内容提要及主要版本，反映了中医古籍的若干精粹内涵，是一部内容较丰富、学术价值较高的提要式中医古籍书目。

（6）《古今中医药著作内容辑要》　张正贤等主编，1993年湖北科学技术出版社出版。

该书目是一部较为全面地反映我国从古到今中医药书籍概貌的提要式中医书目，收集从先秦至1993年间国内公开及部分内部出版的重要中医药著作约7000种，分为47类。每书著录项包括顺序号、书名、作者、内容提要、参考版本五项。内容提要只揭示原著的主要内容、主要结构（包括重要数据、插图、辅助索引等），不列作者生平，不写评语。书后附分类索引、书名汉语拼音索引、著者笔画索引3种。

（7）《中国古医籍书目提要》　　王瑞祥主编，2009 年中医古籍出版社出版。

本书目是一部汇集历代书目及提要而成的中医古籍总目，收辑从马王堆帛书至 1911 年两千多年的中医典籍 10061 种，其中现存书 7028 种，失佚书 3033 种。全书由三部分组成：①凡例、图书馆缩称、分类目次。②书目正文。③现存书书名索引、失佚书书名索引、引用书目，均按汉语拼音音序编排。每书著录内容包括类号、类名（按《全国中医图书联合目录》类表分类）、流水号、书名、著作年、著者、出典（只记录书名、卷数、著者、版本的款目）、提要（书目中有提要者或有关著者事迹的记述）、主要版本［记录最早版本和新中国成立后（1995 年前）各出版社铅印、影印的古籍医书］、按语（记录书名、著者、版本等考证内容）。

该书目内容丰富，考证详尽，不仅能满足一般的中医古籍检索，亦可用于辑佚、访书、出版、医学史研究，是一部用途广泛、不可多得的参考工具书。

【示例】检索"万密斋学术思想研究的资料"。

检索步骤：

第一步：检索分析。该示例主要检索万密斋的生平事迹、学术成就及著作版本，所涉及的学科范围为中国医学史，以书目检索为主。

第二步：利用辞典及百科全书查找，选用辞典或百科全书综合检索。内容如下：万全，明代医家。字密斋。罗田县人，世医出身，为明代祖传儿科著名医家。精于儿科及养生学，临证有良效。撰有《幼科发挥》《育婴秘诀》《广嗣纪要》《痘疹世医心法》《养生四要》《保命歌括》等书，其著述可称为祖传和个人经验的汇集。尤其在儿科方面，实践经验甚为丰富。

第三步：利用联合目录查找，检索万密斋著作的现存版本及收藏单位。首选的版本书目为《全国中医图书联合目录》。该目录详细著录了万密斋 10 部著作的版本情况，包括书名、成书年代、著者、版本、馆藏代号等。对 10 部著作的 95 种版本注明了收藏单位，但该书目的缺点是没有内容提要。

第四步：利用提要书目查找：进一步检索万密斋著作的内容，可选择以下 4 种提要书目：《中国医籍通考》《中国医籍提要》（上）、《中国医籍考》《中国分省医籍考》，这 4 种提要书目各有特色。

《中国医籍通考》是目前规模最大的一部中医辑录体古籍目录，由于该目录成书于 20 世纪 90 年代，它收录的万密斋的著作多达 31 部，其中有存本的 10 余部，是收集万密斋著作最全的书目。该书目介绍了万密斋现存 10 余部著作的卷帙、序跋、作者传略、载录资料，部分著作还附有编者所作考证的按语。该书目资料丰富，为研究万密斋医学著作提供了很大方便。

《中国医籍提要》是中医叙录体提要书目，收录万密斋著作 3 部，介绍了万密斋医学著作的卷目、章节、内容介绍、学术成就、学术思想、学术源流及对后世的影响，突出文献的学术价值。

《中国医籍考》又名《医籍考》，是日本学者丹波元胤编撰的辑录体书目。该书目成书于 1818 年，收录万密斋著作 8 部，均标明出处、卷数、存佚等情况，列述各书序跋、诸家评论、有关考证和作者生平。该书目虽然成书年代早，有文字讹误、考证失实等不足之处，但该书目广征博引，内容丰富，对查检中医文献有较高的参考价值。

《中国分省医籍考》是一部内容丰富的传录体书目，收录万密斋医学著作 9 部，均出自于地方志。《伤寒摘锦》二卷见光绪十年《黄州府志》卷三十四"艺文志·子部四·医家类"；

NOTE

"民国"十年《湖北通志》卷八十二"艺文志·子部·医家类"。该书目从地方志的角度查检万密斋医学著作的源流，以扩大检索范围。该书目的特点是在编排体例上首创分省著录，每书之下附医家小传，各省卷首有该省医学文献综述，因此对研究万密斋著作的流派、学术思想的形成及演变过程有较高的参考价值。

第五步：利用馆藏目录查找。利用就近图书馆的馆藏目录检索万密斋著作及学术思想的专著，如中国中医药出版社出版的《明清名医全书大成·万密斋医学全书》，现代学者毛德华著的《万全生平著述考》等。

5. 综合性书目的利用　综合性书目一般也收录中医药古籍。另外，学习中医药学也需要研读有关的传统文化著作。检索中医药古籍和经史百家文献，利用综合性书目也是不可或缺的途径。

（1）《四库全书总目提要》　清·纪昀等编纂，1965 年中华书局出版校定断句影印本，共 200 卷。

《四库全书总目提要》（简称《四库全书总目》）是清乾隆年间所编大型丛书《四库全书》的总目录，收录书籍 3461 种，另有存目（有名无书者）6793 种。其中子部医家类提要著录医书 97 部，存目医书 94 部。全书采用四部分类法，即分为经、史、子、集四部。经部收儒家经典及其研究著作，下分易、书、诗、礼、春秋、孝经、五经总义、四书、乐、小学诸类；史部收历史地理方面的图书，下分正史、编年史、纪年史、纪事本末、别史、杂史、诏令奏议、传记、史抄、载记、时令、地理、职官、政书、目录、史评诸类；子部收诸子百家及释道方面的图书，下分儒家、兵家、法家、农家、医家、天文、算法、术数、艺术、谱录、杂家、类书、小说家、释家、道家诸类；集部收历代作家的作品集，下分楚辞、别集、总集、诗文、词曲诸类。四部之下分 44 个小类，各小类又分 67 个子目。在四部之首，各有"总序"一篇。小类之首也各有"小序"一篇。在子目或提要后面有的附有按语，用来阐明各种学术思想的渊源、流派、相互关系，以及划分类目的理由。

该书目对所收每一种书的作者生平，著述渊源，书的内容、性质、版本、文字及其他方面的优缺点都作了简要的介绍、考证和述评。

影印本附有四库抽毁书提要、四库未收书提要、书名及著者姓名索引。

（2）《古籍目录》　国家出版局版本图书馆编，1980 年中华书局出版。

该书收录新中国成立后至 1976 年底我国出版的各类古籍，包括"五四"以前的著作、"五四"以后对古籍整理加工的著作，以及古籍的今译、新注和选本。全书分综合、学术思想、历史、文化教育、语言文字、文学艺术、农书、医药、其他科技书，共九类。其中医药类收有医籍 524 种，分为 16 小类。每种书著录书名、作者、出版者、出版年月、开本、字数、单价、印刷次数和印刷量。部分书附有版本及内容介绍。通过该目录可以全面了解我国新中国成立以后至 1976 年古籍整理、出版等综合情况。

（3）《中国丛书综录》　上海图书馆编，1959~1962 年上海中华书局出版，共 3 册。

该书目是我国目前最完备的一部丛书联合目录。它收录了全国 41 个主要图书馆馆藏的历代丛书 2797 种，古籍 38891 种。其规模之宏大、体例之严谨都是前所未有的。

第一册是总目分类目录，也就是丛书目录。其将 2797 部丛书分类编排，每种丛书详列书名、种数、编者、刻印年代及馆藏，其子目（著有书名、卷数、作者）一一开列于后。全册分汇编和类编两个部分。汇编分杂纂、辑佚、郡邑、氏族、独撰五类；类编分经、史、子、集四部，各部之下再分若干细目。子部医家类中共收医学丛书 139 种。每一丛书著录书名、编辑者、版本，并详列子目。丛书的大体性质、内容由此可以看出。如"南雅堂医书全集"是丛书书名，以下排列是子目书名。

第一册书后附"全国主要图书馆收藏情况表"和"丛书书名索引"，以便读者检索和借阅。

第二册是子目分类目录，收录子目 7 万多条，以子目为单位，分经、史、子、集四部，部下又分细类。每书著录书名、卷数、著者及所属丛书。某些子目本身又包括几种著作者，另编《别录》，附四部之后。医家类在子部，下分 22 类，内科、外科、五官科等加以细分，载录医书 1357 种。据此，我们可以从《四库全书·子部·医家类》等 6 部丛书中找到《医学源流论》一书。

第三册为第二册服务的工具，包括"子目书名索引"和"子目著者索引"。前者用来按书名查书，同时可以查出书名相同但内容不同的书；后者用来按著者查书，同时也可以查出该著者有哪些著作被收录在丛书中。据此，可知清代医家王泰清有 7 部著作收录丛书中，根据书名右边的号码，用第二册检索，在 863 页左栏可查到《王旭高临证医案》，此书收入《珍本医书集成·医案类》。其余各书均收入《王旭高医书六种》中。

《中国丛书综录》三个分册有机结合，无论从丛书书名、子母书名还是从子目著者、作者类别，都可以得心应手地检索，而且它附有"全国主要图书馆收藏情况表"，指明了收藏单位，起到了联合目录的作用。

综合性书目一般都包括中医药内容。另外，中医药研究往往涉及其他学科文献。

例如：我们想要知道清代医家傅山除了著有《女科》外，还有哪些著作，可以通过《中国丛书综录》查到，有《产后编》《霜红龛家训》《冷云斋冰灯诗》《霜红龛诗略》《傅征军霜红龛诗抄》《红罗镜》。要对某一医家进行全面、深入的研究，就得了解他的全部著作。古代医家中，有些人不仅是医家，而且也是其他学科的学者。因此，他们除了有医学著作外，还有一些非医学著作。这些非医学著作，往往不被收入中医专科书目，因此只能利用综合性书目或其他相关书目进行检索。

6. 联合目录、馆藏目录的利用　　通过中医专科书目和综合性书目的检索，我们基本上可以掌握中医药古籍的刊行、存佚、版本、内容，以及学术价值等问题。但要准确了解某种医籍的馆藏情况，则必须利用联合目录或馆藏目录。常用的联合目录有《中国中医古籍总目》，馆藏目录有《中国中医研究院图书馆馆藏中医线装书目》等。

（1）《中国中医古籍总目》　　薛清录主编，2007 年上海辞书出版社出版。

1958 年中国中医研究院（现中国中医科学院）和北京图书馆联合主编了《中医图书联合目录》，1991 年中国中医研究院图书馆在此基础上，编纂出版了《全国中医图书联合目录》，共收录了全国 113 个图书馆收藏的 1949 年前出版的中医药图书 12124 种，其中绝大部分为古代中医药图书。《中国中医古籍总目》是在《全国中医图书联合目录》基础上完成的，编写体例与《中医图书联合目录》和《全国中医图书联合目录》基本相同。

该书目是一部迄今为止收录范围最广、种类最多的大型中医古籍联合目录，共收录全国 150 个图书馆（博物馆）1949 年以前出版的中医图书 13455 种，其中不乏明以前珍稀善本医籍。

全书由四部分组成：①凡例、参加馆代号表、类表。②书目正文。③附录。④书名索引、著者索引。正文采用分类编年体例排序，以体现中医学术的发展源流和传承轨迹。每书著录内容包括类号、序号、书名、卷帙、成书年代、著者、版本、馆藏代号等。该书在目次的整体结构上能够反映出中医药学术发展的历史源流和传承轨迹。其分类体系的确定是根据现存中医药古籍的实际状况，以学科为主，兼顾到中医药古籍的体裁特征，划分为医经、医史、综合性著作等 12 大类，大类之下又分成若干小类，有的还进一步展开形成三级类目。该书目冠有参加馆代号表，书末附有书名笔画索引、书名音序索引、著者笔画索引、著者音序索引。另有 4 种附录：①甲子表。②岁阳、岁阴表。③历代建都简表。④历代帝王名讳表。

该书目全面、系统、准确反映了中医药古籍的最新存世状况和在全国各地图书馆的收藏分布情况，是检索现存中医药古籍最重要、最常用的检索工具。

(2)《中国中医研究院图书馆馆藏中医线装书目》　中国中医研究院图书馆编，1986 年中医古籍出版社出版。

该书目是我国第一部公开出版的中医古籍馆藏目录，共收录中医古籍 4200 余种、7500 余部，其中乾隆以前刻本 1000 余部。正文部分按类编排，所设类目与《全国中医图书联合目录》大致相同。每书按序号、书名、卷帙、成书年代、著者、版本、附录等项著录，附有书名、人名索引。书末附范行准等人捐书目录，以资纪念。

(3)《中医古籍珍本提要》　余瀛鳌、傅景华主编，1992 年中医古籍出版社出版。

中医古籍浩如烟海，虽历经战火之焚毁，岁月之湮没，犹能浩卷长存。但由于这些中医古籍版本珍稀，收藏甚秘，往往难以为中医学界所充分利用。该书将 1085 种中医珍本古籍作了提要，并注明其收藏单位，为我们利用和检索珍本医书提供了很大的方便。该书按四部分列，首为经典著作，含内经难经、伤寒金匮、温病；次为诊法、本草、方书；然后为针灸推拿、临床各科、养生、综合性医书；最后为医案医话、医论、医史、丛书、工具书等，共 14 类，每类之下以成书年代为序。该书以提要形式概述著者水平、学术价值、内容梗概、主要版本等。该书书前有"全国部分图书馆代号表"，书后附有书名笔画索引、著者笔画索引，为检索与利用中医古籍提供了方便。

（二）事实检索

中医药著作中包括中医药内容，因此检索古代中医药专题资料主要是利用类书解决，除此之外还要查找相关专著。

1. 中医类书　类书是我国古代百科全书式的资料汇编，内容广泛，收罗齐备，既能起到索引的作用，又能直接查到有关文献。许多类书成书于古代，而古籍散佚、遗文旧事往往赖类书引用而得以保存。因此，类书又是辑佚、校勘古籍文献的极好材料。类书保存了大量原始文献，能为我们辑佚某些古医籍提供方便。

中医类书是专收中医学文献的专科性类书，可分为综合性和专科性两种。如《古今图书集成医部全录》，内容比较广泛，涉及中医各个学科，属综合性中医类书；《幼幼新书》的内容是儿科方面的，属中医儿科专科性类书。综合性类书内容丰富，包括医学理论、诊断、辨证、各科疾病、药物、方剂、针灸、气功、医案等方面的内容。因为中医类书是按专题、按类收辑文献的，即以类相从，且大多数类书对所收录的文献均注明出处，故便于检索专科、专题文献，是我们常用的研究中医古籍的工具。

（1）《备急千金要方》《千金翼方》　唐·孙思邈撰，成书于651~682年。各30卷。

该书是我国现存最早的医学类书，是一部在总结唐以前医疗经验的基础上具有创新性质的巨著。《千金翼方》是前书的续编，两书相辅相成，同为总结唐以前医学成就的重要类书。

（2）《古今医统大全》　明·徐春甫辑，又名《古今医统》，成书于1556年。共100卷。

该书辑录明代以前医籍及有关文献282种，包括历代医家传略（明初以前历代医家，共270人）、《内经》要旨、各家医论、脉候、运气、针灸、经穴、各科病证诊治、医案、验方、本草、救荒本草、制药、通用诸方及养生等内容。各科病证诊治包括中风、伤寒、暑证、湿证、内伤证、瘟疫、皮肤等141证与妇、儿科疾病及老年保养等，每一病证基本上按病机、脉候、治法、方药等依次论述。该书的特点是合群书而不遗，析诸方而不紊，详征博引，取舍得当，集各家精华于一书。作者在罗列古书资料的同时，又附上自己的体会和见解，更有助于读者领会正文。

（3）《古今图书集成医部全录》　清·陈梦雷等编，成书于1726年。共520卷。

该书是《古今图书集成》的抽印本（原隶属于博物汇编艺术典·医部下），全书约950万字，收录文献上自《黄帝内经》，下迄清初，共120多种，是我国历史上最大的一部医学类书。全书分为八个部分。

①医经注释（卷1~70）。内容包括《素问》《灵枢》《难经》三部医经的注释。

②脉法、外诊法（卷71~92）。共汇集34种重要医籍的有关内容，按内容和时间先后系统地介绍望、闻、问、切等中医的诊断方法。

③脏腑身形（卷93~216）。共汇集了58种重要医著中的有关内容，系统地论述中医的脏腑、经络、运气及身形等学说。

④诸疾（卷217~358）。主要介绍各种内科疾病的证治，共分风、寒、暑、湿、咳嗽、呕吐、泄泻等52门，将历代重要医籍的有关论述依次列出。在治疗方面，除介绍方药外，还有针灸、导引、医案等内容。

⑤外科（卷359~380）。内容包括外科的一般疾病，具体分为痈疽、疔毒、附骨流注等11门。在治疗方面，除介绍有关复方外，还有单方、针灸等。

⑥妇科（卷381~400）。主要包括妇科的有关疾病，分为经脉（月经）、子嗣、胎前、产后等11门。辑录的文献除取材于医学名著外，还有一部分录自比较少见的妇科专著。

⑦儿科（卷401~500）。主要介绍小儿一般疾病，包括未生胎养、出生护养、诊断等25门，并详细地叙述了中医对天花、麻疹的治疗经验。辑录的文献除来自于医学名著外，亦有一部分录自现已少见的古代儿科名著。

⑧总论、医术名流列传、艺文、纪事、杂录、外编（卷501~520）。主要包括从《易经》《周礼》《素问》《灵枢》等书中辑录的有关医学的概论性资料，从史书、地方志及有关医学著作中辑录的清初以前的著名医家的传记（1200多则），历代医药书籍中有研究价值的序和医学家的诗文，历代史书、笔记中有关医药的记事，有关书籍中记载的医学事迹和寓言，非医学书籍中记载的有关医学的传说等。

该书所收医学文献极为丰富，自《黄帝内经》至清初的医学文献无所不包。凡引用文献都标明出处，便于查考。此书的编辑方法，在古代医书中独具一格，一方面按中医书的体例，从基础理论到临床各科，成为一部实用性医书；另一方面，以各科疾病为主，引录有关历代医学文献，前为医论，后为方药，眉目清晰，条理分明。通过此书可系统学习中医理论，特别是要集中研究某一疾病或某一专科时，此书更为方便，可以节省因查找有关资料而去翻阅多种医书的时间。

【示例】检索历代医著有关"中医脏腑学说的论述和临床应用"的文献。

检索步骤：

第一步：检索分析。查找历代医著的有关资料，可利用类书进行检索，首选我国历史上最大的医学类书《古今图书集成医部全录》。

第二步：查阅该书第四册"脏腑身形"（上），从卷93~105，共13卷，均为"脏腑门"。卷93~95为"脏腑门"，选载了《黄帝内经》等21部古医著中综合论述脏腑学说的内容，卷96为"脏腑门·肝"，卷97为"脏腑门·胆"，卷98为"脏腑门·心、脏腑门·小肠"，卷99~100为"脏腑门·脾"，卷101为"脏腑门·胃"，卷102为"脏腑门·肺、脏腑门·大肠"，卷103~104为"脏腑门·肾、脏腑门·膀胱"，卷105为"脏腑门·三焦、脏腑门·心包络、脏腑门·命门"。

其汇集了58种历代重要医著有关中医脏腑学说在临床治疗中的运用等方面的资料，基本能够满足检索的要求。

（4）《中国医药汇海》 蔡陆仙编辑，1937年中华书局出版，1985年北京中国书店据中华书局版影印出版。

该书采集上自炎黄、下迄民国，包括历代医家数百人的医学论著，摘其精要，汇集成24册出版。内容分为经部、史部、论说部、药物部、方剂部、医案部和针灸部7编，其中药物部附于经部《神农本草经》之后。每部又细分若干类，层次清晰。经部详列原文，广搜博引，互相引证，以辨其真伪。论说部取各家学说中理旨纯正、切合初学者，去其芜杂，撷其精要，熔各家学说于一炉。医案部以病分类，精选各家医案，相互校勘，取其有效者而录之。凡引用文献都注明出处，方便查考。

（5）《永乐大典医药集》 1986年人民卫生出版社出版。

《永乐大典》是我国明代永乐六年（1408年），由明政府指定解缙、姚广孝等2000余人编纂的一部大型类书。全书22877卷，清初时略有残缺，到清代中叶以后屡遭盗窃和劫掠，几乎丧失殆尽。新中国成立以后，经多方搜集共得795卷，其中72卷列载有关医药内容。《永乐大典医药集》中辑录的均为宋、元时期医籍，涉及的范围包括医经、著名医籍、临床各科证治、法医学、中药、养生、保健、名医传记、医疗掌故等。特别是《永乐大典》的监修和编修者，多为当时的大儒名医，因而取材严谨，所取医籍的版本多为善本，且标明出处，便于查考核对。

2. 本草类专题资料

（1）《经史证类备急本草》 简称《证类本草》，宋·唐慎微撰，成书于1082年。共31卷。

该书是在北宋官修本草的基础上，又参考了247种医药文献和经、史、子、集各部古籍中的相关资料编撰而成。全书收载药物共1748种，集《神农本草经》以后至北宋以前各家医药名著，以及经史传记、佛书道藏等书中有关本草资料，内容丰富。在《本草纲目》刊行前500

年间一直被作为研究本草学的范本。书中对本草的基本理论及各种药物的名称、药性、主治、产地、采收、炮制、附方等记述详细，囊括了北宋及北宋以前本草学之精华，资料丰富，体例完备，是检索古代本草资料的重要参考书。

（2）《本草纲目》　明·李时珍撰，成书于 1578 年。共 52 卷。

该书是一部系统总结明以前医药经验的医药学巨著。全书引据历代本草凡 84 家，古今医家书目 277 种，经、史、子、集各部著作 800 余种，收载药物 1892 种（其中 347 种为李氏所增），收录方剂 11096 首，插图 1109 幅。

李时珍在编写《本草纲目》过程中，参阅了各种文献 800 多种，经过长期的刻苦实践和钻研，历时 30 余年而编成。其书不仅纠正了过去本草学中的若干错误，综合大量的科学资料，也提出了较科学的药物分类方法。附录所引的书目，对保存历代医药文献也做出了重大贡献。

3. 方书类专题资料

（1）《外台秘要》　唐·王焘撰，成书于 752 年。共 40 卷。

该书广泛汇集唐以前医著及民间单方、验方 6000 首，分为 1104 门，是集我国唐代以前医学大成的综合性方书。每篇首列有关病候，次叙各家方药，内容包括内、外、妇、儿、五官等各科病证。所引录的大量医学著作，均一一注明出处。本书对研究唐以前的医学和方剂资料有很大的参考价值。

（2）《太平圣惠方》　宋·王怀隐等编，成书于 992 年。共 100 卷。

该书是我国第一部由政府编修的大型综合性方书。全书分 1670 门，收方 16834 首。首列为医之道，次详诊脉辨阴阳虚实法，再叙处方用药之法则。然后以《千金要方》和《外台秘要》为蓝本，采用脏腑病证的分类方法，按类分叙各科病证的病因、病机，以及方剂的适应证、药物、用量。方随证设，药随方施，以说明病因、病机、证候与方剂药物的关系。所论病因、病机多出自《诸病源候论》，并引录了《内经》《伤寒论》等诸家论述。该书虽为方书，但包括了中医理、法、方、药四个方面的基本内容。该书对研究宋以前医学，特别是方剂研究有很大的参考价值。

（3）《圣济总录》　宋·赵佶撰，成书于 1117 年。共 200 卷。

该书是在广泛收集历代方书及民间方药的基础上，连同"内府"所藏的医方整理编撰而成。全书分为 66 门，载方两万余首，分为三部分。全书分类方法和体例与《太平圣惠方》相同，但内容更加全面，补充了许多前代方书中未载的方剂。其论病部分虽大抵依《黄帝内经》《诸病源候论》等书，但都经过重新组织，使内容融会贯通，文体简洁统一，重点突出。

（4）《普济方》　明·朱橚等编，成书于 1390 年。共 168 卷。

该书是我国现存最大的一部综合性方书。全书共 1960 论，2175 类，载方 61739 首，分为七部分。该书博引历代各家方书，并兼收其他传记、杂说及道藏、佛书等有关资料，采撷繁复，编次详析，所引资料大多注明出处，为古代方书最为完备者。

（5）《医方类聚》　朝鲜·金礼蒙等编集，成书于 1445 年。共 266 卷。

该书据我国明代以前 153 种医籍中的方剂分类整理而成。共分 92 门，收载方剂 50000 余首。包括医学总论、藏象、诊法、临床各科证治等。分类详细，有论有方，诸方以朝代先后，分门编入，不分细目，每方悉载出处。每门除收录论治方药外，并附食治、禁忌、导引等。书中除博引历代各家方书外，亦兼收其他传记、杂说及道藏、佛书中有关医药的内容。其辑录的多为原文，有二三十种医籍在我国已经失传，部分内容在该书中保留下来。

4. 医案类专题资料

（1）《名医类案》　明·江瓘父子编集，成书于 1549 年。共 12 卷。

该书是我国第一部带有总结性质的大型综合性医案类书。全书辑录自《史记》迄明嘉靖前历代医学著作和经、史、子、集所载之验案 2400 余则，按病证分类编排为 205 门。这些医案主要是宋、元、明三代 141 位著名医家治验案或失误案，案中记录或详于脉，或详于证，或详于因，或详于治，均有依据。江氏父子并常于案前、案中、案后一些紧要处采用出注、按语、圈点等方式以明诊断之精、遣方之妙、治验之所在、失误之因由，指点迷津，方便后学。

（2）《续名医类案》　清·魏之绣编，成书于 1770 年。共 36 卷。

该书是《名医类案》的续补，编写体例悉依《名医类案》。全书分 345 门，一方面补辑清代以前历代名医治病的验案，另一方面大量增录当时各家医案，包括伤寒、温病、内科杂病，以及外、妇、儿、五官诸科病案 5800 多则。其所载病案，往往一病数例，使人更明了各病的辨证及相应的治疗方法。全书分类清楚，选案广泛，特别是对温热病的病案记载更为详细，反映了各种流派的学术经验。书中所附分析治案尤为精辟，对读者颇有启发。

（3）《二续名医类案》　鲁兆麟主编，1996 年辽宁科技出版社出版。

该书收集了清代中叶至新中国成立初期谢世的名医医案，也收录了部分《续名医类案》成书之前未收之医案，共选录 200 余部医案专著中近 300 位名医医案约 1.5 万则，分为上、下册。医案的排列和体例仿《名医类案》和《续名医类案》，按内科、外科、骨伤科、妇科、儿科、眼科、耳鼻喉科、口腔科为序，各科下按病分类，各病之医案按成书年代先后编排，系后人整理的医案按医家卒年排入。为了形成一个完整的医案体系，该书又将《名医类案》《续名医类案》两书简体横排，并予点校，附于书后，为读者全面检索中医医案史料提供了很大方便。

类书在查找古代中医药文献和进行中医药文献整理研究中起到十分重要的作用。值得注意的是，引用有关文献时，不能以类书的记载为依据，应直接查阅原著，这样可避免因为类书编纂时传抄而造成的讹误。

【示例】检索历代名医治疗月经病的医案。

检索步骤：

第一步：检索分析。首先明确检索的主题是月经病，进一步了解月经病古今病名的异同和包括范畴。月经病列妇人四大疾病"经、带、胎、产"首位，现代中医妇科学将其细分为月经先期、月经后期、月经前后不定期、闭经、痛经、崩漏等十余种疾病；古代对月经病的分类较粗略，主要为经水、崩漏、热入血室等门，但已基本包括了现代中医妇科学的上述疾病，这对查阅古代医案著作非常必要。其次本例要求是历代，这里指新中国成立前。《名医类案》《续名医类案》《二续名医类案》三书在收录时间上互相衔接，从两汉迄民国合起来正好符合上述要求。

第二步：分别从《名医类案》第十一卷、《续名医类案》第二十三卷、《二续名医类案》下册检索有关月经病的医案。

《名医类案》第十一卷专收妇科案，月经病案收载在经水、热入血室、崩漏三门中，共收病案 81 则，出自薛己、汪机、朱丹溪、李东垣等 21 位医家。《续名医类案》第二十三、二十

四、二十五卷均为医案卷，月经病案在第二十三卷经水、热入血室、崩漏三门中，共有 96 则病案，出自徐灵胎、沈尧封、孙文恒、张路玉、余嘉言等 38 位医家。《二续名医类案》下册妇科月经病下收录医案 511 则，出自何书田、王孟英、陈莲舫、王仲奇、丁甘仁等 92 位医家。

查阅此三书，便可浏览有关月经病案 688 则，这些医案详尽记载了历代 151 位著名医家治疗月经病的经验和教训，基本可满足有关检索的要求。

5. 针灸类专题资料

（1）《针灸甲乙经》　晋·皇甫谧编撰，成书于 282 年。共 12 卷。

该书是我国现存最早的综合性针灸著作，其内容可分为两大类：卷 1～6 为中医基本理论和针灸基本知识，卷 7～12 为各科病证的针灸治疗，列腧穴主治 800 余条。该书是皇甫谧在《灵枢》《素问》《明堂孔穴针灸治要》三书的基础上，使"事类相从，删其浮辞，除其重复，论其精要"，分类编撰而成。其内容丰富，系统连贯，在全面总结晋代以前针灸治病经验的基础上多有发明。

（2）《针灸大全》　又名《徐氏针灸大全》，明·徐凤编，成书于 1439 年。共 6 卷。

该书是一部介绍针灸资料为主的著作。内容包括针灸经穴、针灸宜忌、周身折量法、窦文真公八法流注、八法主治各种疾病及配穴，以及徐氏本人之金针赋及子午流注针法、点穴、艾炷、壮数避忌、灸疮保养、要穴取法及经穴别名等。除此之外，书中还附有治疗歌诀、标幽赋、十二经穴位置七言诗及插图。

（3）《针灸大成》　又名《针灸大全》，明·杨继洲、靳贤撰辑，成书于 1601 年。共 10 卷。

该书由靳贤选录明以前的重要医学、针灸学著作中的有关针灸内容，结合杨继洲的诊治经验编辑而成。内容包括针道源流、征引原文、针灸歌赋、针刺补泻理论及方法、经脉及经穴部位与主治、诸证针灸取穴法（内、外、妇、儿等 23 门）、各家针法及灸法（附杨氏验案）、历代名家针灸医案。书后附录《陈氏小儿按摩经》。该书以《内经》《难经》为源、以历代诸家之说为流，全面总结了明以前针灸学的经验与成就，内容丰富，别具特色，是查考历代针灸学资料的重要参考书。

（4）《针灸集成》　又名《勉学堂针灸集成》，清·廖润鸿编撰，成书于 1874 年。共 4 卷。

该书为廖氏收集历代医书中的针灸内容分类编撰而成，其中卷 1～2 为针灸集成，载针法、灸法、点穴、辨穴、针刺补泻等针灸学基本知识，以及各种疾病的针灸疗法；卷 3～4 为经穴详集，详述十四经穴和奇穴的位置、主治及腧穴配伍的治疗作用，并摘要节录历代有关某穴的歌赋作为治疗的验证。该书博采众长，持论平正，考证审慎，解决了不少存疑问题，对学习和研究针灸学具有重要参考价值。

6. 养生类专题资料

（1）《养生类纂》　宋·周守忠编撰，成书于 1222 年。共两卷。

该书系周氏将南宋以前 130 余种古籍中的养生内容进行整理类编而成。全书包括养生总叙、天文、地理、人事、毛兽、鳞介、米谷、果实、菜蔬、草木、服饵等部，涉及养生理论，以及导引、适时、起居、食疗、服药等具体方法。是书资料丰富，繁简得宜，条理清晰，十分实用，不少失佚的养生古籍资料借此书得以保存。

（2）《遵生八笺》　明·高濂撰著，成书于 1591 年。共 19 卷。

全书分为八个部分：第一部分为清修妙论笺，载历代各家的养生观点及养性格言。第二部分为四时调摄笺，详述四季吐纳、导引、方药等修养调摄的方法。第三部分为起居安乐笺，分恬适自足、居室安处、晨昏怡养等项，介绍节嗜欲、慎起居、远祸患、得安乐等调养方法。第四部分为延年却病笺，载述导引、按摩、八段锦，以及戒色欲、修身心、择饮食等养生之道。第五部分为饮馔服食笺，详述饮茶、汤粥等食疗方法及养生药物，载食品 400 余种，服饵方剂 40 余种。第六部分为燕闲清赏笺，介绍书画鉴赏、文房四宝及养花赏花等。第七部分为灵秘丹药笺，选录益寿延年的效验方 30 余种，并载各种单方 100 余种。第八部分为尘外遐举笺，介绍历代百余位隐逸名士的事迹。

该书资料辑自历代养生、医学及文史著作，内容丰富，博而不杂，编排得当，所有引文均注明出处，是集明以前养生学大成之作，也是查考养生专题资料的重要参考书。

（3）《中国养生说辑览》　"中华民国"·沈宗元编，成书于 1929 年。

全书计 18 篇，以历代著作和人物为纲，前 15 篇辑录《庄子》《吕氏春秋》《素问》《灵枢》，以及董仲舒、张仲景、葛洪、孙思邈、苏轼、李东垣、汪昂、石成金、曾国藩诸家的养生学说与方法。后 3 篇采录、汇集各家养生格言、名言及历代养生诗歌。是书精选切实可行之说，摒弃虚玄不经之论，理法兼备，儒道兼容。

【示例】检索"中医古代对天癸的认识"文献。

检索步骤：

第一步：检索分析。"天癸"，是人体生殖、生长、发育、健康的重要动力，并与五脏有着密切的联系，这是古今医家的共识，但对于狭义的天癸历代医家则有不同的解释。有的认为天癸是肾气产物，有的认为天癸具有肾的功能，还有的认为天癸是精气精血等。

第二步：利用文句索引查原文。利用《黄帝内经章句索引》或《中医经典索引》，检出天癸词条最早见于《素问·上古天真论》，然后根据索引指引，查得原文："女子七岁，肾气虚，齿更发长……今五脏皆衰，筋骨解堕，天癸尽矣。"

第三步：利用中医类书检索。利用的中医类书有：①蔡陆仁编，《中国医药汇海》（三），经部第二种"黄帝内经"第 52~70 页。②清·陈梦雷编，《古今图书集成医部全录》第一册"医经注释"上第 5 页。③曹炳章辑，《中国医学大成》第 142 页。④曹炳章辑，《中国医学大成续编》第 243 页等。历代医家对天癸的看法各不相同，唐代王冰注释为"任脉流通，经血渐盈，应时而下，天真之气降，与之从事，故云天癸也……常以三旬而一见也"，将女子的月经称为天癸。明代张介宾以"天癸在先，而后精血继之"为辨，释天癸为"天一所生之真水"。明代马莳认为："天癸者，阴精也。盖男女之精，皆主肾水，故皆可称为天癸。"明代吴崑则认为："癸，肾水也。是为男精女血，天真所降也，嗽云天癸。"以上对天癸的解释众说纷纭，莫衷一是，有的指先天的精气、有的指精血、有的指月经、有的指肾水等。

查阅古代医史资料时，注意利用中医类书。中医类书学科门类齐全，内容包罗万象，原文收录完整，并注明出处，是从事中医古文献研究极有利用价值的参考工具书。

【示例】三七史料考证，检索三七有关资料。

检索步骤：

第一步：检索分析。某中药专业的研究生参与老师的科研项目，需系统检索三七相关的资料。该课题主要是对三七的功效及产地予以考证，因此要系统检索历代有关资料。所涉及的学科范围为中药学。

第二步：利用古本草类书查找。利用的本草著作有：①明·李时珍的《本草纲目》。②清·吴仪洛的《本草从新》。③清·黄宫绣的《本草求真》。④清·严西亭的《得配本草》。三七始载于明代《本草纲目》，之后诸本草均有收载："生广西南丹诸州番峒深山中。""味微甘而苦，颇似人参，以末掺猪血中，血化为水者真。""为阳明厥阴血分之药，故能治一切血病。""为金疮、杖疮要药。"

第三步：利用史志查找。利用三七主产地的地方志，查到有关资料。《广西通志》："三七，南丹、田州出，而田州尤妙。"《百色厅志》："惟三七一种，世俗名为田七，并列入国朝贡品。"《归顺直隶州志》："三七，前以田州产者为良，今苗裔尽迁于州属之荣劳，南坡一带地方矣。"《开化府志》："开化三七，在市出售，畅销全国。"

第四步：利用索引、文摘、检索系统查找。利用现代检索工具书、检索系统，检索相关论文以供参考。

在查阅中药相关史料时，除了利用参考工具书和检索工具，应注意利用地方志。

第二节　中医药文献数据库检索

中医药文献数据库是查找中医药学及其相关文献的最重要工具，也是中医药院校学生获取信息和知识最常用的检索平台。对于中医药文献数据库，我们不仅要掌握相应的使用方法和检索技巧，还要了解其资源特点和检索范围，从而达到准确选择数据库、熟练使用数据库的目的。

一、中医药期刊文献检索

【示例】某中医学骨伤专业研究生因课题立项，要系统检索"中药促进骨折愈合作用机理研究"的文献。

（一）中国中医药数据库检索系统

中国中医科学院中医药信息研究所自 1984 年开始进行中医药学大型数据库的建设，目前该系统（http：//www. cintcm. com）集成的数据库总数达 49 个（截至 2014 年 5 月），数据总量 120 余万条，包括中医药期刊文献数据库、疾病诊疗数据库、各类中药数据库、方剂数据库、民族医药数据库、药品企业数据库、各类国家标准数据库（中医证候治则疾病、药物、方剂）等。

1. 资源概况　该数据库收录了 1949 年至今有关中医药学的期刊文献信息，涵盖了千余种中国国内出版的生物医学及其他相关期刊，包括中医药学、针灸、气功、按摩、保健等方面的内容。中国中医药期刊文献数据库提供有 18 个专题数据库，主题词标引采用美国国立医学图书馆的《医学主题词注释表》（MeSH）和中国中医科学院的《中国中医药学主题词表》，可进行精确检索和扩展检索。

2. 检索途径和方法　以中国中医药期刊文献数据库为例。该库提供了 7 种检索方式：基本检索、限定检索、主题检索、分类检索、期刊检索、历史检索、高级检索。如图 3-1 所示。

图 3-1　中国中医药期刊文献数据库检索界面

（1）基本检索　在检索式输入框中输入检索词，进行检索词的"模糊""精确"匹配选择，点击"检索"按钮。也可通过"字段选择"下拉框，选择文题、作者、单位、期刊、特征词、主题词、关键词、主题姓名、文献类型及全文检索等方式来检索特定的关键字段。如需进一步精选文献，则可在输入框中输入检索词，点击"二次检索"，如果不选择"字段选择"下拉框内容，所检结果即为所有字段中命中检索词的文献。

（2）限定检索　限定检索是根据检索需要，勾选限定条件后所执行的检索。限定检索有年代范围、性别、研究对象、资助类型、文献类型、历史年代和历史朝代、年龄、病例数等可供选择。输入检索词后，根据检索需要，确定选择限定的条件后，即可进行检索。限定检索上方的检索词输入框和基本检索输入框的使用方式是一样（图 3-2）。

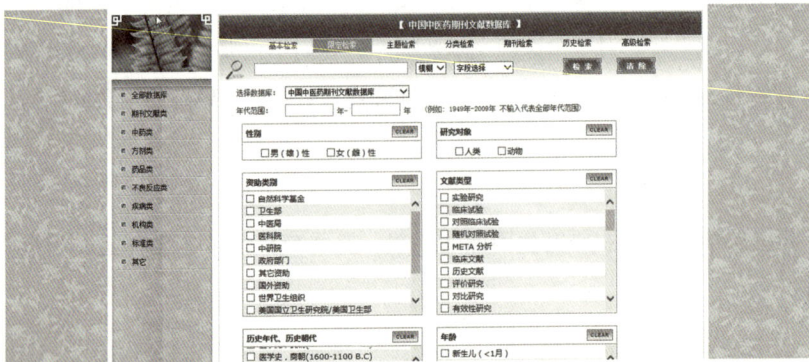

图 3-2　中国中医药期刊文献数据库限定检索界面

（3）主题检索　主题检索是应用中、英文主题词而进行的检索。采用美国国立医学图书馆《医学主题词表》（MeSH）中译本、《中国中医药学主题词表》的主题词检索，基于主题概念检索文献，可提高查全率和查准率。主题检索可用中文主题词、英文主题词及同义词进行查找，可浏览主题词注释信息和树形结构，帮助查检者确定恰当的主题词。

【示例】检索活血化瘀药治疗应用的文献。

检索步骤：

第一步：选择"主题检索"，在中文主题词字段输入"活血化瘀药"，点击检索，出现如图 3-3 所示的界面。

第二步：点击检索结果"活血祛瘀药"，可获知该主题词的定义、可组配的副主题词、树形结构等（图 3-4）。

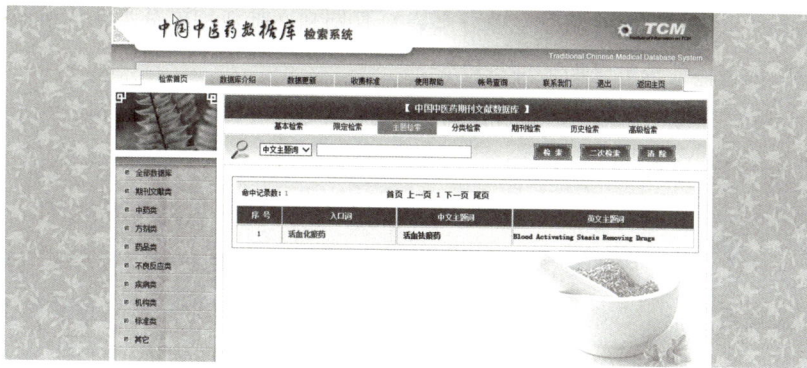

图 3-3　主题检索"活血化瘀药"界面

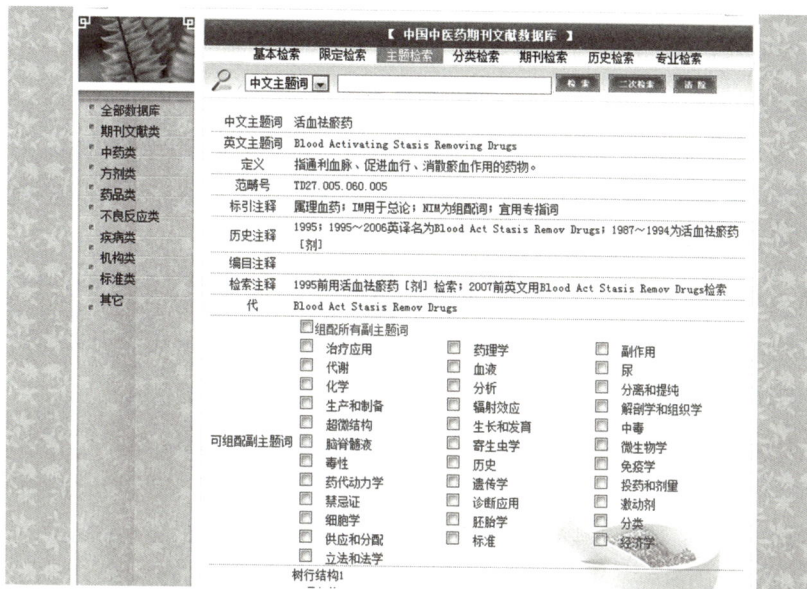

图 3-4　"活血祛瘀药"主题词界面

第三步：勾选副主题词"治疗应用"，点击界面下"主题检索"，即得到活血化瘀药治疗应用的文献（图 3-5）。

图 3-5　活血化瘀药治疗应用的文献

需要说明的是，系统还提供系统设定的加权检索、主题词树形结构的扩展检索，检索者可以根据需要进行相应的检索。

第四步：查看检索结果，可进一步查看每一篇文献的题录或文摘信息。

（4）分类检索　　《中图法·医学专业分类表》是期刊文献数据库分类标引和检索的依据，在"分类检索"框下输入分类号即可进行检索。

（5）期刊检索　　可从"刊名""主办单位""地址"及"ISSN"等入口检索到期刊，浏览该刊的基本信息并进行检索。

（6）历史检索　　在"历史检索"窗口中不仅能看到前面若干次的检索结果，还可以对检索结果进行表达式检索，并从列表中选择一个或多个检索式，并用逻辑运算符表达新的逻辑关系。如在"历史检索"框中，根据检索需求，选择一组表达式，点选逻辑运算符，再选择一组表达式，即可形成具有新的检索意义的表达式。

（7）高级检索　　可以使用逻辑符及通配符进行组配检索。AND，与；OR，或；NOT，非；"%"，任意位数字符的通配符；"?"，任意一位字符的通配符。如：高血压 AND 中医药疗法，则表达为利用中医药疗法治疗高血压的文献。

3. 检索结果的处理

（1）结果显示　　中国中医药期刊文献数据库命中的检索结果显示中文题名、作者、第一作者单位、出处、中英文摘要、主题词、特征词、分类号、中西医药理、病例数等内容，没有全文显示。

（2）结果保存　　要保存指定的内容，可以在选择框上勾选，然后点击"保存"，就可以保存指定的内容到本地。保存时需选择使用的套录模板类型有题录格式（无文摘）、题录格式（有文摘）、一般格式。

（二）　中国药学文摘数据库

《中国药学文摘数据库》（China Pharmaceutical Abstracts，CPA）由国家食品药品监督管理局信息中心编辑出版，是国内唯一的大型药学文献数据库（http：//www.cpi.gov.cn），内容涵盖了《中国药学文摘》印刷版的全部文献题录和文摘。它收集了 1982 年以来国内公开发行的700 余种药学杂志、医学杂志、医药院校学报，以及植物学和微生物学等边缘学科杂志的文献题录和文摘，并以每年 3 万篇的速度递增，其中中药文献占一半左右，是世界上拥有中药文献最多的数据库。该库涉及的主要学科领域是药学及其相关学科。数据达到每月更新 1 次。

CPA 提供光盘版和网络版的检索方式。光盘版提供四种检索途径：全文检索（正文字词检索）、字段检索、检索历史（表达式检索）和二次检索（逻辑组合检索）。

CPA 网络版数据库内容与光盘版相同。打开中国医药信息网的主页，在"数据库检索"中选择"中国药学文摘"，会出现该数据库检索界面。该数据库提供注册用户检索和免费检索两种形式。

该库可根据系统设置的全文、主标题、主题词、作者名、外文药名等检索途径进行检索。注册用户可获得详细的检索结果，免费用户只能看到检索结果的片名列表。

（三）　民国期刊文献数据库

该数据库收录了中国中医科学院中医药信息研究所收藏的 1949 年以前有关中医药的民国期刊 87 种，采集数据近 7 万条。有基本检索和高级检索两种检索方式，基本检索可通过文题、作者、期刊名称、出版年限、馆藏地等字段进行检索。

二、中医药基本古籍与事实检索

中医药事实检索包括中医药疑难字检索，中医药专业术语、名词（如中医病证名、中药、方剂、针灸、养生等词语）检索，中医药人物和机构检索，中医药图谱检索等。该类检索可以通过参考工具书和参考工具检索系统实现。

（一） 中国基本古籍库

《中国基本古籍库》是对中国文化的基本文献进行数字化处理的宏伟工程，被列为国家重点电子出版物，由黄山书社出版发行。1997 年 11 月由北京大学教授刘俊文提出创意和规划，先后列为"北京大学重点科研项目""全国高等院校古籍整理研究工作委员会直接资助项目"和"国家重点电子出版物十五规划项目"，"由北京大学教授刘俊文总策划、总编纂、总监制，北京爱如生数字化技术研究中心开发制作，于 2001 年 3 月正式启动，2005 年 10 月全部完成。"

《中国基本古籍库》是综合性大型古籍数据库，共收录自先秦至民国（前 11~20 世纪初）历代典籍 1 万种、计 17 万卷。每种典籍均提供一个通行版本的全文和 1~2 个重要版本的图像，计全文 18 亿字、版本 12700 个、图像 10000 万页，数据量约 400G 。其收录范围涵盖全部中国历史与文化，内容总量相当于三部《四库全书》，不但是世界目前最大的中文数字出版物，也是中国有史以来最大的历代典籍总汇。

《中国基本古籍库》设计为哲科、史地、艺文、综合四库。其中哲科库包括思想、宗教、政治、经济、法制、军事、科技、农业、医学等部；史地库包括历史、地理、外国三部；艺文库包括语文、文学、艺术三部；综合库包括教育、体育、生活、术数、其他五部（类书杂纂、金石目录、西学译著）。各部下再分三级类目，总约 100 目。

《中国基本古籍库》的检索，利用了新开发的 ASE 检索系统，可以进行分类检索、条目检索、全文检索和高级检索，速度都可以在两秒内完成。利用《中国基本古籍库》检索系统，用户可通过多个检索路径进行全方位的快速海量检索，完成校勘、标注、分类、版面调整、编辑、拷贝、打印等多项数字化古籍整理作业。

（二） 古籍本草"有毒中药"质量控制及有毒成分文献数据库

古籍本草"有毒中药"质量控制及有毒成分文献数据库（http：//cowork. cintcm. com/engine/search），由中国医史文献研究所中医古文献数字化研究室研制。主要收录了常用的中医古籍本草类文献，涉及 400 余种本草类文献，以及部分理论和方剂类文献，药物品种 500 余种，总结了所有中医古籍本草类文献中关于有毒中药的使用方法、药物形态、毒副作用、临证应用、配伍应用、配伍禁忌、食忌等方面的研究，实现了药与方、药与药之间的知识关联，是一个全面的、专业的有毒中药文献数据库。

（三） 万方医学网的中医药知识系统

中医药知识系统（专业版）属于数值型数据库和文献型数据库结合的典型范例，它除了从文献中取得原始数据供检索使用外，更为注重数据间的关系，可使用户有更多的途径获取所需的信息。另外，检索结果中的疾病名称、方剂名称、中药名称等可以与万方数据医药信息系统中相关全文文献和其他文摘文献链接，方便用户直接追踪文献，此功能在国内的中医药数据库中为首创。

该系统有 91019 个常用方剂和加减方，以及 84059 个其他方剂，1943 个经典方，8808 种中药、1591 种疾病，可提取的内容具有权威性。中医药知识系统（专业版）功能独特，可以从症状、体征和证候检索到其与什么疾病相关；可以查找到治疗某种疾病的方剂群；查找到同时包含几味中药的方剂群；查找到具有某种功效、性味、归经、药理作用的中药；包含有君臣佐使、方剂及配伍等信息的经典方；把经典方和方剂歌诀结合到方剂数据库中，并使其从对症的关系与对病的关系结合起来；整理了方剂中加减中药与症的关系等。

（四） 国学宝典

大型中华古籍全文数据库《国学宝典》网络版由北京国学时代文化传播有限公司研制（http://www.gxbd.com），于2005年正式推出。

该系统采用国际通用的 Unicode 汉字编码，字库容量大，扩展性强，可在全球所有网络浏览器上正确显示汉字。

《国学宝典》共收入古籍3800多部，总字数逾8亿字，收书种类和总字数都超过了《四库全书》，一批通俗小说、戏曲均大多为《四库全书》未收。而且这些文献内容均为文史研究人员常用资料，实用价值很大。数据库目前仍以每年2亿～3亿字的速度继续扩充。

《国学宝典》网络版使用了先进的搜索引擎技术，检索速度快，从8亿字近10万卷的古籍数据库中任意范围查找任何一个字（词），都可以在1秒钟内得到结果，可满足数千人同时在线检索。

《国学宝典》不仅可以检索字词和句子，而且可以多条件组合检索，检索结果可直接保存，检索范围可由用户自己设定，既可以是全部3000多种书，也可以是经、史、子、集中的某一大类，还可以是十三经、二十四史、六十种曲等特定专题，甚至可以指定在某一卷书中查询。此外，古汉语字典、整卷查看、内容提要、繁简转换、帝王年号表等多种功能均可实现网上在线使用。

（五） 瀚堂典藏

《瀚堂典藏》古籍数据库采用基于七万汉字 Unicode 四字节编码的数字化构建技术，支持自然语言全文检索，为历史、中文、哲学等各人文社会学科的研究工作提供一体化数字平台。

《瀚堂典藏》古籍数据库以小学工具类、古代类书类数据、出土文献类数据为基础，大量纳入包括经、史、子、集，以及中医药典籍、古典戏曲、敦煌文献、儒、释、道等历代传世文献，涵盖文史哲等专业的教学和研究工作常用的专业古籍文献数据。支持通用浏览器条件下进行全文检索，提供图文对照阅读，所有图文数据用户皆可搜索、复制、编辑使用。截至2009年年底，入库图书种类约有8000种，图片数量约1000万张，文字总量超过13亿字，目前，文献总量持续定期增加。

《瀚堂典藏》包含多个分库，主要有小学工具库、类书集成库、出土文献库、中医药文献库、经部集成、史部集成、子部集成、集部集成、古典戏曲库、佛教典籍库、道教典籍库、敦煌文献库、专题文献库等。

思考练习

1. 常用的中医书目有哪几种？
2. 为什么说中医类书是查找中医药古代专题资料的重要工具？
3. 怎样利用《中国丛书综录》检索中医药古籍？
4. 我国历史上最大的医学类书是哪一部？包括什么内容？具有什么特点？
5. 常用的中医药期刊文献检索数据库有哪些？
6. 中国中医药数据库检索系统的主题检索利用哪些工具书确定主题词？

第四章　三大中文全文数据库

《中国知网》（以下简称 CNKI）、《维普期刊资源整合服务平台》（以下简称"维普"）和《万方知识服务平台》（以下简称"万方"）是国内影响力和利用率很高的综合性中文电子资源全文数据库系统。这三个数据库已经成为大多数高等院校、公共图书馆和科研机构等文献信息咨询保障系统的重要组成部分。在互联网中，这三大数据库也成为中文学术信息的重要代表，比较充分地体现了我国现有的中文电子文献数据库的建设水平。使用任一数据库都能获取某一单篇文章的全文，或者集中查找某一专题的收录文献等，甚至还可以定期追踪某一期刊上的全部论文对其进行浏览阅读和分析等。

第一节　三大中文全文数据库概述

一、收录范围

（一）CNKI 的收录范围

CNKI 始建于 1999 年 6 月，是由清华同方光盘股份有限公司、光盘国家工程研究中心和中国学术期刊（光盘版）电子杂志社共同研制出版的综合性全文数据库，俗称"清华同方"。CNKI 广泛涉及全国传统出版物与非出版物、音像电子出版物资源的数字化建设与网络出版、全球互联网资源的专业化整合、多媒体教育教学资源库的研制、信息资源共享技术开发以及网络会议、网络教学等资源交互式应用系统的开发等诸多领域。现已建成世界上中文信息量最大的 CNKI 数字图书馆和数字出版物超市，涵盖了我国自然科学、人文与社会科学、工程技术、期刊、博硕士论文、报纸、图书、会议论文等公共知识信息资源。CNKI 收录了自 1994 年以来公开出版发行的数千种国内核心期刊和具有专业特色的中英文期刊全文，累计收录全文数百万篇，题录数万条。按学科分为理工 A（数理科学）、理工 B（化学化工能源与材料）、理工 C（工业技术）、农业、医药卫生、文史哲、经济政治与法律、教育与社会科学、电子技术与信息科学九大类，共 100 多个文献数据库，数据量以每年百万余篇的速度递增。

（二）维普的收录范围

维普是由科技部西南信息中心主办，重庆维普资讯有限公司研制的。其前身是《中国科技期刊篇名数据库》，收录了自 1989 年以来国内出版发行的 18071 种期刊，其中全文收录万余种。该数据库按学科分为经济管理、教育科学、图书情报、自然科学、农业科学、医药卫生和工程技术七大类别，27 个专辑，200 多个专题，按《中图法》编制了树形分类导航和刊名导航系统，基本覆盖了国内公开出版的所有学术期刊，积累了数百万篇全文文献，其数据量同样以每年百万余篇的速度递增。

（三）万方的收录范围

万方是由中国科技信息研究所北京万方数据股份有限公司研制的，收录了我国自然科学的大量期刊和社会科学的部分期刊。收录范围包括基础学科、医药卫生、农业科学、工业技术和人文科学五大类别，还收录了英文版期刊、中国科学系列杂志，收录期刊 7826 种。

就医药卫生类期刊收录的情况而言，CNKI 收录了 1181 种，维普收录的数量最多，达 2100 种，万方收录了 1201 种，但万方独家拥有中华医学会 115 种期刊全文。三大中文全文数据库收录医学期刊情况比较，见表 4-1。

表 4-1　三大中文全文数据库收录医学期刊情况比较

数据库	期刊总数 （种）	医药卫生类 期刊（种）	医药卫生类 核心期刊（种）	收录年限	回溯质量
CNKI	7951（核心期刊 1940 种）	1181	253	1994（部分回溯 至创刊）	回溯质量较高，基本实现 全部论文收录
维普	18071（核心期刊 2345 种）	2100	301	1989（最早回溯 至 1955 年）	回溯质量不高，2000 年前 只收录篇幅较大的论文
万方	7826（核心期刊 2973 种）	1201	713	1998（部分回溯 至 1983 年）	回溯 1998 年、1999 年的 数据，质量较好

（本数据为 2014 年 8 月 27 日从三大中文全文数据库的中心网站获取）

二、检索功能

三大中文全文数据库就检索系统而言，都具有各自特色的导航检索、简单检索、复合检索方式。导航检索都包括了学科分类导航和期刊名称导航，读者无需输入具体检索词，就可按照分类或期刊名称，通过层层递进的方式检索到某一专题下的论文，并按题录链接浏览全文。检索方法简单易学，数据库检索选择范围灵活，可以选择一个或多个专辑进行检索，在同一专辑下可选择一个或多个专题进行检索。三大中文全文数据库都具有关键词、篇名、刊名、作者、机构、文摘等多个检索入口，都能够实现全文链接获取。CNKI 的主题途径检索包括对篇名、关键词、摘要字段的同时检索，若对相同检索词进行检索，CNKI 主题途径的命中率较高，提高了文献的查全率，但往往因检出文献太多，使用户难以挑选到最合适的文章。该检索方式对于检索前沿性课题文献信息或文献量较少的课题较为适用。维普任意字段检索是在文章中，除正文以外的其他任何部分进行检索，检出率虽然低于全文检索，但相对比较实用。三者也存在检索入口的差异，如 CNKI 有引文、基金、全文、ISSN、主题、年、期 7 个特有的检索入口，并具检索词字典，提高了查全率和查准率；维普有第一作者、分类号、任意字段三个特有的检索入口，并具同义词库、同名作者库、全部期刊、重要期刊和核心期刊、中图法分类号；万方没有特别的检索入口，但具有对期刊所分布的地域进行限定功能。三大中文全文数据库的检索功能情况比较见表 4-2。

表 4-2 三大中文全文数据库的检索功能比较

数据库	维普	CNKI	万方
期刊导航	按期刊学科分类、按期刊首字母浏览	按专辑或专题浏览、按期刊获奖类别、按期刊类别浏览、按出版地浏览、按主办单位浏览、按发行方式浏览	按学科浏览、按地区浏览、按期刊首字母浏览
检索方式	快速检索、传统检索、分类检索、高级检索和期刊导航	初级检索、专业检索、期刊导航	简单检索、高级检索、经典检索、专业检索
二次检索	二次检索词与一次检索之间的关系为并且（在结果中搜索）、或（在结果中添加）、非（在结果中去除）、重新搜索	只能是并且（在结果中检索）	通过缩小检索范围进行并且的关系，重新输入检索词意味着新的检索
检索途径	题名/关键词、关键词、刊名、作者、第一作者、机构、题名、文摘、中图法分类号、作者简介、基金资助、栏目介绍、任意字段（上述任意一个字段）	主题（在篇名、关键词、摘要字段检索）、篇名、关键词、摘要、作者、第一作者、单位、刊名、参考文献、全文、年、期、基金、中图分类号、ISSN、统一刊号等	标题、作者、作者单位、刊名、期、中图分类号、关键词、摘要、全文
精确检索	可以进行精确检索	可以进行精确检索	
逻辑算符	AND、OR、NOT	AND、OR、NOT	AND、OR
特色检索	同义词检索、同名作者检索、任意字段检索	主题检索、词频限定、全文检索	全文检索

三、检索结果

比较三大中文全文数据库检索结果的处理方式，维普的总库平台除了资源更新比镜像站点快之外，没什么特别之处。CNKI 和万方与各自的镜像站点比较，各自的总库平台在资源的跨库检索、检索结果的关联性、检索结果的排序、分组方面都做得很好。CNKI 与万方的总库平台相比，CNKI 做得要出色一些。CNKI 总库平台提供学科类别、中文关键词、研究层次、文献作者、作者单位、文献出版来源、研究获得资助、来源数据库、发表年度等分组分析方法，可以帮助查检者节省文献的筛选时间。但是 CNKI 总库平台检索存在不稳定现象，不同时间，相同的检索词可能出现不同的检索结果。三大中文全文数据库的检索结果处理方式情况见表 4-3。

表 4-3 三大中文全文数据库检索结果处理方式比较

数据库	维普	CNKI	万方
检索结果显示格式	概要显示、文摘显示、全记录显示	总库平台可以选择列表显示、摘要显示	详细格式
检索词的推荐	总库平台提供相关中英文检索词	总库平台检索时推荐相似检索词、相关检索词，镜像站点检索不提供	在单篇文献的详细界面提供相关检索词
检索结果排序	只按时间进行排序	总库平台提供相关度排序、发表时间、下载频次、被引频次，镜像站点检索不提供	总库平台可按相关度优先、新论文优先、经典论文优先等方式分组，镜像站点不提供

NOTE

数据库	维普	CNKI	万方
检索结果分组	总库平台推荐热门文章	总库平台提供学科类别、中文关键词、研究层次、文献作者、作者单位、文献出版来源、研究获得资助、来源数据库、发表年度、不分组，镜像站点不提供	总库平台可按年份、期刊、可下载的论文等方式分组，镜像站点不提供
输出格式	概要显示、文摘显示、全记录显示、引文标准格式显示、EndNote 格式、NoteExpress 格式、自定义输出格式	简单格式、详细格式、引文格式、自定义格式、查新格式	列表格式、参考文献、文本、XML、NoteExpress、Reforks、EndNote 格式
全文格式	PDF 格式	PDF、CAJ 格式	PDF 格式（含相关文献的列表）
保存检索历史	可保存 50 条检索式	自动保留每次检索式	自动保留每次检索式
单篇文献的显示	中英文刊名、年、卷、期、页码，中英文篇名，ISSN 刊号，中英文作者，中英文作者机构，中英文文摘，中英文关键词，分类号，所属栏目信息，收稿日期，基金资助，作者简介	中英文篇名、作者中英文名、作者单位、文献出处、中英文关键词、中英文摘要、基金资助情况	中英文题名、文摘，中英文作者，中英文作者单位，中英文刊名、关键词、分类号、机构分类号、机构关键词、基金项目
单篇文献的拓展关联信息	镜像站点提供主题相关、全文快照的链接，总库平台提供相关文章、相关期刊、关注本文的人、看过本文的人等	参考文献、引证文献、共引文献、读者推荐文章、相似文献、相关研究机构、相关文献作者、文献分类导航、相关期刊、相同导师文献（动态关联）	参考文献，相关论文，相似文献，引证文献，与检索词有关的专家、机构、相关检索词（动态关联）
备注	中心网站上还提供广告链接	单篇详细界面还提供期刊所获得的荣誉情况	刊名的等级情况在单篇详细界面显示，单篇详细界面还提供检索词的知识脉络检索

三大中文全文数据库各有所长和特色，也各有不足，查检者要将检索目的、要求与数据库的特点相结合，合理、充分地利用各个数据库，扬长避短，实现检索查全、查准的要求。

四、特色服务

（一）　CNKI 提供的特色服务

CNKI 通过创建个人数字图书馆（Personal Digital Library，PDL）提供个性化特色服务。进入主页后，可在"我的机构馆"下的"创建个人数字图书馆"栏目中免费选择创建研究型个人馆、中小学读者个人馆、生活型个人馆 3 种类型的个人数字图书馆。以创建高校教师通用的"研究型个人数字图书馆"个人馆的模板为例，介绍 CNKI 提供的个性化特色服务。

首先点击"创建个人馆"，进入创建个人馆的第一步，填写个人基本信息，信息填写无误后选择个性化服务模板，根据用户选择的个人馆分类选择个人馆模板。选择好模板以后，用户可以链接本单位的图书馆，这样用户就可在自己的个人馆中免费下载机构馆中购置的所有资源。CNKI 个人数字图书馆所提供个性化服务的主要内容如下。

1. 本馆信息服务栏目配置　本馆信息服务栏目包括学术文献栏目、本人自有资源栏目、本单位自有资源栏目、文献管理与互联网信息挖掘栏目和本馆管理栏目。用户还可以根据自己的需要对栏目进行添加、删除、转移等相关操作。

（1）学术文献栏目 学术文献栏目包括学术学科文献馆、单库文献馆、自建主题文献馆，具体服务功能如下。

①学术学科文献馆：学术学科文献馆是用户以主要研究学科为核心，选择、定制与其相关各学科的内容，构建成一个专为用户本人科研活动服务的权威性文献检索系统，还提供每周1次的自动推送最新文献服务。

②单库文献馆：单库文献馆是定制用户特别关注的期刊、会议论文集、报纸等出版物，系统自动将其原版文献完整建库，以供用户检索和保存。

③自建主题文献馆：自建主题文献馆是针对用户关注的若干研究主题，通过构造恰当的"检索式"，建立用户专用的完整、系统的主题文献库，能每天自动推送各个主题的重要文献和最近1周内出版的最新文献。

（2）本人自有资源栏目 本人自有资源栏目包括桌面文献馆，是通过CNKI桌面版的个人数字图书馆软件，将本馆选配的内容自动发布到用户的桌面计算机上，并与用户桌面收藏的文献进行统一管理和检索。

（3）本单位自有资源栏目 本单位自有资源栏目包括本单位可跨库检索数据库和本单位单库检索数据库。

（4）文献管理与互联网信息挖掘栏目 文献管理与互联网信息挖掘栏目能为用户推送所关注学科领域的学术网站，用户也可以将自己收藏的网址保存在这里进行分类管理和利用。

（5）本馆管理栏目 本馆管理栏目能及时显示来自用户单位的通知、公告，以及学友给用户的留言等。

2. 本馆个性化显示设置 本馆个性化显示设置主要包括更换背景肤色和布局，以及栏目位置设置等。用户能根据自己的喜好选择需要显示的背景肤色，也可以根据自己的信息需求对文献资源服务、科研情报服务、学术圈动态推送、其他读者服务等提供的各项服务进行顺序的调整和内容的取舍。

3. 检索系统功能配置 用户可在检索系统功能配置中选择是否在本标签页配置主题文献馆/检索平台。选择"是"就能对馆内检索平台显示模式、文献资源总库检索方式进行配置，如能选择简单检索、标准检索、专业检索等方式。

另外，个人数字图书馆还提供办公平台管理、使用情况统计、个人馆模板、资源使用情况统计表、本单位产品权限查询、个人基本信息设置、我的机构馆、修改密码等一系列服务，用户可根据自己的需要有选择地使用。

（二） 维普提供的特色服务

维普是通过"我的维普"（http：//my.cpvip.com）提供个性化的特色服务。"我的维普"是用户自定义的学术平台，用户可以"收藏"多个自己感兴趣的学科、期刊或文章。这些自定义的内容就组成了"我的维普"首页，系统将在网站数据更新的第一时间自动刷新用户收藏的学科、期刊和文章等信息。用户只要打开"我的维普"就能够及时地了解最新的内容，提高信息掌握的效率。另外，"我的维普"还集成了维普的其他主要功能，比如账户管理、记录查询、期刊订阅，以及充值等服务，通过"我的维普"，用户可以在不通过访问维普主站的情况下，完成维普网的全部操作，从而大大简化了用户获取信息服务的成本和时间。

"我的维普"包括"我的学科""我的期刊"和"我的文章"三个栏目，用户能根据自己的需要对"我的学科"和"我的期刊"栏目进行自行定制修改。"我的文章"栏目又分为"已收藏的文章"和"已下载的文章"两个部分。用户第1次访问"我的维普"时，系统将根据用户注册时填写的行业资料，自动为用户推荐部分学科和期刊。用户也可以通过"修改"按钮随时调整相关的这些内容。用户还可以在维普网站的学科界面、期刊界面和文章界面点击对应的"收藏本学科""收藏本刊""收藏本文"等按钮，对自己感兴趣的学科、期刊、文章进行收藏，收藏的内容将出现在"我的维普"首页相对的应区域。另外，"我的学科"最多可收藏6个学科；"我的期刊"最多可收藏10本期刊。

（三）万方提供的特色服务

万方通过"我的服务"提供其个性化特色服务。在首页免费注册成为个人用户，可以方便、安全地选择多种支付方式，从而享受更多的个性化服务。"我的服务"包括"我的钱包""查看订单""个人信息管理"和"引用通知"4个栏目。

我的钱包：能显示用户在万方数据上的账户金额和消费金额，万方提供网银、手机等多种支付方式。

查看订单：能显示用户的订单信息，包括"成功订单"和"未完成订单"。

个人信息管理：能在"个人信息"栏目界面中修改个人信息、修改密码。

引用通知：它是指当用户所订阅的论文被其他论文引用时，用户将能得到即时的引用通知。万方提供引证文献和指定论文的引用通知两种服务。第2种服务的独到之处是能指定一组文献，了解它们被引用的情况及引用变更的情况，并能及时了解指定论文的权威性和受欢迎的程度。"引用通知"仅提供给个人注册用户使用，只对中文期刊和学位论文提供引用通知的服务。

用户还能通过3种方法订阅引用通知。①通过登录万方数据知识服务平台获得订阅引用通知。②当用户指定论文引用情况变更时，可向用户所设置的邮箱发送邮件通知。③将该组文献的引用通知设置为RSS订阅。

用户还能根据需要选择一种或者多种方式获得指定论文引用情况变更的通知。用户添加指定论文到引用通知的方法有两种：①在论文检索结果列表上"勾选"一组论文，点击"添加到引用通知"。②在论文详细信息界面点击"添加到引用通知"进行逐个添加。另外，用户还可以根据需要取消或者启用引用通知功能。

总之，三大中文全文数据库有其各自的个性化特色服务，而且均可免费创建个人账户。相比之下，CNKI的个性化特色服务功能众多，个性化特色服务的发展也比较好。维普的个性化特色服务能提供对已经下载过的和感兴趣的文章的管理，而其他两个数据库均没有。万方数据的个性化特色服务在检索结果时不只是对基本信息做出了标注，而且展示了部分该文章的内容，并通过小图标的形式，将该文献被收录的情况进行了展示，因此，其引用通知功能要优于CNKI和维普两个数据库。三大中文全文数据库的个性化特色服务虽然都取得了一定的进步，但也都存在着不足。CNKI提供的"个人数字图书馆"的页面内容丰富，栏目设置较多，定制程序比较复杂，检索方式多样，专业词汇使用也比较多，非专业用户需要经过培训，并进行反复学习和实践方能熟练使用。虽然维普资讯和万方数据都有一些个性化特色服务，但相对于CNKI，其个性化特色服务尚显薄弱。

第二节　三大中文全文数据库的基本功能

一、论文检索

论文检索是三大中文全文数据库的最基本功能。

（一）CNKI 的论文检索

进入中国知网（http：//www.cnki.net）页面，在检索项下拉框中选择检索字段"全文"，并在检索框中输入论文的部分内容，点击"检索"，论文检索结果如图 4-1 所示。

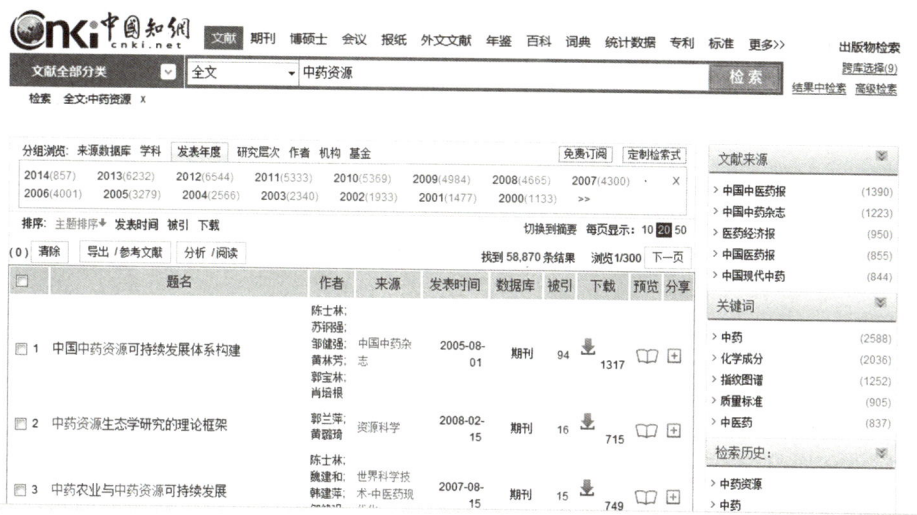

图 4-1　CNKI 全文检索结果界面

在检索的结果中选择需要的论文，点击序号前"□"打勾，点击上方的"导出/参考文献"，即可导出符合要求的参考文献。

（二）维普的论文检索

"期刊文献检索"选项下又分"基本检索""传统检索""高级检索"和"期刊导航"4 个检索途径。以基本检索为例。

如图 4-2 所示，在基本检索首页使用"下拉式菜单"选择时间范围、期刊范围、学科范围等检索限定条件；选择检索入口，输入题名、关键词、作者、刊名等检索内容条件；点击"检索"进入检索结果页，查找检索结果题录列表，反复修正检索策略得到最终的检索结果；根据题录信息判断文献的相关性和适应性，可以筛选导出文献题录，也可点击题名进入文献详细浏览界面查看详细信息和知识节点链接；在检索结果界面或文献详细浏览界面上，都可以通过点击下载全文、文献传递、在线阅读按钮获取全文。

时间范围限定：使用下拉菜单进行选择，时间范围是 1989 年至 2014 年。

期刊范围限定：可选全部期刊、核心期刊、EI 来源期刊、CA 来源期刊、CSCD 来源期刊、CSSCI 来源期刊。

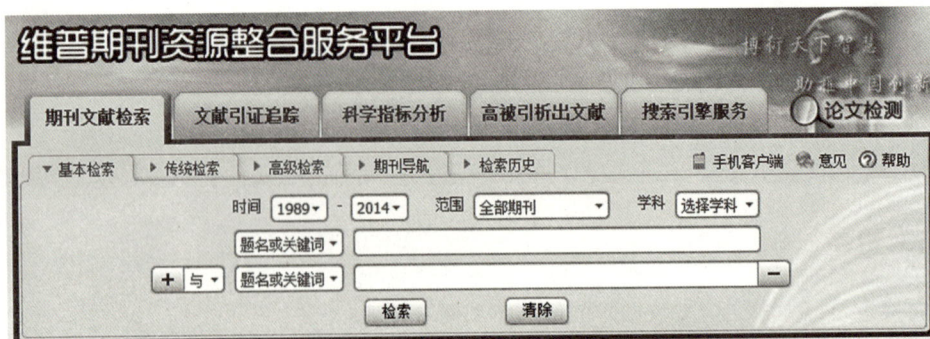

图 4-2　维普基本检索界面

学科范围限定：包括管理学、经济学、图书情报学 45 个学科，"勾选"复选框可进行多个学科的限定。

选择检索入口：任意字段、题名或关键词、题名、关键词、文摘、作者、第一作者、机构、刊名、分类号、参考文献、作者简介、基金资助、栏目信息 14 个检索入口。

逻辑组配：检索框默认分为两行，点击"＋"或者"－"可增加或减少检索框，进行任意检索入口"与""或""非"的逻辑组配检索。

（三）万方的论文检索

万方论文检索提供了包括中文期刊论文、学位论文、会议论文和 NSTL 论文的检索，而且提供了 5 种检索方式，即跨库检索、期刊检索、学位检索、会议检索和外文检索。以期刊论文检索为例。

1. 选择检索文献范围　打开主页，在检索选择区选择所检索的文献类型，点击期刊检索。

2. 确定检索词和检索式　在检索框中输入检索词，检索支持布尔逻辑检索，可以将多个检索词用"与""或""非"三个逻辑连接词连接起来一同检索，以达到更高的检索率。

3. 检索结果限定　在期刊检索中可以对检索结果进行限定，这些限定主要有 5 种：①所属分类限定。②检出论文所属期刊限定。③结果列表排列方式限定。④检出文献类型限定。⑤时间范围限定。

4. 返回结果信息界面

①论文摘要：介绍该论文的主要内容，只包括研究目的、方法、结果等。

②论文相关信息：列举论文作者、论文发表的刊名、英文期刊名、论文关键词等论文相关信息。

③参考文献与引证文献区：列举论文所有的参考文献和引证文献。

④相似检索区：相似文献、相似外文、相似会议、相似学位，列举相似的中外文文献、会议报告、学位论文。

⑤相关检索区：包括相关佐证、相关机构和相关基金等三大块。

二、学者检索

学者（作者）检索是通过学者姓名、单位、研究方向和关键词等信息，查找作者发表的全部文献及被引下载等信息情况。

（一）　CNKI 的学者检索

CNKI 的主页检索方式一栏设有学者检索入口。对学者的检索，可以全方位地了解作者主要研究领域、研究成果等信息情况。对检索到的同名学者，用户可选择同名学者进行合并，合并后作者信息还可以定制到个人馆中（图 4-3）。

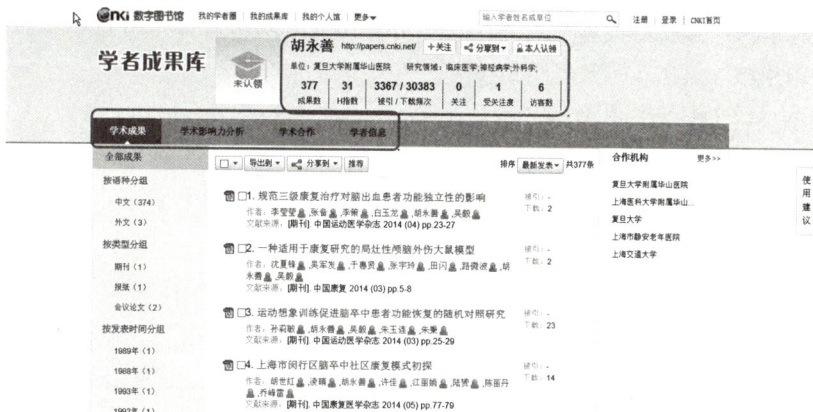

图 4-3　CNKI 的学者检索界面

（二）　维普的学者检索

维普的学者检索位于"科学指标分析"功能之下，提供关于作者的科研产出与引用分析统计，检索并查看作者的学术研究情况，如图 4-4 所示。可以输入作者姓名进行检索或按拼音浏览、按学科浏览作者索引结果，结果列表按被引频次倒序排列；选中特定作者查看详细信息；在作者索引结果页中选择感兴趣的作者，点击"详细信息"进入作者详细浏览界面。

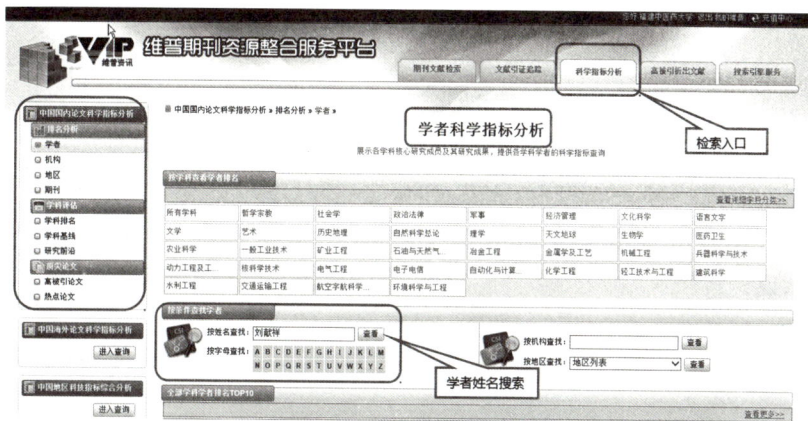

图 4-4　维普的学者检索界面

（三）　万方的学者检索

点击万方主页的"学者"菜单选项，即可进入学者检索界面。万方学者检索中的"学者信息"是来自万方自己的"学术圈"。万方学术圈是业内率先实现读者与学者近距离接触的平台，可最快获取学者最新情况、最新研究领域、分享学术成果。万方学术圈的建设目标是建立学术交流平台，营造良好的学术生态环境，促进学者间的交流与合作。

三、基金项目资助检索

基金项目资助论文是由国家各级政府部门，以及各类基金组织和企事业单位提供科研经费而产生的科研论文，这些论文普遍具有方法先进、学术水平较高、研究深入等特点，能比较好地反映该学科的发展趋势和动态。通过对"基金"途径查找文献，可以获得某一课题连续性的研究成果。三大中文全文数据库均提供"基金"检索（详细的科研基金项目检索，见第八章第三节）。

（一）CNKI 的基金项目资助检索

在 CNKI 主页的检索方式一栏，直接选择"科研基金检索"，通过科研基金名称，可直接查找科研基金资助的文献。通过对检索结果的分组筛选，还可全面了解科研基金资助学科范围、科研主题领域等信息。

（二）维普的基金项目资助检索

维普主页上没有直接的基金资助选项，需要进入"期刊文献检索"，然后在检索途径菜单选择基金资助途径，输入所需检索的基金名称。如所需检索的基金名称为"国家自然科学基金"，则其检索的界面如图 4-5 所示。

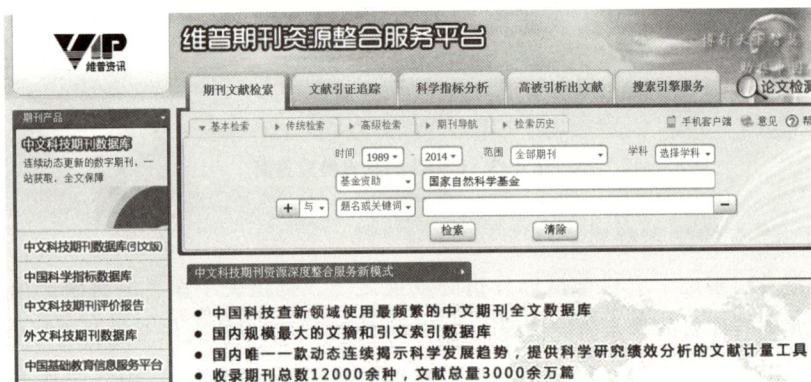

图 4-5　维普的基金项目资助检索界面

四、论文的被引检索

三大中文全文数据库的基本功能中都包含有论文被引用检索（详细的引文检索和分析见第七章第二节）。

（一）CNKI 的论文被引检索

引文检索以检索参考文献为出发点，根据文献的引用关系，找到引用文献。从 CNKI 主页选择引文检索途径（图 4-6）。

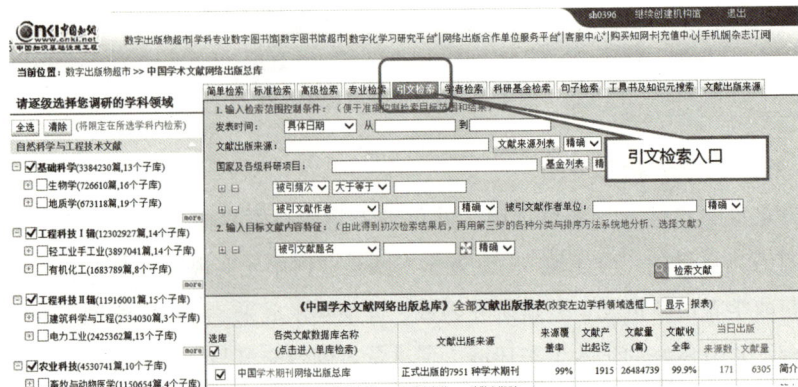

图 4-6　CNKI 的引文检索入口界面

（二）维普的论文被引检索

在维普期刊资源整合服务平台首页，点击文献引证追踪，即可进入论文被引检索，如图4-7所示。它包括被引期刊论文、被引学位论文、被引会议论文、被引专利、被引标准、被引图书专著等内容，主要检索 1989 年以来国内 5000 多种重要期刊（含核心期刊）所发表论文的参考文献。

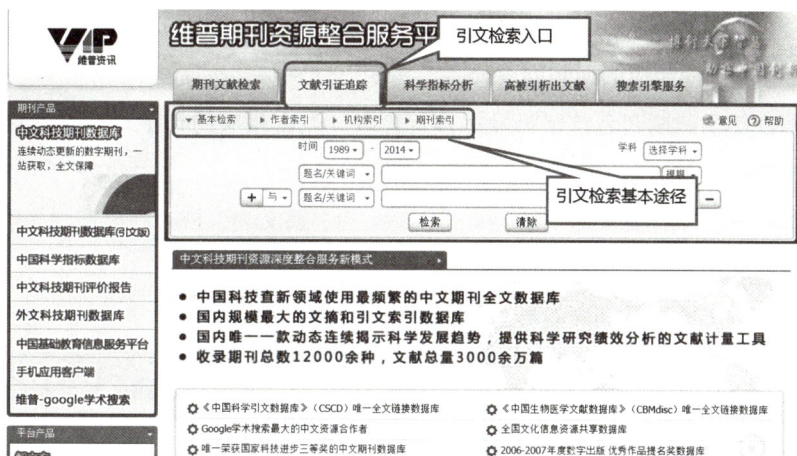

图 4-7　维普的文献引证追踪入口

（三）　万方的论文被引检索

万方在主页和检索页面均没有论文被引检索方式和途径，但通过检索结果界面可以看到论文的被引次数，需要点击到具体论文的细览页面，才能够浏览某篇检中论文的被引用情况，如图 4-8 所示。

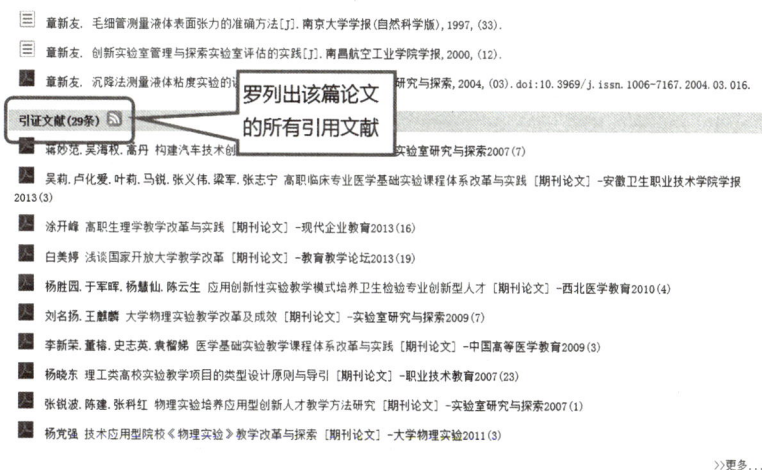

图 4-8　万方的引文显示界面

万方数据资源系统的数字化期刊群提供引文检索功能，但引文查询只能用直接输入按检索字段进行检索。

进入万方数据服务平台主页后，先输入作者姓名于检索框内，再点击"检索"按钮，即可获得相应结果的页面。从该页面中论文标题后的括号中，可看出该论文的被引用次数，或者通过"引用通知"获得论文的被引用次数。

五、期刊导航

运用期刊导航进行文献检索的步骤如下。

1. 进入系统后，首先显示的是期刊导航页面，通常可以通过以下 4 种方式进行期刊检索。

（1）左侧按学科列出各学科的分类导航，点击学科下的分类名称即可在右边查看该类的期刊列表。

（2）在搜索框前选择按期刊名称或刊号 ISSN 或主题范畴检索，输入相应的内容，点击搜索下方会列出搜索到的相应的期刊列表。

（3）同时还提供按期刊名首字母顺序排行检索。点击相应的首字母，下方会列出以该字母为首字母的期刊。

（4）根据语种类型分类，提供按中文刊、英文刊、德文刊、核心临床期刊等检索，点击想要的分类会在下边列出相应的语种期刊列表。

CNKI、维普和万方的期刊导航界面如图 4-9~图 4-11 所示。

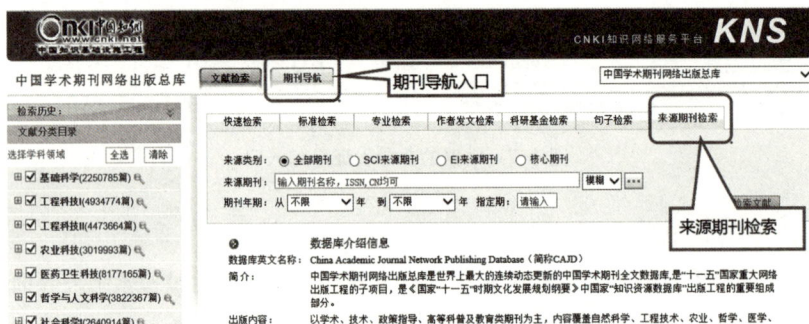

图 4-9   CNKI 的期刊导航界面

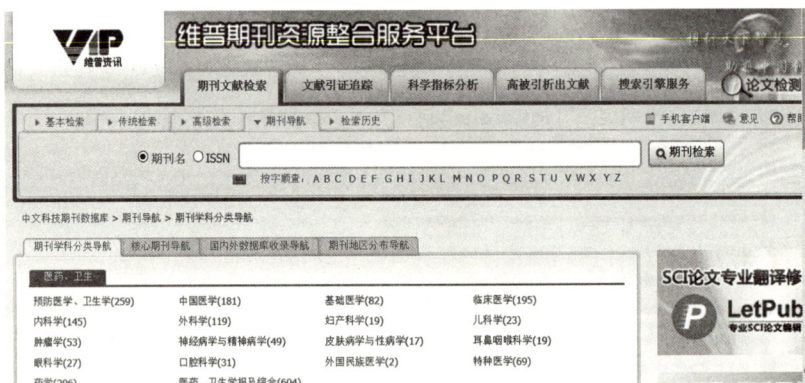

图 4-10   维普的期刊导航界面

图 4-11   万方的期刊导航界面

2. 搜索出期刊列表后，点击期刊名称或期刊简称或参考中文名称进入期刊详细页面，页面包含了期刊的各类详细信息，并按入库卷期分年份列出，点击卷期进入该卷期所有文献的列表页面。

六、分类检索

分类检索语言是用分类法来表达各种信息资源的概念，将各种概念按照学科、专业性质进行分类和系统排列。比如，分类目录可以向用户展示一个科学分类系统，用户能够通过这个系统查找自己所需要的文献；文献的分类排列，可将文献按照内容之间的关系组成一个藏书分类系统，供用户按照知识关系查找，以方便直观地使用文献。分类法具有很好的层次性和系统性，其分类体系便于用户"扩检"和"缩检"，便于进行浏览检索，传统的文献组织大多采用这种方法。

（一）CNKI 的分类检索

CNKI 系列数据库的分类检索途径主要有两种。

1. 中图分类法导航途径　在 CNKI 镜像版的跨库检索界面上设有中图分类法导航，该导航以《中国图书馆分类法（第四版）》为依据设置分类的类目。用户使用时，可逐层点击类目，浏览相关分类的资源，也可以在选定分类后输入检索词，进行分类限制检索。

2. 中图分类号途径　在中国知网系列数据库的检索项中设有"中图分类号"检索入口，用户可以在检索框处输入相应的分类号进行检索。

（二）维普资讯的分类检索

维普资讯设有快速检索、传统检索和高级检索等多种检索方式。在传统检索方式下提供分类导航、分类检索，并提供分类号检索入口，但此处的分类导航只能用于浏览分类和进行分类限定检索，点击类目无法直接获得检索结果。高级检索方式下提供分类号检索入口，并提供"查看分类表"按钮，点击该按钮可以了解整个《中图法》的概貌，也可以选中一个或多个类目进行检索。当用户选中多个类目点击确定后，这些类目所对应的分类号会以逻辑的方式组合起来自动添加到检索框中。

（三）万方数据的分类检索

该检索系统未提供完整的分类法体系结构，但它将其收录的学术论文按照《中图法》的22 个基本大类进行了划分，用户点击分类时，可以获得有检索结果的相关类目的信息及相应的学术文献，也可以在选择特定分类的基础上进行分类限制检索。另外，万方检索系统的跨库检索界面和经典检索方式下分别设有"分类号"和"中图分类"检索入口，方便用户输入相应的分类号进行检索。

在分类检索方面，三大中文全文数据库都设置了中图法导航途径和分类号检索途径，但从各个数据库分类检索的实现形式和实际检索效果看，分类导航体系形式不够合理，如有的类名和类号没有对应、类目展开的方式不够合理、对类目的揭示不够充分、不利于用户在使用分类号检索的情况下灵活调整检索策略。但从实际应用来看，分类检索依然是各种文献检索系统重要的检索途径之一，尤其在目前海量的信息环境下，要满足用户在检索过程中可能出现的各种查全、查准的需求，分类检索途径更是不可或缺。在三大中文全文数据库分类检索方面，目前应注意的关键问题是处理好传统分类法与数据库检索系统的关系，不断探索最优的结合方式和使用规律，对不同检索系统中分类体系的构建模式进行探讨和归纳，建立起真正适合数据库特点的分类检索途径，使检索更为便利。

第三节　三大中文全文数据库的扩展功能

一、聚类功能

聚类是指将物理或抽象对象的集合分成由类似的对象组成的多个类别的过程。由聚类所生成的簇是一组数据对象的集合，这些对象与同一个簇中的对象彼此相似，而本簇中的对象与其他簇中的对象相异。正所谓"物以类聚，人以群分"，在自然科学和社会科学中，存在着大量的分类问题。聚类分析又称为群分析，它是研究（样品或指标）分类问题的一种统计分析方法。聚类分析起源于分类学，但是聚类不等于分类。聚类与分类的不同在于聚类所要求划分的类是未知的。聚类分析内容非常丰富，有系统聚类法、有序样品聚类法、动态聚类法、模糊聚类法、图论聚类法、聚类预报法等。

（一）CNKI 的聚类功能

CNKI 检索结果界面将结果以分组浏览形式展示出来：来源数据库、学科、发表年度、研究层次、作者、机构、基金，根据对检索结果聚类的方法来准确统计各类文献。

1. 学科类别聚类　CNKI 学科类别聚类是将检索结果按照 168 个专辑分类下级的 4000 多个学科类目进行分组。按学科类别分组可以查看检索结果所属的更细的学科专业，进一步进行筛选，找到所关注的文献。

CNKI 学科类别聚类操作步骤：点击文献分组浏览中的"学科"项，分组浏览下方显示分组得到的学科类别；点击其中的某个学科类别项，检索结果则根据该分组项进行筛选，得出相应结果。

2. 研究资助基金聚类　CNKI 研究资助基金聚类是指将研究过程中获得国家基金资助的文献按资助基金进行分类。通过筛选，对研究资助基金分组，用户可以了解国家对这一领域的科研投入如何，科研人员可以对口申请课题，国家科研管理人员也可以对某个基金支持科研的效果进行定量分析、评价和跟踪。

CNKI 研究资助基金聚类操作步骤：点击检索结果分组筛选中的"研究资助基金"项，分组浏览下方将出现分组得到的研究获得资助基金。点击其中的某一资助基金，检索结果则筛选出该基金资助项目发表的相关文献。

3. 研究层次聚类　CNKI 在学术文献总库中，每篇文献还按研究层次和读者类型分为自然科学和社会科学两大类，每一类下再分为理论研究、工程技术、政策指导等多种类型。用户通过分组可以查到相关的国家政策研究、工程技术应用成果、行业技术指导等，实现对整个学科领域全局的了解。

CNKI 研究层次聚类操作步骤：点击检索结果分组筛选中的"研究层次"项，分组浏览下方将出现分组后得到的研究层次；点击其中的某个研究层次，检索结果则筛选出该研究层次的文章。

4. 文献作者聚类　CNKI 文献作者聚类可以帮助研究者找到学术专家、学术榜样；帮助研究人员跟踪某个学者的发文情况，发现未知的有潜力的学者。

CNK 文献作者聚类操作步骤：点击检索结果分组筛选中的"文献作者"项，分组浏览下方将出现分组的作者姓名及其机构，以及作者发文数。点击其中的某一作者，检索结果则筛选出该作者发表的文献。

5. 作者单位聚类　CNKI 作者单位聚类可以帮助学者找到有价值的研究单位，全面了解研究成果在全国的全局分布，跟踪重要研究机构的成果，其是选择文献的重要手段。

CNKI 作者单位聚类操作步骤：点击检索结果分组筛选中的"作者单位"项，分组浏览下方将出现分组的作者单位名称及该单位的所有员工的发文数。点击其中的某一个作者单位，检索结果将筛选出该单位的所有员工发表的文献。

（二）　维普数据库的聚类功能

维普数据库的聚类功能可以在任意检索条件下对检索结果进行再次组配检索。

1. 横向　包括命中结果的文章、刊登的期刊、作者、机构、资助的基金等。

2. 纵向　包括期刊收录在各类检索工具聚类、学科聚类、机构聚类、主题聚类、作者聚类、期刊聚类、年份聚类、被引范围聚类等。

聚类检索功能如图 4-12 所示。

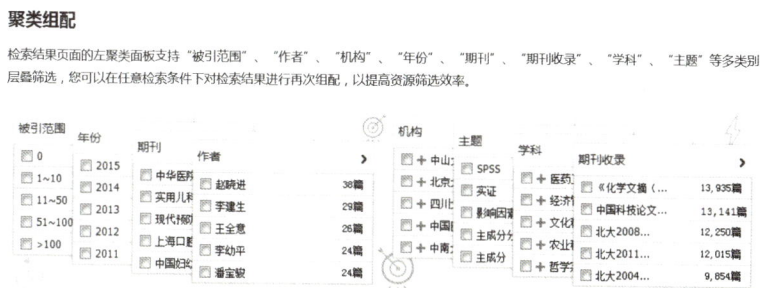

图 4-12　维普聚类功能示意图

（三）　万方数据库的聚类功能

万方数据库聚类主要有 7 种类型。

1. 出版状态　根据正式出版论文、优先出版论文聚类。

2. 学科分类　根据论文分布的 22 个大类聚类统计。与中国图书馆图书分类法一致。

3. 论文聚类　根据论文类型（期刊、学位、会议）进行归类统计。

4. 刊名聚类　根据论文所属刊物进行归类统计，从高到低排列。

5. 时间聚类　根据论文发表时间归类统计在本区中，点击相应的选项，如年价、刊物名等，可以直接查看相应类别中的论文结构。

6. 相关检索词聚类　用户所检索关键词的下一级词或同义词或标准用法。

7. 相关学者　主要是列举出所检出的论文中出现次数比较多的相关领域专家。

二、分析功能

（一）CNKI 的学术脉络分析

CNKI 提供单篇文献的详细信息和扩展信息，浏览的页面称为"知网节"。"知网节"不仅包含了单篇文献的详细信息，还是各种扩展信息的入口汇集点。这些扩展信息通过概念相关、事实相关等方法提示知识之间的关联关系，达到知识扩展的目的，有助于新知识的学习和发现，帮助实现知识获取、知识发现。在检索结果页面中，点击文献的题目即进入"知网节"页面。

1. 节点文献　节点文献信息包括篇名（中文/英文）、下载阅读方式、作者、导师、作者基本信息、摘要（中文/英文）、关键词（中文/英文）、文内图片、网络出版投稿人、网络出版年期、分类号、被引频次、下载频次、攻读期成果、节点文献全文快照搜索、知网节下载，不同类型的"知网节"包含的信息不同。

2. 文献网络图示　"本文链接的文献网络图示"中包含本文的引文网络和本文的其他相关文献两部分，并以图形形式显示出来（图 4-13）。

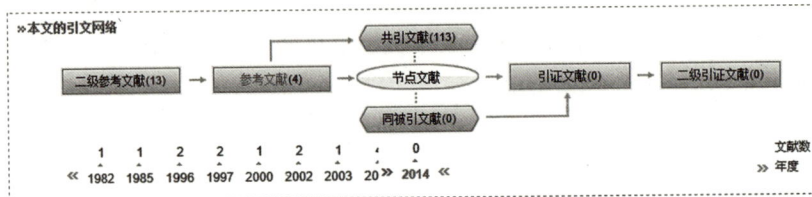

图 4-13　CNKI 本文链接的文献网络界面

图 4-13 中所示的各类文献的含义。

（1）共引文献　是与本文有相同参考文献的文献，与本文有共同研究背景或依据。

（2）参考文献　是反映本文研究工作的背景和依据。

（3）二级参考文献　本文参考文献的参考文献，进一步反映本文研究工作的背景和依据。

（4）引证文献　引用本文的文献。本文研究工作的继续、应用、发展或评价。

（5）二级引证文献　本文引证文献的引证文献，更进一步反映本研究的继续、发展或评价。

（6）同被引文献　与本文同时被作为参考文献引用的文献。

（7）图形式列表功能　每种文献的数量标示在标题后面，并用括号括起来，比如，参考文献（21）。点击任意类型文献的题名，该类文献将在图表下面显示出来，涉及的数据库有中国学术期刊网络出版总库、中国优秀硕士学位论文全库、Springer 期刊数据库和外文题录数据库等数据库的文献。每个库中的文献在首页最多显示 10 条。

（二）维普的科学指标分析

维普期刊资源整合服务平台的首页上方提供期刊导航、学科导航和地区导航。其中学科导航基于已有的文献，揭示近 200 个细分学科的研究发展趋势和有关研究绩效的分析数据。主要提供学科概述、成果产出年代变化趋势分析等。

1. 学科概述　包括 10 年高被引作品共被引知识图谱生成，10 年高被引人物合作知识图谱，10 年高被引机构合作知识图谱，10 年高被引期刊共被引知识图谱，10 年高频主题共现知识图谱，10 年高被引资助合作知识图谱，10 年领域引用关系图谱等（图4-14）。

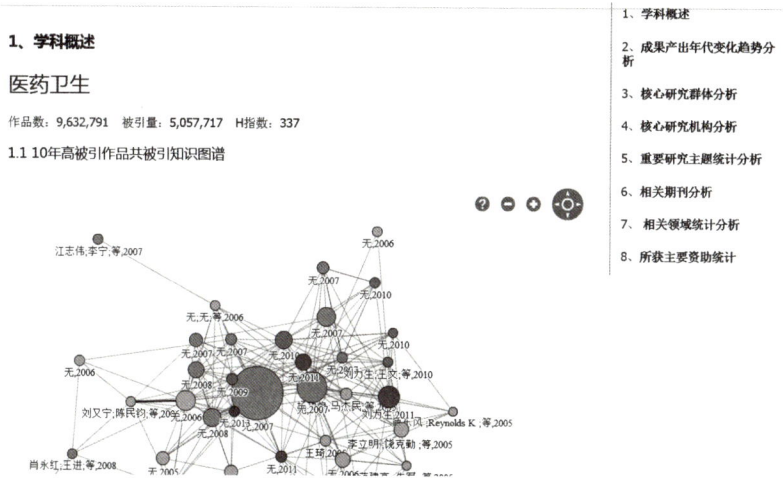

图 4-14　维普科学指标分析的学科概述界面

其中，高被引论文指标分析是指对各个学科被高度关注的论文的集合进行分析，其在一定程度上代表了学科的研究趋势和发展动态。

2. 成果产出年代变化趋势分析　如图 4-15。

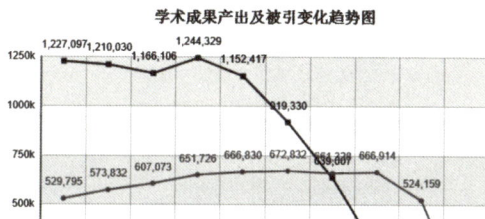

图 4-15　维普成果产出年代变化趋势分析界面

3. 核心研究群体分析　是指各学科核心的研究学者群体近 10 年来的发文量和总被引次数，以及 H 指数等指标统计。

4. 核心研究机构分析　是指主要研究机构类型分布、核心研究机构发文量对比、学院级机构发文量对比和实验室机构发文量对比等。

5. 重要研究主题统计分析　包括主题名称、发文量和发文作者。

6. 相关期刊分析　包括主要发文期刊分析、主要参考文献期刊分析、主要引证文献期刊分析等。

7. 相关领域统计分析　包括子领域及其相关发文统计、主要合作领域统计分析等。

8. 所获主要资助统计　见图 4-16。

8、所获主要资助统计

序号	资助项目	文献量
1	国家自然科学基金	190958
2	国家重点基础研究发展计划	24723
3	国家高技术研究发展计划	16392
4	广东省自然科学基金	15342
5	国家科技支撑计划	14761
6	国家科技重大专项	12329
7	广东省科技计划工业攻关项目	11387
8	国家教育部博士点基金	10175
9	广东省医学科学技术研究基金	7433
10	北京市自然科学基金	6417

图 4-16　所获主要资助统计界面

（三）　万方的知识脉络分析功能

万方数据知识服务平台提供知识脉络分析，为某一知识点在不同年代画出一张知识网络图，将不同年代的网络图按顺序链接起来，形成某个知识点在不同年代的知识网络形状演变脉络图，简称为"知识脉络"。文献是知识的载体，也是知识脉络构建的重要基础素材。知识脉络从时间维度揭示了知识点的关注度，有助于学者了解学科发展规律和研究选题。基于时序的知识脉络揭示了知识点之间随时间变化的演化关系，有助于发现知识点之间的交叉、融合的演变关系，有助于学者发现新的研究方向、研究趋势和研究热点。例如：输入"栀子"，点击"知识脉络检索"，万方数据知识服务平台的相关页面会显示 2007 年至今每个年度中的百万期刊论文命中篇数，从而形成一条曲线图，揭示该研究内容的一个发展趋势，趋势图的下方显示相应的共现数和热词。共现指的是同时在论文的关键词中出现，根据共现的频率可以分析相关研究趋势和热点分布。热词是指与被检索一同共现的次数较多的词（图 4-17）。

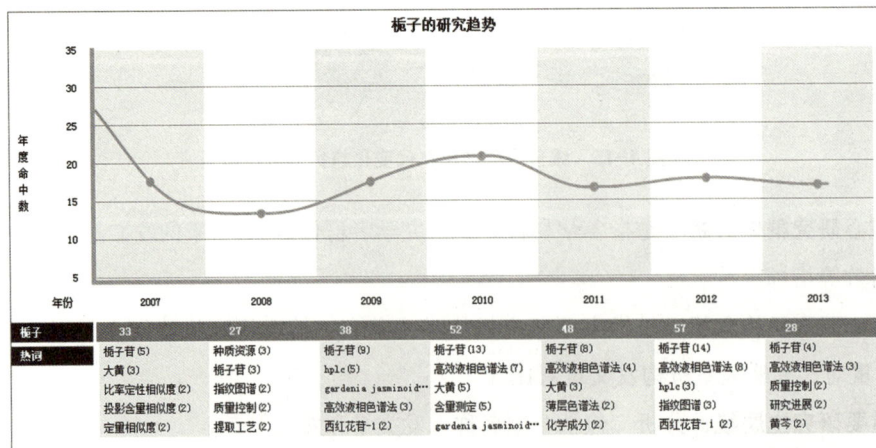

图 4-17　万方平台中栀子的知识脉络分析结果界面

在文本框内输入多个关键词，然后点击后面的"比较分析"，就可以同时了解这几个词从 1998 年至今在系统中命中的数量。通过比较判断两个词在不同时间点上的研究数量，系统会自动生成一些相关词，用户可以选择这些词，然后系统会自动将结果进行可视化展示，如图 4-18 所示。

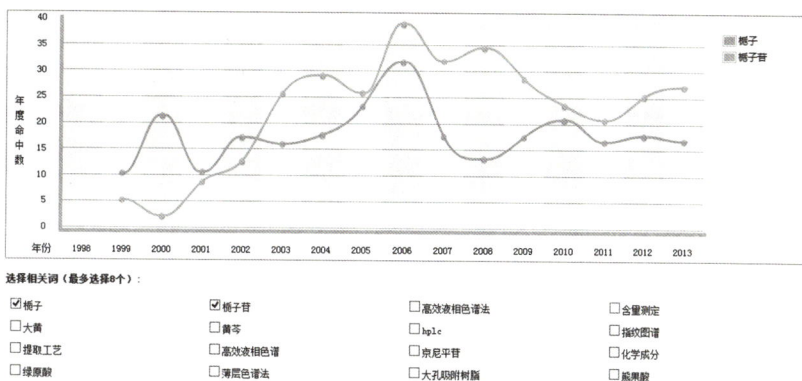

图4-18 万方平台的比较分析可视化界面

三、引证功能

引证功能主要指三大中文全文数据库都有针对任意单篇或多篇文献提供参考文献、引证文献、引用追踪的延伸查询功能，能够帮助用户深入追踪研究课题的来龙去脉，直观分析研究课题的总体发展趋势和学术影响力情况，系统解读该课题目前是否具有潜在挖掘价值。以维普为例，针对某一篇文献的文献参考、引用、耦合等关系进行说明（图4-19）。

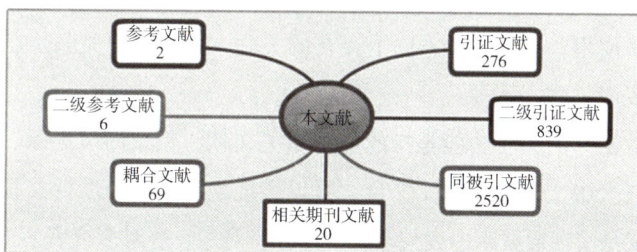

图4-19 维普引证追踪关系图

1. 参考文献 参考文献是在学术研究过程中，对某一著作或论文的整体的参考或借鉴。征引过的文献在注释中已注明，不再出现于文后参考文献中。按照字面意思，参考文献是文章或著作等写作过程中参考过的文献。

很多刊物对参考文献和注释做出区分，将注释规定为"对正文中某一内容作进一步解释或补充说明的文字"，列于文末并与参考文献分列或置于当页页脚。

2. 引证文献 引证文献是指引用本文的文献，是本文研究工作的继续、应用、发展或评价。引证文献是学术论著撰写中不可或缺的组成部分，也是衡量学术著述影响大小的重要因素。规范的引证文献既是对他人知识产权的尊重，也能看出作者自己进行知识产出的过程和基本状况，其重要性不言而喻。作者的文献被引证的次数越多，表示此作者的文献越有价值。图4-20为维普引证文献分析报告界面。

3. 耦合文献 耦合文献即文献耦合，是指文献通过参考文献进行的耦合。也就是当两篇文献共同引用了一篇或多篇文献时，这两篇文献之间的关系就称为文献耦合（Bibliographic Coupling），或称这些文献是耦合文献。文献耦合的强度取决于共同参考文献（被引文献）的数量。

文献耦合分为论文耦合、学科耦合、著者耦合和期刊耦合等。此外，还有文献所属国别耦合、文献语种耦合等。

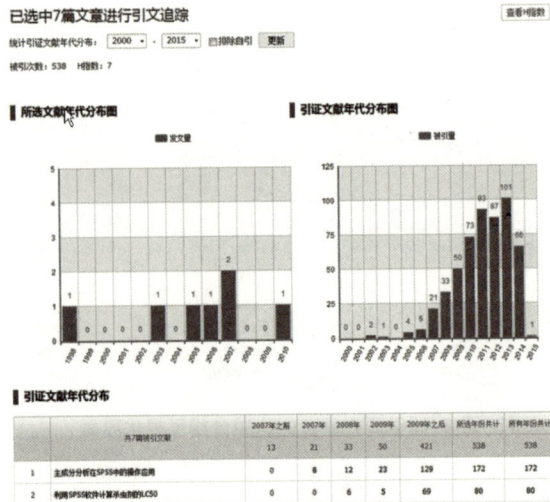

图 4-20   维普引证文献的分析报告界面

四、关联功能

关联关系是一种结构化的关系，指一种对象和另一种对象有着内在或形式上的联系。给定关联的两个类，可以从其中的一个类的对象访问到另一个类的相关对象。关联可以有方向，表示该关联在某方向被使用。只在一个方向上存在的关联，称为单向关联。在来回两个方向上都存在的关联，称为双向关联。

三大中文全文数据库的关联功能是指能实现相关文献、相关网络资源、相关博文等链接和检索的功能。通过三大中文全文数据库平台，可以实现创建关联、进行关联分析或关联知识挖掘等功能。创建关联是实现数据库中表与表之间建立一对一、一对多或者多对多的关系，关联分析或关联知识挖掘则是从大量数据中发现各项集之间有趣的关联和相关联系。关联知识反映了一个事件与其他事件的依赖或关联，三大中文全文数据库中的数据关联也是现实世界中文献信息或事物联系的一种特殊表现。如维普全文与 Google Scholar 的关联检索功能、万方的检索结果与相关博文的关联功能等。三大中文全文数据库平台部分关联界面如图 4-21~图 4-23 所示。

图 4-21   CNKI 的部分关联界面

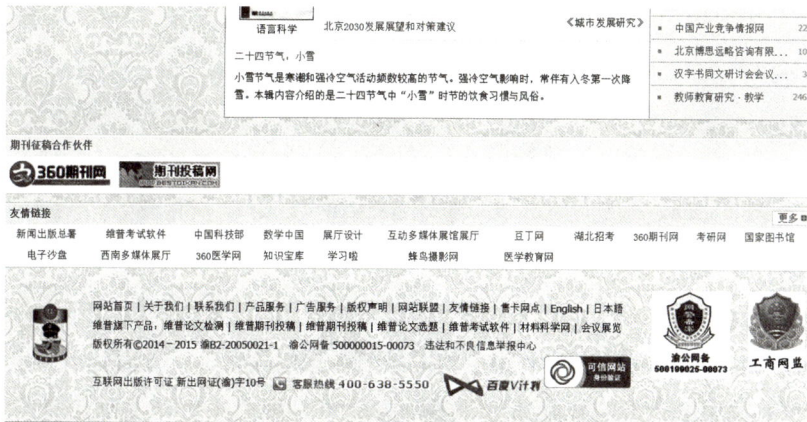

图 4-22　维普的部分关联界面

图 4-23　万方的部分关联界面

思考练习

1. 检索 2007~2009 年抗高血压药用量的论文，列出三大中文全文数据库的表达式，并分别下载两个题录。

2. 检索近 3 年国家自然基金资助的关于老年痴呆证型的研究文献，列出各个数据库的表达式，并归纳该病的证型有几种，每种证型列 1 篇支撑文献。

3. 检索研究髋关节置换后血栓的相关文献。

（1）尝试列出目前已有的几个方面，列出相应的来源文献。

（2）从检索结果或自己的关注点中检索近年来相关的国家自然基金资助项目。

4. 列出与你专业相关的核心期刊和非核心期刊各 3 种。

NOTE

第五章　生物医药类数据库

获取中医药文献信息常常需要利用生物医药类数据库检索，一方面是因为生物医药类数据库收录大量有关中医药类的文献信息，另一方面也是因为中医药文献信息与生物医药文献信息密不可分。因此，生物医药类数据库是检索中医药文献信息的重要途径。目前，生物医学界应用最多、最权威的文献信息检索系统主要有 PubMed 系统和中国生物医学文献服务系统（SinoMed）。

第一节　PubMed 系统

【示例】一研究人员欲检索国外有关针灸止痛的文献，包括临床试验类、随机对照试验类和特殊的病例报告等，并希望能够获取原文。我们可以利用 PubMed 检索系统实现他的愿望吗？

一、PubMed 概述

（一）PubMed 检索系统

PubMed 检索系统（http：//www. ncbi. nlm. nih. gov/pubmed）是由美国国立医学图书馆（National Library of Medicine，NLM）下属的国立生物技术信息中心（National Center for Biotechnology Information，NCBI）开发研制的基于 www 的生物医学文献检索系统，是 NCBI Enterz 检索体系的重要组成部分之一。

1964 年，美国国立医学图书馆（NLM）开发了医学文献分析与检索系统 MEDLARS（Medical Literature Analysis and Retrieval System）。1971 年，NLM 又开发了 MEDLINE（MEDLARS Online）数据库联机检索服务。1983 年，MEDLINE 数据库光盘版发行，在全世界范围得到广泛应用。1997 年，美国国立医学图书馆下属的国立生物技术信息中心（NCBI）在 Entrez 集成检索系统上开发了以 MEDLINE 数据库为核心内容的 PubMed 网络检索系统，并向全世界免费开放。

PubMed 检索系统不但提供 PubMed 数据库的检索与服务，还提供进入附加相关的网点及链接 NCBI 其他分子生物学资源，如 Biosystems、Gene、Genome、Nucleotide、OMIM、Protein、Structure、Taxonomy 等 40 余个数据库，并在 PubMed 主界面下方 RESOURCES 中分 14 类予以数据资源介绍。

PubMed 检索系统是目前世界上使用最广泛的生物医学文献数据库检索系统之一，因其提供的检索资源非常丰富，且各数据资源更新速度快、收录范围广，加上系统检索功能强大而且使用免费，所以成为生物医学领域最受欢迎的检索系统。

（二）PubMed 数据库

1. 收录范围 PubMed 数据库主要收录 1946 年以来来自 MEDLINE 数据库、生命科学杂志及在线图书的生物医学文献，截至目前已达 2300 万条，而且每周更新。文献涉及 70 多个国家 58 个语种 5600 多种生物医学期刊，个别期刊最早可回溯至 1809 年。PubMed 与生物医学文献的主要出版商合作，通过检索结果可以链接至这些出版商的网站，获取文献全文数据，而且其中部分全文是免费的。另外，PubMed 数据中心（PubMed Central）也提供免费的生物医学数字化期刊全文及开放存取（Open Access，OA）期刊全文。

PubMed 数据库记录入库主要有 5 种形式，即经过主题标引的 MEDLINE 数据，在每条记录后标注〔PubMed-indexed for MEDLINE〕；仅有简单的题录信息的 OLDMEDLINE 数据，在每条记录后标注〔PubMed-OLDMEDLINE〕；尚未进行主题标引的 In Process Citations 数据，在每条记录后标注〔PubMed-In Process〕；出版商在线提供的 Publisher Supplied Citations 数据，在每条记录后标注〔PubMed-as supplied by publisher〕；生物医学信息中心自己的 PubMed 数据，在每条记录后标注〔PubMed〕。

PubMed 数据库收录范围广，入库记录新、快、全，链接灵活，便于获取全文。

2. 数据库结构 PubMed 数据库记录的字段有 60 多个，其中可供检索的有 49 个，常用字段的名称、标识及含义见表 5-1。

表 5-1　PubMed 常用可检索字段表

字段名称	字段标识	字段含义
Affiliation	〔AD〕	第一作者单位、地址（包括 E-mail 地址）
All Fields	〔ALL〕	所有可检索的字段
Author	〔AU〕	作者姓名
Author-Corporate	〔CN〕	团体作者姓名
Author-First	〔1AU〕	第一作者姓名
Author-Full	〔FAU〕	作者全名
Author-Indentifer	〔AUID〕	作者标识
Author-Last	〔LASTAU〕	排名最后的作者
Book	〔BOOK〕	书
Date-Completion	〔DCOM〕	记录被 NLM 完成的加工日期
Date-Create	〔CRDT〕	记录创建日期
Date-Entrez	〔EDAT〕	文献被 PubMed 收录的日期
Date-MeSH	〔MHDA〕	标引 MeSH 主题词的日期
Date-Modification	〔LR〕	最后修正日期
Date-Publication	〔DP〕	文献出版日期
EC/RN Number	〔RN〕	特定酶的编号或化学物质的 CAS 登记号
Filter	〔FILTER〕	过滤器
Grant Number	〔GR〕	获得资助项目的编号或合同号
ISBN	〔ISBN〕	国际标准书号
Investigator	〔IR〕	对研究项目有贡献的主要调查者和合作者
Investigator-Full	〔FIR〕	所有研究人员或合作者姓名

续表

字段名称	字段标识	字段含义
Issue	[IP]	期刊的期号
Journal	[TA]	期刊全称、缩写或 ISSN 号
Language	[LA]	语种
Location ID	[LID]	DOI 或出版社 ID
MeSH Major Topic	[MAJR]	主要 MeSH 主题词，主题词后加"＊"标记
MeSH Subheadings	[SH]	MeSH 副主题词
MeSH Terms	[MH]	MeSH 主题词
Other Terms	[OT]	其他术语
Pagination	[PG]	文献所在期刊的起始页码
Personal Name as Subject	[PS]	作为文献主题的人名
Pharmacological Action	[PA]	药理作用
Place of Publication	[PL]	期刊的出版国别
PMID	[PMID]	PubMed 的文献唯一识别码
Publisher	[PUBN]	图书出版商
Publication Date	[DP]	文献出版日期
Publication Type	[PT]	文献的出版类型
Secondary Source ID	[SI]	NCBI 其他资源标识
Subset	[SB]	PubMed 数据库的子集，如 MEDLINE、AID 等
Supplementary Concept	[NM]	补充概念
Text Words	[TW]	文本词
Title	[TI]	文献的篇名
Title/Abstract	[TIAB]	文献的篇名/摘要
Transliterated Title	[TT]	翻译篇名，用于检索非英语语种文献
Unique Indentifer	[PMID]	PubMed 的文献唯一识别码
Volume	[VI]	期刊卷号

二、精通数据库

（一）检索方式

PubMed 主要提供基本检索（Serach）、高级检索（Advanced）、主题词表检索（MeSH Database）、期刊检索（Journals in NCBI Databases）、单篇文献匹配检索（Single Citation Matcher）、批量文献匹配检索（Batch Citation Matcher）、临床查询（Clinical Queries）、特定专题查询（Topic-Specific Queries）、临床试验（Clinical Trials）等检索方式（图 5-1）。

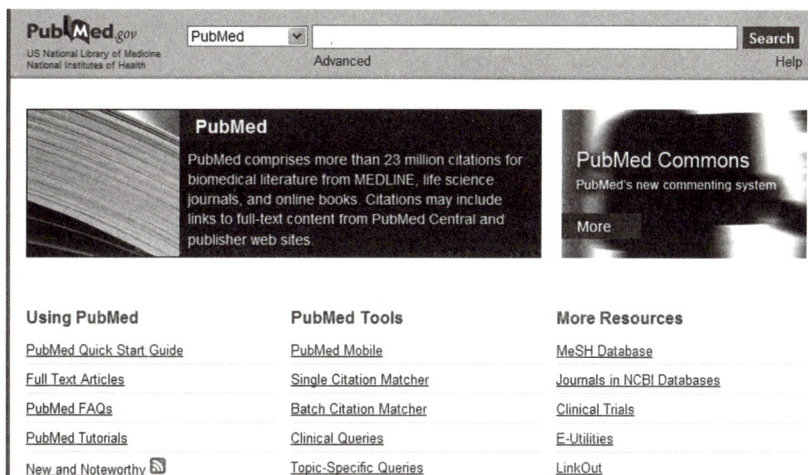

图 5-1　PubMed 主页面

1. 基本检索（Serach）　PubMed 基本检索包括词语自动匹配检索、主题词检索、字段限定检索、作者检索、期刊检索、逻辑组配检索、截词检索、词组检索、附加筛选检索等检索方式。

（1）词语自动匹配检索　在 PubMed 检索框中输入自由词，检索系统会自动启动词语自动匹配（Automatic Terms Mapping）功能，自动在 MeSH 转换表、刊名转换表、短语转换表、作者转换表等进行匹配转换，将自由词在所有字段检索的结果与匹配转换检索的结果以逻辑 OR 的形式结合起来为最终检索结果。如果输入的是词组，系统会进行拆分转换。在 Search Details 显示框中可查看自由词或词组转换及检索的详细过程。如在 PubMed 检索框中输入"lung cancer（肺癌）"，检索系统会按"lung neoplasms"［MeSH Terms］OR（"lung"［All Fields］AND "neoplasms"［All Fields］）OR "lung neoplasms"［All Fields］OR（"lung"［All Fields］AND "cancer"［All Fields］）OR "lung cancer"［All Fields］检索过程返回检索结果。

（2）主题词检索　在基本检索状态进行主题词检索，输入格式为"检索词［MH］"，系统会自动查找对应主题词，并按主题词进行检索。如在 PubMed 检索框中输入 cancer［MH］，检索系统会按"neoplasms"［MeSH Terms］返回检索结果。

（3）字段限定检索　在基本检索状态进行字段限定检索，输入格式为"检索词［字段标识］"，系统会限制检索词在某一个字段内出现。常用的可检索字段的标识见表 5-1。如要查找文献类型为综述的文献，可在检索框输入 review［PT］，点击"search"按钮即可。

（4）作者检索　在基本检索状态下进行作者检索，输入作者姓名须遵循"姓前名后"原则，姓用全称，名用首字母缩写，这样系统会自动识别为作者并在作者转换表中检索。如果输入作者全称，可按"作者姓名［AU］"格式输入，系统会自动关闭词语自动匹配功能，限制作者姓名在作者转换表中检索。如果要进行第一作者的检索，可按"作者姓名［1AU］"格式输入即可。如果要进行作者的精确检索，可按"作者姓名@"格式输入即可。如在 PubMed 检索框中输入 smith j@，就会只检出 smith j 的文献，而不会检出 smith ja、smith jb 等其他作者的文献。

（5）期刊检索　在基本检索状态下进行期刊检索，输入格式为"刊名全称或刊名缩写或 ISSN 号［TA］"，系统会自动关闭词语自动匹配功能，直接在期刊转换表中检索。如输入 molecular biology of the cell［ta］或 1059-1524［ta］，均可检出该刊文献。

PubMed 提供若干期刊子集，如需进行期刊子集检索，输入格式为"检索词 AND jsubset+

子集代号"。如需在核心临床杂志中检索有关癌症的文献，则输入 cancer［mh］AND jsubsetaim 即可。期刊子集代码及含义见表 5-2。

表 5-2   期刊子集代码及含义

子集代号	子集含义
AIM	Core clinical journals
D	Dentistry journals
E	Citations from bioethics journals or selected bioethics citations from other journals
H	Health administration journals
IM	Index Medicus journals
K	Consumer health journals
N	Nursing journals
Q	History of medicine journals and selected citations from other journals
S	Citations from space life sciences journals and selected space life sciences citations from other journals
T	Health technology assessment journals
X	AIDS/HIV journals

（6）逻辑组配检索   在基本检索状态可进行 AND、OR、NOT 布尔逻辑运算检索。逻辑运算符必须大写，运算顺序从左至右。如检索癌症综述文献，输入 cancer［mh］AND review［pt］即可。

（7）截词检索   在输入的词根或词尾加上通配符"＊"，可实现截词检索，此时系统会自动关闭词语自动匹配功能。如输入 bacter＊，可在所有字段将 bacteria，bacteraemias，bacterium 等词的文献同时检出。

（8）词组检索   输入词组时，为了避免系统对词组进行自动匹配，将词组进行拆分而导致误检，可将词组加上双引号，这样系统会将其作为一个整体在所有字段中进行检索。此时词语自动匹配功能关闭。如输入"single cell"，可在所有字段检出 single cell 词组的文献。

（9）附加筛选检索   PubMed 在检索结果的页面中可对检索结果做进一步的分类筛选。筛选项目包括文献类型（Article types）、获得文本形式（Text availability）、出版日期（Publication dates）、研究对象（Species）、语种（Languages）、性别（Sex）、学科（Subjects）、期刊种类（Journal categories）、年龄（Ages）、检索区域（Search fields）等。筛选项目一经选定，会一直保持激活状态，对此后的检索持续起作用。如需取消，点击"Clear all"按钮即可清除。如在检索癌症综述文献的结果页面点击 Text availability 中的"free full text available"按钮，即可获得癌症综述方面的免费全文。

【示例】检索国外有关中医药治疗中风的研究文献。

（1）分析课题   本课题涉及"中医药""中风"两个检索词，中医药这个词表达的概念应包括中医、中药、针灸等。因此将"中医""中药""针灸""中风"作为检索词，如果强调"国外研究"，可进行语种的附加筛选检索。因 PubMed 基本检索具有词语自动匹配功能，故输入检索词或检索表达式时应注意利用此功能，一方面避免无关文献检出，一方面避免漏检。中医（Traditional Chinese Medicine）、中药（Chinese Herbal Drugs）是多单词复合而成，为防止系统自动拆分匹配，检出众多无关文献，需做主题词检索限定；针灸（Acupuncture）和中风

（Stroke）为单词，可不加限定，利用词语自动匹配功能防止漏检。

（2）检索步骤

第一步：在 PubMed 基本检索输入框中直接输入检索表达式：Traditional Chinese Medicine［mh］OR Chinese Herbal Drugs［mh］OR Acupuncture AND Stroke，点击"search"按钮。

第二步：在检索结果页面点击"Show additional filters"，选择添加"Languages"选项，再在"Languages"中选择所需语种，如 English 等。

第三步：按需筛选和保存检索结果。

2. 高级检索（Advanced）　在 PubMed 主页面点击 Advanced 按钮，进入高级检索构建页面（PubMed Advanced Search Builder）。高级检索构建页面由检索式构建（Builder）和检索历史（History）两部分构成（图 5-2）。

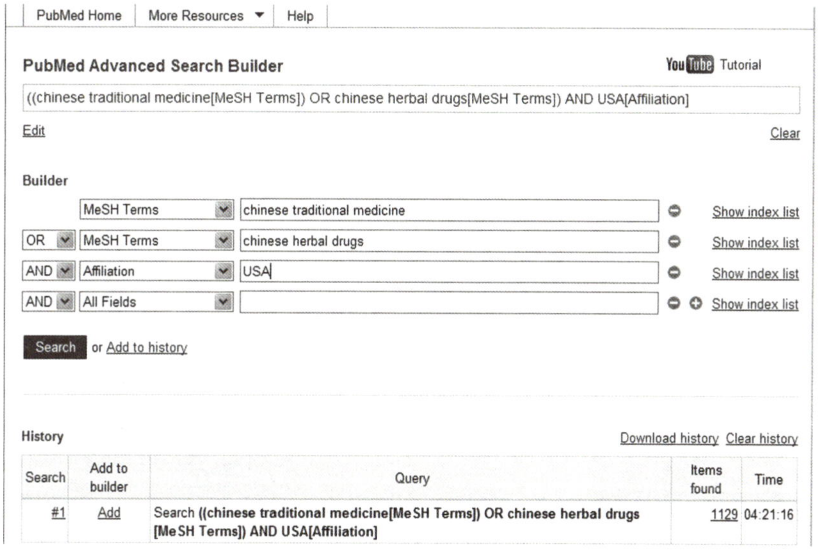

图 5-2　PubMed 高级检索界面

（1）检索式构建（Builder）　检索时选择限制字段，输入检索词（可借助"Show index list"索引词轮排表选择输入检索词），选择检索项之间的逻辑关系，点击"Search"即可直接进行检索，或点击"Add to history"，将检索结果直接显示在下方的检索历史中，根据检索结果的记录数决定是否调整检索策略。

在构建检索式时，上方的检索框中同步显示选择的字段、输入的检索词及选择的逻辑运算符。点击 Edit，可按需要对检索框中的检索表达式进行编辑之后再进行检索。

（2）检索历史（History）　检索历史既可查看检索策略和检索结果记录数量，还可对检索策略重新组合及检索。在检索历史列表中点击检索式序号，即弹出一功能窗口，可利用 AND、OR、NOT 对检索策略进行组合调整检索，可从检索历史中删除检索式（Delete for history），可显示检索结果（Show search results）、显示详细检索过程（Show search details）并将检索式保存在自己的 NCBI 中（Save in My NCBI）等。

检索历史最多保存 100 条检索表达式，超过 100 条时，系统会自动删除最早的检索式，检索历史最多可保留 8 个小时。

【示例】检索中医药在美国的有关研究文献。

（1）分析课题　本课题涉及"中医药""美国"两个检索概念。中医药的概念应包括中医

（Traditional Chinese Medicine）、中药（Chinese Herbal Drugs）等，因 PubMed 高级检索在 All Fields 字段会进行词语自动匹配，故需将其限定在 MeSH Terms 字段比较符合题意；美国（USA）指的是单位地址，应限定在 Affiliation 字段。

（2）检索步骤

第一步：在 PubMed 高级检索状态按图 5-2 所示，在输入框中输入相应的检索词，点击"Add to history"按钮，即可在检索历史中看到文献命中篇数；直接点击"search"按钮或点击检索历史中文献的篇数，即可返回检索结果。

第二步：在检索结果页面，按需查看、筛选和保存检索结果。

3. 主题词检索（MeSH Database）　　主题词检索是利用医学主题词表（MeSH 词表）查找规范化的医学主题词和副主题词而进行的主题概念检索。在主题词检索状态可进行主题词的查找并检索，可进行主题词与副主题词组配检索，可进行主题词扩展检索及加权检索。这种检索可有效提高查准率和查全率。

（1）检索方法　　在 PubMed 主页面的 More Resources 栏目下点击"MeSH Database"，即可进入主题词检索页面，也可在主页面数据库检索入口选择 MeSH，在检索输入框中输入检索词，点击"search"直接进入主题词查找结果页面（图 5-3）。

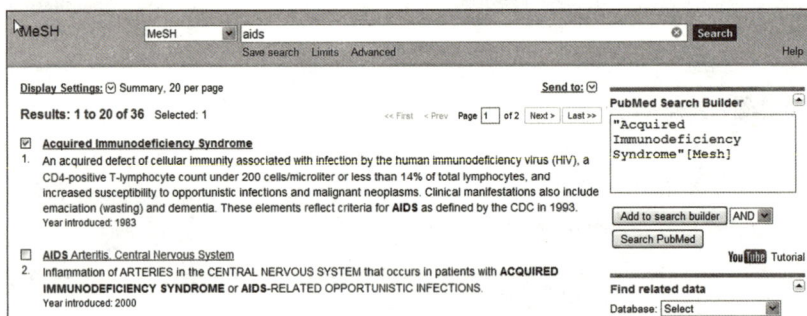

图 5-3　PubMed 主题词检索结果界面

在主题词检索结果页面，系统按相关性排序给出 MeSH 词表中与检索词相关的主题词及其说明。勾选欲检索主题词，先后点击"Add to Search Builder"按钮和"Search PubMed"按钮，即可检索该主题词的文献；如点击该主题词，则进入主题词组配检索页面（图 5-4）。在该页面根据题意勾选要组配的副主题词、按需勾选加权（Restrict to MeSH Major Topic）与不扩展（Do not include MeSH terms found below this term in the MeSH hierarchy），再先后点击"Add to Search Builder"按钮和"Search PubMed"按钮，即可完成检索。

如果检索课题涉及多个主题词，可在执行"Search PubMed"检索之前，重复上述主题词查找及组配过程，选择 AND、OR、NOT 构建检索表达式后再进行检索。

（2）主题词检索说明　　①主题词检索只能检索经过主题词标引的、文献记录中有"PubMed - Indexed for MEDLINE"标记的文献，没有经过主题词标引的、文献记录中有"PubMed-In Process"和"PubMed -as supplied by publisher"等标记的文献，不支持主题词检索。因此，主题词检索会漏掉那些已经入库，但尚未进行主题词标引的最新文献。②虽然MeSH 定期更新，但一些新兴主题还是不能及时加入 MeSH 成为主题词。因此，主题词检索不利于检索新兴主题的文献。③MeSH 词表虽然是当今生物医学界最权威的主题词表，但还有很

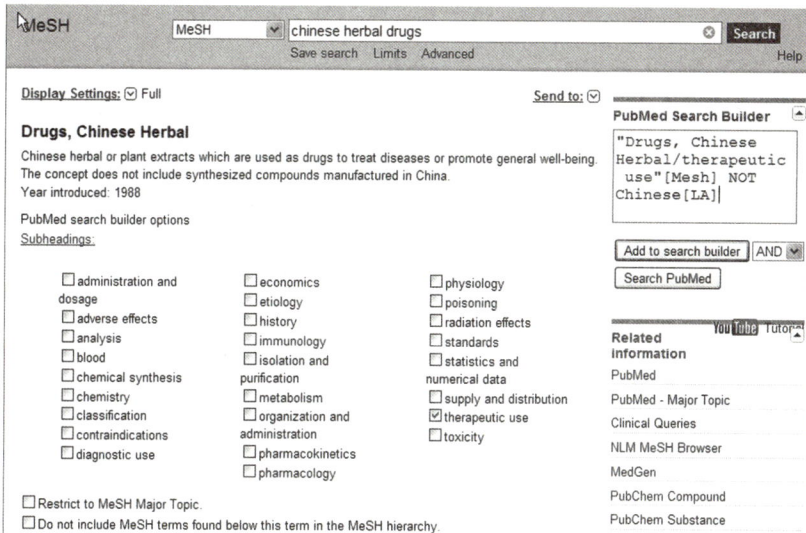

图 5-4　PubMed 主题词组配检索界面

多医学概念没有对应的主题词，如表现功能障碍、康复等方面的研究，主题词数量很少，这时需要采用自由词进行检索。

为了满足检索需要，提高查全率与查准率，检索时可根据课题的要求将主题词表检索方式与其他检索方式结合起来使用。

【示例】检索国外有关中草药临床治疗的研究文献。

（1）分析课题　本课题涉及"中草药""临床治疗""国外"三个检索要求。"中草药""临床治疗"两个概念的词语表达有多个，用主题词表检索只使用一个规范化的主题词即可查全多个词语表达的文献，结果比较准确，故用主题词表检索应为本题首选。"国外"可用语种的附加筛选检索或表达式限定非中文方式解决。

（2）检索步骤

第一步：在 PubMed 主题词表检索状态，MeSH 输入框中输入检索词 Chinese Herbal Drugs，点击"search"按钮，即可查得中草药的主题词是"Drugs，Chinese Herbal"。

第二步，在 Subheadings 中勾选副主题词 therapeutic use，并点击"Add to search builder"按钮，将检索式发送至检索式构建框中。

第三步，在检索式构建框中手动修改检索策略，即在检索表达式的后面输入 NOT Chinese［LA］，如图 5-4 所示，点击"Search PubMed"按钮，即可返回检索结果。

第四步，在检索结果页面，按需查看、筛选和保存检索结果。

4. 期刊检索（Journals in NCBI Databases）　在 PubMed 主页面的 More Resources 栏目下点击"Journals in NCBI Databases"，即可进入期刊检索页面（图 5-5）。

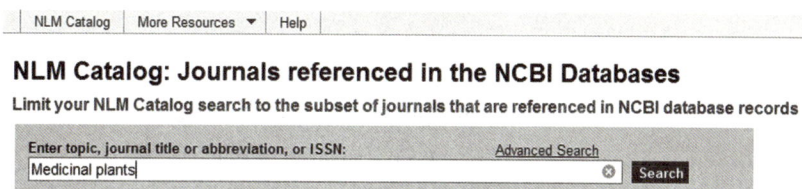

图 5-5　PubMed 期刊检索界面

在期刊检索页面提供的输入框中，按主题（topic）、刊名全称（journal title）、刊名缩写（abbreviation）、ISSN 等输入检索词，点击"search"按钮，即可查到美国国立生物技术信息中心（NCBI）各数据库收录的期刊的详细信息。点击"Advanced Search"，可进入美国国立医学图书馆书刊目录查找页面，在此页面可进行较为复杂的检索式构建，从各种角度查找所需书刊的信息。

【示例】检索美国出版的被 NCBI 各数据库收录的有关药用植物的期刊的详细信息。

（1）分析课题 本题涉及"美国出版""NCBI 各数据库收录""药用植物""期刊"四个检索要求，显然在上述期刊检索页不能完成，需用高级检索进行较为复杂的检索式构建来完成。

（2）检索步骤

第一步：在 PubMed 期刊检索页面点击"Advanced Search"，可进入美国国立医学图书馆（NLM）书刊目录检索页面（图5-6）。

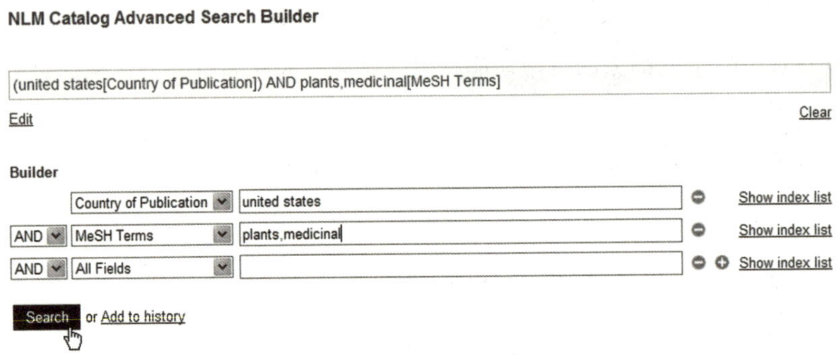

图5-6　NLM 书刊目录检索界面

第二步：按图5-6所示输入相应的检索词，点击"Search"按钮进入检索结果页面。

第三步：在检索结果页面左边 Journal subsets 中点击"Referenced in the NCBI DBs"，即可检出美国出版的被 NCBI 各数据库收录的有关药用植物的期刊（图5-7）。

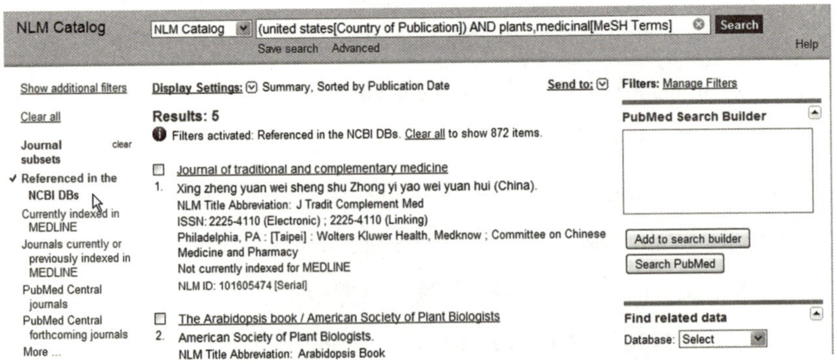

图5-7　NLM 书刊目录检索结果界面

第四步：点击刊名，即可查看期刊的详细信息。

5. 单篇文献匹配检索（Single Citation Matcher） 在 PubMed 主页面的 PubMed Tools 栏目下点击"Single Citation Matcher"，可进入单篇文献匹配检索页面。在此页面，可输入刊名（全称或标准缩写）、出版年月日、卷、期、起始页码、作者名称、篇名自由词等查找所需的单篇文献。

6. 批量文献匹配检索（Batch Citation Matcher） 在 PubMed 主页面的 PubMed Tools 栏目下点击"Batch Citation Matcher"，可进入批量文献匹配检索页面。在此页面，按 PubMed 规定的格式将需要查找的批量记录信息输入到文本框中，或以文件的形式提交，并留下 E-mail，PubMed 将以 E-mail 的形式反馈相关的检索结果。

7. 临床查询（Clinical Queries） 临床查询是 PubMed 专为临床医生设计的检索服务。在 PubMed 主页面的 PubMed Tools 栏目下点击"Clinical Queries"，可进入临床查询页面。在输入框中输入检索词，将在特殊的临床研究领域（Clinical Study Categories、Systematic Reviews、Medical Genetics 等）进行检索。

临床研究分类（Clinical Study Categories）用于检索疾病的病因、诊断、治疗、预后及临床预报指南等方面的文献；系统评价（Systematic Reviews）用于检索系统评价、Meta 分析、临床试验综述、临床指南等循证医学文献信息；医学遗传学（Medical Genetics）用于检索疾病的遗传学方面的文献，包括疾病的临床描述、处理、遗传咨询、分子遗传学、遗传测试等内容。

8. 特定专题查询（Topic-Specific Queries） 在 PubMed 主页面的 PubMed Tools 栏目下点击"Topic-Specific Queries"，可进入特定专题查询页面。在该页可进行临床医生和卫生服务人员查询（Clinicians and Health Services Researchers Queries）、主题查询（Subjects）、其他搜索查询或接口查询（Additional Search Queries / Interfaces）、期刊子集查询（Journal Collections）等。

9. 临床试验（Clinical Trials） 在 PubMed 主页面的 More Resources 栏目下点击"Clinical Trials"，可进入 clinicaltrials.gov 页面。该页面可查询来自全球 191 个国家和美国 50 个州，共计 204614 个试验的详细信息，且试验数实时更新。

（二）检索结果

1. 检索结果显示 在 PubMed 的检索结果显示及输出页面，可看到检出文献的总篇数、检索结果附加筛选项目、检出文献的年度分布图（Results by year）、标题中含有检索词的文献（Titles with your search terms）、PubMed 中心提供的免费全文（free full-text articles in PubMed Central）、查找相关数据（Find related data）和详细检索过程（Search details）等（图 5-8）。

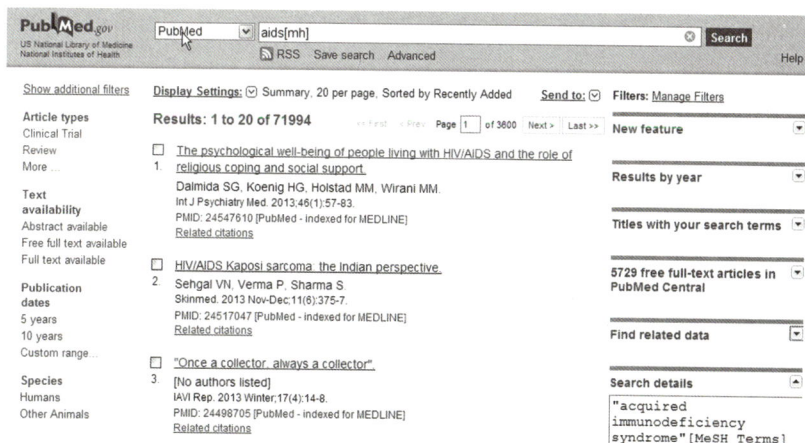

图 5-8 PubMed 检索结果显示及输出界面

PubMed 的检索结果有多种显示格式，点击"Display Settings"下拉菜单，选择不同显示格式（Format）、每页显示的条数（Items per page）及检索结果排序方式（Sort by），点击"Apply"按钮即可。显示格式（Format）包括 Summary 等。

（1）Summary   系统默认格式，显示每篇文献的篇名、著者、刊名缩写、出版年月及卷期页码、PMID 识别码、记录状态、相关文献链接等。如果该篇文献可以免费获取全文，则有"Free Article"链接。

（2）Summary（text）   Summary 的纯文本形式显示概要格式。

（3）Abstracts   在 Summary 格式基础上，还显示作者单位、摘要、出版类型、MeSH 主题词、化学物质、全文链接等信息。

（4）Abstracts（text）   Abstracts 的纯文本形式显示文摘格式。

（5）MEDLINE   显示 MEDLINE 记录中的全部字段信息，包括字段标识符，是字段显示最全的格式。

（6）XML   显示 XML（可扩展标记语言）格式的信息，方便将检索结果在 Web 上进行转换和描述。

（7）PMID List   仅显示每条记录的 PMID 识别码。

2. 检索结果排序方式（Sort by）   系统默认按新增（Recently Added）排序，还可按出版时间（Pub Date）、第一作者（First Author）、排名最后作者（Last Author）、刊名（Journal）、题名（Title）、相关性（Relevance）排序。

3. 检索结果保存及输出   在 PubMed 检索结果显示保存及输出页面，点击"Send to"下拉菜单，可选择数据库提供的 7 种不同检索结果保存及输出方式。

（1）File（文件）   将选中的文献记录以文件形式保存，保存时文件可以选择 Summary（text）、Abstracts（text）、XML、MEDUNE、PMID List 或 CSV 等格式，同时还可以选择排序方式。

（2）Clipboard（剪贴板）   将选中文献记录保存到剪贴板中，最多可保存 500 条记录，最长保存时间为 8 小时。

（3）Collections（集合）   注册了 My NCBI 账号的用户，可以选择 Collections，把选中的文献记录保存到 My NCBI 集合中，最多可保存 1000 条记录。

（4）E-mail（电子邮件）   将选中的文献记录发送到指定的电子邮箱中，1 次最多可发送 200 条。

（5）Order（订购）   如果查检者无法获取选中文献的全文，可以点击 Order 向美国国立医学图书馆（NLM）的 Loansome Doc 文献传递系统订购全文，这项服务需要支付一定的费用。

（6）My Bibliography（我的参考书目）   注册了 My NCBI 账号的用户，可以选择 My Bibliography，将选中的文献记录保存到 My NCBI 中我的参考书目中，最多可保存 500 条记录。

（7）Citation manager（引文管理器）   将选中的记录按照引文管理软件的格式进行输出，输出的文件可导入至 EndNote 等文献管理软件中进行处理。

三、PubMed 的特点

1. PubMed 数据库的收录范围决定了它的使用特点   PubMed 数据库主要收录 Core clinical journals、Dental journals、MEDLINE 和 Nursing journals 四个方面的期刊文献，因此检索临床医学文献、口腔医学、护理学，以及基础医学、预防医学、兽医学、药理学、药剂学、营养卫生、卫生管理、医疗保健等方面的文献时，以检索 PubMed 数据库为主。如果需要检索中药、中草药、植物药等化学成分的研究文献，以及药物分析等研究文献时，虽然 PubMed 数据库也收录了 300 余种有关化学的期刊，但不够全面，需检索其他数据库［如美国化学文摘数据库（SciFinder Scholar）］作为重要补充。

2. PubMed 与出版商合作决定了利用它获取全文的方式　PubMed 数据库主要提供生物医学文献的题录和文摘，也提供部分期刊全文。获取全文的方式，一方面链接 PubMed 数据中心（PubMed Central），由 PubMed 数据中心提供少量全文，且均为免费；另一方面因 PubMed 与所收录期刊中的一些出版商合作，在检索结果页面提供了与这些出版商网站的链接，因此由出版商提供全文成为 PubMed 获取全文的主要方式，这些全文有免费的，也有收费的。另外，也可利用与出版商的链接，获取或协商获取出版商家及其网站有关所需信息及资料。

3. PubMed 的词语自动匹配功能决定了它的检索特点　PubMed 数据库检索系统提供词语自动匹配功能。这种功能的设置，可智能检索输入的检索词或短语所有可能的含义，如可能是主题词、可能是刊名、可能是作者等。检索文献时如不进行有目的、有针对性的限制，这种词语自动匹配功能既会帮助你查全所需文献，又会使你得到很多无关文献。明确了这一点，检索时须注意：一方面要充分利用此功能提高查全率，满足不漏检或少漏检文献的需要，如匹配查找与检索词对应的其他疾病名、药名、方名等；另一方面要避免大量无关文献的产生，提高查准率。无论在基本检索状态还是在高级检索状态都不能随意输入检索词就开始检索，须根据需要对检索词进行限制，如采用加双引号或限定特定的字段等方式，关闭词语自动匹配功能后再进行检索。

4. PubMed 的 MeSH Database 决定了它的选词特点　PubMed 数据库中收录的主要数据是 MEDLINE 数据，而 MEDLINE 数据是按照 MeSH 词表进行了主题标引的数据。检索时进行主题词检索限定，无论是利用 MeSH Database 进行检索，还是利用基本检索、高级检索等，只要是 MeSH Database 收录的词（包括 Entry Terms），均可检索到经过主题标引的文献。对于 PubMed 数据库中未经过主题标引的其他文献或新文献，可选择利用 MeSH Database 中的主题词和入口词（Entry Terms），将其作为词组在基本检索或高级检索状态进行检索。比如"中药"的选词，MeSH Database 提供的主题词是"Drugs, Chinese Herbal"，提供的入口词是"Chinese Drugs, Plant""Chinese Herbal Drugs""Herbal Drugs, Chinese""Plant Extracts, Chinese""Chinese Plant Extracts""Extracts, Chinese Plant"，可选这些词作为词组进行检索，也就是说这些词为你提供选择表达"中药"含义的词。

思考练习

1. PubMed 数据库的收录特点是什么？

2. PubMed 数据库提供哪几种检索方式？各自的应用特点是什么？

3. PubMed 词语自动匹配检索功能应用的意义是什么？

第二节　中国生物医学文献服务系统

【示例】某医院骨科欲对近 10 年来国内骨疾病的致病因素进行较为全面的分析研究，需查找国内各种骨疾病病因研究的文献报道。医院的图书馆可以联网检索的中文数据库有中国生物医学文献服务系统（SinoMed）和中国知网（CNKI）。我们可以首先利用 SinoMed 中的中国生物医学文献数据库（CBM），选择主题检索状态输入"骨疾病"并组配副主题词"病因学"，同时选择相应的概念扩展功能，可查得各种骨疾病致病原因的文献 26802 篇；再利用 CNKI 中的中国学术期刊网络出版总库（CAJD），同样选择主题，输入"骨疾病"和"病因学"，结果查得 9 篇。

SinoMed 服务系统是国内提供有关生物医药类文献信息的专业检索系统，它从专业的角度提供概念检索服务。检索生物医药类文献信息应首选该系统。

一、SinoMed 概述

（一） SinoMed 服务系统

SinoMed（http：//www.sinomed.ac.cn/）是由中国医学科学院医学信息研究所/图书馆开发研制的，是目前国内生物医学文献信息最权威的检索服务系统。

1994 年，中国医学科学院医学信息研究所首先开发了中国生物医学文献数据库（China Biology Medicine disc，CBMdisc），因其学科涉及基础医学、临床医学、预防医学、药学、中医学及中药学等生物医学领域的各个方面，成为当时国内生物医学文献的重要检索工具。之后，该所又开发了 CBMdisc for Windows（CmbWin），在 Windows 单机版及网络版环境中运行；开发了 CBMdisc for Internet（CBMWeb），直接利用 Internet 进行检索。2008 年，推出中国生物医学文献服务系统（SinoMed）。该系统以中国生物医学文献数据库（CBM）为主，同时整合中国医学科普文献数据库、北京协和医学院博硕学位论文库、西文生物医学文献数据库（WBM）、英文文集汇编文摘数据库、英文会议文摘数据库、俄文生物医学文献数据库、日文生物医学文献数据库等多种资源，因其具有跨库检索、单库个性检索、智能检索、智能分析、原文链接及原文传递等功能，目前已经成为医学工作者检索中外文生物医学文献信息的重要工具。

（二） SinoMed 数据库

1. 收录范围 SinoMed 数据库分中文、外文两部分。中文部分包括中国生物医学文献数据库（CBM）、中国医学科普文献数据库、北京协和医学院博硕学位论文库；外文部分包括西文生物医学文献数据库（WBM）、英文文集汇编文摘数据库、英文会议文摘数据库、俄文生物医学文献数据库、日文生物医学文献数据库。

（1）中国生物医学文献数据库（简称 CBM） 收录了 1978 年以来 1800 多种中国生物医学期刊、文献汇编、会议论文等文献题录。数据总量现已达 800 余万篇，年增长量约 50 余万篇，且每月更新。学科范围涉及基础医学、临床医学、预防医学、药学、口腔医学、中医学及中药学等生物医学的各个领域。

（2）中国医学科普文献数据库 收录了 2000 年以来国内出版的医学科普期刊近百种，文献总量 20 余万余篇，且每月更新。内容涉及养生保健、心理健康、生殖健康、运动健身、医学美容、婚姻家庭、食品营养和医学健康等。

（3）北京协和医学院博硕学位论文库 收录了 1981 年以来协和医学院培养的博士、硕士研究生学位论文，且每季更新。学科范围涉及医学、药学各专业领域及其他相关专业，可在线浏览全文。

（4）西文生物医学文献数据库（WBM）　收录了协和医学院图书馆7200余种目前世界各国出版的重要生物医学期刊文献题录7200余万篇，其中馆藏期刊4800余种，免费期刊2400余种。年代跨度大，部分期刊可回溯至创刊年，年增文献100余万篇，且每月更新。

（5）英文文集汇编文摘数据库　收录了协和医学院图书馆生物医学文集、汇编，以及能够从中析出单篇文献的各种参考工具书等240余种（册）。报道内容以最新出版的文献为主，部分文献可回溯至2000年。每月更新。

（6）英文会议文摘数据库　收录了2000年以来世界各主要学协会、出版机构出版的60余种生物医学学术会议文献，部分文献有少量回溯。每月更新。

（7）俄文生物医学文献数据库　收录了1995年以来俄罗斯出版的俄文重要生物医学学术期刊30余种，部分期刊有少量回溯。每月更新。

（8）日文生物医学文献数据库　收录了1995年以来日本出版的日文重要生物医学学术期刊90余种，部分期刊有少量回溯。每月更新。

2. 数据库结构　SinoMed各数据库里的数据均由一条条题录组成，每条题录由若干字段构成，各字段有其特殊的含义。其中，常用字段、全部字段、中文题目、英文题目、摘要、关键词、主题词、特征词、分类号、作者、第一作者、作者单位、国省市名、刊名、出版年、期、ISSN、基金等为常用可检索字段，其含义见表5-3。

表5-3　SinoMed常用可检索字段的含义

字段名称	字段含义
常用字段	中文标题、摘要、关键词、主题词四个字段的复合
全部字段	所有可检索字段的复合
中文标题	中文题目
英文标题	英文题目
摘要	文章内容摘要
关键词	作者在文章中采用的具有实质意义和检索意义的词汇
主题词	经过主题词表规范化后的代表文章中心思想的词汇
特征词	对象类型、性别、年龄等
分类号	《中国图书馆分类法·医学专业分类表》中的类号
作者	文章作者姓名
第一作者	文章第一作者姓名
作者单位	第一作者所在单位
国省市名	第一作者所在省市名
刊名	期刊名称
出版年	期刊出版年代
期	期刊出版期次
ISSN	国际标准连续出版物号
基金	文章基金支持的资助项目

NOTE

二、精通 SinoMed

（一）检索方式

SinoMed 提供跨库检索和单库检索两种检索方式。跨库检索是根据需要同时选择多个数据库进行检索；单库检索是根据各个数据库的特点设置检索方式。以中国生物医学文献数据库（CBM）为例。

CBM 提供快速检索、高级检索、主题检索、分类检索、期刊检索、作者检索、机构检索、基金检索和引文检索 9 种检索方式。

1. 快速检索　在快速检索状态下可对检索词在全部字段执行智能检索，还可进行逻辑组配检索、通配符检索、特殊字符检索、二次检索、限定检索、检索历史检索等。

（1）智能检索　在全部字段自动实现检索词及其表达同一概念的一组词的同步检索。在快速检索输入框中，输入"艾滋病"，点击"检索"按钮，系统将自动用"艾滋病""获得性免疫缺陷综合征"等表达同一概念的一组词在全部字段中进行检索（图 5-9）。

图 5-9　CBM 快速检索界面

（2）逻辑组配检索　检索词之间可直接使用逻辑运算符"AND""OR""NOT"构建成检索逻辑表达式，在全部字段中进行逻辑组配检索。

AND：检出记录中同时含有检索词 A 和检索词 B。可用"空格"代替"AND"，如肝炎 AND 中医药疗法 或 肝炎 中医药疗法。

OR：检出记录中含有检索词 A 或检索词 B，如人参 OR 黄芪。

NOT：在含检索词 A 的记录中，去掉含检索词 B 的记录，如心脏瓣膜疾病 NOT 心律失常。

（3）通配符检索　即"截词检索"，在检索词中使用通配符检索，可提高检索效率。检索系统支持两种通配符检索，分别为单字通配符"？"和任意通配符"%"。

"？"：替代一个字符。如输入"血？动力"，可检索出含有"血液动力""血流动力"的文献。

"%"：替代任意一个字符。如输入"肝炎%疫苗"，可检索出含有"肝炎疫苗""肝炎病毒基因疫苗""肝炎减毒活疫苗""肝炎灭活疫苗"的文献。

通配符的位置可以置首、置中或置尾。如胃？癌、肝%疫苗、%PCR。

（4）特殊字符检索　检索词中含有"-""（""，"等特殊符号时，使用英文半角双引号来标识检索词，表明这些特殊符号也是检索词的一部分。如输入"1，25-（OH）2D3"，则可检索出化学成分为 1，25-二羟维生素 D_3 的有关文献。

（5）二次检索　在已有检索结果基础上再检索，逐步缩小检索范围。在检索结果页面检索输入框内键入新的检索词，勾选"二次检索"后再点击"检索"按钮，表示在上一个检索结果范围内进一步查询，与上一个检索词之间的关系为"AND"（图 5-10）。

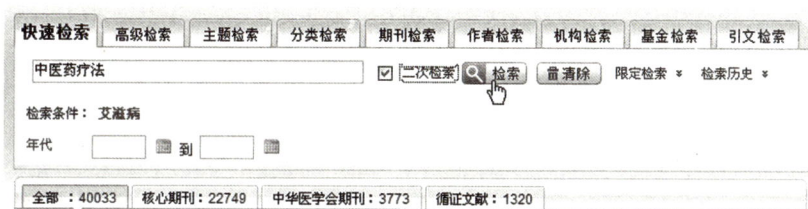

图 5-10 CBM 快速检索的检索结果界面

（6）限定检索 是对检索内容进行限定的检索。可进行年代范围、文献类型（综述、讲座、译文、病例报告、临床试验、随机对照试验、Meta 分析、多中心研究）、年龄组、性别、对象类型（人类或动物）、其他（妊娠、体外研究）等的限定检索（图5-11）。

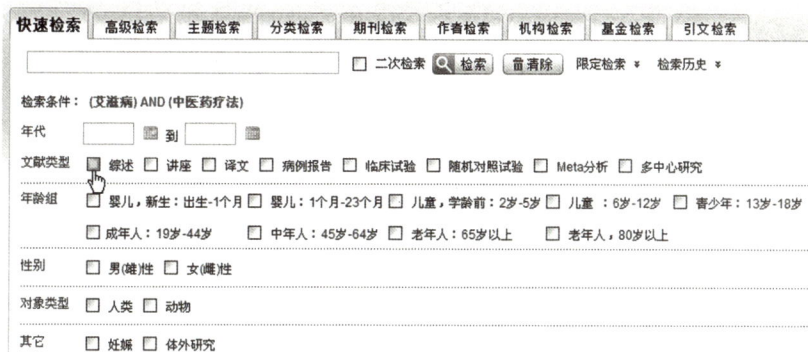

图 5-11 CBM 限定检索界面

限定检索包括"先限定"和"后限定"。在检索前限定，叫作"先限定"；对现有检索式做限定，叫作"后限定"，这时只需点击检索式即可；选择限定后，若未取消限定，则限定设置始终有效。因此，开展新的内容检索，需点击"清除"按钮，撤销之前的限定设置；因1994 年以前没有标引特征词，故检索 1994 年以前文献，最好不限定特征词。

（7）检索历史 利用检索历史可查看最近的 200 条检索表达式的检索时间及命中文献数；可选择一个或多个检索表达式并用逻辑运算符 AND、OR、NOT 组配成更恰当的检索式进行检索；对于无意义的检索表达式，可通过选中后点击"清除检索史"进行删除；根据需求选择一个或多个有意义的检索表达式作为特定的"检索策略"保存至"我的空间"中，以备以后随时调用，进行定题跟踪检索，及时获取最新信息。

定题跟踪检索的具体操作方法：①点击图 5-9 页面右上方"我的空间"，进入登录页面。②点击"注册"按钮，按要求输入用户注册信息，设置用户名和密码等。③登录"我的空间"，勾选欲保存的检索策略，点击"保存策略"，编写策略名，点击"确定"，则显示策略保存成功。④定题检索时，登录"我的空间"，调用检索策略，点击"最新文献检索"按钮，即可检索并获得最近更新的文献数据信息。

【示例】检索国内有关中药治疗禽流感临床试验及数据分析方面的研究文献。

（1）分析课题 本课题涉及"中药""禽流感""临床试验""数据分析"等检索概念，"中药"这个词表达的概念应包括中药、中草药等，"禽流感"这个词表达的概念应包括禽流感、禽流行性感冒、鸡瘟等，这些概念的表达可借助快速检索状态的智能检索功能来完成；"临床试验""数据分析"属于文献类型，可借助限定检索功能来完成。因为快速检索在用逻

NOTE

辑表达式检索或二次检索时，会关闭智能检索功能，所以为了查全文献，检索时最好分别单独检索，然后利用检索历史进行组配，最后再进行文献类型的限定。

（2）检索步骤

第一步：在快速检索输入框中输入检索词"中药"，点击"检索"按钮，系统会按（"中药"［全字段］OR"中草药"［全字段］OR"中草药提取物"［全字段］OR"中草药"［主题词］）表达式进行检索。

第二步：在快速检索输入框中输入检索词"禽流感"，点击"检索"按钮，系统会按（"禽流感"［全字段］OR"禽流行性感冒"［全字段］OR"鸡瘟"［全字段］OR"禽流感"［主题词］）表达式进行检索。

第三步：点击"检索历史"，将上述两个表达式选中，点击"AND"按钮，系统会将两个表达式进行逻辑与的组合。

第四步：点击"限定检索"，选择文献类型"临床试验""随机对照试验""Meta分析"，点击"检索"按钮，系统会对组合后的表达式进行文献各类型的限定检索。

第五步：按需筛选和保存检索结果。

2. 高级检索　高级检索是一种通过构建表达式来进行的检索。在表达式的构建过程中可进行字段限定检索、精确检索、智能检索、逻辑组配检索、通配符检索、特殊字符检索、限定检索和检索历史检索等（图5-12）。

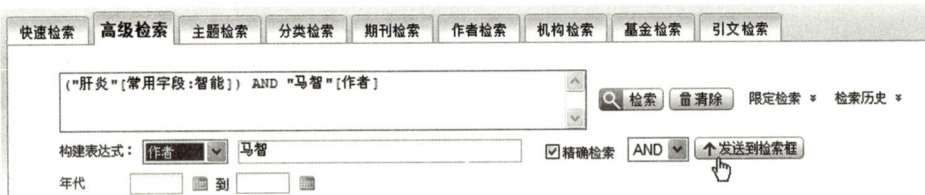

图5-12　CBM高级检索界面

（1）字段限定检索　是限定检索词在指定字段出现的一种检索方式。高级检索提供18种可限定检索的字段，其中常用字段代表复合字段，由中文标题、摘要、关键词、主题词四个字段组成。

（2）精确检索　是检索结果与检索词完全匹配的一种检索方式，适用于关键词、主题词、作者、分类号、刊名等字段。如在"作者"字段输入"马智"，勾选"精确检索"后点击"检索"按钮，则检出作者名为马智的所有文献。若不勾选"精确检索"，则检出在作者字段中含"马智"字样的所有文献，如"马智平""马智超"等。

高级检索状态中的智能检索、逻辑组配检索、通配符检索、特殊字符检索、限定检索、检索历史检索等同快速检索所述。值得注意的是，高级检索在构建表达式时，每次只允许输入一个检索词，构建表达式输入框里不支持逻辑运算符检索，多个检索词可通过选择右侧"AND""OR""NOT"选项，并发送到检索框构建成检索逻辑表达式后再进行检索。

【示例】检索辽宁中医药大学康廷国教授有关中药鉴别方面的研究文献。

（1）分析课题　本课题涉及的检索词有"辽宁中医药大学""康廷国"和"中药鉴别"，分别为作者单位、作者姓名和内容主题，用高级检索进行表达式的构建，方便、快捷，且检索结果准确。

（2）检索步骤

第一步：在高级检索输入框分3次输入"作者：康廷国"、"作者单位：辽宁中医"、"常用字段：鉴别"，并选择逻辑组配关系"AND"，分3次点击"发送到检索框"按钮，构建成表达式："康廷国"（作者）AND"辽宁中医"（作者单位）AND"鉴别"（常用字段：智能）。

第二步：点击"检索"按钮，即可得到所需文献。

第三步：按需筛选和保存检索结果。

3. 主题检索　在主题检索状态下所进行的检索是一种概念检索。它是指采取规范化的主题词基于主题概念进行的检索。主题检索能有效提高查全率和查准率。

主题检索可进行中文主题词或英文主题词的检索，可进行主题词的同义词、相关词、上位词、下位词的检索，可选择副主题词进行组配检索，可进行主题词及副主题词的扩展检索，可进行主题词的加权检索，还可浏览主题词、副主题词的注释及树形结构等。

（1）名词解释

①扩展检索：包括主题词扩展检索及副主题词的扩展检索。主题词扩展检索指对当前主题词及其所有下位主题词进行检索，主题词非扩展检索则仅限于当前主题词的检索。副主题词扩展检索指对当前副主题词及其下位副主题词进行检索，副主题词非扩展检索则仅限于对当前副主题词进行检索。

一些副主题词之间也存在上下位关系，如副主题词"治疗"的下位词包括"膳食疗法""药物疗法""护理""预防和控制""放射疗法""康复""外科学""按摩疗法""气功疗法""中西医结合疗法""中医药疗法""中药疗法"和"中医疗法"等。

②主题词加权检索：指对加星号（＊）主题词（主要概念主题词）检索，非加权检索表示对加星号主题词和非加星号主题词（非主要概念主题词）均进行检索。

为准确揭示某一篇文章的内容特征，标引人员根据文章的需要，给出多个主题词，以确切描述一篇文章内容的重点，最能反映文章主要内容的主题词用星号加以标识。

③主题词与副主题词组配检索：副主题词用于对主题词的某一特定方面加以限制，强调主题词概念的某些专指方面。如"肝/药物作用"表明文章并非讨论肝脏的所有方面，而是讨论药物对肝脏的影响。CBM检索系统现有副主题词94个，表明同一主题的不同方面。但不是所有的副主题词均能同每个主题词进行组配，"选择副主题词"对话框列出了当前主题词可以组配的所有副主题词，选中一个或多个副主题词，即可实现当前主题词与副主题词的组配检索。

（2）操作方法　在主题检索状态输入中文主题词或英文主题词执行"查找"，系统将显示相关主题词列表（图5-13）；也可以利用主题导航，查找某个学科领域相关主题词。

图5-13　CBM主题检索列表界面

在主题词列表中，点击选中的主题词，进入主题词注释、副主题词注释、树形结构及检索方式选择的界面（图5-14）。

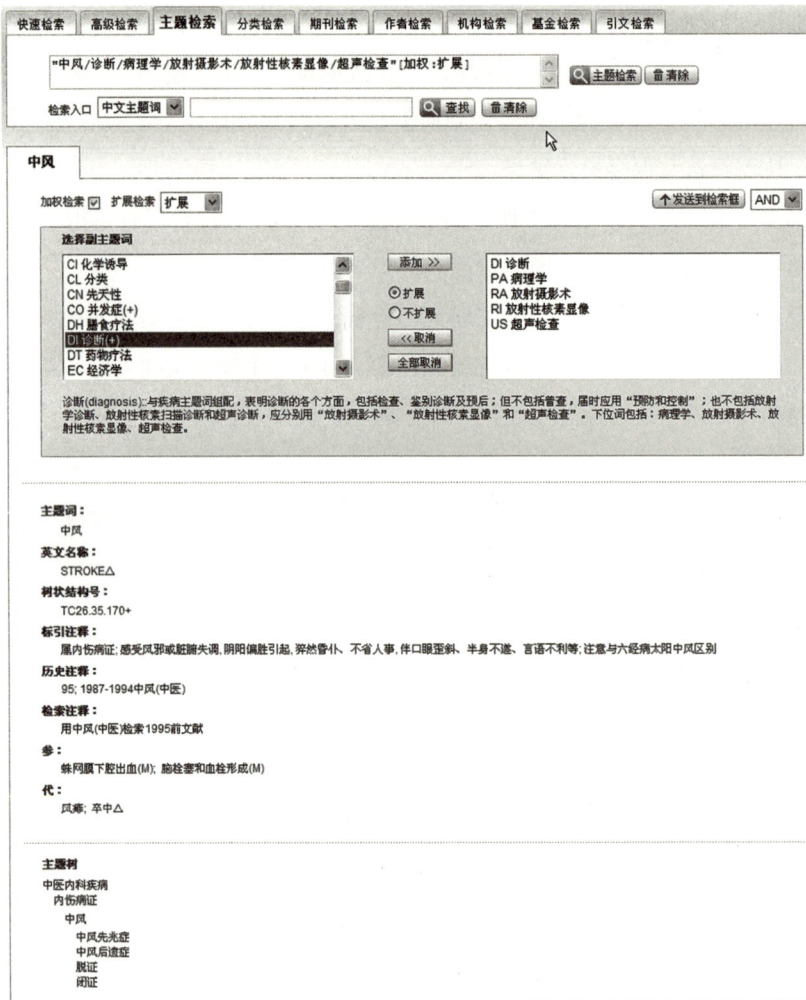

图5-14　CBM主题词注释及检索方式选择界面

根据主题词注释，选择主题词"加权检索"和"扩展检索"中的"扩展""不扩展"等；根据副主题词注释，选择限定主题词的副主题词添加到右边列表中，同时选择副主题词的"扩展"和"不扩展"，然后点击"主题检索"按钮，即可检出检索结果。

检索说明如下：①"主题词注释"显示主题词的详细信息，包括主题词的中文名、英文名、树形结构号、标引注释、历史注释、检索注释、参见系统、树形结构等内容。根据这些信息正确使用主题词及相关主题词，提高查全率和查准率。②"副主题词注释"显示副主题词的概念及带（+）副主题词所包含的下位词。

【示例】检索流感中医中药治疗研究的文献。

（1）分析课题　本课题涉及的检索概念有"流感""中医""中药""治疗"，也就是用中医和中药的方法治疗人的流感。而中医和中药的治疗可用副主题词"中医疗法""中药疗法""中医药疗法""针灸疗法""穴位疗法"，以及"按摩疗法""气功疗法""膳食疗法""中西医结合疗法"等共同表达，故用主题检索检索流感对应的主题词，组配相应的副主题词，即可得到满意结果。

（2）检索步骤

第一步：在主题检索输入框输入检索词"流感"，点击"查找"按钮，进入含有流感字样的主题词列表页面。

第二步：在主题词列表中点击主题词"流感，人"，进入主题词注释和检索方式选择页面。

第三步：选择副主题"中医疗法""中药疗法""中医药疗法""针灸疗法""穴位疗法"，以及"按摩疗法""气功疗法""膳食疗法""中西医结合疗法"等，并添加到副主题词表右边选择框中。

第四步：点击"发送到检索框"按钮，即构建了中医中药治疗人流感的检索表达式。

第五步：点击"主题检索"按钮，即可得到检索结果。

第六步：按需筛选和保存检索结果。

4. 分类检索 在分类检索状态下可通过类名、类号和分类导航从文献所属的学科角度按类进行检索（图5-15）。

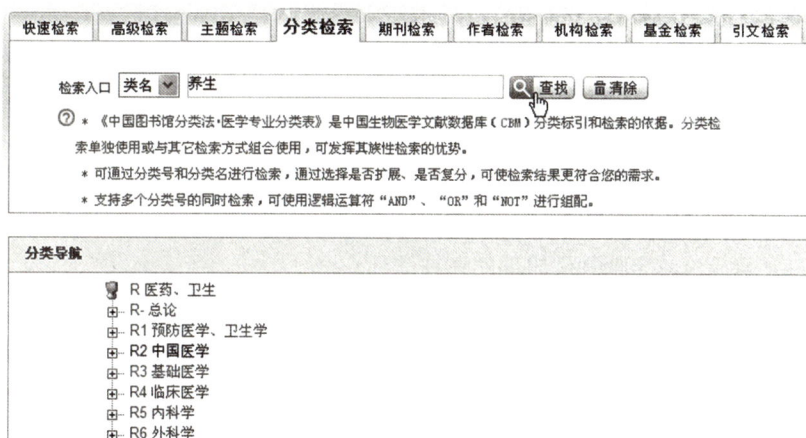

图5-15 CBM分类检索界面

具体操作方法：

（1）按类名类号检索 在检索输入框键入类名或类号，点击"查找"按钮，系统显示类名或类号列表（图5-16）。

图5-16 CBM类名列表界面

点击欲检索类名或类号，即可进入分类检索结果页面（图5-17）。如果对该类及其下位类进行查找，勾选"扩展检索"；如果仅对该类检索，则不勾选"扩展检索"。点击"发送到检索框"后再点击"分类检索"按钮即可得到该类文献。

图 5-17　CBM 分类检索结果界面

（2）按分类导航检索　将图 5-17 分类导航中的分类树逐级展开，选择点击所需要的类目，即可进入分类检索结果页面。分类树各类目可多选，利用 AND、OR、NOT 逻辑组配关系，将所需类目发送到检索框中，点击"分类检索"按钮，即可查找所需类目的文献。

5. 期刊检索　利用期刊检索不但可检索某特定期刊上的文献，按年、期浏览文献，在刊中检索文献，还可检索特定期刊编辑部的详细信息。

期刊检索可在检索入口处选择刊名、出版地、出版单位、期刊主题词或者 ISSN 等检索字段，输入检索词直接查找期刊；也可通过"期刊分类导航"或"首字母导航"逐级浏览查找期刊（图 5-18）。

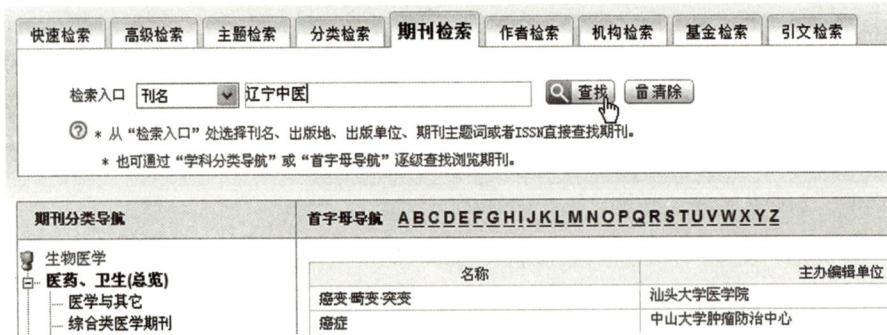

图 5-18　CBM 期刊检索界面

具体操作方法：

（1）检索特定期刊　选择检索入口"刊名""出版单位""出版地""期刊主题词"或 ISSN，输入相应的检索词，点击"查找"按钮，系统显示含有该检索词的期刊列表（图 5-19）。

点击期刊名称，进入期刊文献检索页面，可检索该刊中的文献，或浏览该刊某年某期的文献，同时也可以获得该刊的编辑出版等详细信息（图 5-20）。

点击"分析"按钮，可对该期刊进行分析，包括年出版文献数、年被引频次、近 10 年被引情况、近 5 年发文地区分布、引用期刊、发文机构分布等。

图 5-19 CBM 期刊列表界面

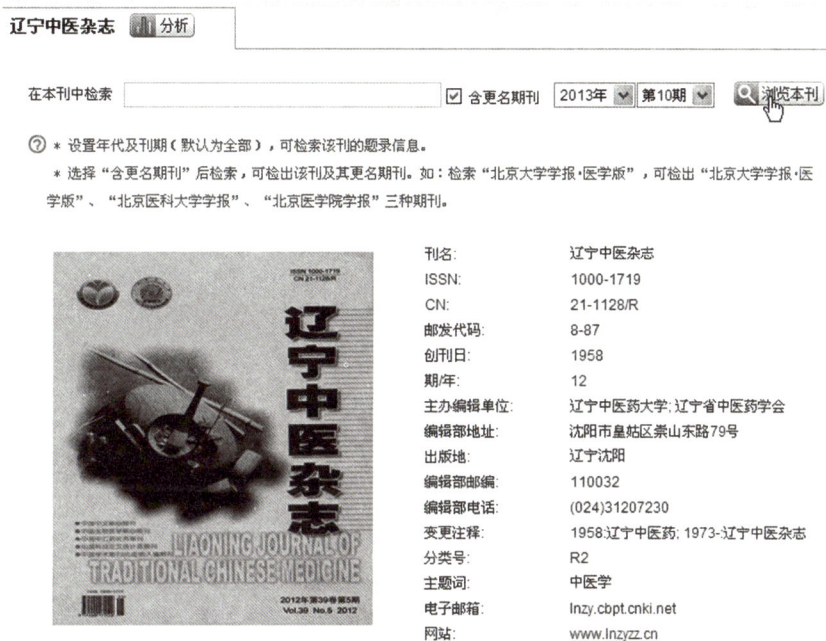

图 5-20 CBM 期刊的详细信息界面

（2）按分类查找期刊 展开"期刊分类导航"的分类树，点击欲查期刊的类别，系统显示所查类目的所有期刊。若按字顺查找期刊，点击"首字母导航"的期刊首字母，系统会显示该字母打头刊名的所有期刊（图5-18）。同样，点击期刊名称，进入期刊文献检索页面，检索、浏览该刊文献。

【示例】检索 CBM 收录了多少种中国医学类期刊。《中草药》是否为核心期刊，其论文被引率及主要分布机构情况。

（1）分析课题 本课题欲查找 CBM 期刊收录情况及对特定期刊的分析情况，故利用 CBM 期刊检索可达到目的。

（2）检索步骤

第一步：在期刊检索页面期刊分类导航中展开"医药、卫生（总览）"，点击"中国医学"类名，即可得到 CBM 收录的中国医学类期刊共 254 种。

第二步：在期刊检索输入框中输入"刊名：中草药"，点击"查找"按钮，即可得知《中草药》被北大中文核心期刊要览收录，为中文核心期刊。

第三步：点击"中草药"期刊名称，即可得知该刊的刊号、编辑部等详细信息。

第四步：点击"分析"按钮，即可了解该刊论文被引率及主要分布机构等情况。

6. 作者检索   利用作者检索可检索某单位某作者或作为第一作者所发表的论文。具体操作方法如下。

（1）在检索输入框内键入完整作者姓名或作者姓名片段，勾选"第一作者"，点"查找"按钮，系统显示包含检索词的作者列表（图5-21、图5-22）。

图 5-21　CBM 作者检索界面

图 5-22　CBM 作者列表界面

（2）选择所需作者，点"下一步"按钮，系统显示所选作者机构列表（图5-23）。

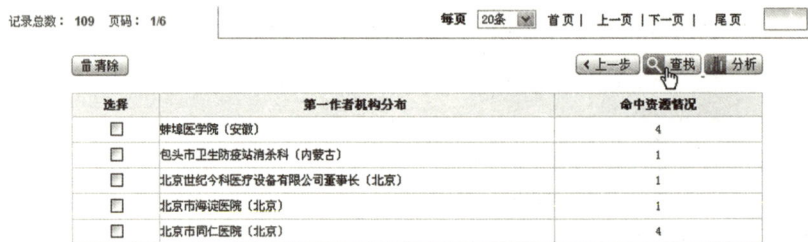

图 5-23　CBM 作者机构列表界面

（3）勾选欲检索作者的机构（可多选），点击"查找"按钮，则检索出某单位某作者（以第一作者）发表的论文。点击"分析"按钮，则检索出某单位某作者（以第一作者）发表的论文年出版文献数、年被引频次、主要研究领域、主要合作者进行分析。

作者检索仅对第一作者进行机构列表选择限定。若不勾选"第一作者"，则不能检索特定单位特定作者发表的论文，但可以在作者列表页面勾选多位作者，同时检索文献；若不勾选某作者，而直接点击作者名字，则模糊检索该作者发表的论文，不能区分不同机构的同名作者。

7. 机构检索   利用机构检索可检索某单位所发表的论文，还可分析某单位年发表论文数、年被引频次、主要学科领域、主要合作机构、主要作者等，了解某单位的科研情况。

机构检索可通过输入机构名称直接查找机构，也可通过分类导航和首字母导航查找所需机构（图5-24）。

图 5-24　CBM 机构检索界面

机构名称输入时系统支持单字通配符（?）和任意通配符（%）检索，通配符的位置可以置首、置中或置尾，如北?大学、解放军%医院、%人民医院。

8. 基金检索　利用基金检索可检索某基金资助发表的论文，还可分析基金年出版文献数、年被引频次、基金资助项目、主要资助机构、主要学科领域等，了解基金的使用情况。可通过输入基金名称或者基金项目（"项目名称"或"项目编号"）直接查找基金资助的文献，也可通过分类导航逐级查找浏览基金，并点击基金名称检索某基金资助的文献（图5-25）。

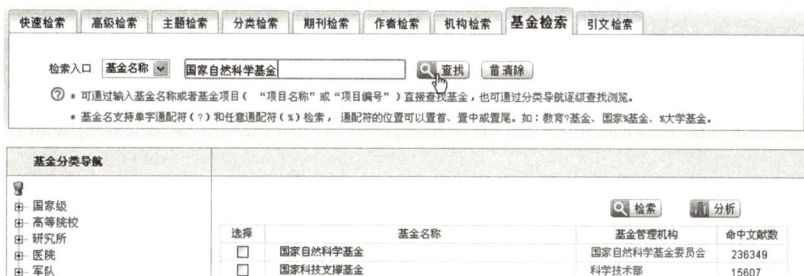

图5-25　CBM基金检索界面

基金名称输入时系统支持单字通配符（?）和任意通配符（%）检索，通配符的位置可以置首、置中或置尾，如教育?基金、国家%基金、%大学基金。

9. 引文检索　利用引文检索可检索文献引用和被引用情况，可通过被引文献题名、被引文献主题、被引文献作者、被引文献第一作者、被引文献出处、被引文献机构、被引文献第一机构、被引基金等查找文献被引用情况。

检索时只需选择要限定的字段及限定条件，输入相应的检索词，点击"检索"按钮即可（图5-26）。

图5-26　CBM引文检索界面

检索说明：①常用字段：由被引文献题名、被引文献出处和被引文献主题3个检索项组成。②被引文献主题：由被引文献题名、关键词和主题词3个检索项组成。③检索历史：最多能保存200条检索表达式，可实现1个或多个历史检索表达式的逻辑组配检索。检索策略可以保存到"我的空间"和订阅RSS。④支持逻辑运算符检索；支持单字通配符（?）和任意通配符（%）检索；检索词含有特殊符号"-""（"时，需要用英文半角双引号标识检索词。

（二）检索结果输出方式

在检索结果显示界面可进行检索结果的显示、保存和打印输出。

1. 显示检索结果　显示格式包括题录（显示标题、著者、著者单位、出处等）、文摘（显示标题、著者、著者单位、文摘、出处、关键词、主题词等），点击"题录"或"文摘"按钮，即可按所选格式显示出标记的或全部检索结果（图5-27）。

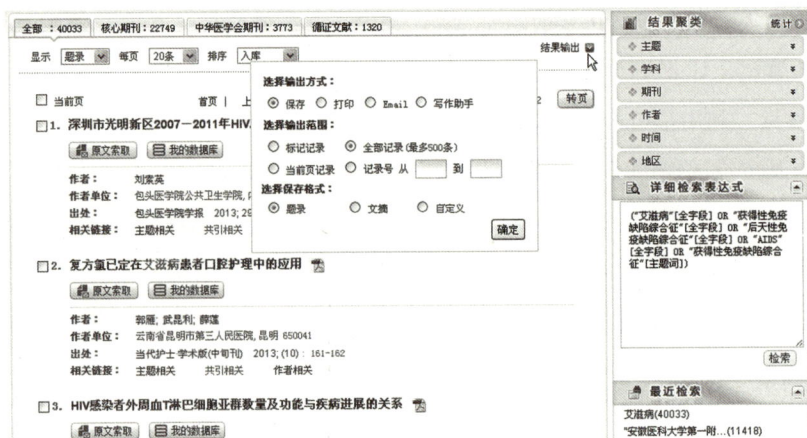

图 5-27　CBM 检索结果显示界面

2. 保存、打印输出检索结果　在检索结果显示页面点击"结果输出"按钮，选择输出方式（保存、打印、E-mail、写作助手）、输出范围（标记记录、全部记录、当前页记录，或设定的记录号范围）、保存格式（题录、文摘、自定义），点击"确定"按钮，即可按要求输出检索结果。

3. 检索结果聚类分析　在检索结果显示页面可浏览结果聚类和统计，查看详细检索表达式及最近检索。结果聚类既可按全部期刊、核心期刊、中华医学会期刊、循证文献进行分类，查看检索结果在各类期刊文献中的数量，还可按主题、学科、作者、期刊、时间、地区等几个方面进行分类，查看各类文献的数量并进行统计分析。

三、SinoMed 的特点

1. SinoMed 各数据库的使用特点　SinoMed 中 CBM 数据库收录了 2600 余种生物医学期刊，是目前国内生物医学领域收录最全且最权威的数据库，为检索国内生物医学文献首选之数据库。SinoMed 中其他数据库收录的数据主要来自于中国医学科学院医学信息研究所馆藏资源，可以作为检索相关文献信息的参考。

2. SinoMed 各数据库获取全文的特点　SinoMed 各数据库主要提供生物医学文献的题录和文摘，不提供全文。获取全文需通过原文索取有偿获得全文，或链接维普科技期刊全文数据库，获得 1989 年以后生物医学文献的全文。因 SinoMed 检索功能较完善，能满足查全查准的要求，所以可用其检索文献获得题录信息后，再用其他全文检索系统（如 CNKI、万方数据、维普等）调取全文。

3. SinoMed 各数据库的检索特点　SinoMed 各数据库提供的智能主题检索、多内容限定检索、主题词表辅助检索、主题词与副主题词扩展检索、著者机构限定检索、定题检索、引文及被引文献检索、多知识点链接检索、检出结果统计分析等功能，使检索过程更快捷、更高效，使检索结果更细化、更精确。其中，主题检索是非常受欢迎的进行概念检索的一种方式，是按美国国立医学图书馆《医学主题词表（MeSH）》中译本和《中国中医药学主题词表》中提供的主题词进行检索。但在检索时经常会遇到主题词的查找问题，除查找主题词表外，还可通过3 种方法进行查找：①通过输入中英文关键词及其同义词整词或片段直接进行查找，仔细阅读主题词的注释信息，特别注意相关词、上位词及专指词。②可以在高级检索状态查出标题中包含欲查的检索词的文献，浏览检索结果，看主题词字段中其对应的标引词是什么，这个就是要找的主题词。③为了检索的准确性，建议尽量使用最专指的主题词进行检索，在未找到最专指主题词时，建议选择其最邻近的上位词。

　　SinoMed 各数据库未进行主题标引的文献，利用主题检索无法检出。近 1 年或两年的文献往往因标引有时差而未进行主题词标引，所以需要用快速检索和高级检索等智能检索功能进行检索，以解决新文献未进行主题标引、利用主题检索会造成漏检的问题。

　　4. SinoMed 各数据库的检索结果分析特点　SinoMed 期刊文献类数据库提供检索结果聚类统计分析功能。从检索文献在核心期刊、中华医学会期刊、循证文献分布的数量，可了解检索文献所涉及学科及专题的研究水平；从检索文献在主题、学科、作者、期刊、时间、地区等分布的数量，可了解研究热点、学科重点、主要期刊、研究人群等情况，从而为了解检索文献所涉及学科及专题的科研现状提供参考。

思考练习

1. 中国生物医学文献数据库（CBM）的收录特点是什么？

2. CBM 有哪几种检索方式？

3. 解释字段限定、逻辑组配、主题词扩展、主题词加权、副主题词组配、二次检索、精确检索和智能检索的概念。

4. 说明快速检索、高级检索和主题检索各自的特点和区别。

5. 分类检索、期刊检索、作者检索、机构检索、基金检索、引文检索的作用是什么？

第六章　文献全文获取

第一节　利用图书馆的馆藏文献

【示例】研究生余男愁眉苦脸地来找导师，因为她的论文必须参考《语义网络》这本书。学校图书馆没有馆藏，通过网络和书店已经买不到了，她不知道如何才能看到这本书的具体内容。

一、馆藏文献

馆藏文献资源是指由图书馆收藏的印刷型文献（即纸本文献）和电子资源的总称。读者对馆藏文献的获取，主要指直接利用图书馆的文献信息资源，包括图书馆收藏的纸本文献和电子文献。因馆藏资源最为便捷，故全文文献的获取一般以图书馆馆藏为首选。读者可以通过图书馆主页的全文数据库和图书馆书目检索系统了解图书馆的资源与服务，也可通过电话、电子邮件和在线咨询等方式寻求帮助。

（一）图书馆书目检索系统

图书馆书目检索系统主要用于检索本馆收藏的图书、期刊等目录信息，是获取本馆馆藏资源的首选。通常，图书馆收藏的印刷型文献（即纸本文献）资源，根据文献的类型（如图书专著、期刊、参考工具书）和学科性质（如人文艺术、社科、理、工、农、医）等特征作分门别类的陈列和收藏，对于喜欢直接到阅览室的读者来说，通过图书馆网站的馆藏和服务指南，可以轻松获悉图书馆收藏的相关学科资料。随着图书馆自动化与互联网的发展，图书馆的"联机公共查询目录"（Online Public Access Catalog，OPAC）逐渐取代了传统的卡片式目录，使图书馆馆藏目录信息可在网络上免费共享。

常用的图书管理系统有江苏汇文图书管理系统、北京金盘图书馆集成管理系统、深圳大学研制的高等院校图书馆自动化集成系统（ILAS）、大连博菲特文献集成管理系统、北京息洋文献管理系统、北京图书馆文津文献管理系统及北京丹诚图书馆集成系统等。由于各个图书馆使用的图书管理系统不同，馆藏检索系统使用方法与显示信息稍有不同，但一般都具有馆藏书目数据查询、用户信息查询、信息发布等功能。

利用馆藏书刊目录，首先可以确定图书馆是否收藏有读者所需的书刊，如果有，即可获知它收藏在哪个书库或阅览室及其索书号等详细信息。汇文图书管理系统查询页见图6-1。

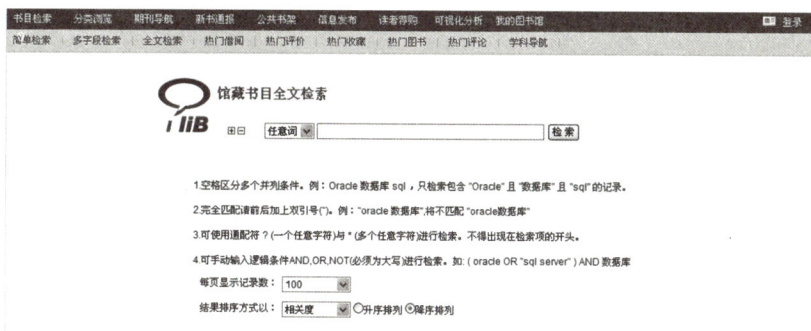

图 6-1 图书馆汇文书目检索系统查询界面

（二） 图书馆电子资源的全文获取

图书馆拥有的电子资源主要有外购数据库、自建数据库及馆藏的电子光盘等。通过对图书馆电子资源的检索利用，读者可更迅速、方便且精准地获取文献全文。

1. 中文期刊全文数据库 中文期刊全文数据库包括中国学术期刊网络出版总库（CNKI）、维普中文科技期刊数据库、万方中国学术期刊数据库（详见第四章）。

2. 外文期刊全文数据库

（1）Science Direct 由具有 100 多年历史的 Elsevier Science 出版商发行，内容涉及生命科学、物理、医学、工程技术及社会科学，其中许多为 SCI 收录的源期刊。

（2）OVID 医学电子期刊 Ovid Technologies 是全球著名的数据库提供商，在国外医学界被广泛应用。其 Databases@ Ovid 包括 300 多种数据库，并可直接链接全文期刊和馆藏。Journals @ Ovid 包括 60 多个出版商所出版的超过 1000 种科技及医学期刊的全文。其中 Lippincott，Williams & Wilkins（LWW）乃世界第二大医学出版社，其临床医学和护理学尤其突出，共计收录 239 种医学相关之核心期刊（另有 7 本过刊，总数 246 种全文期刊）；BMA & OUP 系列全文数据库共 76 种，BMA 即英国医学学会系列电子全文资料（BMA Journals fulltext），OUP 即牛津大学出版社医学电子全文数据库（OUP Journals fulltext）。

（3）Springer Link 电子期刊 由德国斯普林格（Springer-Verlag）出版社发行，目前包括 490 多种期刊的电子全文，其中 390 多种为英文期刊。根据期刊涉及的学科范围，LINK 将这些电子全文期刊划分成 11 个出色的《在线图书馆》，分别是化学、计算机科学、经济学、工程学、环境科学、地理学、法学、生命科学、数学、医学、物理学和天文学。

3. 电子图书数据库

（1）超星电子图书 综合性的电子图书数据库。目前收录了 1977 年至今的 100 多万种图书原文，其中医药卫生类 18 万种，资源实现实时更新。

（2）Apabi 电子图书 综合性的电子图书数据库。电子图书分设精品电子书库和高校教参电子书库，共收录 40 多万册图书。

（3）书生之家 目前，书生之家电子图书有 100 多万种，主要包括文学艺术、经济金融与工商管理、计算机技术、社会科学、历史地理、科普知识、知识信息传媒、自然科学和电子、电信与自动化等 31 大类。

4. 学位论文数据库

（1）万方学位论文数据库 收录了自 1980 年以来 600 余所高校、科研院所等学位授予单位的硕士、博士和博士后论文，内容涵盖理学、工业技术、人文科学、社会科学、医药卫生、农业科学、交通运输、航空航天和环境科学等各学科领域，每年增加约 30 万篇，同时可提供 1977 年以来的学位论文全文传递服务。

（2）中国优秀博硕士学位论文全文数据库　收录了 1984 年至今的全国 416 家培养单位的博士学位论文和 647 家硕士培养单位的优秀硕士学位论文。目前，累积博士、硕士学位论文全文文献超过 200 万篇，覆盖基础科学、工程技术、农业、医学、哲学、人文、社会科学等各个领域。

（3）中国高等教育文献保障系统（CALIS）学位论文中心　该系统面向全国高校师生提供中外文学位论文检索和全文获取服务。目前，博士和硕士学位论文数据达 400 余万条。

（4）中国国家图书馆博士论文库　收录博士论文 20 多万篇。此外，还收录部分院校的硕士学位论文、台湾博士学位论文和部分海外华人华侨学位论文。

（5）PQDT 学位论文全文库　主要收录来自欧美国家 2000 余所知名大学的优秀博士、硕士论文，学科覆盖文、理、工、农、医等多个领域。

5. 中医古籍数据库　中医古籍数据库包括中华医典、书同文古籍数据库、中国基本古籍库等（详见第三章）。

二、馆际互借与远程文献传递

（一）概念

馆际互借（Interlibrary Loan）是图书馆之间或图书馆与其他文献情报机构之间相互利用对方的文献资源来满足读者需求的一种服务形式，即对本馆没有的文献，在本馆读者需要时，根据馆际互借制度、协议、办法和收费标准，向外馆借入。反之，在外馆向本馆提出馆际互借请求时，借出本馆所拥有的文献，满足外馆的文献需求。适用于返还式文献和复制–非返还式文献。

文献传递是在网络环境的支撑下从馆际互借发展延伸而来但又优于馆际互借的一种服务。将用户所需文献的替代品以快速的方式、以合理的价格，或在本地的网络终端上检索到所需文献的收藏地，并利用电子邮件、远程登录、邮递等方式，直接或者间接地传递给用户的一种非返还式文献服务。文献传递服务是图书馆利用外部文献资源，以最大的限度满足读者不同文献需求而提供的一种服务，是实现资源共享的主要手段之一。

（二）服务方式

1. 馆际借书证或文献传递申请单　读者到成员馆馆际互借服务处办理馆际借书证或图书代借手续，便可凭借书证到文献所在图书馆进行文献复制、原文传递和图书借还。通常馆际借书证只能在同一城市的协作馆之间使用。此方法同样适用于读者通过填写文献传递申请单的方式索取文献资源。没有馆际互借服务系统的图书馆，则需在图书馆主页提供"文献传递申请单"，读者可以将填写完毕的申请单通过 E-mail、电话、传真或者直接交到图书馆的指定部门，由图书馆员负责获取文献，再通过传真、E-mail 或普通邮寄等方式传递给读者。

2. 实时聊天工具　读者可通过 E-mail 或传真提交馆际互借请求，也可通过 QQ、MSN 等实时聊天工具辅助文献传递。在文献传递中遇到信息有误或者查询文献申请结果不清等，馆际互借人员可以及时与读者馆沟通，提高文献传递效率。

3. 文献传递与馆际互借系统　读者自行在文献传递服务系统中注册并获得确认后，可提交借书申请，由馆际互借处代为借书，书籍借到后，以 E-mail 形式通知读者取书；读者也可将文献题名、作者、来源文献等信息提供给馆际互借员，馆际互借员向文献收藏机构申请原文传递，并可随时跟踪申请的处理状态，查看提取文献产生的费用，提取文献的通知等信息，获取文献原文后，一般以电子版 E-mail 的形式传递给读者，使读者实现馆际互询、馆际互复、馆际互借、馆际互阅。

随着现代信息技术在图书馆的应用，图书馆传统的文献传递正在快速发生变革，为提高传递的手段、效率及服务的内容，文献传递与馆际互借系统的应用正在悄然代替传统的文献传递方式。

（三）　馆际互借与远程文献传递的类型

国内的文献传递服务系统主要分为三类。

第一类：基于图书馆和文献情报机构的馆际互借与文献传递。如国家图书馆和上海图书馆的返还式图书借阅服务，清华大学和北京大学图书馆等开展非返还式文献传递服务，中国高等教育文献保障系统（CALIS）、国家科技图书文献中心（NSTL）、中国高校人文社会科学文献中心（CASHL）、读秀学术搜索文献传递系统等，均为全国范围的高校图书馆提供馆际互借与文献传递服务。

第二类：区域性的馆际互借与文献传递。在北京、天津、浙江、江苏、济南、大连、长沙等，均在同一省或市本着互助互惠的原则成立了馆际互借协作联盟，高校图书馆在协作联盟内开展区域性的馆际互借与文献传递服务。

第三类：相同专业院校图书馆间的馆际互借与文献传递。如广州市的 7 所医药类高校的图书馆成立了广东省医药院校图书馆协作组织，北京地区的 5 所财经类高校的图书馆建立了资源共享平台，东北农业大学图书馆与中国农科院图书馆、中国农业大学图书馆建立了原文传递业务。

广泛用于高校的馆际互借与远程文献传递系统有中国高等教育文献保障系统、国家科技图书文献中心、读秀文献传递和开世览文。

1. 中国高等教育文献保障系统（China Academic Library & Information System，CALIS）

CALIS 是经国务院批准的我国高等教育"211 工程""九五""十五"总体规划中 3 个公共服务体系之一。其宗旨是在教育部的领导下，将国家的投资、现代图书馆理念、先进的技术手段、高校丰富的文献资源和人力资源整合起来，建设以中国高等教育数字图书馆为核心的教育文献联合保障体系，实现信息资源共建、共知、共享，为中国的高等教育服务。用户馆无需安装 CALIS 馆际互借与文献传递应用软件，只需通过在某一服务馆的馆际互借系统中注册开户的方式，即可获取该服务馆乃至整个文献传递系统的馆际互借与文献传递服务。读者则通过所在成员馆获取 CALIS 文献传递系统成员馆收藏的期刊论文、学位论文、会议论文等文献传递和可利用的电子全文数据库的原文传递。该系统收录了生物医学类电子期刊 5000 余种。

用户可登录 CALIS 中心站（http：//www.calis.edu.cn），选择成员馆所在省、市或点击高校直接登录（图 6-2），通过用户的图书卡号或用户名等登录所在成员馆后进行文献资源获取（图 6-3）。

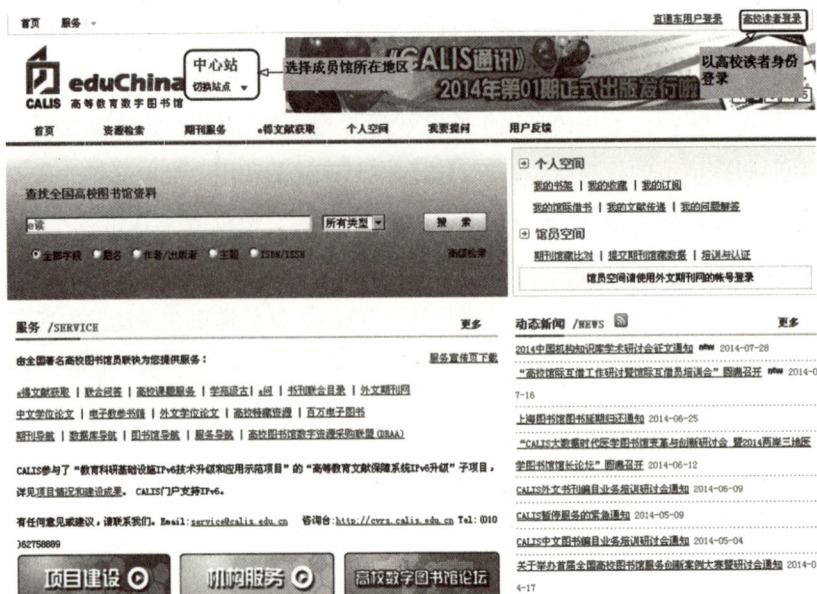

图 6-2　CALIS 中心站登录界面

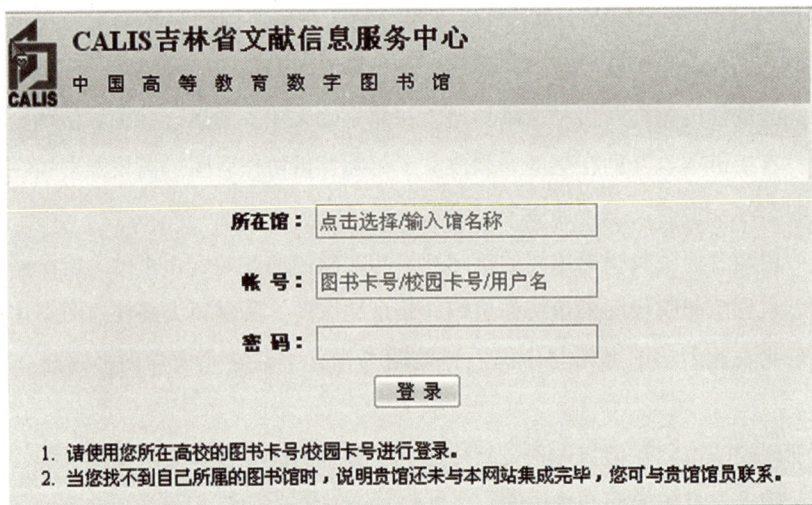

图 6-3　CALIS 成员馆登录界面

登录成功后，根据所需选择 E 读学术搜索、CALIS 外文期刊网或 CALIS 高校书刊联合目录，输入需要检索的文献信息，进入 CALIS 成员馆登录（图 6-4）页面，填写所申请信息。其中文献篇名、作者、年代、刊名、卷、期和页码应尽量详细、准确。如果需要的是标准或专利，需要填写标准号、专利号，以便工作人员查找。

用户也可通过本人所在图书馆主页的"EduChina 检索"进入中国高等教育图书馆的搜索引擎，既可直接获取本馆纸本馆藏信息、电子文献资源全文，又能快速获取所需其他成员馆的文献资源。示例中的研究生余男就是通过这个系统，在学校图书馆老师的帮助下，从厦门大学图书馆远程传递获取了《语义网络》的图书影印本，解决了问题。

CALIS 管理中心又推出了 e 得（易得）文献获取服务（http://www.yide.calis.edu.cn），它是为读者提供"一个账号、全国获取"，"可查可得、一查即得"一站式服务的原文文献获取门户。CALIS 成员馆的读者用户均可获得 e 得所提供的文献获取服务。

图 6-4　馆际互借系统提交申请界面

　　e 得门户集成了电子原文下载、文献传递、馆际借书、单篇订购、电子书租借等多种原文获取服务。结合专业馆员提供的代查代检服务，可在 CALIS 各类检索工具覆盖的文献资源之外，帮助读者在全国乃至全世界范围查找并索取包含中外文的图书、期刊、学位论文、会议论文、专利标准等各种类型的电子或纸本资源全文。支撑 e 得全文服务的不仅有 800 多家 CALIS高校成员馆，还有以国家图书馆、上海图书馆为代表的众多公共图书馆，NSTL、科学院图书馆为代表的各类科技情报所，CASHL、外国教材中心、CADAL 等为代表的教育部资源共享项目，以及以方正阿帕比、中国知网、维普、万方数据等为代表的国内资源数据库商（图 6-5）。

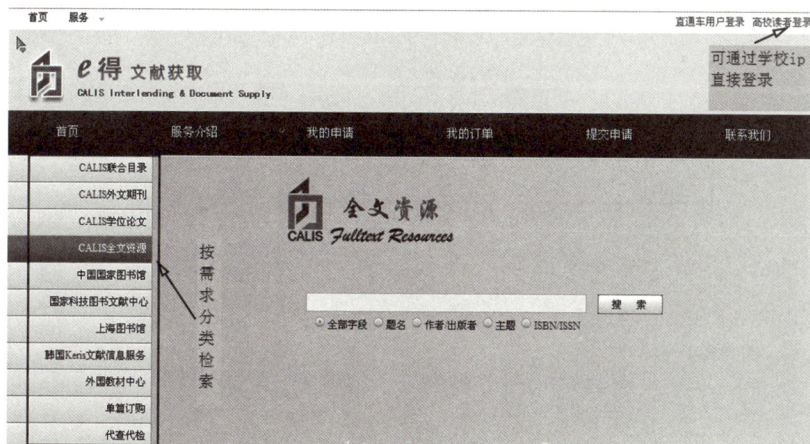

图 6-5　e 得主页登录界面

　　2. 国家科技图书文献中心（National Science and Technology Library，NSTL）　NSTL（http：//www. nstl. gov. cn/NSTL/）是由中国科学院文献情报中心、中国医学科学院、中国农

业科学院图书馆等七家图书馆和信息机构联合组建的虚拟科技文献信息服务机构，主要是收集和开发理、工、农、医等学科领域的科技文献信息资源，面向全国进行文献信息服务，是集中式的无中介文献传递服务体系，没有建立有馆舍和馆藏的实体，实现了与国家图书馆、中国教育网（CERNET）、中国科技网（CSTNET）、总装备部情报所的 100Mbps 光纤连接。

用户可进行文献检索，通过在线提交获取原始文献请求的方式，获得所需文献的全文复印件，并在 24 小时内（加急为 12 小时）处理完毕。用户也可以填写"全文申请表"，利用 NSTL 的代查代检服务。工作人员根据申请表的需求，在 NSTL 成员单位、国内其他文献信息机构和国外文献机构查找。读者也可以通过图书馆的馆际互借服务索取 NSTL 收藏的原文（图 6-6）。

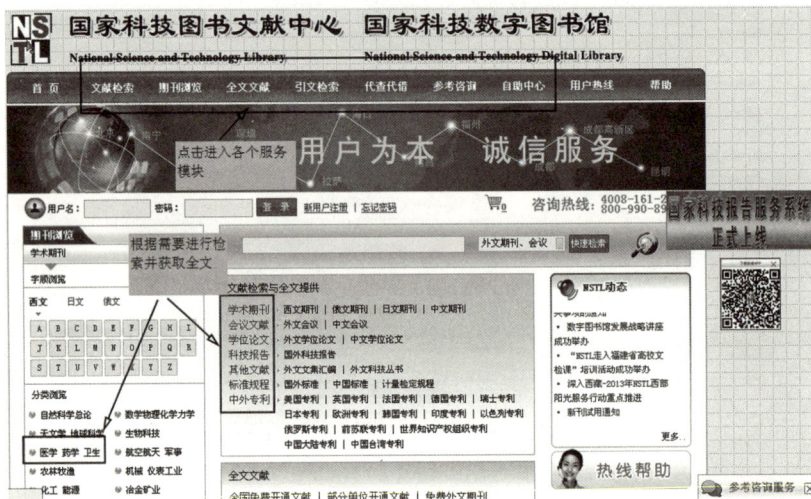

图 6-6   NSTL 主页面

3. 读秀文献传递   读秀中文学术搜索（http：//edu. duxiu. com/）集搜索、试读、文献传递、参考咨询等多种功能于一体，为用户提供切入目录和全文的深度检索，以及部分文献的全文试读。读者通过阅读文献的某个章节或文献传递获取所需的文献资源。授权用户才能使用。

用户可以进行图书、期刊、学位论文、报纸、专利等 240 余万种图书的全文文献传递，由计算机接受文献传递申请，通过用户提交的 E-mail 命令自动进行文献传递，提高了信息获取的实时性（图 6-7）。

图 6-7   读秀主页面

读秀学术搜索对每本书都提供原文的目录页、前言页、版权页、部分正文直接阅读（图6-8）。

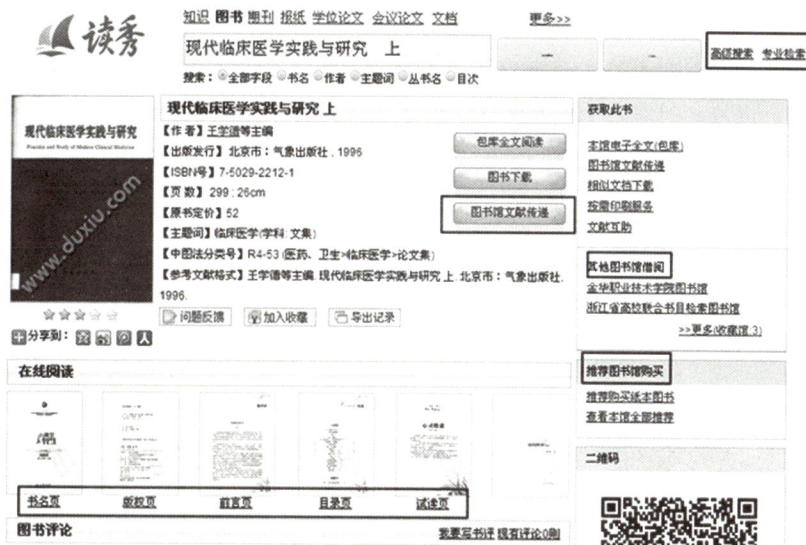

图6-8 读秀的图书信息界面

如果用户还想继续阅读无全文权限图书的其他部分，或者获取更多的文献资源，可以单击章节目录名后的"文献传递"，根据页面提示输入需要进行传递的图书页码（单次至多50页）及邮箱信息等，即可实现1分钟至1个工作日内获取需求资源的链接，提供20日的有效阅读期，在此期间可以在获取邮箱中无限次阅读，过期后需重新申请文献传递。其他出版类型文献的获取方式与图书的基本相同（图6-9）。

图6-9 读秀的文献传递咨询表单界面

4. 开世览文（中国高校人文社会科学文献中心，China Academic Humanities and Social

Sciences Library，CASHL） 开世览文（http：//www.cashl.edu.cn/）是在国家教委的统一领导下，本着"共建、共知、共享"的原则、"整体建设、分布服务"的方针，为高校哲学社会科学教学和研究建设的文献保障服务体系，是国家教委高校哲学社会科学"繁荣计划"的重要组成部分，也是全国性的唯一人文社会科学文献收藏和服务中心，其最终目标是成为"国家哲学社会科学资源平台"。目前已收藏有近两万种国外人文社会科学领域的核心期刊和重要期刊，1956 种电子期刊和 35 万种电子图书，112 万种外文图书，以及"高校人文社科外文期刊目次库"和"高校人文社科外文图书联合目录"等数据库，提供数据库检索和浏览、书刊馆际互借与原文传递、相关咨询服务等。任何一所高校，只要与 CASHL 签订协议，即可享受服务和相关补贴。

CASHL 为全国高校、哲学社会科学研究机构和工作者提供综合性文献信息服务；国家图书馆文献提供中心的中外文图书的馆际互借是它的一大特色。中心将传统咨询手段与先进的信息网络技术相结合，为社会提供多层次、全方位的有偿服务；中国科学院国家科学数字图书馆可以通过全国联合目录数据库提供的文献收藏单位信息表获取文献；中国科学院文献情报中心（中国科学院图书馆，LCAS）是全国最大的综合性科学图书馆，也是我国的自然科学情报中心。这些馆际互借与文献传递系统均为综合性服务系统。

第二节　网上免费开放资源

网上免费开放资源是指在互联网上可以免费获得的具有研究价值的电子资源。随着信息时代的不断发展，互联网已逐渐成为世界上影响力最大的全球性、开放性的信息资源来源。互联网信息资源极其丰富，如何获取高质量、免费的学术信息是查检者需要解决的实际问题。本节主要介绍利用搜索引擎和常用的开放获取资源，帮助查检者更方便、快捷地获取互联网信息资源全文。

一、利用搜索引擎获取文献

搜索引擎是指根据一定的策略、运用特定的计算机程序从互联网上搜集信息，在对信息进行组织和处理后，为用户提供检索服务，将用户检索的相关信息展示给用户的系统。搜索引擎包括全文索引、目录索引、元搜索引擎、垂直搜索引擎、集合式搜索引擎、门户搜索引擎和免费链接列表等。通过学术搜索引擎进行全文文献的获取，是一种方便、快捷的常用方法。

常用的学术搜索引擎有 InfoMine、Medscape 等。

（一）　InfoMine

InfoMine（http：//infomine.ucr.edu）学术搜索是为大学教师、学生和研究人员建立的网络学术资源虚拟图书馆。InfoMine 共包含 12 个数据库，内容覆盖生物、农业、医学、商业、经济、文化、工程、计算机、数学、教育、艺术等各个专业领域，提供 12 余万个学术网站的目录式搜索。InfoMine 学术搜索页面友好，简单易用。检索文献的功能包括基本检索、高级检索（图 6-10）和浏览 3 种方式。

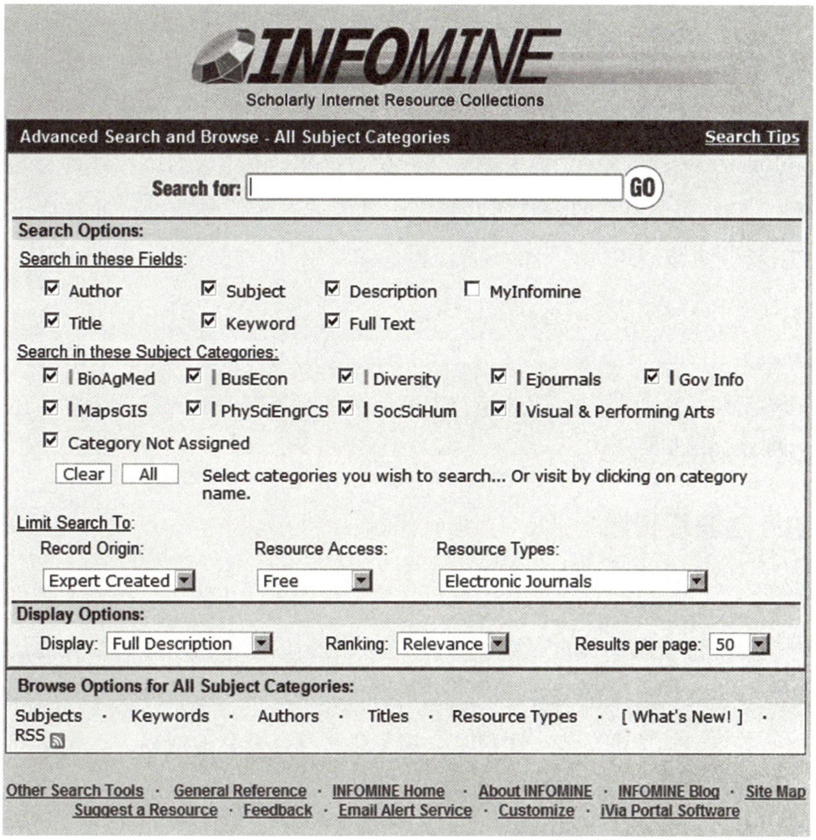

图 6-10　InfoMine 高级学术搜索界面

1. 基本检索　在 InfoMine 首页的检索框中直接输入检索词（主题词、作者、关键词等），单击"Search"或回车键就可以检索出相关资料。

2. 高级检索

（1）输入检索词，可使用逻辑检索（AND、OR、AND NOT）或特定符号（＊、｜｜、（））、""等）扩大或缩小检索范围。如输入检索词 industr＊，可检出 industries，industry，industrial，industrialization 等结果。输入检索词 ｜ rivers ｜，检出的结果必须与 rivers 完全匹配，包括大小写。输入"new mexico"表示引号内的词必须完全紧密相连。这些逻辑检索的使用方法与其他数据库基本相同。

（2）通过点选菜单和下拉菜单的组合使用，可以限定检索范围，如关键词、主题词、资源描述、作者、标题等，限定检索的数据库范围，限定资源的类型和路径，以及检索结果的显示方式、每页显示的检索结果数和检索结果的排序方式。

（3）单击"search"或回车键就可以检出相关文献。

3. 浏览　InfoMine 学术搜索引擎在基本检索、高级检索及各个数据库页面下均提供浏览功能，每条检索结果旁都有分值，在默认状态下结果按分数由高到低降序排列，体现文献价值的高低。

InfoMine 对所有用户免费开放，但是它提供的资源站点并不都是免费的，能否免费获取全文，取决于用户是否拥有该资源的全文使用权。

（二）Medscape

Medscape（http：//www.medscape.com/）于 1995 年 6 月投入使用，是目前 Web 上最大的

提供免费临床医学全文文献和继续医学教育（CME）资源项目信息的网站之一。

Medscape Search 为功能强大的搜索引擎，可检索论文、消息、图像、音频、视频资料等。

Medscape News：包括突发新闻、意见、全文期刊文章等。

Medscape Reference：包括一个庞大的临床知识数据库，有 1 万名临床医师参与撰写，提供 59 个医学专科、7000 多种疾病的治疗实践指南，其内容有多位专家进行通行评审，并及时更新，包括 3 万多份多媒体资料；Medscape Reference 还包括来自于美国食品药品管理局（FDA）、First Data Bank 的药物信息和数据库。

使用 Medscape 的资源和服务，需要免费注册成为用户。Medscape 会根据用户登记的专业提供最新的医学新闻、专业期刊的信息等，也可免费订阅每周一期的精选信息，还可根据个人的需要定制个性化的主页。

二、常用的开放获取资源

开放获取（Open Access，OA），是国际科技界、学术界、出版界、信息传播界为推动科研成果，利用网络自由传播而发起的运动。开放获取通过新的数字技术和网络化通信，任何人都可以及时、免费、不受任何限制地通过网络获取各类文献，包括经过同行评议过的期刊文章、参考文献、技术报告、学位论文等全文信息，用于科研教育及其他活动，也包括部分未经同行评议的文献。开放获取可以促进科学信息的广泛传播，促进学术信息的交流与出版，提升科学研究的公共利用程度，保障科学信息的长期保存。

目前开放获取主要有两种形式：①OA 期刊（Open Access Journal，OAJ）：由作者支付论文的同行评议、稿件编辑加工、电子期刊出版等费用，读者则可免费通过互联网获取期刊的文章。②OA 文档或文库（Open Access Archives or Repositories）：由研究机构或作者本人将自己的研究成果以电子全文形式存放在一个中心服务器或 Web 网页上供同行免费利用。

（一）国外开放获取资源

1. BioMed Central   BioMed Central（BMC，http：//www.biomedcentral.com）是一家英国商业性出版机构，是一个独立的、开放获取期刊的网络出版商（The Open Access Publisher），致力于提供生物医学研究成果的开放获取（图 6-11）。目前共出版了 313 种生物医学期刊，涵盖了生物学和医学的各个主要领域。所有期刊都通过充分、严格的同行评审保持高水平，被 Citebase、Google、Google Scholar、OAIster、PubMed、PubMed Central、Scirus、SOCOLAR、Zeto 等检索系统广为收录，所以用户可以通过这些系统检索到。Thomson Scientific（ISI）数据库收录了 BMC 的部分期刊。BMC 采取作者付费的模式，即作者发表文章需支付一定费用，机构也可以缴纳会费来免除本单位作者的出版费。

查检者在该网站免费注册后，即可进行高级检索（Advanced Search）、逻辑检索（Boolean Search）和保存检索式（Save Searches）。同时通过网站进行某些期刊的网上投稿（Submit Manuscripts），定期接收介绍出版的期刊信息、新发表的相关文献目次的电子邮件（Receive E-mail Updates），发表评论文章（Post Comments on Articles），并可建立自己的 BMC（Customize My BioMed Central）。

BMC 的检索分为快速检索和高级检索。查检者可以通过主页面直接进行快速检索。点击主页面的"Advanced Search"链接，可进入高级检索页面（需要注册）。该页面内，查检者可

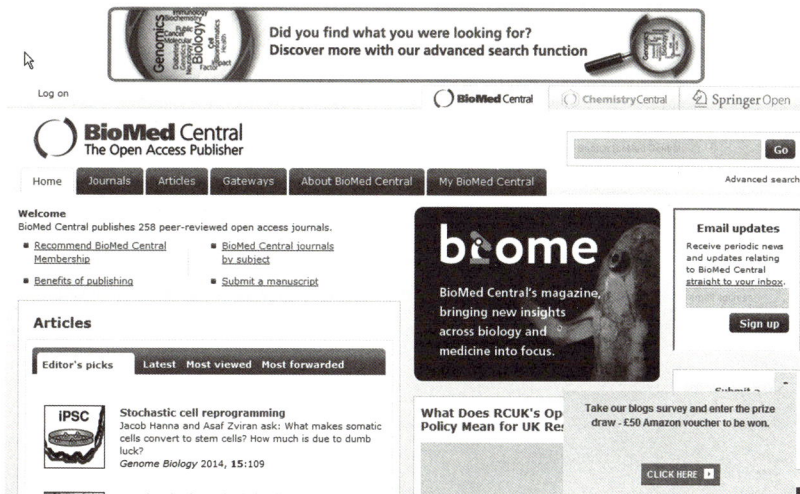

图 6-11 BMC 主页面

进行多字段高级检索、布尔逻辑检索和保存检索式。

查检者可以通过 BMC 主页面点击 Journals 进入期刊检索页面，选择 Journals A–Z 或 Browse by Subject 选项，按字顺或主题浏览期刊列表，再选择期刊浏览及下载全文（图 6-12）。

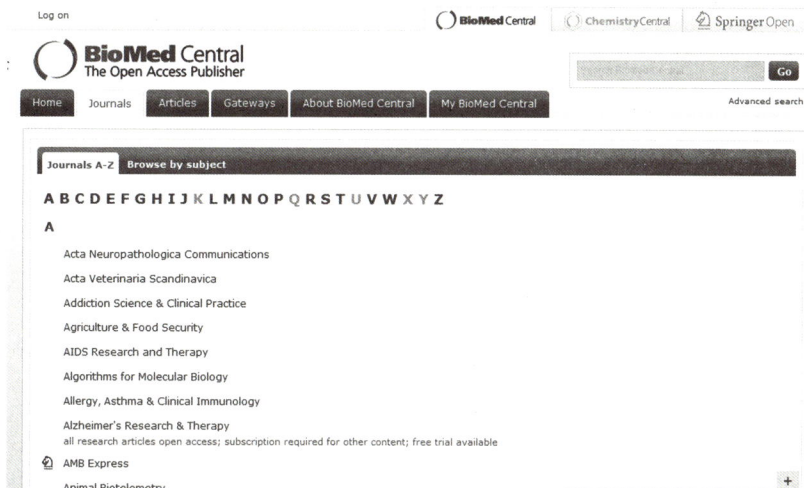

图 6-12 BMC 开放获取期刊列表界面

2. HighWire Press HighWire Press（http：//highwire. stanford. edu/）是免费提供全文的、全球最大的学术期刊文献出版商之一，于 1995 年由美国斯坦福大学图书馆创立。它收录了生物科学、人文科学、医学、物理学及社会科学等方面的重要期刊及核心期刊。该网站还提供 PubMed 检索，可浏览题录和文摘，并提供全文链接。

HighWire Press 收录的期刊检索有 3 种方式。

（1）按字母顺序浏览 选中某刊后，点击即可进入对该刊的检索。检索方法为一般检索和高级检索，如果在文章后标出可获取全文，则可以得到该文献的 PDF 格式全文。

（2）一般检索 可输入作者、关键词、年、卷、页等限制进行检索，由于同时可以检索 MEDLINE 数据库，所以同时需要选择是检索 MEDLINE 还是 HighWirc-hosted journals。点击检索结果后的文摘、全文、期刊网站、引用图，可以分别获得文摘、全文（PDF 格式）、该期刊的网站主页和该文被引用情况。

（3）**高级检索** 可提供以下限制，比如年、卷、起始页、作者、起始年月、结果显示形式、匹配形式（最佳匹配、最新出版）、数据库（MEDLINE、HighWire-hosted journals）等（图6-13）。

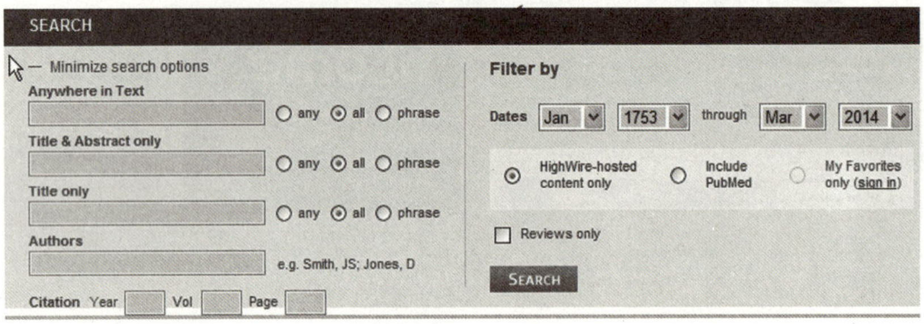

图6-13 HighWire Press 高级检索界面

查检者还可通过 HighWire Press 首页，点击"view all"按钮，按期刊主题（by topic）、出版社（by publisher）等途径浏览期刊。刊名后标注为"Free issues"的可以免费获得过刊的全文，时间从3个月前到两年前，各刊情况不同。标注为"Free trial"的可以在试用期内获得全文。标注为"Free site"的可以获得所有全文。

（二）其他开放获取资源

1. 中国科技论文在线 国家教委科技发展中心主办的科技论文网站（http://www.paper.edu.cn/）。根据文责自负的原则，只要作者所投论文遵守国家相关法律，为学中国科技论文在线相关图书、学术范围内的讨论，有一定学术水平，且符合中国科技论文在线的基本投稿要求，可在1周内发表。专业领域按自然科学国家标准学科分类与代码分为39类。论文仅仅代表作者个人的观点，不代表中国科技论文在线的观点。中国科技论文在线所发表论文的版权归作者本人所有。中国科技论文在线可为在本网站发表论文的作者提供该论文发表时间的证明，并允许作者同时向其他专业学术刊物投稿，以使科研人员新颖的学术观点、创新思想和技术成果能够尽快对外发布，并保护原创作者的知识产权。

2. Socolar 中国教育图书进出口公司建设和推广的"OA资源的一站式检索服务平台"（http://www.socolar.com/）。Socolar 目前是一个旨在为用户提供 OA 资源检索和全文链接服务的公共服务平台，为非营利性项目。

（1）用户在使用 Socolar 时，注册不是必要的步骤，但建议用户实名注册使用。一方面，注册用户可以享受该平台所提供的个性化服务；另一方面，根据不同用户（如用户的学历、所从事的研究领域）对资源使用情况的统计分析结果，可以不断提高平台现有资源的质量，以更好地满足用户对 OA 资源的使用需求。

（2）用户只要可以访问互联网，就可以不受任何限制地访问该平台。Socolar 的服务对象主要为研究人员、在校师生等，但不局限于此。

（3）基于 OA 理念，并根据具体 OA 期刊和 OA 存储的规定，只要用户的使用是基于合法目的，并在使用作品时注明相应的引用信息，便可以免费阅读、下载、复制、传播通过该平台检索到的文献。但是用户不能使用 Socolar 进行大批量的下载，或对平台运行的软件和硬件进行恶意攻击。

（4）Socolar 致力于加强与外界的合作工作，以进一步提高资源的质量和平台的性能。允许并鼓励学术机构（尤其是大学图书馆）在授权的前提下在该网站主页上链接平台。

3. 中国开放教育资源联合体　简称 CORE，成立于 2003 年 10 月（http：//www. core. org. cn/），系非营利机构，是一个以部分中国大学及全国省级广播电视大学为成员的联合体。

第三节　向作者求助

【示例】余男通过 Web of Science 找到一篇高被引论文 "A simple 'molecular beacon' - based fluorescent sensing strategy for sensitive and selective detection of mercury"，但 Web of Science 只有线索，无法免费链接全文。她希望阅读文章的具体内容，但是该论文发表的期刊学校图书馆的外文数据库没有涵盖，不能随意获取。怎么办呢？

余男遇到的难题是许多研究生都有的经历。对于图书馆缺少馆藏全文的资源，如果通过文献传递与馆际互借、开放获取资源的途径依然无法获取到全文，那么选择向文献作者求助索取原文也是一种很有效的方法。向作者索取原文的前提基础是获取到作者的联系信息，目前大部分中外文题录数据库收录的文献题录信息中往往包含著者的联系方式（如通信地址或 E-mail 等），因此可以通过数据库快捷地获取著者通信信息，与之联系，索取原文。在互联网技术高度发达的今天，向作者索取文献要便捷得多，无需再用传递书信或明信片的方式进行。现在只需要利用 E-mail 向作者发送一封求助的电子邮件，对方以附件的形式将原文返回即可。无论你与作者相距多远，分散在世界的哪个角落，只要有"Internet"作为纽带，就可以省时、省力、省钱地与作者取得联系。

一、向作者求助是否可行

很多人不习惯向作者索取原文，认为用简单的电子邮件得到回复的机会不大，还有人认为这是在麻烦作者，但事实并非如此。在欧美等西方国家，绝大多数作者很愿意将自己的文献传递给需求者。因为在研究者的心目中，读者的需要就是作者的责任和义务，也是对自身研究工作的尊重，他们会责无旁贷地将文献寄给需求者。当遇到特殊原因（如网络问题、外出以及休假等）较长时间未收到回复的情况下，需求者可以较客气地再发 1 次邮件，询问对方是否收到了之前的求助邮件，如果没有收到，可以将需求再提 1 次。

二、求助对象

一篇文献往往包含多个作者，文献的求助对象一定是该文献的负责人，即通讯作者或第一作者。有通讯作者的首先考虑联系通讯作者，没有的则联系第一作者。通讯作者往往是课题负责人，承担课题的经费、设计，文章的撰写和把关。同时也是文章和研究材料的联系人。最重要的是，其担负着文章可靠性的责任，负责与编辑部的一切通信联系和接受读者的咨询等。如果从知识产权上讲，研究成果属于通讯作者。通讯作者的好处是能与外界建立更广泛的联系。如果数据库中无法获得作者的联系方式，利用 Google、百度等搜索引擎有时也能查找到其联系信息，此时建议不要改变作者名字的书写方式，按其习惯的格式直接输入检索区域即可，以避

NOTE

免降低查准率。

三、如何撰写求助邮件

撰写向作者索取文献的求助邮件，要遵循的原则是简要、明确、礼貌。

1. 简要　简要就是要求所撰写的邮件篇幅不宜过长，应重点突出，简短精练，不说废话，以免引起对方不必要的误解。如"I am a master in China. My research is ……. For a student, I do not have much more income, So your help is very important."这三句话能够看出求助者想尽力将自己的情况叙述清楚，十分希望能够得到原文作者的文献帮助。但这些语言是不适合出现在求助邮件中的，其中第一句和第二句完全可以不写，因为求助者的身份和研究领域如何并不会成为对方是否寄资料的依据。第三句更是没有必要，因为求助者的收入水平对于获取文献资料毫不相干，作者不会根据对方的收入水平判断是否传递原文。向作者索取原文是一件非常正常的事，也是作者的责任和义务，因此求助者完全可以"理直气壮"地提出自己的要求，避免无用的语言。

2. 明确　明确是将自己的要求在邮件中明白确切地提出来。在信中将所需文献的外部信息叙述清晰，如题名、文献来源、年代、卷、期等。其中题名是最重要的信息，一般作者看到题名和出处就会知道求助者的需求，但为了帮助准确定位，求助者还是要尽量写全所需文献的信息。

3. 礼貌　撰写邮件语气一定要客气、谦虚，怀有一颗向作者虚心求教的心。文中可以使用一些客气的话，如该文献对于你研究的重要程度、对于文章非常感兴趣、文章的研究很有创新性等，但不要过分吹捧，以免产生反感。邮件的最后一定要表达感谢之情，例如"Thank you very much"或"Thank you for your help"等。

举两个符合简要、明确、礼貌原则的求助邮件例子。

例一

Dear Mr.　　:

I would appreciate receiving a reprint of your article：　　(title of this paper).　　(Journal title). However, it is not available in our library. I wonder if you would consider sending me the full text by E-mail. Thank you very much for your consideration!

Sincerely：

Your name

例二

Dear Dr.　　:

I read with interest the abstract of your article in　　(Journal title), "　　(title of this paper)". Unfortunately, our library does not subscribe to Mutation Research. I would be most appreciative if you could please send me a .doc or .pdf file of the article by E-mail.

Thank you,

（Your name）

PHD candidate

Plant Disease Research Lab. , College of Plant Science and Technology,　University, Wuhan, Hubei, 430070, P. R. China.

通过与作者求助，本节示例中的余男顺利得到了论文的全文，解决了问题。

思考练习

1. 查找"Cold urticaria in Thai children: comparison between cyproheptadine and ketotifen in the treatment"这篇论文的全文。

2. 归纳全文获取有哪些工具？分别有什么特点？

3. 一学者欲申报课题，结果利用检索系统发现，"马齿苋铁苋菜注射液对菌痢 188 例的临床疗效观察"这篇文章可能与课题思路重复，想获取其原文，请帮他获取。

回答：（1）列出可以获取该篇文献的工具。

　　　（2）你是如何获取原文的？

第七章　学术影响力信息检索

第一节　期刊评价检索

【示例】某中药学专业的学生撰写了一篇论文，想要在该学科中水平较高的刊物上投稿。他想了解一下该学科的中外文核心期刊，各期刊的影响因子，并找到适合发表的期刊。

一、核心期刊检索

核心期刊是指所含专业情报信息量大、质量高、能够代表专业学科发展水平并受到本学科读者重视的专业期刊，是经过一定的选刊原则筛选出的高质量的期刊。通常某一学科的核心期刊上的论文，代表着这一学科的最新水平和发展方向。随着学科之间的交叉渗透日益显著，少数期刊可能是多个学科的核心期刊，一个学科的核心期刊中也可能包含一些相关学科的期刊。核心期刊是动态的，每隔一段时间会进行调整，有的核心期刊因办刊质量下降而被剔除，有的期刊可能因办刊质量提高而入选。

（一）核心期刊资源

1.《中文核心期刊要目总览》　《中文核心期刊要目总览》（以下简称《要目总览》）由北京大学图书馆和北京高校图书馆期刊工作研究会联合主持，北京多所高校图书馆及中国科学院国家科学图书馆、北京万方数据股份有限公司、国家图书馆等27个相关单位的众多专家和期刊工作者参与研究，收编包括社会科学和自然科学等各种学科类别的中文期刊。采用文献计量统计与定量评价，结合学科专家对定量评价结果的定性评审形成最终成果。研究成果以印刷型图书形式出版，每4年出版1期，迄今已发行7版：1992年第1版、1996年第2版、2000年第3版、2004年第4版、2008年第5版、2011年第6版，2014年第7版。《要目总览》2011年版共刊载73个学科的核心期刊1982种，其中医药、卫生类核心期刊共计250种，中医类核心期刊19种。

《要目总览》对每种核心期刊做了简要介绍，著录信息包括刊名、出版地、出版单位、出版频率、编辑单位、创刊年、中图分类号、ISSN号、CN号、编辑单位联系方式及期刊内容简介等。

2.《中国科技论文统计源期刊》　《中国科技论文统计源期刊》（亦称《中国科技核心期刊》）由中国科技信息研究所统计，按照美国情报研究所（ISI）《期刊引证报告》（JCR）的模式，在与国际接轨的同时，结合中国科技期刊发展的实际情况，确定在中国出版的科技期刊作为统计源期刊，以文献引文数据为依据，选择多项指标综合筛选。只收录自然科学类期刊，包括国内出版的英文刊物，生物医学期刊较多。2013年共评选出2040种核心期刊，其中医药卫生类为542种。

统计源期刊目录每年都会出现在中国科技信息研究所编辑出版的《中国科技期刊引证报告》（CJCR）中，CJCR 每年更新 1 次。

3.《中国科学引文数据库》源期刊　《中国科学引文数据库》（Chinese Science Citation Database，CSCD）由中国科学院文献情报中心编制，收录我国出版的中英文科技核心期刊和优秀期刊。CSCD 来源期刊采用定量与定性相结合的方法，每两年评选 1 次，分为核心库和扩展库。核心库的来源期刊经过严格评选，是各学科领域中具有权威性和代表性的核心期刊；扩展库的来源期刊经过大范围评选，是各学科领域优秀的期刊（备注栏中以 E 为标记）。2013～2014 年度 CSCD 收录来源期刊 1141 种，其中中国出版的英文期刊 125 种，中文期刊 1016 种；核心库期刊 780 种（备注栏中以 C 为标记）。其中，医药卫生类期刊 250 种（包含核心库和扩展库）。

4.《科学引文索引》源期刊　《科学引文索引》（Science Citation Index，SCI）由美国科学信息研究所（ISI）创建，收录自然科学类核心期刊，是国际公认的进行科学统计与评价的权威性检索工具。SCI 是一部国际索引，刊物来源于 40 多个国家、50 多种文字，运用科学的引文数据分析和同行评估相结合的方法，综合评估期刊的学术价值。其出版形式包括印刷版期刊、光盘版（SCI CDE）、联机数据库（SCI search）和 WEB 版数据库（SCI Expanded）。SCI 每年依据严格的选刊标准和评估程序对源期刊做出调整，因此每年源期刊略有增减。SCI 分为两个版本，即核心版（以印刷版期刊和光盘形式出版）和扩展版（以联机数据库和 Web 版形式出版）。2013 年 SCI 核心版收录期刊 3700 多种，扩展版收录期刊 6000 多种（涵盖核心版所有期刊）。

5.《中文社会科学引文索引》　《中文社会科学引文索引》（Chinese Social Science Citation Index，CSSCI）是由南京大学中国社会科学研究评价中心开发研制的引文数据库，用来检索中文人文社会科学领域的论文收录和被引用情况。该数据库覆盖的学科范围包括法学、管理学、经济学、教育学等 25 个学科领域。由于学科的交叉和新兴学科的增加，医学院校的文献也经常被收录到人文社科类期刊中。CSSCI 分为来源期刊和扩展版来源期刊。来源期刊的遴选遵循文献计量学规律，采用定性与定量相结合的原则，从 2700 余种中文人文社会科学期刊中选出学术性强、编辑规范的期刊作为来源期刊；扩展版来源期刊遴选坚持来源期刊的标准，一般由此次落选的原来的源期刊、他引影响因子与总被引次数的加权值接近来源期刊的期刊、考虑地区和学科合理布局的期刊组成。2014 年该数据库收录的来源期刊为 533 种，扩展版来源期刊为 189 种。

CSSCI 主要从"来源文献"和"被引文献"两个方面向用户提供相关研究领域的前沿信息和发展趋势，通过不同学科、领域的相关逻辑组配检索，挖掘学科新的生长点。利用"来源文献"，可从作者、机构、地区、期刊、学科、基金等途径检索文献情况，为科研决策提供科学合理的参考；利用"被引文献"，可用来查询作者、论文、期刊等的被引情况，为期刊评价、栏目设置等提供科学依据。

CSSCI 有印刷版（《中国社会科学研究计量指标——论文、引文与期刊引用统计》）、数据库网络版和光盘版，提供多种检索途径。CSSCI 的数据每年更新 1 次。

6.《中国人文社会科学核心期刊要览》　《中国人文社会科学核心期刊要览》（以下简称《要览》）由中国社会科学院文献信息中心编制，统计数据主要来源于三部分：中国人文社会

NOTE

科学引文数据库、中国人文社会科学文摘数据库和其他统计源（主要包括公开发表的各种期刊统计数据，如其他评价系统公布的核心期刊、引文数据库来源期刊、期刊引证报告中的各类统计数据）。采用文献计量学的理论和方法，对期刊各项数据进行综合统计分析，经过定量筛选和各学科权威专家的论证，测出期刊发展和应用中的核心部分，力求客观反映期刊的学术影响力，涵盖了我国人文社会科学期刊中使用率和学术水平均居前列的权威期刊和优秀期刊。

《要览》包括核心期刊表、研制报告、综合性核心期刊学科引用分布表、核心期刊中英文简介，以及各类期刊影响因子排序表等。《要览》中的"核心期刊表"和"综合性核心期刊学科引用分布表"从期刊被引用的角度列出了期刊学术影响力的核心区范围；"核心期刊中英文简介"对专家推荐的有特色研究领域的优秀期刊、来源期刊做了简要介绍，并从不同的角度对核心期刊进行排序制表。

7.《社会科学引文索引》   《社会科学引文索引》（Social Science Citation Index，SSCI）与 SCI 同为美国科学信息研究所创建，收录世界上不同国家和地区的社会科学期刊 3000 多种，同时收录科技期刊中与社会科学相关的论文。利用 SSCI 数据库的引文检索，可以进行被引用参考文献检索，提供参考文献信息，清晰展现研究主题的参考文献网络，可轻松追溯课题的起源和发展，揭示研究之间隐含的联系，全面掌握某一研究课题的来龙去脉。

（二） 核心期刊检索

1. 利用图书馆的印刷版文献和数据库资源   《中文核心期刊要目总览》和《中国科技期刊引证报告》均以印刷版形式出版，可通过图书馆的书目检索系统查询所在单位是否收藏有该工具书，查询到相关信息后，到图书馆借阅即可。若所在单位图书馆购买有 SCI 等相关数据库，也可直接查询。

2. 利用网络资源整合和导航服务   图书馆和情报机构作为从事文献信息服务的专业机构，为了让用户能够迅速获取专业领域的高质量资源，往往会提供权威可靠的资源导航，可利用资源导航系统查询核心期刊相关信息。投稿指南也是获取核心期刊的一个重要途径，国内很多高校图书馆为了给师生在国内外重要期刊上发表论文提供帮助，会推出核心期刊投稿指南，公布已出版的核心期刊目录或权威机构统计源期刊信息。如上海大学图书馆投稿指南（http：//202.120.121.216：82/tougao/）系统包含 SCI 等 6 个系统中与学校专业相关的国内外 8000 多种重要期刊信息。浙江大学图书馆核心期刊投稿指南（http://libweb.zju.edu.cn /libweb/ redir.php？catalog_ id=10251）列出了 SCI 期刊目录、中国科学引文数据库（CSCD）来源期刊目录等核心期刊遴选体系，并根据国内外主要的核心期刊评价体系确立了"浙江大学国内一二级期刊名录"，以此作为评价师生发表期刊论文的主要依据。需注意的是，很多图书馆编制的投稿指南得不到及时更新，因此在使用时需加以核实。

3. 利用核心期刊网络信息服务系统   核心期刊网络信息服务系统由北京大学图书馆与北京义华数图科技有限公司协同开发，可查询《中文核心期刊要目总览》和《国外科学技术核心期刊要目总览》，内容与印刷版内容完全一致，包括核心期刊表、专业期刊一览表、检索性期刊一览表、国内版外文期刊一览表、历年入选核心期刊所有历史收录情况，可通过刊名检索，也可进行分类浏览。机构和个人用户需购买后通过用户名/密码、IP 范围控制等方式使用。

4. 利用中外文核心期刊查询系统 中外文核心期刊查询系统（网址：http：//coreej. cceu. org. cn/）（图 7-1）是基于艾利贝斯（Ex Libris）公司的 SFX 产品开发的核心期刊查询平台。该系统由艾利贝斯有限公司北京代表处制作并维护，提供给公司所有用户图书馆的读者使用。该公司的用户包括复旦大学图书馆、清华大学图书馆、广州中医药大学图书馆、武汉大学图书馆等，其中可查询浏览的数据库和评价体系，以及所包含的期刊信息由中国 SFX 用户共建共享。

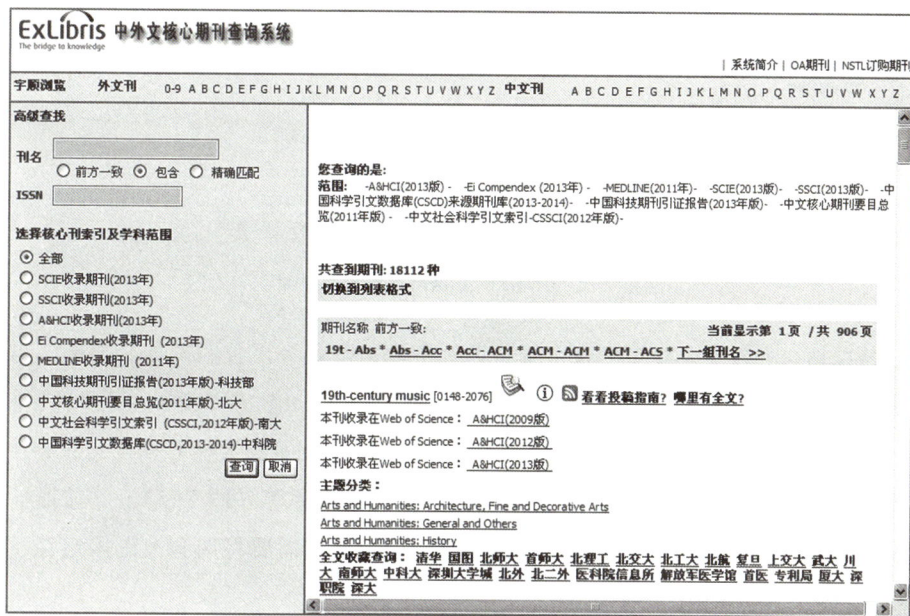

图 7-1 中外文核心期刊查询系统界面

中外文核心期刊查询系统提供 Web of Science、中国科技期刊引证报告、中文核心期刊要目总览、中国科学引文数据库核心库等数据库或评价体系中已收录期刊的浏览、检索、期刊影响因子链接等服务。该系统将不同数据库或期刊评价体系设立的不同类目和评价方式有机地整合在一起，针对中文核心期刊评价体系保留了原有的学科分类，分别给出了各自的分类检索途径。通过该系统，可以浏览和检索数据库或评价体系收录的所有期刊，查看期刊信息、期刊投稿指南，进行全文收藏查询与链接。需注意的是，该系统不提供全文下载，只提供查询线索，只有购买了相关数据库的机构才可通过单位链接打开相应电子期刊全文。

5. 利用数据库提供商提供的期刊信息 可用来查找国内期刊信息的数据库主要包括中国知网（CNKI）、维普期刊资源整合服务平台、万方数据、中国生物医学文献服务系统。

（1）中国知网（CNKI） CNKI 的期刊导航共收录期刊 8048 种，其中医药卫生类期刊 1174 种（数据统计截至 2014 年 3 月）。在"期刊导航"界面，通过"核心期刊导航"可浏览"中文核心期刊要目总览"收录的期刊；通过"数据库刊源导航"可分类浏览 SCI 科学引文索引、CSCD 中国科学引文数据库来源期刊（图 7-2）；也可直接在文献检索界面，对来源类别进行限定，在来源类别复选框中选择"核心期刊""SCI 来源期刊"等期刊类别，点击"检索"按钮即可查询核心期刊上发表的文献。

NOTE

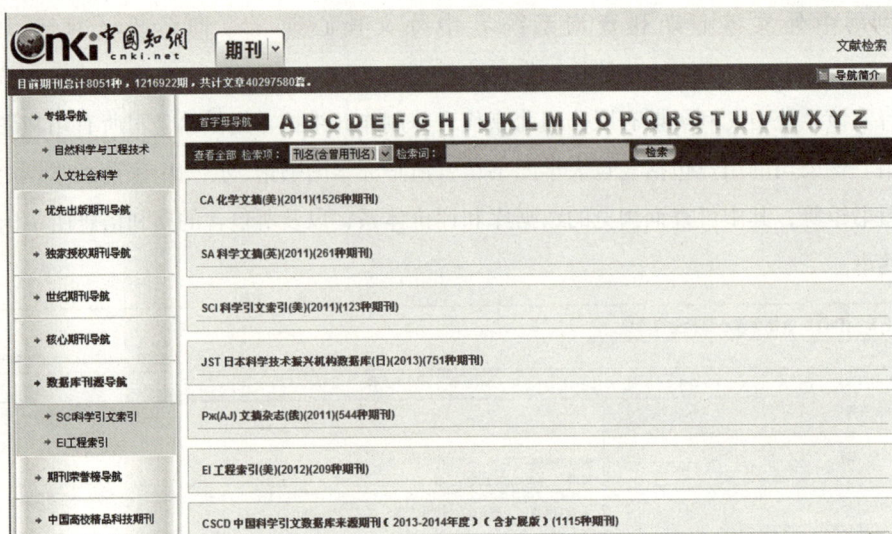

图 7-2　CNKI 的数据库刊源导航界面

（2）维普期刊资源整合服务平台　维普期刊资源整合服务平台的"期刊导航"共收录期刊 12000 多种，其中医药卫生类期刊 2081 种（数据统计截至 2014 年 3 月）。可通过 3 种方式实现检索：①在"期刊导航"页面点击"核心期刊导航"，可浏览北大核心期刊目录、中国科技论文统计源期刊（中国科技核心期刊）、中国科学引文数据库等（图 7-3）。②按照"国内外数据库收录情况导航"浏览期刊信息。③在检索页面，根据需要将期刊范围限定在"核心期刊""SCI 来源期刊""CSCD 来源期刊"。

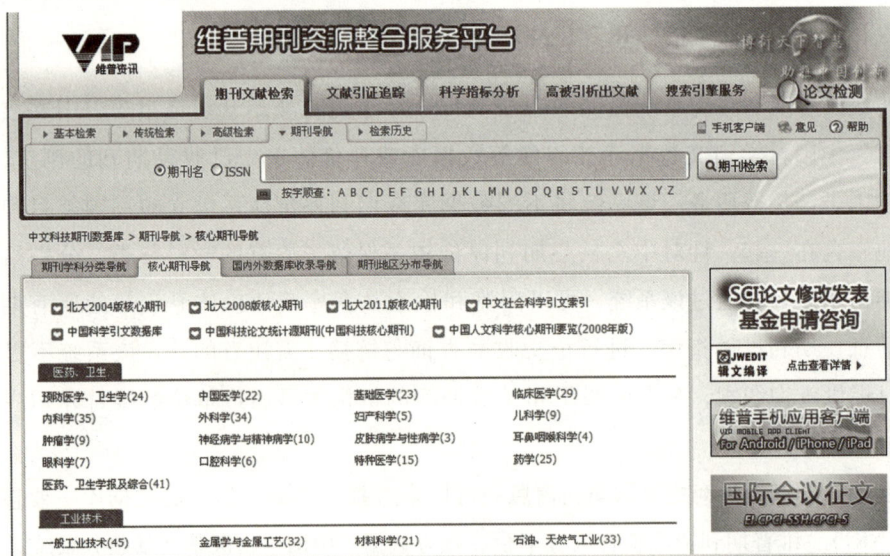

图 7-3　维普期刊资源整合服务平台的核心期刊导航界面

（3）万方数据　万方数据的数字化期刊子系统共收录医药卫生类期刊 1188 种，其中核心期刊 712 种（数据截至 2014 年 3 月）。在"期刊检索"主页按学科分类浏览，点击需要查找的学科类名，便可得到万方数据库中收录的该学科所有期刊。在期刊显示页面点击"核心刊"，可浏览该学科领域的核心期刊。

（4）中国生物医学文献服务系统（SinoMed）　SinoMed 中的"中国生物医学文献数据

库"和"西文生物医学文献数据库"对检索结果进行了详细分类。"中国生物医学文献数据库"对检索结果从三方面进行分类，分别为核心期刊、中华医学会期刊和循证文献，其中核心期刊是指被《中文核心期刊要目总览》或《中国科技期刊引证报告》收录的期刊。"西文生物医学文献数据库"对检索结果从五方面进行分类，分别为免费全文、协和馆藏、SCI收录、F1000、循证文献。在结果显示界面，可根据需要分类浏览核心期刊文献或SCI收录文献。

6. 利用搜索引擎 直接通过Google、百度等搜索引擎查找专业核心期刊。检索方法：在检索输入框输入"医学 and 核心期刊"，即可查询到相关信息。网上信息来源较为复杂，需注意甄别判断。

7. 利用医学论坛 医学论坛中有与医学核心期刊相关的帖子，借此可获得相关信息。比较好的医学论坛有中国生物科学论坛（http://bbs.bioon.net/bbs/forum.php）、丁香园论坛（www.dxy.cn/bbs）等。中国生物科学论坛的"检索互助版"和丁香园论坛的"检索知识交流版"上不乏与核心期刊相关的帖子。

二、期刊影响因子检索

期刊的影响因子（impact factor，IF）由美国科学情报研究所（ISI）创始人尤金·加菲尔德在1972年提出，是国际通用评价期刊影响力的一项重要指标。它是指某期刊在指定统计年份前两年内发表的所有论文在指定年被引用的总次数除以该刊在指定统计年份前两年内发表的论文总数。它是一项量化指标，可以相对客观地评价各类期刊，一般影响因子越高，其学术影响力越大。影响因子是以年为单位进行计算的。以某一期刊2014年的影响因子为例，IF（2014）= A/B（说明：A是指该期刊2012～2013年所有论文在2014年被引用的次数，B是指该期刊2012～2013年发表论文总数）。

期刊的影响因子可以通过几种途径进行检索。

（一） JCR

JCR（Journal Citation Reports，期刊引证报告）是美国科技信息研究所（ISI）编制的反映期刊引文数据、进行期刊质量比较的工具。JCR对包括SCI收录的3800种核心期刊在内的8000多种期刊之间的引用和被引用数据进行统计、运算，计算出各种期刊的影响因子、立即影响指数、被引半衰期等反映期刊质量和影响的定量指标。JCR的出版形式包括印刷版、光盘版和网络版。内容分为两个版本，其中JCR Science Edition用于查询自然科学类期刊，JCR Social Sciences Edition用于查询人文社会科学类期刊。JCR的数据每年更新1次。以JCR网络版（JCR Web）为例，介绍JCR的检索方法。

JCR Web提供3种检索途径。

①view a group of journals by：将期刊限定在subject category（主题）、publisher（出版商）和country（国家）范围内。

②search for a specific journal：检索某一特定期刊。

③view all journals：浏览所有期刊。

【示例】检索2012年中国出版期刊的影响因子。

检索步骤：

（1）在 JCR Web 主页选择 JCR science edition 2012，在 view a group of journals by 后的下拉菜单中选择 Country/Territory，点击"submit"按钮（图 7-4）。

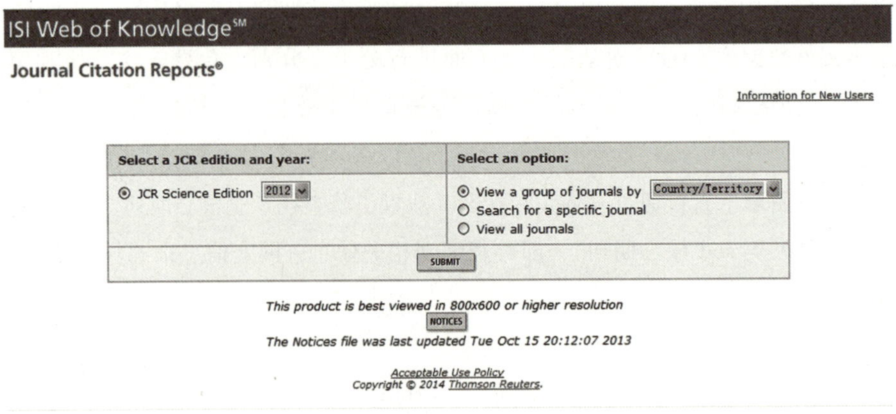

图 7-4　JCR 主页面

（2）选择出版国家/地区为"PEOPLES R CHINA"，在 Sort journals by 后的下拉菜单中可选择按 Journal Title（刊名）、Total Cites（引文数量）、Impact Factor（影响因子）、Immediacy Index（即时指数）、Current Articles（当前论文）、Cited Half-life（被引半衰期）、5-Year Impact Factor（5 年影响因子）等指标进行排序（图 7-5）。

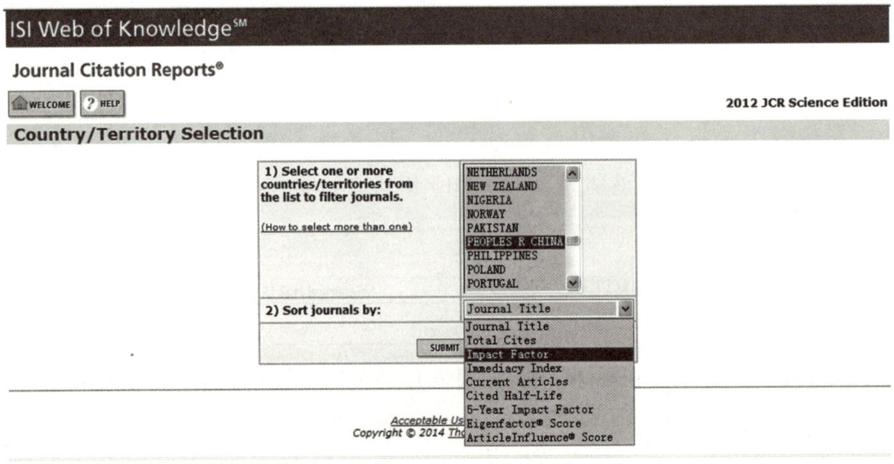

图 7-5　JCR"国家/地区"检索界面

（3）点击"submit"按钮，即可查看中国出版的所有期刊 2012 年的影响因子（图 7-6）。

【示例】检索 2011 年《中华结合医学杂志》的影响因子。

检索步骤：

第一步：在 JCR Web 主页选择 JCR science edition 2011，检索途径选择 search for a specific journal，点击"submit"按钮。

第二步：search by 下拉菜单中提供 4 种检索方式：Full Journal Title（刊名全称）、Abbreviated Journal Title（刊名缩写）、Title Word（刊名中出现的词）和 ISSN 号。选择 Full Journal Title，在 Type search term 下方的输入框中输入检索词"Chinese Journal of Integrative Medicine"（图 7-7）。

第三步：点击"search"按钮，得到图 7-8 所示的检索结果。

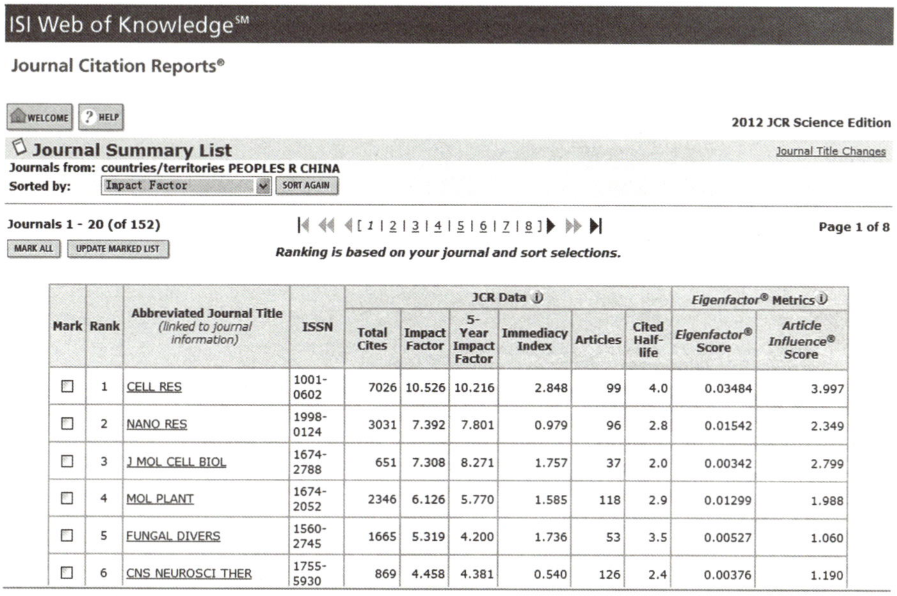

ISI Web of Knowledge℠

Journal Citation Reports®

WELCOME　?HELP　　　　　　　　　　　　　　　2012 JCR Science Edition

Journal Summary List
Journals from: countries/territories PEOPLES R CHINA　　　　　　　　　Journal Title Changes
Sorted by: Impact Factor　　SORT AGAIN

Journals 1 - 20 (of 152)　　|◀ ◀◀◀ ◀[1 | 2 | 3 | 4 | 5 | 6 | 7 | 8]▶ ▶▶ ▶|　　Page 1 of 8

MARK ALL　UPDATE MARKED LIST　　　　Ranking is based on your journal and sort selections.

Mark	Rank	Abbreviated Journal Title (linked to journal information)	ISSN	JCR Data						Eigenfactor® Metrics	
				Total Cites	Impact Factor	5-Year Impact Factor	Immediacy Index	Articles	Cited Half-life	Eigenfactor® Score	Article Influence® Score
☐	1	CELL RES	1001-0602	7026	10.526	10.216	2.848	99	4.0	0.03484	3.997
☐	2	NANO RES	1998-0124	3031	7.392	7.801	0.979	96	2.8	0.01542	2.349
☐	3	J MOL CELL BIOL	1674-2788	651	7.308	8.271	1.757	37	2.0	0.00342	2.799
☐	4	MOL PLANT	1674-2052	2346	6.126	5.770	1.585	118	2.9	0.01299	1.988
☐	5	FUNGAL DIVERS	1560-2745	1665	5.319	4.200	1.736	53	3.5	0.00527	1.060
☐	6	CNS NEUROSCI THER	1755-5930	869	4.458	4.381	0.540	126	2.4	0.00376	1.190

图 7-6　JCR "国家/地区" 结果显示界面

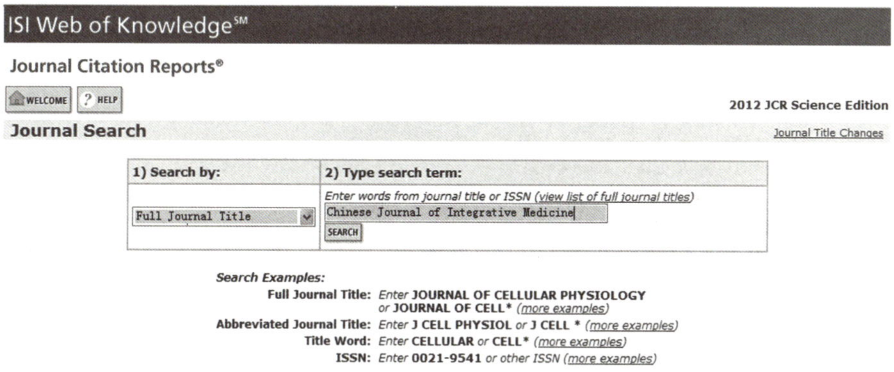

ISI Web of Knowledge℠

Journal Citation Reports®

WELCOME　?HELP　　　　　　　　　　　　　　　2012 JCR Science Edition

Journal Search　　　　　　　　　　　　　　　　　Journal Title Changes

1) Search by:	2) Type search term:
Full Journal Title ▼	Enter words from journal title or ISSN (view list of full journal titles) Chinese Journal of Integrative Medicine SEARCH

Search Examples:
Full Journal Title: Enter JOURNAL OF CELLULAR PHYSIOLOGY or JOURNAL OF CELL* (more examples)
Abbreviated Journal Title: Enter J CELL PHYSIOL or J CELL * (more examples)
Title Word: Enter CELLULAR or CELL* (more examples)
ISSN: Enter 0021-9541 or other ISSN (more examples)

图 7-7　JCR "刊名检索" 界面

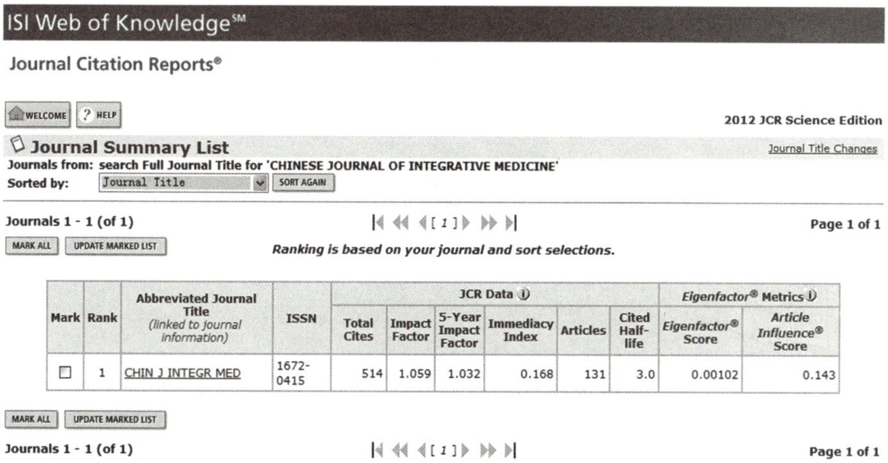

ISI Web of Knowledge℠

Journal Citation Reports®

WELCOME　?HELP　　　　　　　　　　　　　　　2012 JCR Science Edition

Journal Summary List
Journals from: search Full Journal Title for 'CHINESE JOURNAL OF INTEGRATIVE MEDICINE'　　Journal Title Changes
Sorted by: Journal Title　　SORT AGAIN

Journals 1 - 1 (of 1)　　|◀ ◀◀ ◀[1]▶ ▶▶ ▶|　　Page 1 of 1

MARK ALL　UPDATE MARKED LIST　　　　Ranking is based on your journal and sort selections.

Mark	Rank	Abbreviated Journal Title (linked to journal information)	ISSN	JCR Data						Eigenfactor® Metrics	
				Total Cites	Impact Factor	5-Year Impact Factor	Immediacy Index	Articles	Cited Half-life	Eigenfactor® Score	Article Influence® Score
☐	1	CHIN J INTEGR MED	1672-0415	514	1.059	1.032	0.168	131	3.0	0.00102	0.143

MARK ALL　UPDATE MARKED LIST

Journals 1 - 1 (of 1)　　|◀ ◀◀ ◀[1]▶ ▶▶ ▶|　　Page 1 of 1

图 7-8　JCR "刊名检索" 结果显示界面

NOTE

　　结果中列有期刊的 ISSN（国际标准连续出版物号）、total cites（期刊被引用的总次数）、impact factor（影响因子）、5-year impact factor（5 年影响因子）、immediately index（即时指数）、articles（论文数）、cited half-life（被引用半衰期）、eigenfactor score（特征因子分值）、article influence score（论文影响分值）。点击刊名，可查看期刊详细信息（图 7-9）。

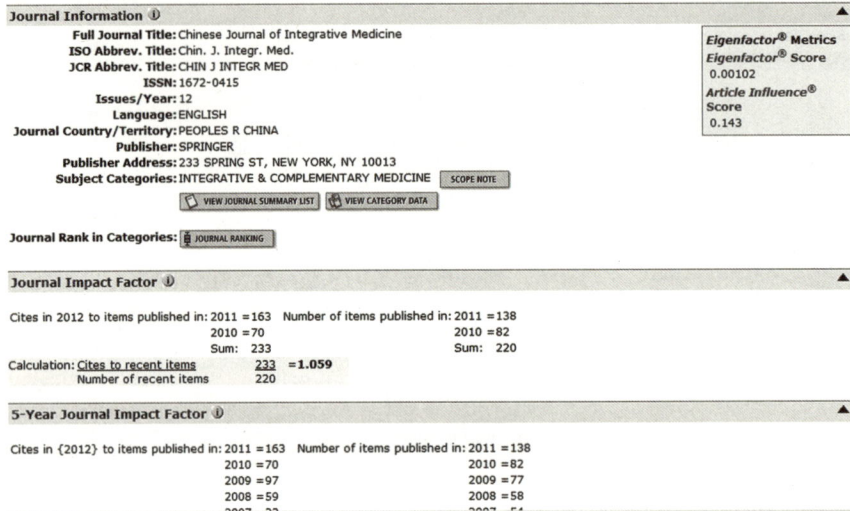

图 7-9　JCR 期刊详细信息界面

　　若要查询该期刊在同学科领域的排名情况，可点击"Journal Ranking"按钮，得到图 7-10 所示期刊排名界面。由图可知，《中华结合医学杂志》在 INTEGRATIVE & COMPLEMENTARY MEDICINE（整合替代医学）22 种期刊中排名第 13 位。

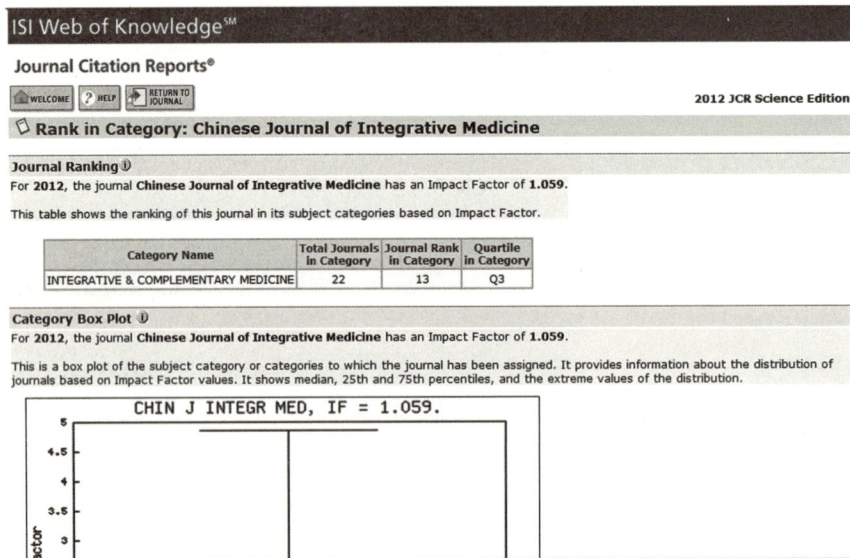

图 7-10　JCR 期刊排名显示界面

（二）　中国科技期刊引证指标数据库

　　中国科技期刊引证指标数据库（CSCD JCR Annual Report）根据中国科学引文数据库（CSCD）年度期刊指标统计数据创建。该统计数据以 CSCD 核心库为基础，对刊名等信息进行大量的规范工作，所有指标统计遵循文献计量学的相关定律及统计方法，从不同角度揭示期刊影响力，尤其是从学科论文引用角度对期刊影响力进行定位。该数据库 1999～2003

年统计数据包括期刊影响因子、总被引频次等指标数据；2004 年以来的统计指标多达 10 余种，科研人员可以检索某期刊的论文发文量、基金论文量、发文机构数、平均参考文献数、自引率、引用半衰期、影响因子、即年指数、总被引频次、自被引率、被引半衰期、H 指数等指标数据。

（三）　中国科技期刊引证报告

中国科技期刊引证报告（CJCR）由中国科学技术信息研究所发布，以中国科技论文与引文数据库（CSTPCD）为基础，选用中国科技论文统计源期刊（即中国科技核心期刊）为来源期刊，在借鉴国际通用评价体系基础上，结合中国科技期刊发展的实际情况，设计了 23 项计量指标。这些指标包括：①期刊被引用计量指标：核心总被引频次、核心影响因子、核心即年指标、核心他引率、核心引用刊数、核心扩散因子、核心权威因子和核心被引半衰期。②期刊来源计量指标：来源文献量、文献选出率、参考文献量、平均引文数、平均作者数、地区分布数、机构分布数、海外论文比、基金论文比和引用半衰期。③学科分类内期刊计量指标：综合评价总分、学科扩散指标、学科影响指标、核心总被引频次的离均差率和核心影响因子的离均差率。

CJCR 期刊评价指标设置合理全面，数据分析客观准确，已成为我国最权威的科技期刊质量评价报告。通过 CJCR，读者可以了解某一学科领域内期刊引用和被引用的情况，期刊的学术水平，某一期刊在学科领域的学科地位、学术影响力，还可以对期刊的编辑状况、交流范围、期刊的发展趋势和规律等进行查阅。

（四）　中国知网 （CNKI）

通过 CNKI 的中国学术期刊网络出版总库可以查询期刊的复合影响因子和综合影响因子。查看影响因子的方法：方法一：在期刊检索结果显示页面，将鼠标悬浮在"刊名"列，即可看到该期刊的影响因子（图 7-11）。方法二：在期刊导航页面，可看到所有期刊的影响因子（图 7-12）。

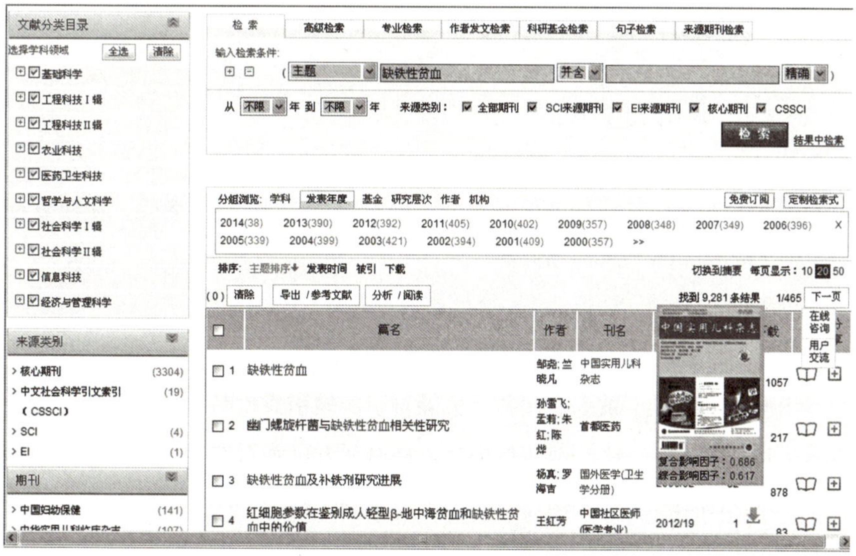

图 7-11　CNKI 的期刊检索结果界面

图 7-12　CNKI 的医药卫生类期刊导航界面

三、H 指数检索

H 指数（H-index）由美国加利福尼亚大学圣地亚哥分校的物理学家乔治·赫希（Jorge Hirsch）于 2005 年提出，它是一个混合量化指标，用于评估研究人员的学术产出数量与学术产出水平。H 代表"高引用次数"（high citations）。赫希认为，一个人在其所有学术文章中有 N 篇论文分别被引用了至少 N 次，他的 H 指数就是 N。如美国耶鲁大学免疫学家查德·弗来沃（Richard Flavell）发表的 900 篇文章中，有 107 篇被引用了 107 次以上，他的 H 指数是 107。赫希认为，H 指数能够比较准确地反映一个人的学术成就，一个人的 H 指数越高，则表明他的论文影响力越大。

H 指数的检索目前主要应用于 SCI 数据库，可以按照如下方法确定某人的 H 指数：将其发表的所有 SCI 论文根据被引次数从高到低排序；从前往后查找排序后的列表，直到某篇论文的序号大于该论文被引次数，所得序号减一即为 H 指数。

【示例】检索钟南山院士的 H 指数。

检索步骤：

第一步：进入 SCI 数据库，在"基本检索"页面选择"作者"字段，在检索框中输入作者姓名："Zhong Nanshan OR Zhong NS"。

第二步：点击"search"按钮，进入结果显示页面。

第三步：点击"create citation report"，进入引用报告页面。

报告中显示有总论文数、被引总次数、去除自引的被引总次数、施引文献、去除自引的施引文献、每篇平均引用次数、H 指数 7 项指标，页面下方可查看作者每篇文献每年被引用次数和年均被引用次数。结果显示，钟南山院士的 H 指数为 32。

思考练习

1. 结合自己所学专业，利用相关数据库，分析本校本专业的研究水平。

2. 检索主题为"PATHOLOGY"期刊 2012 年的影响因子。

3. 统计北京中医药大学教师 2007~2012 年论文被 SCI 收录情况。

4. 查询 CSSCI 数据库中 2000~2010 年中国社会科学院王国刚教授的期刊论文被引用的情况。

第二节　学术影响力检索

【示例 1】研究生李某面临开题，导师让他结合专业，在"针刺疗法治疗脑卒中的相关研究"中自主选题，然后再讨论。李某知道，针刺治疗脑卒中临床上有良好的效果，产生的各类文献众多，是否还可能产生新的选题呢？李某咨询了文献检索课的老师。老师建议他首先集中阅读针刺治疗脑卒中临床研究的高影响文献，了解以前都有什么人用什么方法做过，现在人们对这方面的研究有什么最新进展和认识，目前针对同一研究方向，不同的实验室或临床研究是否用了不同的方法展开研究，哪种方法更合理，然后再确定选题。

【示例 2】高某想报考福建中医药大学刘献祥教授的博士生，他想利用数据库检索了解刘老师有多少篇论文被 SCI 收录、哪些论文的学术影响力较高、被其他人引用的情况如何、他的主要研究方向是什么等。

本节将介绍医学论著的学术影响力、医学各学科的领军人物和科研机构，以及学科竞争力等。

什么是医学论著的学术影响力？我们先来看一段新闻："2013 年我国科技人员共发表国际论文 114.30 万篇，居世界第 2 位；论文共被引用 709.88 万次，排世界第 5 位。每篇论文平均被引用 6.92 次，距世界平均值 10.69 还有较大的差距。我国有 15 个学科论文被引用次数进入世界前 10 位。与 2012 年相比，有 12 个学科领域的论文被引用频次排位有所上升。"这是中国科学技术信息研究所在新闻联播上公布的年度论文统计信息，可以看出，被引用次数是一个重要的指标。

众所周知，在学术研究和著述过程中，每个研究人员都有参考和引用他人研究成果（文献）的习惯，就是我们通常看到的论文参考文献。这种罗列引用参考文献的方式不仅是作者对被引文献作者的致谢，也是作者承认被引文献的研究成果或研究观点对自己的作品和研究的智力贡献的一种方式。因而在某一学术领域内，一篇论文的被引用次数在某种程度上可以衡量该论文在某一时期的学术影响力。论文之间的引证和被引证关系反映了科学交流的网络、结构及其随时间的变化学科间的联系，通过文献之间的相互引证反映科学研究的贡献和影响。

提供以被引文献为主要检索点的数据库称为引文数据库。国外著名的引文数据库是科学引文索引（SCI），国内是中国科学引文数据库（CSCD）。这些数据库对来源文献选择非常严格，在学术界具有较高的权威性，它们经常被指定为评选各类科技成果奖、高校和重点学科排名、科研人员评定职称、学生评选各类奖学金等的重要指标。许多中文检索系统也都提供论文引证检索的功能，如维普中文科技期刊数据库、CNKI 中国期刊全文数据库等，网络搜索引擎 Google Scholar 等也提供引文检索。它们能够查找没有被 SCI 和 CSCD 数据库收录的论文被引用情况。

我们将通过介绍 SCI 和 CSCD 等数据库的检索方法，获取医学论文的被引用信息，掌握获取医学论文学术影响力的手段和途径，进而了解学科领军人物、科研机构和学科竞争力。

一、论文的被收录与被引用检索

（一）ISI Web of Science（SCI）

1. 资源概括　美国科学情报研究所（Institute for Scientific Information，ISI）于1961年出版了Science Citation Index（科学引文索引），简称为SCI，成为最早的引文索引。1973年后又相继出版了SSCI（社会科学引文数据库）和A&HCI（艺术与人文科学引文索引），这3个数据库涵盖了自然科学、工程技术、社会科学、艺术与人文等诸多学科，成为著名的三大引文索引工具。1997年ISI推出了网络版SCI，并将其与SSCI和A&HCI集成于Web of Science中。2001年又推出新一代学术信息资源整合平台Web of Knowledge，将Web of Science、ISIProceedings（科技会议录索引）、BIOSIS Previews（生命科学文摘索引数据库）、Current Content Connect（现期期刊联合目次数据库）、Derwent Innovations Index（德温特发明专利索引）、MEDLINE（生物医学信息书目数据库）、Inspec（科学文摘）、Journal Citation Reports（期刊引用报告）等数据库整合于同一检索平台，并提供跨库检索。到目前为止，Web of Science平台已经回溯至1898年，收录了全球1.2万多种权威的高影响力的学术期刊和1.5万多种会议录，同时提供100余种免费期刊的全文链接，整合了BIOSIS Citation Index、中国科学引文数据库、Data Citation Index和SciELO Citation Index等多个引文数据库的数据。

（1）引用文献（citing paper）　又称引证文献，指列有参考文献或脚注的文献。引用文献的作者称为引用作者（citing author）。

（2）引文（cited paper）　又称被引用文献，指列于文献末尾的参考文献（references）。被引用文献的作者称为被引作者（cited author）。

通常一篇研究文献既可为引用文献，也可能是被引用文献。例如一篇刚发表的论文，因其文后列有参考文献，因此称作为引用文献。若干时间以后，该文献被列于其他文献的参考文献之中，又成为被引用文献。

（3）引文索引（citation index）　按文献之间引证关系建立起来的索引，是提供引文检索的工具，如著名的《科学引文索引》（Science Citation Index，SCI）。

（4）引文检索（cited reference search）　以被引用文献为检索点来检索引用文献的过程。引文检索常用的检索项有被引作者、被引文献题名、被引刊名等。引文检索是对传统检索系统的一种补充和改革。

（5）来源期刊（source journal）　指引文索引或引文数据库收录的期刊。需要注意的是，有些引文索引或引文数据库，来源期刊的论文并不是全刊收录。也就是说，期刊被数据库收录与论文被收录是两个不同的概念，发表论文的期刊被收录，其内的论文不一定全都被收录，而被收录论文的期刊也不一定都是被收录的期刊。如有的机构和部门人事管理要求的至少有一篇论文被SCI收录，包含了两种意思，其一是发表论文的期刊被SCI收录，其二是发表论文的期刊虽未被SCI收录，但发表在其期刊内的论文被SCI收录。

引文索引或引文数据库每年的来源期刊并不是固定不变，每年都有稍许变化，但某一年度的来源期刊是固定的。

（6）来源文献（source article）　指引文索引或引文数据库收录的文献，对应于引用文献。

引文数据库中的文献引用与被引用信息都是从来源文献中获得的。来源文献中个别没有参考文献或脚注的文献，尽管不能成为引用文献，但有可能是被引用文献，因此仍属于来源文献。引文数据库中某一年度的来源期刊是固定的，但被引期刊是不固定的，其范围要超出来源期刊。只要被列于来源期刊上的参考文献中，且该篇来源文献被引文数据库收录，被引用文献即使不是发表在来源期刊上，也会见于引文数据库的被引文献索引中。

（7）自引和他引（self-citation）　自引分作者自引和期刊自引。作者自引指作者引用自己发表的文献，期刊自引指同一期刊上文献的相互引用。非同一作者之间和非同一期刊之间的引用称为他引。在考查科研人员学术水平的引文检索中，作者自引通常不计。

2. 检索方式与步骤　Web of Science 检索界面有中文、英文和日语 3 种版本供用户选择，国内可以使用中文版检索页面，方便使用，但检索词必须为英文。Web of Science 提供基本检索、作者检索、被引参考文献检索、化学结构式检索和高级检索 5 种方式。其中论文的收录检索主要选择基本检索和高级检索，论文的被引用检索选择被引参考文献检索。

Web of Science 的检索规则包括：①根据实际情况选用"添加一个字段"，提供逻辑运算符 AND、OR、NOT 进行组配运算；Same 表示它所连接的检索词出现在同一个句子中或者一个关键词短语里。②可以进行语言及文献类型限制，并定义检索结果的排列方式。③如果需要优先检索一组词，可以用"（　）"将一组词括起来，这组词将作为一个整体概念优先处理。④3 个通配符和截词符：＊代表 0 或多个任意字符，如输入"acupunct ＊"，可以检出以 acupunct 开头的所有单词；输入"tum ＊ or ＊"，可检出该单词的所有变化形式和单复数，包括 tumor、tumour、tumors、tumouigenesis 等。？代表 1 个任意字符；＄代表 0~1 个任意字符。⑤检索词和逻辑算符均不区分大小写。

（1）基本检索（Search）　进入 Web of Science 检索页面默认的检索方式即为基本检索（图 7-13），提供主题、标题、作者、团体作者、编者、出版物名称（包括刊名等）、出版年、地址、会议、语种、文献类型、基金资助机构、授权号等字段供用户检索时选择。

【示例】开篇的示例 1 要检索"针刺治疗脑卒中研究"被 SCI 收录的文献和哪些文献高被引。

检索步骤：

第一步：在图 7-13 所示的 Web of Science 首页，选择"Web of Science 核心合集"数据库。

第二步：确定检索词，SCI 没有主题词途径，选词时需要考虑同义词。

针刺疗法：acupunct ＊ 或者 needle ＊ therapy。

脑卒中：apoplexy 或 stroke 或 palsy ＊ 或 paralytic。

第三步：选择检索途径。结合题目的要求，选择"主题"途径，可检索论文的标题、关键词、扩展词和文摘。

组成检索表达式：（acupunct ＊ or "needle ＊ therapy"）and（apoplexy or stroke or palsy ＊ or paralytic）。

第四步：查看检索结果，以被引排序，筛选高影响力论文（参见 3. 检索结果分析及输出）。

NOTE

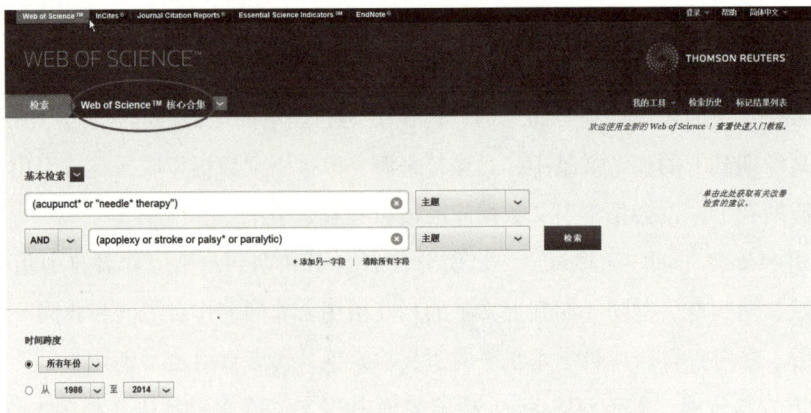

图 7-13　Web of Science 核心合集首页基本检索界面

Web of Science 可供选择的检索字段的基本用法：

①主题（Topic）：选主题字段检索时，是表示在文献标题、关键词、摘要、增补关键词四个字段中查询。由于 Web of Science 不设主题词，检索时要考虑同义词情况。

②作者（Author）：在 Web of Science 中检索作者姓名的方式是先输入姓，然后输入空格，之后再输入不超过 5 位的名的首字母；也可以利用作者索引（Author Index）选择并添加到检索框中。对于比较复杂的姓名或者姓名中含有特殊符号的情况，应检索该姓名可能的各种写法。

③团体作者（Group Author）：输入团体作者可能出现的各种写法。例如包括作者名的全拼方式和可能的缩写形式，可以通过右侧给出的团体作者索引锁定团体作者的具体写法。

④来源刊名（Source Title）：用期刊的全称检索，或用期刊刊名的起始部分加通配符"＊"检索，刊名全称列表（Full Source Titles List）列出了 Web of Science 收录的全部期刊，可以通过它粘贴拷贝准确的期刊名称。

⑤地址（Address）：按作者所在机构或地理位置检索，包括大学、机构、公司、国家、城市等的名称和邮政编码等。当选择地址检索途径时，页面会提示"查看缩写列表"供选择。系统将缩写的地址检索词映射为已知的完整的地址检索词，反之亦然。例如：

※Ave 映射为 Avenue；Avenue 也映射为 Ave。

※Med 映射为 Medicine、Medical 和 Medicinal；Medicine、Medical 和 Medicinal 也映射为 Med，并且这三个检索词互相映射。

※Pkwy 映射为 Parkway，并且 Parkway 映射为 Pkwy。

※Univ 映射为 University，并且 University 映射为 Univ。

当通过著者机构进行地址检索时，可以输入机构名称中的单词或短语（经常采用缩写形式）；从机构名称检索时，可输入公司或大学的名字；检索某一地点的机构时，可用"SAME"连接机构及地点；检索某一机构中的某个系或部门时，可用"SAME"连接机构、系或部门名称。地址检索中可使用逻辑算符（AND、OR、NOT、SAME）。

（2）作者检索（Author Search）　顺序完成三个部分：输入作者姓名、选择研究领域和选择组织，也可以单独一个部分完成检索。

【示例】开篇要检索 2010~2014 年福建中医药大学刘献祥教授作为第一作者或通讯作者被

SCI 收录的文献。哪一篇论文的被引次数最多？他的研究方向是什么？

检索步骤：有两种检索方式。

第一种：通过基本检索的方式。

第一步：在图 7-14 所示的 Web of Science 首页选择"Web of Science 核心合集"数据库的基本检索。

第二步：输入作者姓名：首先分开输入作者姓名，先姓（必须是全称）后名（只需写拼写的首字母，最多允许 4 个首字母），可以添加作者姓名的不同拼写形式输入框。

第三步：输入作者地址：福建中医药大学（Fujian Univ Trad∗ Chin∗ Med∗）或者（Fujian Univ Chin∗ Trad∗ Med∗）或者（Fujian Univ Chin∗ Med∗）等，也可以直接输入福建（Fujian）。

第四步：限定时间 2010～2014。共有 57 条记录，经过筛选得到符合条件 40 条结果（2014.8.8. 检索）。

※注意：无法在检索条件上限定第一作者、通讯作者等条件，需要经过浏览筛选辨别。

第二种：通过作者检索的方式。

第一步：在图 7-13 所示的 Web of Science 首页选择"Web of Science 核心合集"数据库，选择作者检索途径。

第二步：输入作者姓名，如图 7-14 所示。

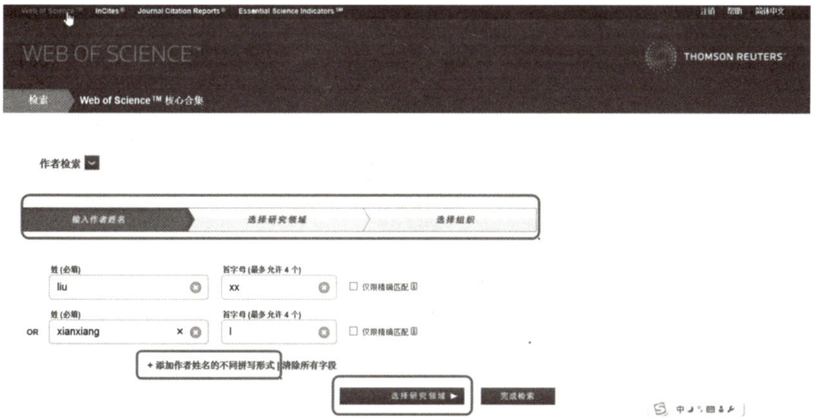

图 7-14 Web of Science 核心合集作者检索界面

第三步：在选择研究领域的条件下，全选（因为无法判断）。

第四步：在选择组织机构的条件下，选择 F 开头的机构，勾选"FUJIAN COLL TRADIT CHINESE MED"，"FUJIAN UNIV TCM"，"FUJIAN UNIV TRADIT CHINESE MED"。

第五步：限定时间，完成检索，得到符合条件的检索结果。按照被引次数排序，得知刘献祥教授的论文最高被引频次为 20，是 2011 年发表在《CHEMICAL COMMUNICATIONS》47 卷，44 期，12158-12160 页的论文。刘教授的研究领域涉及：Chemistry；Biochemistry & Molecular；Integrative & Complementary Medicine；Oncology 等。

对比两种检索方式，如果能提前准确知道作者所在的机构，应该首选作者检索。

研究领域页面提供"生命科学""物理学""社会科学"和"技术"四个领域供选择（图 7-15）。

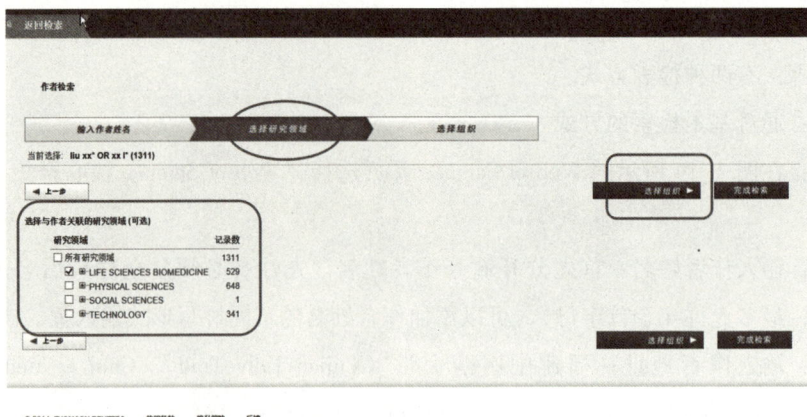

图 7-15　作者检索的选择研究领域界面

组织机构选择页面，按照首字母顺序排列组织机构及分布的收录论文数（图 7-16）。

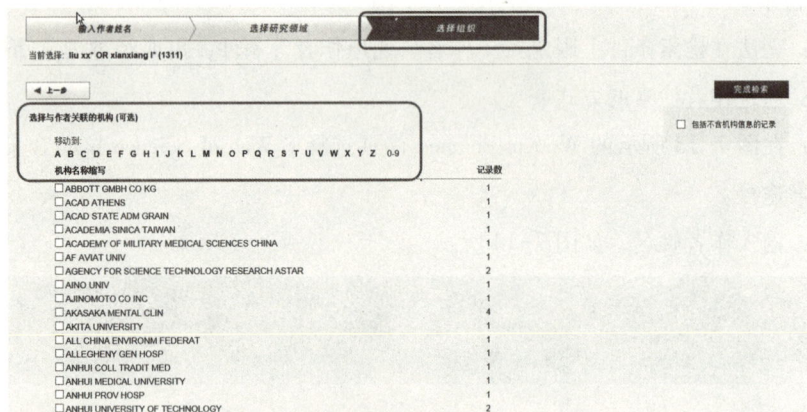

图 7-16　作者检索选择组织机构界面

（3）被引参考文献检索（Cited Reference Search）　提供"被引作者""被引著作""被引时间和出处（包含年份，卷、期、页）""被引标题"等多种检索入口（图 7-17）。

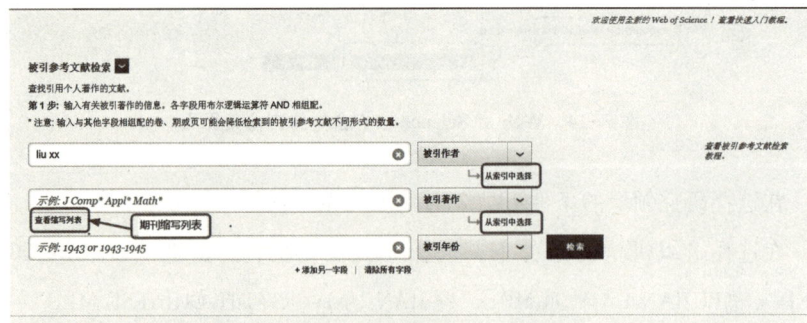

图 7-17　被引参考文献检索界面

"被引作者"为输入被引用的作者姓名。

"被引著作"为输入被引用的研究文献。可检索被引期刊、被引会议、被引书籍和被引书籍章节等引用的著作，提供索引列表供选择。输入期刊标题缩写，可在"查看缩写列表"中查找被引期刊的缩写列表。期刊可能有一个以上的缩写形式，应使用截词符，以便与同一标题的几种不同缩写形式相匹配。使用 OR 检索运算符连接多个期刊标题。检索被引会议时，应提供标题、地点、日期和赞助方。如输入 Mark ∗ Sci ∗ 可查找发表于 Marketing Science 中的被引著作的标题。输入 Geol ∗ 可查找发表于 Geology、Geology Journal（缩写为 Geol J）和其他以 Geol 开头的出版物中的被引著作的标题。输入 J Mech ∗ Mat ∗ Struct ∗ 可查找发表于 J Mech Mat Struct、J Mech Mats Structs、J Mech Mater Struct 等处的被引著作的标题。

特别提醒：建议在检索式中使用星号通配符（∗），否则可能无法提供所有的检索结果，或是根本没有结果。

被引参考文献检索是 Web of Science 最具特色的检索途径。它直接检索引用某篇文献的参考文献（无论是论文、会议文献、著作、专利、技术报告等），不受时间、主题词、学科、文献类型的限制，特别适用于发现一篇文献或一个课题的起源和发展，了解和掌握研究思路。即使没有被 Web of Science 收录的期刊上发表的论文，或专著、会议文献、专利等，也能够通过被引参考文献检索了解该文献的被引用情况，能引导检索包括期刊、会议录、图书章节，以及揭示与研究相关的任何出版物的信息，而且既能越查越旧，也能越查越新，旧是向前了解某个课题的历史发展情况，新是向后跟踪课题的最新研究进展。正如我们在本节开始时提到的新闻联播的内容，引文数据可用于分析、追踪热点研究领域，也可以用于评估学术论文的影响力、评估国家宏观科研状况及学术期刊的评价等。

【示例】 检索福建中医药大学刘献祥教授 2011 年发表在 CHEMICAL COMMUNICATIONS 上的论文“A simple‘molecular beacon’——based fluorescent sensing strategy for sensitive and selective detection of mercury（II）”的被引用情况。

检索步骤：

第一步：选择“被引参考文献检索”（图 7-17）。

第二步：在“被引作者”框中输入 liu xx；在“被引著作”框中输入期刊名“CHEMICAL COMMUNICATIONS”；限定时间 2011，点击检索。

第三步：返回的是同一年期刊的符合条件被引参考文献索引（图 7-18），核对所有的已知信息，查看记录。

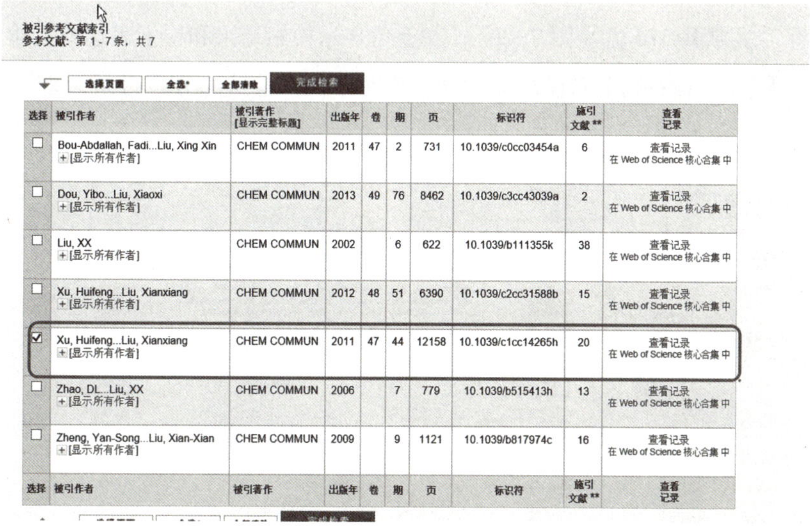
被引参考文献索引
参考文献：第 1 - 7 条，共 7

选择页面　全选*　全部清除　完成检索

选择	被引作者	被引著作 [显示完整标题]	出版年	卷	期	页	标识符	施引文献 **	查看记录
☐	Bou-Abdallah, Fadi...Liu, Xing Xin +[显示所有作者]	CHEM COMMUN	2011	47	2	731	10.1039/c0cc03454a	6	查看记录 在 Web of Science 核心合集中
☐	Dou, Yibo...Liu, Xiaoxi +[显示所有作者]	CHEM COMMUN	2013	49	76	8462	10.1039/c3cc43039a	2	查看记录 在 Web of Science 核心合集中
☐	Liu, XX +[显示所有作者]	CHEM COMMUN	2002		6	622	10.1039/b111355k	38	查看记录 在 Web of Science 核心合集中
☐	Xu, Huifeng...Liu, Xianxiang +[显示所有作者]	CHEM COMMUN	2012	48	51	6390	10.1039/c2cc31588b	15	查看记录 在 Web of Science 核心合集中
☑	Xu, Huifeng...Liu, Xianxiang +[显示所有作者]	CHEM COMMUN	2011	47	44	12158	10.1039/c1cc14265h	20	查看记录 在 Web of Science 核心合集中
☐	Zhao, DL...Liu, XX +[显示所有作者]	CHEM COMMUN	2006		7	779	10.1039/b515413h	13	查看记录 在 Web of Science 核心合集中
☐	Zheng, Yan-Song...Liu, Xian-Xian +[显示所有作者]	CHEM COMMUN	2009		9	1121	10.1039/b817974c	16	查看记录 在 Web of Science 核心合集中
选择	被引作者	被引著作	出版年	卷	期	页	标识符	施引文献 **	查看记录

图 7-18　被引参考文献索引界面

（4）化学结构检索　自 2003 年升级至 6.0 版后，ISI Web of Science 将 ISI Chemistry 与

NOTE

SCIE 完全整合到一起，从而为 ISI Web of Science 提供了化学结构信息的检索和更为丰富的化学内容，化学结构检索包括 Current Chemical Reactions（CCR）和 Index Chemicus（IC）两个数据库的化学信息。

CCR 和 IC 的主要用途：①取得分子合成反应的信息，检查某类分子是否已被分离、合成的有关文献资料。②了解最新的催化剂，各类分子的生物活性、天然来源等信息资料。③新的有机金属化合物设计、合成与应用。④各种单体分子的合成，催化剂的利用，材料的各种合成途径。⑤了解化合物、药物分子的生物活性，迅速发现潜在的药物母体及其合成；"组合化学"所必需的固相合成反应。⑥缩短项目的研究周期，减少不必要的重复开发，提高工作效率。⑦信息来源：期刊、专利、会议录文献。

（5）高级检索　使用图 7-19 右边的字段标识符，运用较复杂的检索策略，多字段组合检索。允许使用布尔逻辑运算符和通配符。

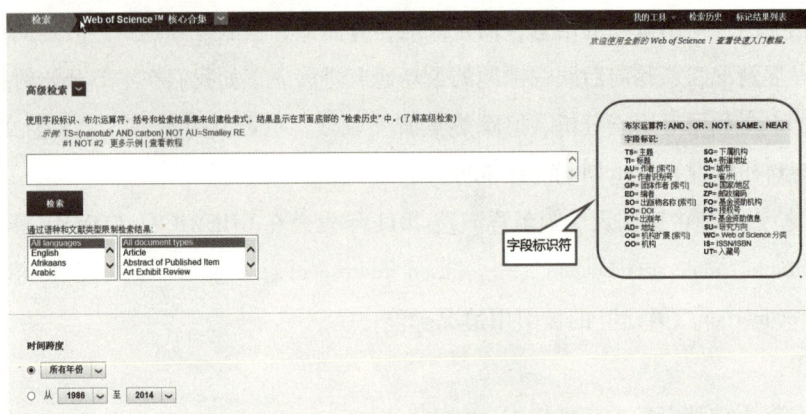

图 7-19　Web of Science 的高级检索界面

3. 检索结果分析与输出

（1）检索结果页面　Web of Science 除了具备强大的引文检索功能外，还提供多层次的文献分析功能，能够帮助用户把握学科发展的最新动态。如检索到开篇示例"针刺疗法治疗脑卒中的相关研究"文献共 378 篇（图 7-20），左上角显示检索结果和检索表达式；排序方式选择"被引频次（降序）"；右侧上方提供文献分析功能按钮，包括"分析检索结果"和"创建引文报告"。

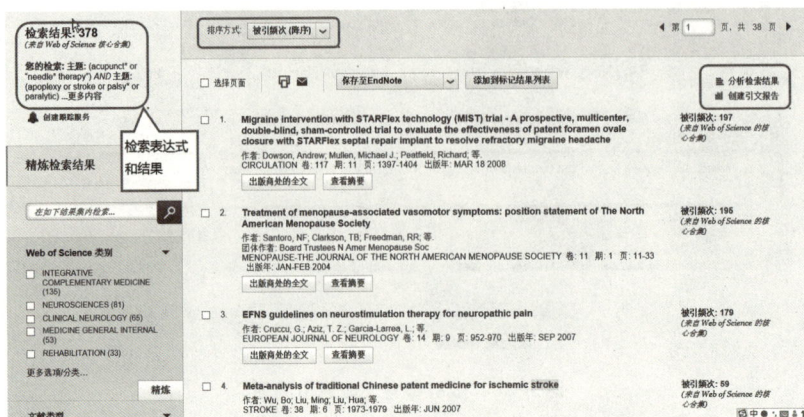

图 7-20　Web of Science 的检索结果输出界面

①引文分析报告：从上面的检索结果中勾选文献，点击检索结果右上角的"创建引文报告"按钮，即可生成 1 份有关针刺治疗脑卒中命中文献数为 378 篇的引文报告（图 7-21）。该报告包括 378 篇论文的总被引频次、自引频次、他引频次、施引文献、H 指数（H-index），表明针刺治疗脑卒中的 378 篇论文发表后共被 3139 篇论文作为参考文献进行引用，平均每篇论文的被引用数是 8.3 次，H 指数是 26，说明在 378 篇论文里，有 26 篇文献每一篇的被引用次数都大于或等于 26，是本次检索结果中的高影响力论文。

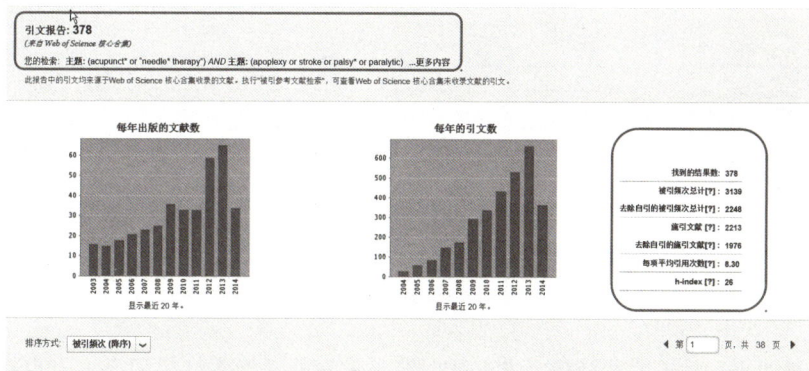

图 7-21　Web of Science 检索结果的引文报告界面

②文献的多层次分析：点击检索结果页面的"分析检索结果"按钮，可以从作者、丛书名称、会议名称、国家/地区、文献类型、编者、资金资助机构、授权号、团体作者、机构、语种、研究方向、出版年、来源出版物、Web of Science 类别等 15 个角度对检索结果的数据集进行分析（图 7-22）。

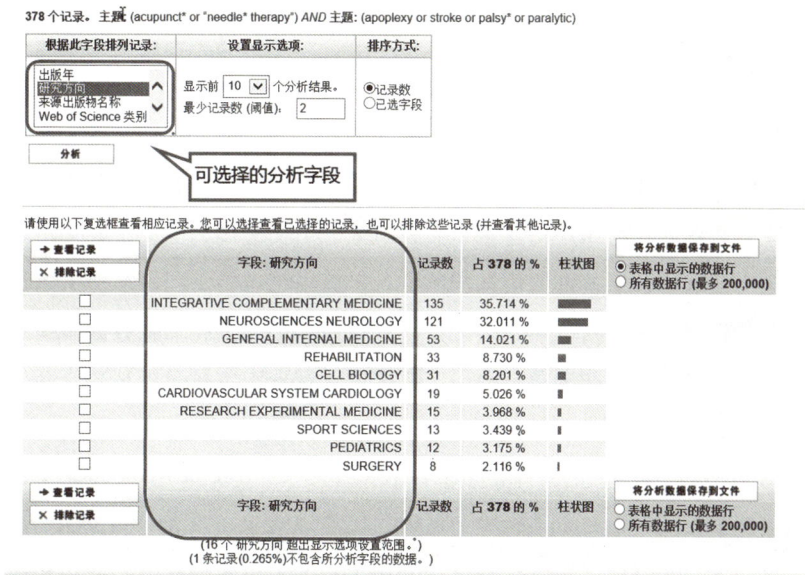

图 7-22　Web of Science 检索结果的引文分析界面

（2）施引文献输出页面　包括施引的次数、被引频次统计的来源数据库、分析检索结果、创建引文报告等。

对施引文献的检索结果进行分析可以了解哪个作者引用选定论文的次数最多，从而确定谁在延续跟踪并从事这一领域的研究工作；知道引用选定论文的文献主要以什么文献类型进行发表；知道哪个机构经常引用你感兴趣的研究论文；知道引用你选定的文献的主要语种是什么；知道选定论文的发表时间，从而显示这篇论文被引用的时间趋势；了解选定的论文经常被哪些杂志引用，以便选择未来发表论文的投稿方向；了解一篇论文被不同领域的研究论文引用的状况，进而了解该课题研究的学科交叉趋势（图7-23）。

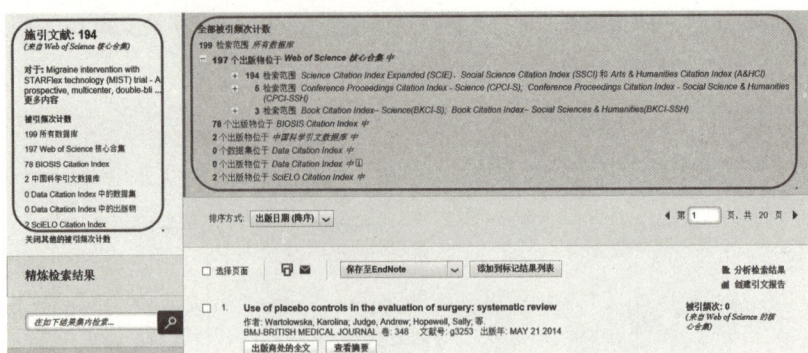

图 7-23　Web of Science 的施引文献分析界面

（3）数据输出　除了检索结果上方有数据输出按钮外，检索结果列表下方也有输出选项。先勾选需要输出的记录，再选择输出方式；或将选中的记录添加到标记结果列表，再点击标记结果列表，选择需要输出的字段，再选择输出格式和输出方式。可供选择的输出方式有打印、E-mail 发送、存盘，或保存到 Endnote、Endnoteweb 等文献管理软件。

（4）全文获取　Web of Science 是个引文数据库，本身并不收录全文，但用户可以通过Web of Science 提供的强大的链接功能获取全文。①通过每条记录下方的全文链接按钮直接下载全文。②通过基于 OpenURL 协议的链接获取全文线索。③通过本地图书馆馆藏链接获取全文。④直接联系论文作者获取原文。

（二）中国科学引文数据库

1. 资源概括　中国科学引文数据库（Chinese Science Citation Database，CSCD）是中国科学文献服务系统的一个子库。中国科学文献服务系统建立于 2002 年，集成了中国科学院文献情报机构所创建的数据库，为用户构建基于文献检索、引文链接、全文获取、网络咨询为一体的文献查找、全文获取、信息咨询的信息服务平台。该系统包括中国科学引文数据库、中国科学文献计量指标数据库、中国科技期刊引证指标数据库、中国学科文献数据库 4 个子库。

CSCD 创建于 1989 年，是我国第一个引文数据库，曾获中国科学院科技进步二等奖。2007年中国科学引文数据库与美国 Thomson-Reuters Scientific 合作，目的是以 ISI Web of Knowledge为平台，实现与 Web of Science 的跨库检索。该数据库是 ISI Web of Knowledge 平台上第一个非英文语种的数据库。CSCD 收录我国数学、物理、化学、天文学、地学、生物学、农林科学、医药卫生、工程技术、环境科学和管理科学等领域出版的中英文科技核心期刊和优秀期刊千余种，至 2010 年 10 月，已积累收入论文记录 300 万条，引文记录近 1700 万条。

CSCD 的特点。

（1）具有一定的权威性　数据库的来源期刊经过大范围的遴选，是各学科领域中具有权威性和代表性的核心期刊，被引数据有一定的权威性，被誉为"中国的 SCI"。其被引数据在课题查新、基金资助、项目评估、成果申报、文献计量与评价等方面为主要参考数据。由于其来源期刊经过筛选，往往造成未入围的期刊文献的引用情况不能检出。

（2）集成科学文献服务系统，检索功能较完善　该系统除了提供引文检索外，还提供中国科学文献计量指标、中国科技期刊引证指标、中国科学文献数据库等检索服务，可供机构和个人检索，但是检索功能只面向有权限的用户开放。

2. 检索方式与步骤　数据库提供来源文献检索和引文检索。引文检索有简单检索和高级检索两种方式。

（1）简单检索　提供在选定字段（题名、作者等）针对检索词进行检索，多个字段系统可提供逻辑关系选择。若系统默认的两个检索字段不能满足检索要求，查检者可增加检索词输入框（图7-24）。

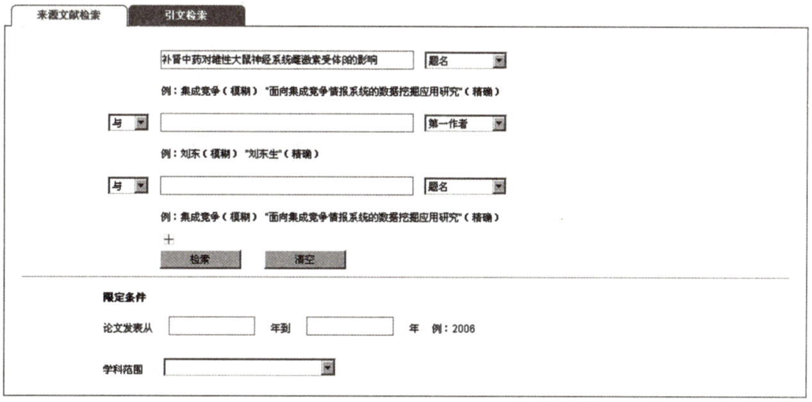

图7-24　CSCD引文检索简单检索界面

系统可供选择的字段包括题名、被引作者、被引第一作者、被引来源、被引机构、被引出版社等字段。此外还提供时间、学科范围的限定。

（2）高级检索　通过在特定字段输入检索词，点击"增加"按钮将该检索词及字段信息添加到检索式输入框。当添加多个检索词时，应注意逻辑运算符的选择和检索词的顺序问题。系统提供被引作者、被引第一作者、被引来源、被引机构、被引实验室、被引文献主编、被引出版社、被引时间、出版时间等10个字段的检索框供查检者构建检索表达式，此外还有一个核心库的限定。核心库的限定是针对中国引文库的核心版和扩展版而限定的。查检者若不增加对核心库的限定，系统则默认在核心库和扩展库都进行检索。与简单检索不同的是，查检者在字段列表前输入检索词后，不能直接执行检索，而是需要通过点击"增加"来构建检索表达式。

如在被引机构中输入"福建中医药大学"后，点击增加，系统会将被引机构转换成系统能识别的检索字段与检索词组合，点击确定，即可执行高级检索（图7-25）。

3. 检索结果　检索结果页面分成两个部分展示检索结果：上半部分显示的是检索结果的初步分析情况，主要围绕来源、年代、作者、学科等字段进行分析；下半部分是检索结果的列表显示，按照题名、作者、来源、被引频次四个字段依次显示（图7-26）。

【示例】检索"补肾中药对雄性大鼠神经系统雌激素受体β的影响论文的被引用情况"。

检索步骤：

第一步：选择"题名"字段，输入论文题名。

第二步：题名为"补肾中药对雄性大鼠神经系统雌激素受体β的影响的论文被引用的情况"。

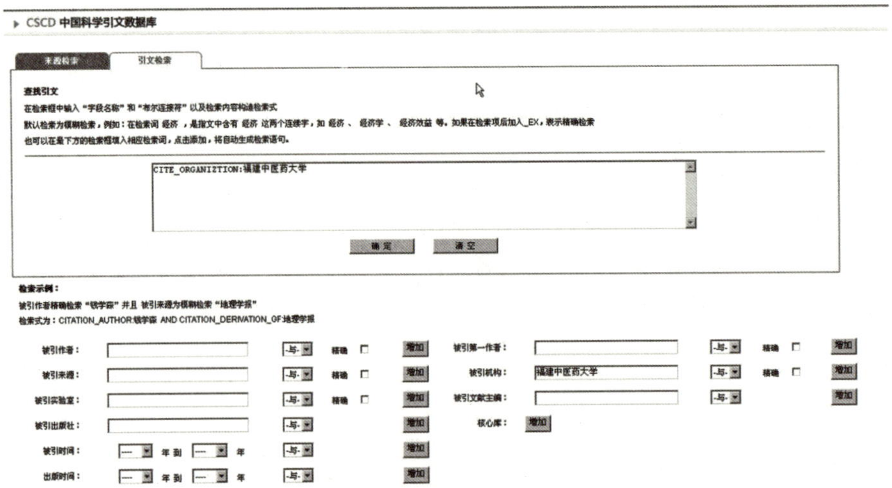

图 7-25 CSCD 引文检索高级检索界面

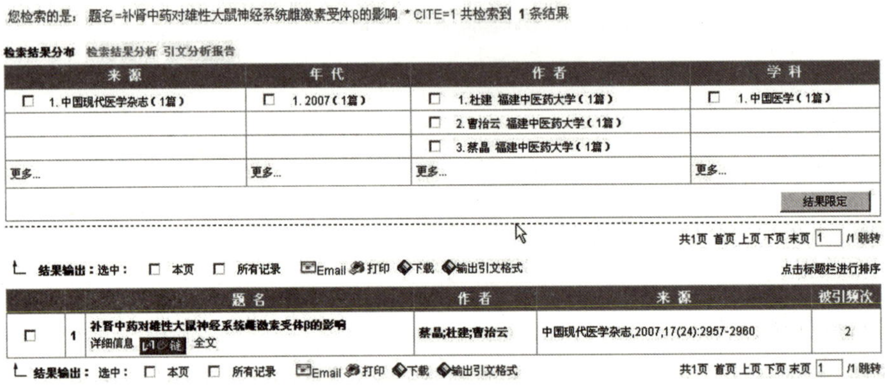

图 7-26 CSCD 引文检索显示界面

其中文献题名后有一个图标，该图标是针对当前文献的全文链接服务，可提供原文传递和原文下载服务。

查检者如需查看被引用的详细情况，可点击被引频次列表中的数字实现（图 7-27）。

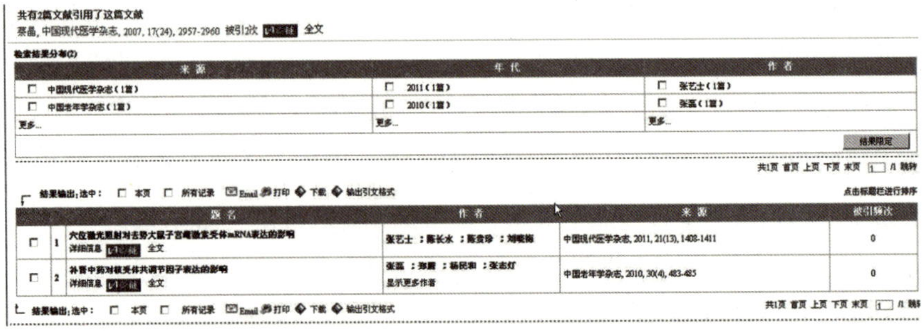

图 7-27 CSCD 当前记录被引用的详细情况界面

系统可提供检索结果被引用情况的下载，具体操作方法：①勾选需要下载的检索结果。②点击页面上的"下载"，系统会在新窗口提供需要下载字段的选择。③点击页面上的"下载"，保存到本地目录即可（图 7-28）。所保存的文件为文本格式。

▶ CSCD 中国科学引文数据库

结果输出－下载 返回检索结果

请选择输出格式：｜文本格式 ▾｜
请选择输出内容：

☑ 被引作者　☑ 被引题名　☑ 被引出处　☑ 被引频次　☑ 引证文献

　下载

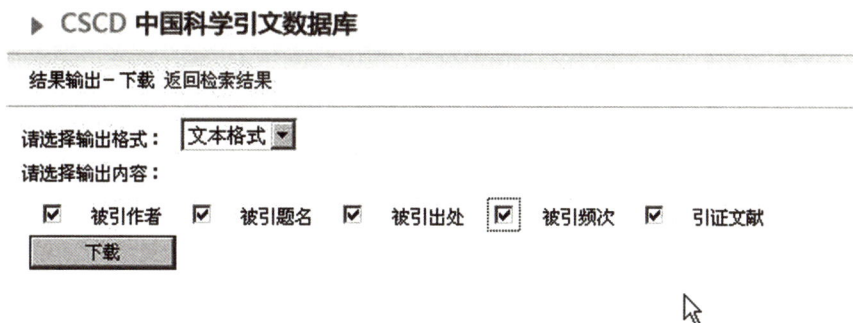

图 7-28　CSCD 当前记录被引情况的下载界面

（三）　其他提供论文被引用检索的数据库

1. 资源概括　论文被引情况检索的数据库除了上述 SCI 数据库、CSCD 中国科学引文数据库之外，还有中国知网的"中国引文数据库"、维普资讯的"文献引证追踪检索"、万方知识服务平台融合的文献引证数据检索、解放军医学图书馆的中国生物医学引文数据库（CMCI）等商业性数据库，免费的 Google 学术搜索的检索结果也融合了相应文献的引文数据。需要说明的是，在使用权限方面，中国知网（CNKI）、万方知识服务平台、CMCI 虽然属于商业数据库，但是三者旗下的"中国引文数据库"、万方知识服务的引文数据、CMCI 都可以免费获取相关文献的引文资料，而维普资讯的"文献引证追踪检索"需要获得使用权限后，方可进行引文检索。

在各个引文检索工具所收集的引文资源方面，三大中文全文数据库的引文检索都是基于自身的文献资源数据库所收集的各种类型源文献的参考文献字段所开发的，因此各自都有所侧重。比如 CNKI、万方的引文数据包含了所检文献在学位论文、会议文献中的被引用情况，维普资讯的引文检索则仅有所检文献在期刊论文中的被引用情况。Google 学术搜索的资源整合了维普资讯、CNKI、万方知识服务等三大中文全文的期刊引文数据，但是 CNKI、万方知识服务平台的学位论文、会议文献等特种文献的引用情况并没有整合到 Google 学术搜索平台上。尽管没有中文特种文献的引用数据，但是 Google 学术搜索整合了外文资源的开放性获取资源及部分数据库的引文数据。解放军医学图书馆的 CMCI 数据库则是基于该图书馆自研的"中文生物医学期刊文献数据库（CMCC）""中文生物医学会议文献数据库（CMAC）"的数据，将参考文献字段整合成 CMCI 引文库。

外文的引文检索除了 SCI 数据库之外，还有 NSTL 建设的国际科学引文数据库。该数据库集成了 NSTL 的外文期刊文献数据库，以及理、工、农、医等领域的部分优秀西文期刊的引文数据。

尽管当前引文检索工具较多，也给查检者带来一定的便利，但由于其各自资源不同，导致检索结果各不相同，如果查检者要全面获取所检文献的被引情况，还需要剔除相同的引用文献，进一步整合多个引文检索工具的检索结果，这样方能做出全面的结论。

2. 各个引文检索数据库的检索功能

（1）中国引文数据库　在 CNKI 的平台上，查检者可以通过总库平台的检索结果查看检索结果的被引情况，还可以通过"中国引文数据库"单库执行快速检索的方式检索论文的被引情况。在单篇论文展示页面，查检者可以点击文章知网节的链接查看被引用的具体情况，然后导出所查文献的引用情况。

中国引文数据库还提供高级检索功能。高级检索提供源文献检索和引文检索两种方式。源文献检索即检索论文是否被 CNKI 数据库收录。这与在期刊文献检索平台检索一样，如果源文献检索未检索到该文献，即表明该篇文献未被 CNKI 收录。引文检索提供被引文献类型、被引文献特征字段、被引文献发表时间、文献被引时间等多重的限定条件。在 CNKI 平台，不管是中国引文数据库还是在总库平台，都是通过知网节查看论文的被引情况，然后再导出文献的被引用记录。

（2）万方知识服务平台的引文检索　　万方知识服务平台将文献的收录检索、引文检索融合在一起，类似于 Google 学术搜索的"简单检索"。在检索结果页面，检索结果的论文题目后会有"（被引用次数）"的提示，查检者通过点击论文题目，可以在论文的详细页面上的"引证文献"获取论文的被引用情况。万方知识服务平台不能实现引证情况的导出，查检者需要通过"复制""粘贴"的操作执行所检文献的引证情况导出。

（3）维普资讯－文献引证追踪检索　　维普资讯的文献引证追踪检索提供本地镜像和中心网站两种访问渠道。两种访问渠道均需要获得使用权限后方可使用。维普资讯的文献引证追踪检索不分来源检索和引文检索，仅提供引文检索。查检者可以直接在文献检索结果页面通过文献列表中的"被引量"栏目下的"数值"链接查看引用当前文献的论文。查检者还可以在检索结果页面通过"导出"按钮，导出查检者在当前页面上所选择的文献，但是所选文献的引用情况不会一起导出。

（4）解放军医学图书馆 CMCI　　CMCI 经历了从镜像版到网络版的发展，检索功能也取得了实质性的进展。查检者可以通过网址 http：//211. 103. 242. 20：1015/cdweb/home/home. htm 对文献类型、出版年代、期刊类型等检索条件做进一步的筛选。平台提供导出所检文献的被引用情况的文本文档，还可以生成所选文献的引证报告。

（5）NSTL 国际科学引文数据库（NSTD）　　NSTD 是国家科技图书文献中心建设的引文数据库。查检者可以登录网址 www. nstl. gov. cn，点击引文检索，进入引文数据库。数据库提供快速检索和逻辑组配检索两种检索方式，可执行文献检索、引文库收录文献检索、参考文献检索等检索类型。其中文献检索融合了引文库收录文献检索和参考文献检索。

数据库可以对文献检索结果进行可视化分析。查检者通过表格中"被引次数"的链接可以查看被引用的情况。查检者完成用户注册、登录的操作后，还可以通过"数据下载"链接下载当前页面所选择的数据。

二、图书被引用检索

【示例】　研究生王军配合老师申报成果奖，其中有一项内容是老师出版了一部学术专著《脑卒中》。他需要查找该图书的推广应用情况，尤其是出版后被其他人引用的证据。王军要借助哪些工具才能顺利解决问题呢？

解析：与期刊学术论文被引用检索可使用多个引文数据库不同，目前没有专门的图书引文数据库。中文图书的被引用检索只能借助读秀知识库和 Google 学术搜索实现。外文的图书被引用情况，同样需要借助 Web of Science 被引参考文献的链接间接来获取，无法直接检索。

（一）读秀知识库

读秀知识库（以下简称读秀）是北京世纪读秀技术有限公司研发的全球最大的中文图书搜索及全文文献传递系统，为查检者提供深入章节和全文的内容检索、部分文献的原文试读，以及参考咨询服务，是一个集成式的学术搜索与文献服务平台。

1. 资源概括　　收录了 1949 年以来我国出版的 95% 以上中文图书的基本书目数据，240 万种中文电子图书，并将 240 万种电子图书原文拆分成 9 亿页的资料、2.5 亿条目次；还收录了

5000 万条期刊元数据、2000 万条报纸元数据、100 万个人物简介、1000 万个词条解释等一系列学术资源。

2. 特点

（1）整合不同类型资源，一站式检索模式　读秀以中文图书为主，整合了图书、期刊、学位、会议、视频、报纸、人物、会议论文、人物、讲座多种不同类型的学术资源。读秀还整合图书馆纸质馆藏、中文电子图书、电子期刊等各类学术异构资源，实现馆内电子图书资源、纸质图书、电子期刊的联合查询，避免了多个站点逐一登录、逐一检索的弊端，实现了一站式检索，节省了检索时间。

（2）深度揭示内容，阅读多途径　读秀较传统的图书 MARC 数据能够更加深度地揭示内容，除提供书名、出版社、出版日期、ISBN 号等基本图书信息外，还提供前言页、版权页、目次页和正文 17 页等更为丰富的原文试读，展示了更为直观、多元的图书信息。通过试读全文，查检者能够清楚地判断是否是自己所需的图书。

（3）检索深入到章节和全文，实现基于内容的检索　读秀突破传统检索模式的局限，检索结果不仅仅止于书名和作者、主题词等 MARC 字段，而是围绕关键词深入到的章、节、页，直至全文之中进行检索。查检者不但可以跳过选择图书的过程，直接通过检索目录看到知识点，而且还可以将检索精确到知识点的分类和子分类上，有效地缩小检索结果的范围，使查检者在海量数据中迅速锁定目标，直接命中知识点，提高查准率。

（4）多途径获取资源，建立了远程文献传递平台　读秀不但与图书馆资源整合，而且将图书的出版状况、网络购买信息、馆际互借等多种获取资源的途径汇总在同一平台上，为查检者提供了多种获取资源的捷径。

读秀的远程文献传递是通过系统自动进行的，可以立即获取所需要的资料，没有时间、空间的限制。读秀能为查检者提供图书、期刊论文等文献资源的电子原文，每次每本书可以传递 50 页，1 周单本书不超过 250 页，满足查检者快速获取知识的需求。另外，读秀能帮助图书馆扩大馆藏，有效补充图书馆馆藏资源，提高图书馆藏书的保障率，降低藏书的拒借率。

3. 图书被引用检索　读秀知识库的图书被引情况检索融合在图书检索的平台中，查检者只有在图书检索的项目下，才能实现对图书被引情况的查看。通过图书题名的链接进入图书详细信息查看页面，在书名后面即提示"被引用指数""被引用次数"（图 7-29）。

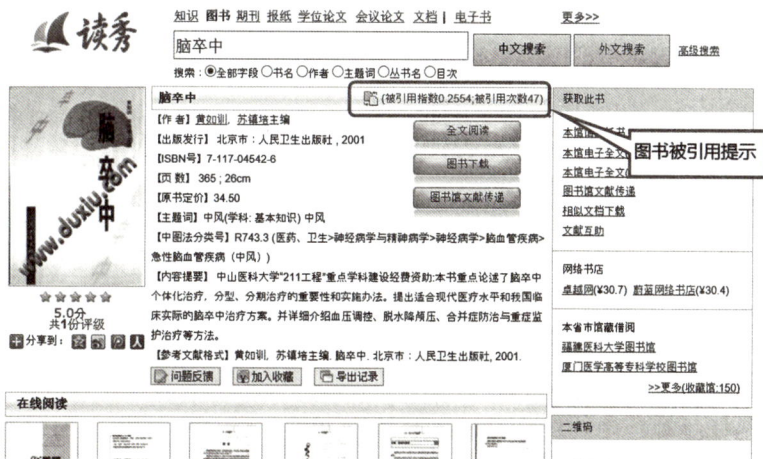

图 7-29　读秀的图书被引用提示界面

在同一页面中间的"引用图书（以下图书均引用了本图书）"可以看到当前检索的图书被其他图书引用的详细情况（图 7-30）。

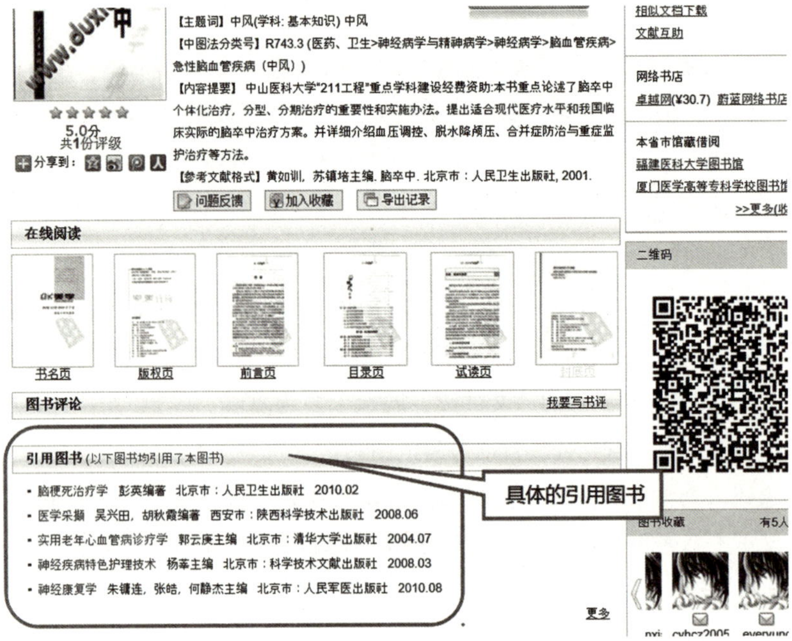

图 7-30　读秀当前检索的图书被引用界面

读秀知识库还提供较为宏观的年度图书引用情况报告。查检者可通过读秀首页的"图书被引用情况报告"查看（图 7-31）。

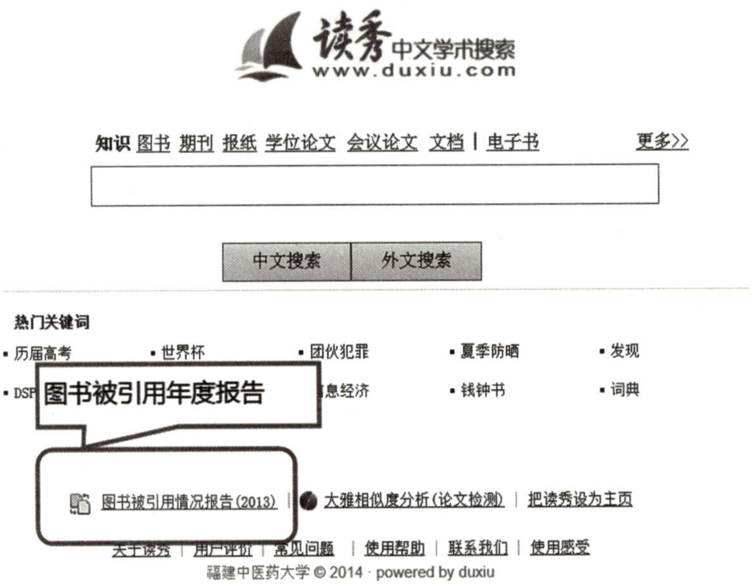

图 7-31　读秀年度图书被引用链接界面

（二）　图书被引检索注意事项

1. 从检索工具看，已有的引文检索工具只能检索论文被其他论文引用情况、图书被论文引用情况、图书被其他图书的引用情况，尚缺少检索论文被其他图书引用情况的检索工具。

2. 在 SCI、Google 学术搜索、CNKI 的中国引文库、维普资讯的文献追踪检索、解放军医学图书馆的 CMCI、国际科学引文数据库（NSTD）等引文检索工具中，也可以检索图书被论文引用的情况。查检者可以将书名作为检索词执行简单检索或选择"图书"的文献类型来检索相应图书的被引情况。

3. 在检索引文的过程中，个别数据库可能存在加工过程中的小瑕疵，影响检索结果，需要查检者利用多个条件反复检索。比如：在题名中出现错别字，导致检索不到被引用的情况；在题名中出现类似"-"的符号；书名相同、版本相同等情况易导致引用情况混淆。

三、学术人物、科研机构分析

目前，各种学术评价都是基于引文开展的。在引文的基础上，结合文献计量学对科研机构、科研人员的学术水平及学术期刊的质量做出客观的评价。这也是引文在学术活动中的意义之一。目前 SCI 数据库、CNKI 的中国引文数据库、维普资讯的文献引证追踪检索、解放军医学图书馆的 CMCI 等引文检索工具都带有基于各自引文、发表论文数量等指标数据的分析系统，给查检者带来一定的便利。由于各自收录的资源不一致，导致分析的结果不一定完全相同，因此从一定的角度看，各个检索工具的数据具备一定的参考价值。SCI 数据以其权威性而得到全球的公认。

（一）SCI 数据库的学术人物、科研机构分析

示例中的查检者已对 SCI 数据库的某个领域内的核心论文分析、某个作者的高被引文献分析等功能有了初步了解，发现领域内的核心论文对科研思路的拓展能起到一定的作用，对某项研究的学术人物和研究机构进行分析，对查检者发现该领域的高产出研究人员、选择导师或潜在的合作者、选择同行评审专家等有一定的参考价值。

【示例】某科研机构拟寻求研究红景天苷的学者或科研机构进行合作，欲从 SCI 库中寻求客观的数据支撑。

示例解读：某领域的学术人物、科研机构筛选在 SCI 平台上有两种数据分析渠道。一种是基于 SCI 已经融合了 MEDLINE、中国科学引文数据库（CSCD）等多个数据源的检索结果，再利用平台左侧的"精炼检索结果"，通过对"数据库""研究领域""研究方向""文献类型""作者""团体/机构作者""编者""基金资助机构""来源出版物名称""会议名称""出版年""语种""国家/地区"等内容字段的限定检索结果进行分析，进而发现相关的学术人物、科研机构。另一种是利用 SCI 核心集的"分析检索结果"的功能满足检索需求。

"分析检索结果"仅在 SCI 核心集的检索平台上才能使用，而融合了 MEDLINE、中国科学引文数据库的扩展版的平台只能通过"精炼检索结果"来实现。以 SCI 核心集进行示范操作。

操作步骤：

第一步：选择 Web of Science TM 核心集，在检索框中输入"Salidroside"（红景天苷）后执行检索，检索结果见图 7-32。

第二步：点击"分析检索结果"链接，进入相应的分析页面（图 7-33）。

NOTE

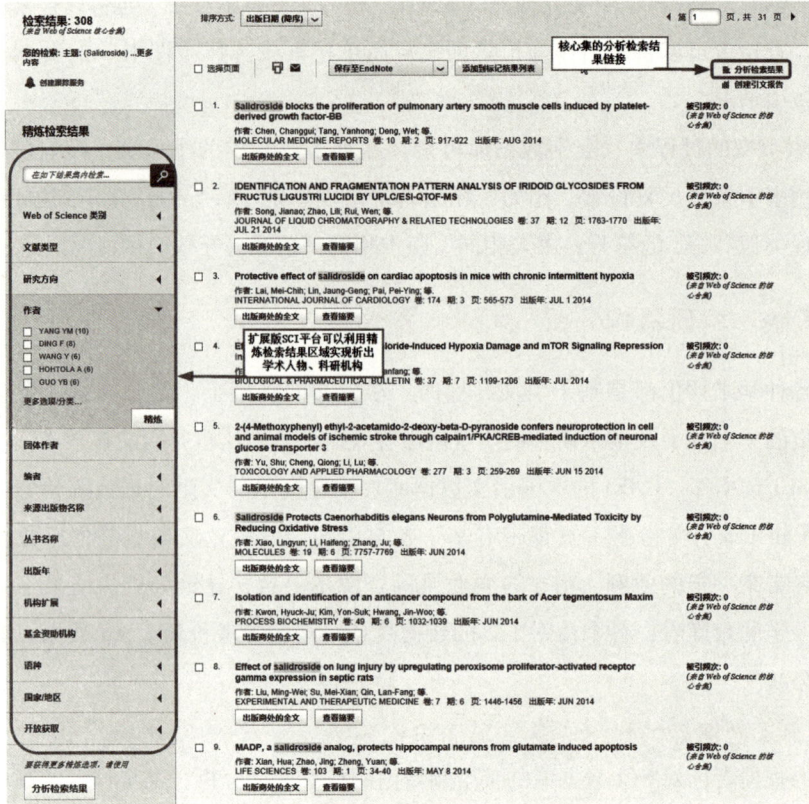

图 7-32　红景天苷的 SCI 核心集检索结果界面

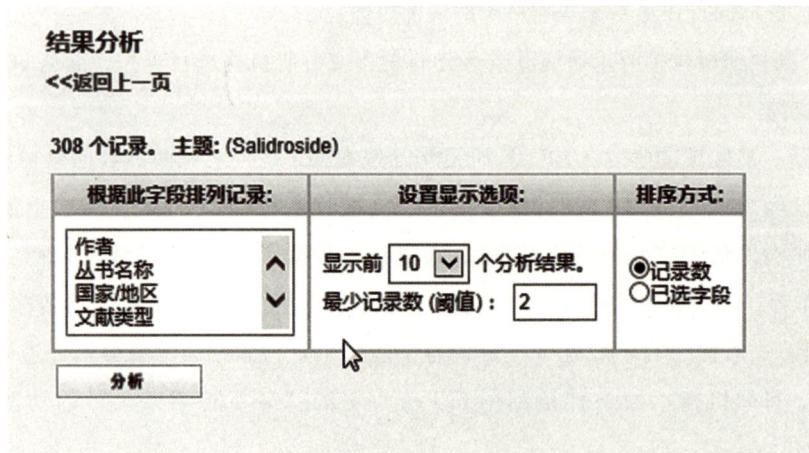

图 7-33　SCI 核心集提供的分析字段界面

　　系统提供了 16 个分析入口，包括作者、出版年、来源期刊、文献类型、会议名称、国家/地区、基金资助机构、授权号、团体作者、机构、机构扩展、WOS 学科类别、语种、编者、丛书名称、研究方向等入口。

　　第三步：选择作者进行分析，可得到检索结果（图 7-34）。

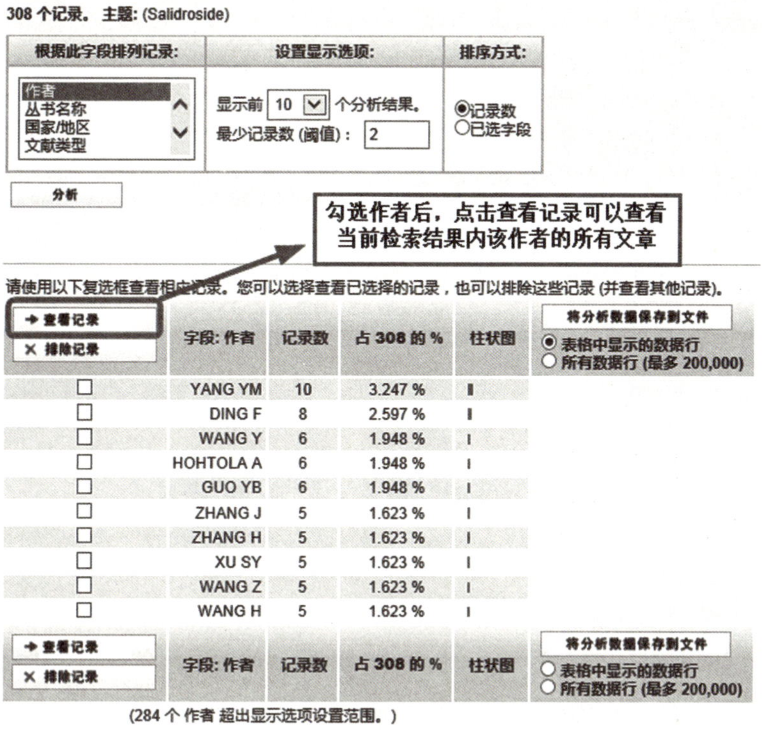

图7-34 SCI核心集的检索结果作者分析结果界面

分析结果提示，发表论文最多的作者是YANG YM，通过勾选YANG YM前面的复选框，再点击"查看记录"可以查看YANG YM所发表的10篇论文。查看论文后可以发现，YANG YM是"Yang, Yumin"的简写，该作者所在单位是"Nantong Univ, Coinnovat Ctr Neuroregenerat, Jiangsu Key Lab Neuroregenerat, Nantong 226001, JS, Peoples R China"，即南通大学江苏省神经再生重点实验室。

第四步：在分析检索结果页面，选择"机构"或"机构拓展"进行分析，可得到不同的结果（图7-35、图7-36）。

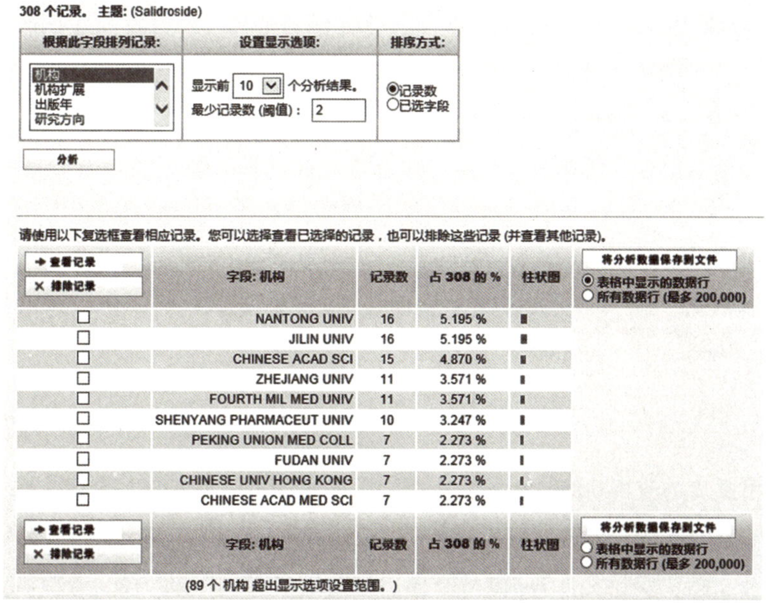

图7-35 按机构字段进行分析的结果界面

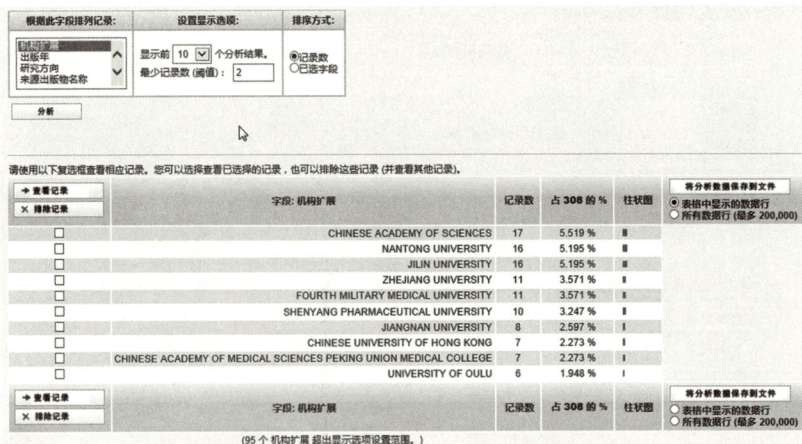

图 7-36　按机构扩展字段进行分析的结果界面

从分析结果看，发表论文最多的机构并不相同。若查检者按机构来分析，可以得到发文量最多的机构是南通大学、吉林大学，中国科学院次之；若查检者按机构扩展分析，可以得到发文量最多的是中国科学院，南通大学次之。这种情况发生的原因是作者在发表论文时没有将中国科学院的全名包含在通讯地址上，而机构扩展字段则会将中国科学院自动加上，从而导致两个渠道分析结果存在差异。总体而言，通过机构或者机构拓展分析得出，研究红景天苷的高产机构是中国科学院、南通大学、吉林大学。

通过示例我们也可以发现，在进行高产科研机构的检索结果分析时，首选"机构拓展"字段进行分析，相对较为规范。

（二）其他引文检索工具的学术人物、科研机构分析

除了 SCI 数据库之外，其他数据库也具有相应的学术人物、科研机构分析功能，但并不一定都在引文数据库中进行聚类分析。比如 CNKI 的分析功能则在综合检索平台的检索结果页面，维普资讯则有另外的科学指标分析系统（智立方发现系统），解放军医学图书馆的 CMCI 则将其融合在引文检索结果中。

1. CNKI 的分析功能　在 CNKI 中心网站的综合检索平台，查检者需要在检索结果页面利用系统提供的"分组浏览"功能，实现"来源数据库""学科""发表年度""研究层次""作者""机构""基金"的分组浏览，在相应的分组分析结果后会显示发表论文的数量，点击数字，可以查看当前分组下的所有数据，供查检者查看并选择（见相关章节）。图 7-37 为分组分析结果。

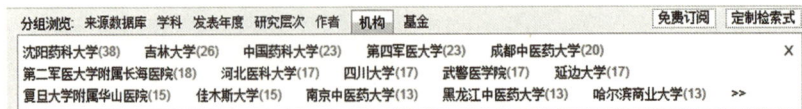

图 7-37　CNKI 的分组分析结果界面

2. CMCI 引文库的分析功能　在解放军医学图书馆的 CMCI 引文库检索结果页面，系统会显示关键词 Top10 分布图、关键词年代分布图、文献年代分布图、作者发文 Top10 分布图、机构发文 Top10 分布图、期刊发文 Top10 分布图、基金发文 Top10 分布图，查检者点击图片，系统会显示相应的可视化排名情况，并提供 Top10 之外的全部数据分布情况的下载链接。在检索

结果页面左侧，系统会提供"近 5 年被引 Top""近 10 年被引 Top""总被引 Top"的文献列表（图 7-38）。

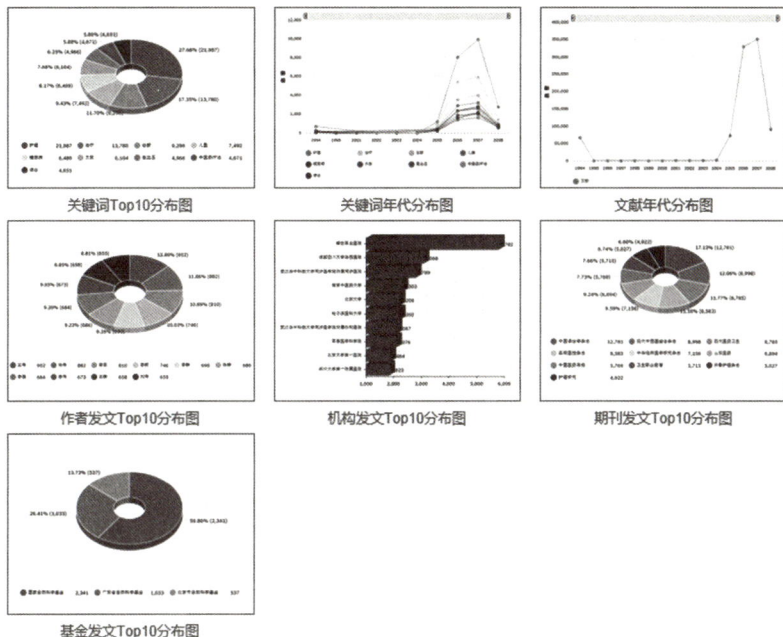

图 7-38　CMCI 引文库的 Top10 结果界面

3. 维普资讯的分析功能　维普资讯在其中心网站"文献引证追踪"检索平台上，提供作者索引、机构索引和期刊索引，查检者可通过查看所检作者、机构、期刊的总体发文量、总体被引量等相关数据，了解作者、机构、期刊的客观数据。

维普资讯还提供"科学指标分析"平台，查检者可以查看基于论文被引情况或发表论文情况的学者、机构、地区、期刊、学科排名、学科基线、研究前沿、高被引论文、热点论文等项目的实时统计结果。

四、学科竞争力检索

学科是高校、科研院所进行科学研究和人才培养的重要基础，学科的综合实力体现了学校的水平。学科竞争力的检索工具相对较少。Thomson Reuters 公司基于 Web of Science 的数据源，结合文献计量学的理论，开发了一个统计数据库，即 Essential Science Indicators（基本科学指标数据库），简称 ESI。

ESI 是一个基于 Web of Science（SCI 和 SSCI）权威数据建立的分析型数据库，是专门收集和反映世界各主要学科的论文被引情况的权威检索工具。ESI 共分 22 个学科领域，收录来自全球的 1.1 万多种学术期刊，基于科学家、研究机构、国家、学术期刊的论文数量及被引次数进行统计分析和排序，最后根据各机构所发表全部论文的总引用次数排名，确定进入 ESI 全球前 1% 的研究机构。进入 ESI 前 1% 的行列，体现了一个研究机构的论文质量与学术竞争力（图 7-39）。

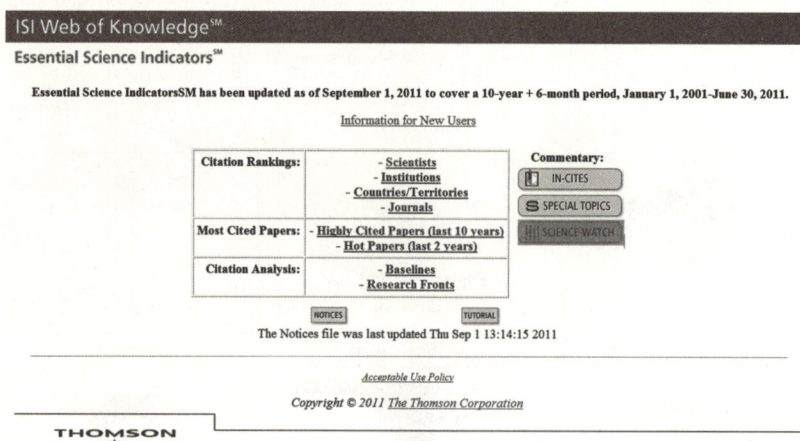

图 7-39　ESI 首页

该数据库包括引文排序（citation ranking）、高被引论文（most cited papers）、引文分析（citation analysis）和评论（commentary）四个模块。

1. 引文排序　ESI 从引文分析的角度出发，以被引用次数为指标，针对 22 个学科领域，分别对被引论文的作者（scientists）、学术机构（institutions）、国家/地域（countries/territories）和期刊（journals）的近十年的被引次数进行统计和排序，列出某一学科领域、某一作者等的论文数、引文数和篇平均被引频次。以作者为例，可以检索某一学科的作者被引情况，也可以检索某一特定作者的被引情况，系统会按照被引次数由高到低的顺序显示结果。在对某一学科领域进行分析时，ESI 会根据该学科论文总被引次数，列出排名前 1% 的作者、前 1% 的研究机构、前 50% 的国家和前 50% 的期刊。

2. 高被引论文　分别对高被引论文（highly cited papers）和热点论文（hot papers）进行统计分析。ESI 根据论文的被引次数，选择排名在前 1% 的论文列表为高被引论文，统计的时间跨度为近 10 年。ESI 统计在最近两个月里、近两年发表的论文的被引用次数，选择其中被引次数高的为热点论文。与高被引论文相比，热点论文在发表后很快就被频繁引用，并且在近期受到关注。

3. 引文分析　引文分析包括基线（baselines）和研究前沿（research fronts）两个模块。基线按照各学科领域，对各领域论文的累积被引用情况进行分析，然后分别按照平均被引用率（by averages）、被引百分比（by percentiles）列出近 10 年各学科的情况，并按照总被引次数对22 个领域进行排序（by field rankinss）。ESI 还根据高被引论文的同被引程度，对高被引论文聚类，为读者提供某一学科领域或某一专题的研究前沿（图 7-40~图 7-42）。

图 7-40　ESI 中各领域评价被引用率分析结果界面

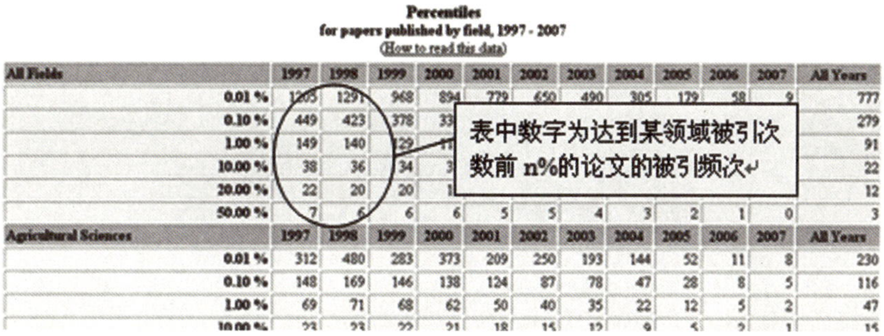

图7-41　ESI中各领域被引百分比结果界面

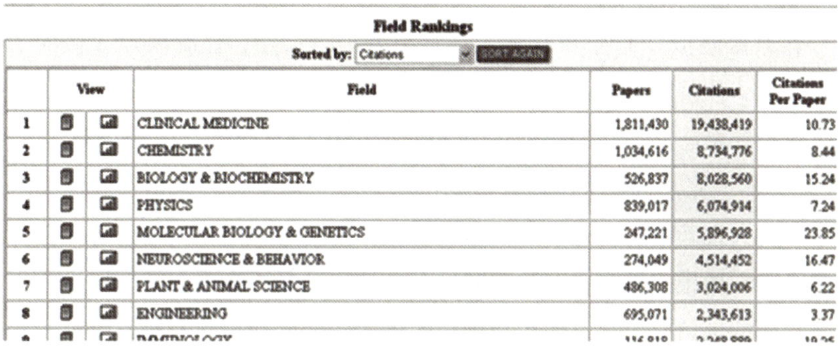

图7-42　ESI中各领域发文、被引、篇平均被引结果界面

4. 评论　ESI还对其所出现的排序、图表及其他数据进行相关的数据分析、解释和编辑点评等。

①In-Cites：提供进入科学社区的门户，提供多个学科领域中高被引研究人员、论文、机构、期刊和国家的采访资料等。

②Special topics：提供在某一学科领域中取得重大研究进展或引起特别关注的引文分析和专家评论，包括该领域的成长发展，该领域的高被引论文、作者、结构等。

③ScienceWatch：ESI也包括双月刊简报Science Watch（《科学观察》）的信息，包括某一领域高被引作者、高被引机构的信息，调查科学研究的热点领域和新兴领域等。

思考练习

1. 检索下面这篇文献是否被SCI收录，以及该期刊的影响因子，同时查找被引用的情况。

Chen HJ. SiRNA directed against Livin inhibits tumor growth and induces apoptosis in human glioma cells . J Neurooncol，2012（107）：81-87.

2. 检索2015年诺贝尔医学奖或生理学奖得主被SCI收录的论文，被引频次最高的文献是哪篇？尝试分析其最主要的研究方向。

3. 检索茶叶抗癌的综述性文献，筛选出最重要的3篇文献。

4. 根据你的专业及研究方向，尝试多角度分析最重要的3种中外文期刊和5篇中外文文献。

NOTE

第八章　其他检索

第一节　循证医学文献检索

【示例一】某医院拟对 1 名 45 周岁肥胖症患者进行治疗，住院医师 A 倾向于使用节食结合运动的治疗方案，住院医师 B 认为在此方案基础上增加针灸治疗效果更好，但住院医师 A 对针灸减肥效果持怀疑态度。作为一名住院医师，你会如何选择？

【示例二】中年人张某近期失眠已发展到严重影响正常生活，因担心服用安眠药成瘾而想尝试其他方法。友人推荐中药调理和针灸改善睡眠质量。但他服用中药和针灸治疗 1 个月后，症状基本没有改善。他很想知道中药调理和针灸治疗失眠是否真的有效。

上述两个问题的解答，仅通过医生凭借其临床实践经验获得答案是不够科学的，应通过检索循证医学数据库获取目前的最佳治疗证据，并结合医生的临床实践经验，得到科学答案。最佳治疗证据的获取，实质是一个循证医学文献检索的过程，学会和掌握循证医学文献检索，需具备有关循证医学的基本知识，熟悉各类循证医学数据库和检索实践操作。

一、循证医学基本知识

（一）循证医学的定义

循证医学（Evidence-Based Medicine，EBM）是国际临床领域自 20 世纪 80 年代以来发展起来的一种新的医学模式，因医学发展而产生，在使用中得到完善，其定义随发展不断完善。目前较为认可的定义是 2000 年循证医学的创始人之一 David L. Sackett 教授在其专论上提出的，即"循证医学是最佳研究证据、临床技能和病人价值的结合。"

（二）临床证据的分级

临床证据是循证医学的根本所在。它是应用临床流行病学的原则和方法，对临床研究文献进行分析和评价而获得的真实、可靠且有临床重要应用价值的研究成果。

临床证据分级，从临床医生的需求角度出发，根据临床证据来源的科学性和可靠性可分为五级（图 8-1）：①多中心、大样本随机对照试验（RCT）或者根据这些随机对照试验所做的系统评价或 Meta 分析。②单个大样本的随机对照试验。③设有对照组但未用随机对照方法研究的临床试验。④无对照组的系列研究。⑤专家意见、描述性研究和病例报告。这五级证据以多中心、大样本随机对照的原始研究文献，以及联合这些研究的系统评价、Meta 分析等二次研究文献为临床决策时的首选，其余级别证据的可靠性依次降低。这种分类方法是目前较为常用的证据分类方法。

从出版物类型或论文类型的角度看，循证医学的证据可以是随机对照试验、病例报告，也可以是系统评价或系统综述、临床实践指南等。国内有的学者将证据的种类分为系统评价/Meta-分析、随机对照试验（RTC）、临床实践指南和卫生技术评估 4 种类型。

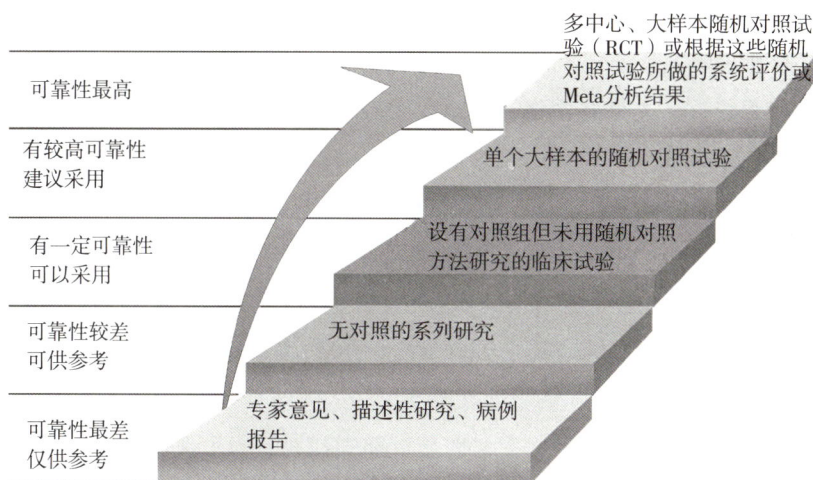

图 8-1　循证医学的证据分级

（三）　循证医学资源

近年来，循证医学的证据量不断增加，随着信息技术的发展，循证医学信息资源的整理日趋成熟。有的学者认为，根据文献加工的深度循证医学的证据主要有一次文献和二次文献两种类型，此观点与国外有的医学图书馆的证据来源分类类似，即背景资源（如叙述性文献综述）、前景资源（如 Cochrane Review）和原始研究资源等。加拿大 McMaster 大学临床流行病学与生物统计学教授 R. Brian Haynes 2006 年提出了循证医学证据资源的"5S"金字塔模型（图 8-2）。Haynes 的模型最下面一层的"S"为 Studies，即原始研究，该层是基础；由此向上一层的"S"为 Syntheses，指的是系统评价，如 Cochrane 系统评价；再向上一层"S"为 Synopses，指那些出现在循证医学杂志中对原始研究和系统评价进行简介的文献；再上一层的"S"为 Summaries，指的是整合来自此层级以下的最佳证据，并为某个特定的疾病相关选项提供全面的证据，如各类临床实践指南、循证医学教科书等；最上一层的"S"为 Systems，即将患者个体信息与来自研究证据适用信息相匹配的计算机决策支持系统。Haynes 等人认为，最上一层的"Systems"中的最佳证据可从其他"S"获取。目前"5S"的循证医学资源种类得到大多数学者的共识。在循证医学证据检索的过程中，应根据实际条件，首选高级别的证据，以指导临床决策。

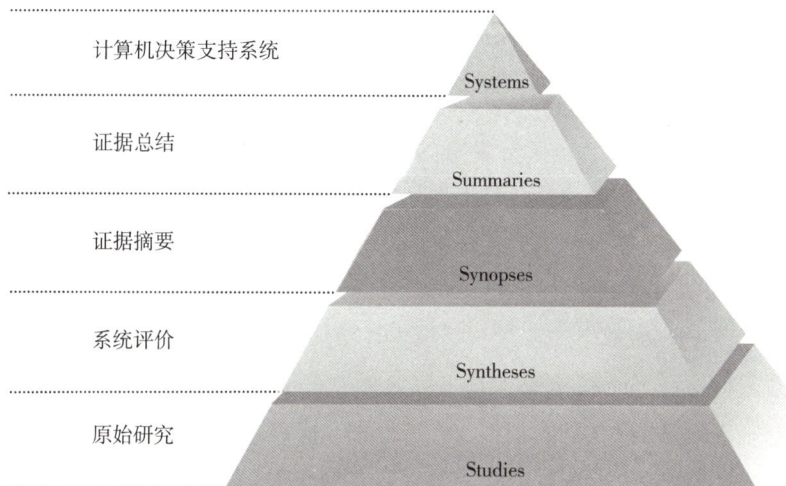

图 8-2　循证医学证据资源的"5S"金字塔模型

1. 计算机决策支持系统（Systems）   计算机决策支持系统是指针对某个临床问题，概括总结所有相关文献的研究证据，并通过电子病例系统与特定患者的个体情况结合，为医生提供决策的信息支持系统。此类数据库整合度高，主动推送信息，如 Provation MD、ZynxCare 等，但目前功能还不完善，Clinical Evidence、PIER、UptoDate 等数据库具有部分的功能。

2. 证据总结（Summaries）   证据总结指的是整合来自此级以下的最佳证据，并为某个特定的疾病相关选项提供全面的证据。这类资源既有像教科书一样的背景知识介绍，又有相关的最新证据总结，还结合专家经验针对不同临床主题和患者人群给出相应的推荐意见、推荐强度和证据级别，如 ACP PIER、DynaMed、Clinical Evidence、UptoDate、NGC 等数据库，目前进行循证医学实践检索临床证据主要应用此类数据库。

3. 证据摘要（Synopses）   证据摘要即循证期刊摘要。为了帮助临床医生快速、有效地查找文献，临床专家和方法学家一起在对主要医学期刊上发表的原始研究和二次研究证据进行严格评估后，对所收集整理的文献作出综合、简述，附上专家推荐意见，并以摘要形式再次出版。常用的资源有 ACP Journal Club、Evidence-Based Medicine、InfoPOEM、Bandolie 和《中国循证医学杂志》。

4. 系统评价（Syntheses）   系统评价是针对某一具体的临床问题（如疾病的病因、诊断、治疗、预后），系统、全面收集已完成或正在开展的研究，经严格评价后，筛选出符合质量标准的文献，进行定性或定量分析（Meta 分析）后得出可靠的综合结论。系统评价可以分为 Cochrane 系统评价和非 Cochrane 系统评价，前者由 Cochrane 协作网制作并发表在 Cochrane 图书馆，后者发表在杂志上。常用的数据库资源有 Cochrane 系统评价数据库和 DARE。

5. 原始研究（Studies）   原始研究数据库主要包括前面各个章节所述的各种全文、文摘型的数据库。通常只有在上述 3 种数据库资源中未能实现检索需求时，才检索原始研究数据库。具有一定特色的原始资料库有 PubMed Clinical Queries（http：//www.ncbi.nlm.nih.gov/PubMed）和 Cochrane 临床对照实验中心注册库（Cochrane Central Register of Controlled Trials，CENTRAL）。

二、循证医学数据库

（一）数据库的选择与分类

按照"5S"模型，理论上选择数据库的方法为：①优先选择 Systems 类数据库，如所在单位没有此类数据库或不能解决问题时，再依次逐级选择 Summaries、Synopses、Syntheses 和 Studies 类数据库。②按"5S"模型逐级使用数据库检索，一旦在某一级数据库获得临床证据，就不需要去检索其他级别的数据库。③临床证据检索之前需先明确临床问题及类型，从而选择相对应的数据库。例如，一个外科的临床问题，选择 ACP PIER 检索临床证据，很可能会令人失望。因为 ACP PIER 数据库主要以内科内容为主。

实际检索中，Systems 类数据库太复杂且极少，功能也不够完善，很少能用到。实际检索中具有分水岭意义的是 Summaries 类数据库，因为此类库是高度整合的知识库，提供一站式服务平台，囊括与临床问题相关的所有证据及背景信息，检索简单易上手，数据更新及时。Summaries 以下级别的数据库包含的内容通常零散发表在期刊上，可通过 PubMed、Embase 等其他索引数据库检索到。循证医学数据库可分为 Summaries 和非 Summaries 两种。

（二）Summaries 类数据库

目前常用的 Summaries 类数据库主要有 ACP PIER、DynaMed、Clinical Evidence、UptoDate、NGC、First Consult 等。从内容覆盖面、质量和更新周期 3 个方面比较，综合评价最高的数据库是 DynaMed。

1. DynaMed　由数据库出版商 EBSCO 公司出版，提供 3200 多个主题的临床证据总结，每一个主题主要包括疾病概况、病因和危险因素、并发症和相关疾病、病史、物理诊断、分期、预后、治疗措施、预防和筛查、质量改进、参考文献（包括综述和指南）等，支持个人掌上电脑查询。可以按照主题浏览数据库的内容，也可以直接输入关键词检索。DynaMed 将证据质量分为三级，一级证据为最有效的且以患者为中心的研究结论。基于对证据的分级给予 ABC 三级推荐意见，A 级最高，为一致且高质量的证据。该数据库需付费使用。

2. UptoDate（http：//www.uptodate.com）　数据库采用统一的结构提出问题，较全面收集相关的循证医学文献，采用分级评价证据质量，并提出推荐意见。UptoDate 覆盖了 14 个医学专业、7700 个临床主题，并与 MEDLINE 摘要、26 万余条参考文献、一个药物数据库链接。该数据库需付费使用。

3. NGC（National Guideline Clearinghouse，美国国家指南交换中心，http：//www.guideline.gov）　NGC 收集了全球 2000 多个指南的摘要，涉及所有的主题，指南的制定遵照循证医学的原则和方法。系统提供结构式摘要，并能进行指南之间的比较，对指南内容进行分类，部分指南全文可链接，对指南的参考文献、指南制作方法、指南的评价、指南使用等提供链接、说明或注释。

4. Clinical Evidence　由英国医学会组织研究、英国医学杂志出版集团（BMJ）（http：//www.clinicalevidence.com/ceweb/conditions/index.jsp）出版，是目前世界上最具权威性的医学数据库之一，以治疗为主，涉及 200 多种疾病的 2500 多种治疗方法。该数据库不断拓展新的题目和领域，针对每一种疾病，采用严格的过程评估每一种治疗方法的疗效和安全性，告诉查检者哪些治疗方法有益，哪些可能有益，哪些利弊相当，哪些不可能有益，哪些可能无益，或者甚至有害或哪些疗效不确定。该数据库需付费使用，北京大学的循证医学中心于 2008 年与 BMJ 达成协议，出版了《临床证据》中文版。

5. ACP PIER（Physicians Information and Education Resource）　ACP PIER 是美国内科医师学会的产品（http：//pier.acponline.org/index.html），主要包括疾病诊治、筛查与预防、补充/替代医学、伦理和法律问题、流程、质量测量方法和药物信息。PIER 采用多层次结构指导临床医生应用研究证据，所有问题均采用同样的结构，所有的推荐意见均与研究证据相连。PIER 主要涉及内科和初级保健方面的治疗问题。目前 PIER 需付费使用。

（三）非 Summaries 类数据库

此类数据库的临床证据易用性不佳，数量多甚至庞大，篇幅冗长，质量参差不齐甚至无保障，需要使用者自己判断其质量，更新无保障。

1. Cochrane 系统评价数据库（Cochrane Database of Systematic Reviews，CDSR，http：//www.thecochranelibrary.com）　发表在 Cochrane 图书馆。Cochrane 系统评价是 Cochrane 协作网的评价员按照统一的工作手册，在相应 Cochrane 评价小组编辑部的指导和帮助下所完成的系统评价。Cochrane 协作网采用固定格式和内容，统一的系统评价软件录入和分析数据、撰写系统评价计划书和报告，发表后根据新的研究定期更新，有完善的反馈和修改机制，因此 Cochrane 系统评价的质量优于收录在 MEDLINE 的系统评价数据。Cochrane 系统评价既可以从该数据库获得，也可从 Ovid、PubMed 和 Wiley 等检索系统获取。Cochrane 论文摘要可以免费检索。

2. ACP Journal Club（http：//www. acpjc. org）　美国内科医师学会主办的双月刊，数据库需付费使用，旨在通过筛选和提供已出版的研究报道和文献综述的详细文摘，使医护人员掌握治疗、预防、诊断、病因、预后和卫生经济学等方面的重要进展。ACP Journal Club 先由工作人员从 130 种杂志中筛选出方法学严格、涉及临床问题、报告了重要临床结局指标的高质量原始研究和系统评价，再让临床医生从中选择对临床有重要价值和影响的文献，以结构摘要形式进行总结，并由 1 名临床专家评估文献的方法，提出临床应用的建议。

3. Evidence-Based MEDLINE（EBM 循证医学杂志，http://ebm. bmjjournals. com/）　由 BMJ 和美国内科医生学院（ACP）联合主办的双月刊，可免费获取全文，主要为医疗卫生工作者提供大量国际性医学杂志中经筛选的全科、外科、儿科、产科和妇科方面研究的证据，属于 ACP Journal Club 的系列产品之一。

4. PubMed Clinical Queries（http：//www. ncbi. nlm. nih. gov/PubMed）　可检索整个 MEDLINE 数据库，其 Clinical Queries 检索可直接获得与临床应用相关的文献资料。

5. DARE（Database of Reviews of Effects，http：//www. crd. york. ac. uk/crdweb/）　DARE 是评价干预措施疗效的免费系统评价数据库，是采用非 Cochrane 系统评价方法评价的摘要，涉及主题较广。DARE 既是独立的信息资源，同时也包含在 Cochrane 图书馆中。DARE 每年收录 600 篇文献，检索简单方便。

6. 中国循证医学/Cochrane 中心数据库（http：//www. hxyx. com/corchrane_ new）　包括 RCT、CCT（半随机对照试验）和诊断试验数据库。

7. Cochrane 临床对照实验中心注册库（Cochrane Central Register of Controlled Trials，CENTRAL）　这是随机对照试验和半随机对照试验的数据库，由 Cochrane 协助网组织、协调和编制，对期刊、会议论文集、MEDLINE 和 EMBASE 及其他文献数据库收录的刊物进行检索，确定其中的随机对照试验和半随机对照试验，为系统评价提供原始资料。

利用中国知网、万方数据和维普也可检索到零散发表在期刊上的 Meta 分析、随机对照试验等原始研究的临床证据。

三、数据库检索实践操作

（一）Summaries 类数据库的检索实践操作

【示例】节食加运动是减肥的有效方法吗？针灸减肥效果如何？

检索步骤：

分析：根据前述原则，优先选择 Summaries 类数据库，以 DynaMed 为例。

第一步：简单输入检索词 Obesity，按数据库页面智能选词提示选择 Obesity in adults 检索词，查看检索结果（图 8-3）。

检索结果页面左侧为 Obesity in adults 的内容大纲，包括疾病概况、病因和危险因素、并发症和相关疾病、病史、物理诊断、分期、预后、治疗措施、预防和筛查、质量改进、参考文献（包括综述和指南）等。

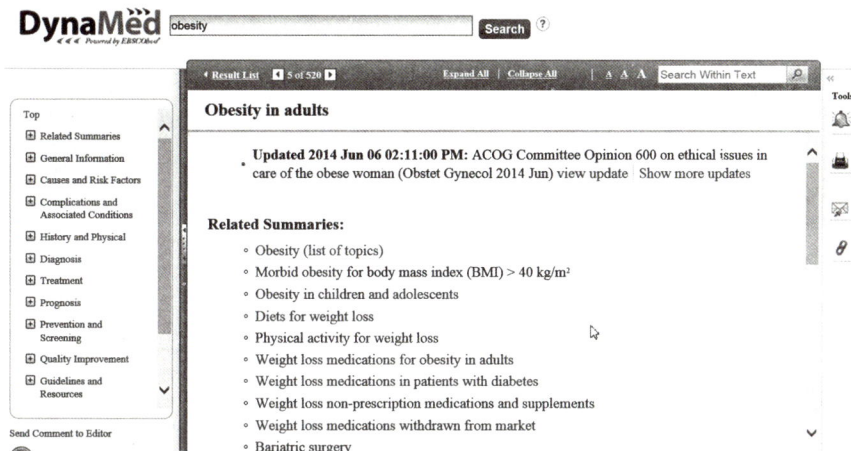

图 8-3　DynaMed 检索结果界面

第二步：该示例属于肥胖的治疗措施，通过点击其中的"Treatment"链接，结果如图 8-4 所示。

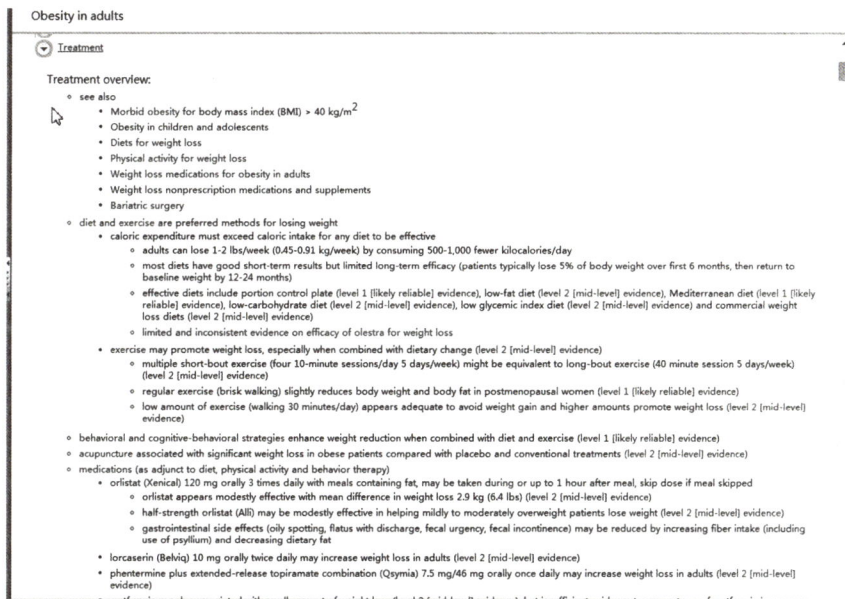

图 8-4　Obesity in adults 治疗措施界面

成人肥胖症的治疗措施中，节食和运动为首先治疗方案，推荐级别为 1 级证据（是最有效的且以患者为中心的研究结论，为可靠的临床证据）。针灸治疗也是方案之一，推荐级别为 2 级证据（2 级证据是运用科学的研究方法但未满足 1 级证据要求，以患者为中心的研究结论，并不是可靠的证据）。

示例 1 的问题，从循证医学层面说，针灸治疗成人肥胖症的疗效并没有可靠的临床证据，其效果目前还有争议。

（二）非 Summaries 类数据库的检索实践操作

【示例】查证中药调理和针灸治疗失眠是否真的有效？

检索步骤：

分析：问题涉及中医药学科，目前有关此学科的临床证据在 Summaries 类数据库基本没有，

NOTE

需要通过非 Summaries 类数据库来检索系统评价/Meta-分析、随机对照试验（RTC）类型的文献，以寻找有关临床证据。

1. PubMed Clinical Queries 的检索操作——以针灸治疗失眠为例　在 PubMed Clinical Queries 平台检索 insomnia and acupuncture，结果如图 8-5，得到 Systematic Reviews（系统评价）24 条，临床试验 65 条。也可在 PubMed 检索结果利用 filtes 中的 Type of Article 选项来完成，限制文献类型为临床试验（Clinical Trial）、分析（Meta-Analysis）、临床指南（Practice Guideline）、随机对照试验（Randomized Controlled Trial），或是直接以系统综述（Systematic Review）、荟萃分析（Cochrane、Meta-Analysis）、多中心研究（Multicenter-Study）等为检索词在 PubMed 主页进行检索。

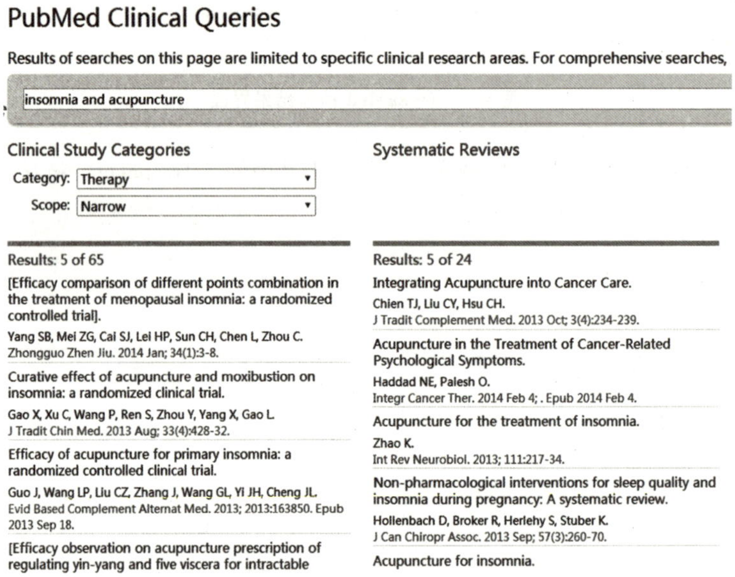

图 8-5　PubMed Clinical Queries 检索结果界面

2. CNKI 的检索操作——以中医药治疗失眠为例　在 CNKI 采用专业检索方式，检索式为 SU =（失眠+睡眠）＊（随机对照+Meta+系统评价）-（针刺+电针+针灸），并在文献分类目录中选择学科领域中医学、中药学和中西医结合。检索结果如图 8-6 所示。从检索结果中可挑选出系统评价/Meta-分析、随机对照试验（RTC）类型的文献。从已有文献可知，中医药治疗失眠的疗效目前尚无法定论，需要严格设计的多中心随机对照试验予以证实。

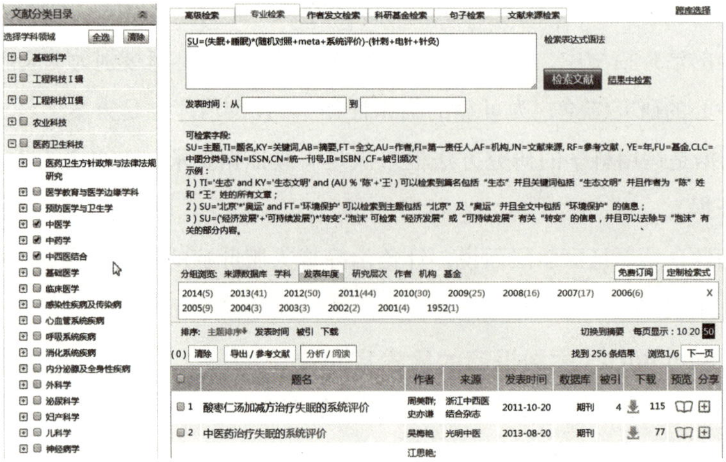

图 8-6　CNKI 检索结果界面

第二节　专利文献检索

【示例】青蒿素是得益于中医药古方的启示而发现的新一代抗疟药物，被国际上誉为"20世纪后半叶最伟大的医学创举"。然而青蒿素并没有为中国制药行业带来与之相匹配的经济效益和社会效益。产业链从上游到下游的话语权旁落。在占总额 80% 以上的公立市场上，跨国医药集团诺华公司占 50% 左右，赛诺菲公司占 20% 左右，印度企业占 20%，中国企业占不到10%。那么我们为什么不申请专利呢？

由"5-23 项目"（青蒿素）部分负责人和老科学家在 2006 年共同出版的专著《迟到的报告》回应了这一问题："我国当时尚没有专利和知识产权保护法规。在那个年代里，把研究成果写成论文发表，为国争光是科技人员的唯一选择。"然而当这项技术成果的研究论文发表后不久，国外企业稍加更改便就此申请了专利保护，这样就造成我国每年近 5 亿美元的出口损失。

什么是专利文献，如何检索专利文献？现有的青蒿素专利有哪些？能否进行数据分析呢？

一、专利文献概述

专利是指国家按《专利法》授予申请人在一定时间内对其发明创造成果所享有的独占、使用和处分的权利。也就是说，专利是受法律保护的新发明。在日常生活中，"专利"一词有三方面的含义：①法律角度：受专利法保护的权利（专利权）。②技术角度：受法律保护的技术，取得了专利权的发明——发明创造。③文献角度：专利信息的反映（专利文献）。

（一）专利类型

1. 发明专利　发明专利是指对产品、方法或者其改进所提出的新的技术方案，国际上公认的具有较高创造性的发明。例如，人们在生产实践中发明的新产品、新的生产方法、新设备，以及对现有技术提出的新的改进方案等都属于发明的范畴，分为产品发明、方法发明和改进发明。

2. 实用新型专利　实用新型专利指对产品（包括机器、设备、仪器、装置、用具等有形物）的外形、构造或结合其所提出的适于实用的新的技术方案。

主要特征：一种适于应用的产品，如仪器、设备、用具；必须具有一定形状和结构的物品。

3. 外观设计专利　外观设计专利是指对产品的形状、图案、色彩或者结合所作出的富有美感，并适于工业上应用的新设计。一般要求设计应用的对象必须是能大批生产的工业产品。

根据我国《专利法》的规定，发明专利从申请之日起保护期为 20 年，实用新型专利和外观设计专利保护期为 10 年，均自申请日起计算。

专利权的终止：①自然终止：专利保护期限届满。②提前终止：未缴付年费或主动提出放弃。

（二）专利文献

专利文献是指与专利有关的所有文件，包括专利申请文件、专利公报、专利主题词表、专利文摘、专利法规定及专利诉讼文件等。通常提到的专利文献是指专利说明书。

1. 专利文献的特点

（1）数量巨大，内容广博：有 90 多个国家、30 多种文字出版专利文献，总量占世界每年文献总量的 1/4（每年约 100 万件），内容涉及人类活动的全部技术领域。

（2）反映最新科技信息：据国外专家统计，约 94% 的最新发明和创造最先反映在专利文献中。90% 以上的发明曾以专利文献形式发表，但其中 80% 不再以任何其他形式发表。

（3）集技术、经济、法律信息于一体：专利文献既是技术文献，又是法律文献。

（4）新颖、实用：对发明内容的揭示比较具体、可靠。

（5）出版迅速，传递信息快，重复出版现象较多。

（6）著录规范：有统一的专利分类表，统一的著录项目代码和相近的说明书格式，便于检索、阅读和计算机处理。

2. 检索专利文献的作用

（1）专利申请前检索　发明在申请专利之前，必须了解该发明是否具有新颖性和创造性，从而作出是否申请的决策。

（2）保护专利权检索　对他人的专利申请提出异议，或对有效专利请求无效宣告，从而保护自己的专利权。

（3）侵权检索　一项新技术或新产品投放市场之前，或处理专利纠纷时往往要调查一件专利的法律状态，如专利权的保护范围和有效期等，以判断是否侵权。

（4）技术评价与预测检索　对特定技术领域内专利申请情况进行系统调查，以了解该技术领域的现状与发展动向，为制定科技政策、科技规划、科学研究与技术开发选题、成果鉴定等提供依据。

（5）解决特定技术问题检索　针对特定技术问题查阅相关的技术方案，从中受到启发，解决现有技术难题，或者加快产品开发与技术革新进程，降低研究开发费用。

（6）技术引进检索　技术引进前通过专利文献检索查清拟引进技术的先进程度，是否申请了专利，专利权是否有效等，以便就引进或自行研制作出决策；或在技术谈判中避免上当。

（7）有效避免科研重复　欧洲专利局的统计指出：欧洲每年大约浪费 200 亿美元的投资。若能应用好专利文献，能节约 40% 的科研开发经费，少花 60% 的研究开发时间。

3. 专利文献的分类　专利文献分类是管理和利用专利文献的基础。《国际专利分类表》（International Patents Classification，IPC）是唯一国际通用的专利文献分类和检索工具。1968年出版第 1 版，以后每 5 年修订 1 次。IPC 第 8 版分核心版和高级版两个版本，自 2006 年 1月 1 日起生效，名称为"IPC-2006"。IPC 核心版每 3 年修订 1 次，高级版每 3 个月修订 1次。IPC 依据发明的技术领域和技术主题设立类目，将专利分为 8 个部，用大写字母 A~H表示。IPC 类目用字母和数字表示，其中部与小类用大写拉丁字母表示，其他等级的类目用数字表示。

A 部：人类生活必需品（农、轻、医）。

B 部：作业和运输。

C 部：化工和冶金。

D 部：纺织和造纸。

E 部：固定建筑物。

F 部：机械工程、照明、加热、武器、爆破。

G 部：物理技术。

H 部：电学。

部下再分大类、小类、大组和小组等五级结构。

医学或兽医学、卫生学属 A 部中的保健与娱乐分部，类号为 A61。

二、专利文献检索

（一） 国家知识产权局专利检索与服务系统

1. 资源概括 国家知识产权局专利检索与服务系统由国家知识产权局创建（http：//www.sipo.gov.cn/），收录 1985 年 9 月 10 日以来我国公布的全部专利信息，包括发明、实用新型和外观设计 3 种专利的著录项目及摘要，设有中英文版，中文版提供从专利申请到专利检索等各项服务。它是面向公众提供免费专利服务的网站，并可浏览各种说明书全文、外观设计图形，并下载专利说明书全文。该局知识产权出版社负责维护，每周更新 1 次。

该系统收录 98 个国家、地区和组织的 8000 余万件专利文摘数据、5000 余万件全文图像数据、2300 余万件全文文本数据，以及大量的辅助检索数据。

2. 检索方式与步骤 首先通过网址进入国家知识产权局网站，点击"专利检索与查询"进入查询页面，然后点击"专利检索与服务系统（公众部分）"，进入"专利检索与服务系统"平台页面，最后点击专利检索，进入专利检索页面（图 8-7）。

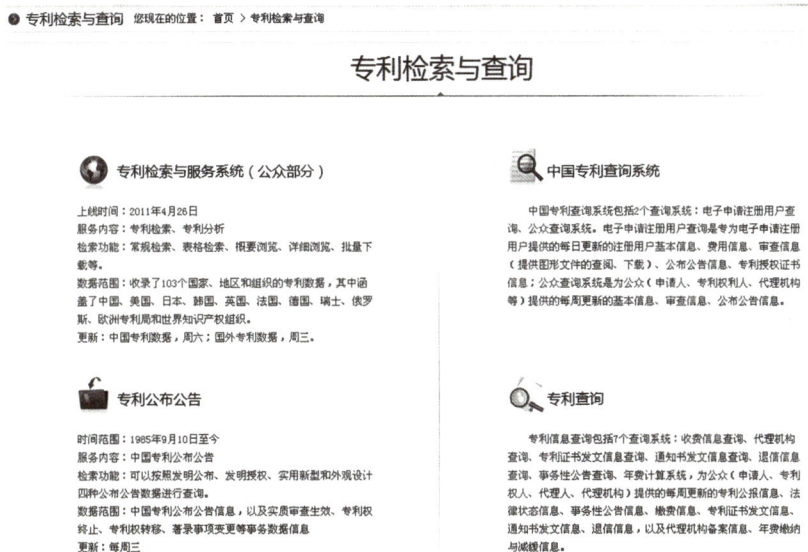

图 8-7 国家知识产权局专利检索与查询界面

（1）常规检索 提供 6 个检索字段［检索要素、申请号、公开（公告）号、申请（专利权）人、发明人、发明名称］，每次只能选择一个字段进行检索（图 8-8）。

（2）表格检索 提供中国专利检索、外国及港澳台专利检索和中外专利联合检索 3 种范围的检索。

图8-8　国家知识产权局专利常规检索界面

检索入口：提供申请号、申请日、公开（公告）号、公开（公告）日、发明名称、IPC分类号、申请（专利权）人、发明人、优先权号、优先权日、摘要、申请人地址等多个检索字段，可在不同字段之间进行组配检索，字段间逻辑关系默认为逻辑"与"（图8-9）。

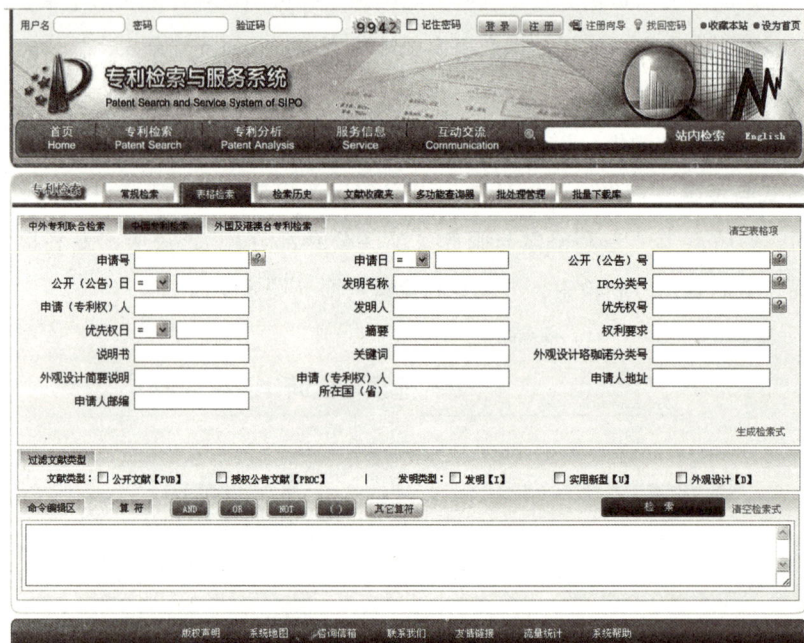

图8-9　国家知识产权局专利表格检索界面

（二）专利信息服务平台

1. 资源概括　专利信息服务平台（CNIPR）由中国知识产权网创建（http：//search. cnipr. com/）。CNIPR中外专利数据库服务平台是在原中外专利数据库服务平台的基础上，吸收国内外先进专利检索系统的优点，采用国内先进的全文检索引擎开发完成的。该平台主要提供对中国专利和国外（美国、日本、英国、德国、法国、加拿大、EPO、WIPO、瑞士等98个国家和组织）专利的检索。

2. 检索功能

（1）检索范围　包括中外专利混合检索（在原平台基础上，检索功能新增跨语言检索、语义检索、相似性检索、公司代码检索、相关概念推荐等）、行业分类导航检索、IPC分类导航检索、中国专利法律状态检索、中国药物专利检索。检索方式除了表格检索、逻辑检索外，还提供二次检索、过滤检索、同义词检索等辅助检索手段。

（2）机器翻译功能 针对英文专利，特别开发了机器翻译模块，能对检索到的英文专利进行即时翻译，帮助用户理解专利内容，方便用户检索。需要说明的是，平台上集成的机器翻译是由无人工介入的英译中工具软件完成，翻译结果仅供参考，无法与专业人员的翻译相提并论。

（3）分析和预警功能 该平台开发了专利信息分析和预警功能，对专利数据进行深度加工及挖掘，并分析整理出其所蕴含的统计信息或潜在知识，以直观易懂的图或表等形式展现出来。这样专利数据升值为专利情报，便于用户深入挖掘专利资料的战略信息，制定和实施企业发展的专利战略，促进产业技术的进步和升级。

3. 检索方式与步骤 登录专利信息服务平台主页，在检索框内输入关键词即可实现基本查询（图 8-10）。

图 8-10 专利信息服务平台首页

（1）高级检索 提供申请（专利）号、申请日、名称等检索入口。用户可根据需要选择一种或多种途径进行检索（图 8-11）。高级会员可以使用检索表达式检索。

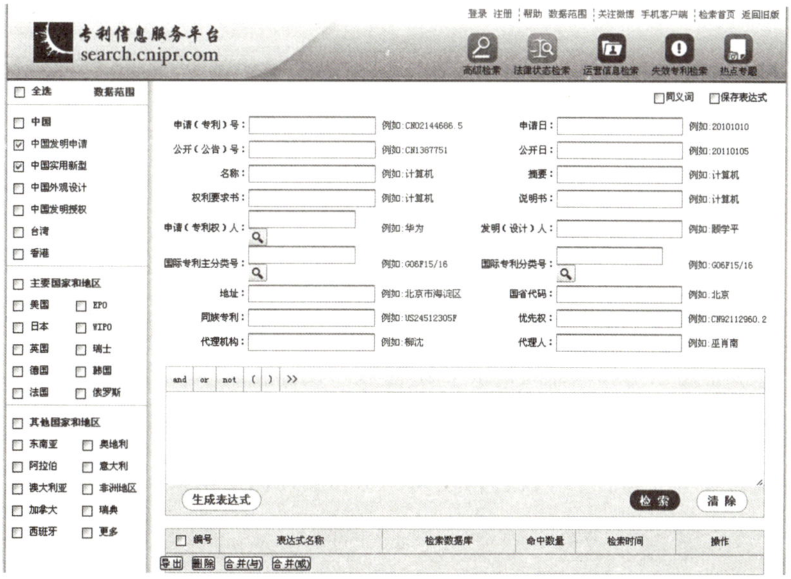

图 8-11 专利信息服务平台的高级检索界面

【示例】检索现有的青蒿素专利有哪些？对青蒿素专利的总体态势进行分析。

检索步骤：这是我们开篇示例中需要解决的问题。

第一步：选择检索途径"名称"，输入检索词"青蒿素"。

第二步：设置检索的数据范围（例如勾选发明专利、实用新型、外观设计），选择附加检索方式（例如，勾选同义词检索）及是否保存检索表达式等。由于需要完整的数据进行分析，因此全选。

第三步：查看检索结果，并点击系统的"分析"链接，进行青蒿素专利数据的分析（图8-12）。每一张图表的内容都有分析说明，如总体态势分析包括专利趋势分析、产出规模指数、产出质量指数和产出趋势指数等（图8-13）。

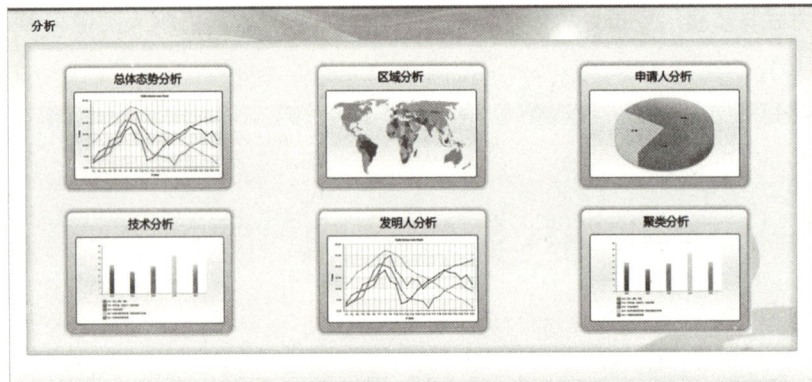

图8-12　专利信息服务平台的青蒿素专利数据分析结果界面

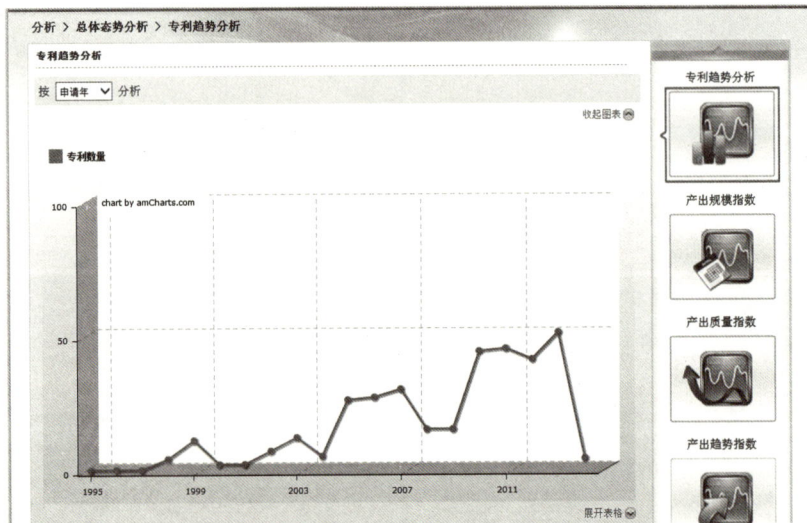

图8-13　专利信息服务平台的青蒿素专利趋势分析界面

（2）法律状态检索　需要提前知道专利申请号、法律状态公告日、法律状态、法律状态信息等才可以进行单独或组配检索（图8-14）。

（3）运营信息检索　包括专利权转移检索、专利质押保全检索和专利实施许可检索三个部分。不开放给一般检索用户使用，需要付费后才能使用。

（4）失效专利检索　主要对国内失效的发明申请、实用新型、外观设计专利进行检索。不针对国外失效专利。

图 8-14 专利信息服务平台的法律状态检索界面

4. 检索结果分析与输出

（1）概览页面与内容 点击检索按钮后，将出现检索结果概览页面（图 8-15），可进行二次检索、过滤检索和重新检索。

图 8-15 专利信息服务平台的检索结果概览界面

收藏：此处的收藏与上面的"收藏表达式"不同。此处的收藏为用户对此次检索的专利进行收藏，包括"收藏选中"和"收藏全部"两个选项，此操作需要用户登录后才可操作。其中"收藏选中"允许用户对当前勾选的检索结果专利进行收藏，"收藏全部"则是收藏此表达式检索的全部专利。用户的收藏列表可从"我的专利管理→我的收藏管理→我的专利列表"下查看。

下载：下载专利信息。主要包括著录项下载、TIFF 图下载、代码化下载三个选项，每个选项都需要用户勾选想要下载的专利，其中代码化下载需要用户登录后才可操作。

定期预警：可保存当前检索的表达式，并在日后持续跟踪该表达式所对应的新专利，需要用户登录后才可操作。预警后用户可以进入我的专利管理→我的定期预警界面查看预警信息。

分析：可以对当前检索结果集中进行专利分析，并显示分析结果，如图 8-12 所示。

（2）专利细览页面 点击搜索结果中某条专利的申请号，便进入专利细览页面（图 8-16），可以查看著录项、摘要、摘要附图、主权项等信息。

图 8-16　专利信息服务平台的专利细览界面

（三）　美国专利检索

美国专利与商标局（USPTO）专利检索系统（http：//www. uspto. gov/）

（1）资源概括　此为美国专利与商标局建立的政府性官方网站，向公众提供全方位的免费专利信息服务。其收录了 1790 年以来的美国各项专利，提供 1976 年 1 月以后的美国专利文本的全文检索，设有专利授权数据库、专利申请公布数据库，提供法律状态检索、专利权转移检索、专利基因序列表检索、撤回专利检索、延长专利保护期检索、专利公报检索及专利分类等（图 8-17）。数据每周更新 1 次。

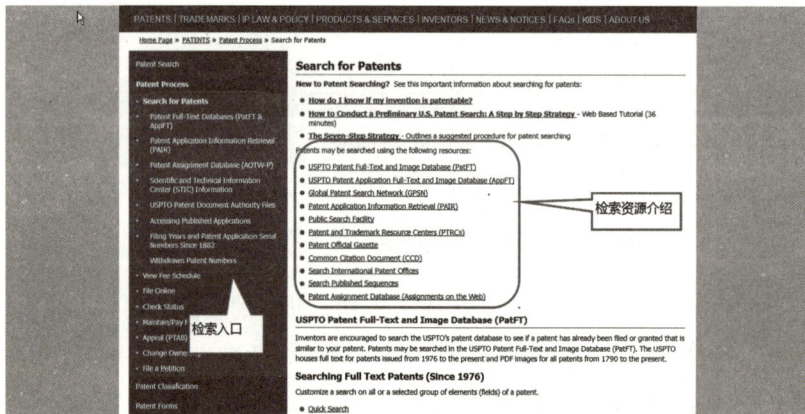

图 8-17　美国专利数据库的各种检索入口和资源介绍界面

①专利授权数据库（Patents，PatFT）：收录了 1976 年以来所有授权的专利说明书全文和 1790 年以来美国授权专利文献（扫描图像），包含的专利文献种类有发明专利、设计专利、植物专利、再公告专利、防卫性公告和依法注册的发明。

②专利申请公开数据库（AppFT）：可从多种检索入口查找 2001 年 3 月 15 日以来公开（未授权）的美国专利申请公布文献，同时提供文本型和扫描图像型的美国专利申请公布说明书。

（2）检索方式与步骤　通过 USPTO 首页点击"Search Patent"进入检索页面（图8-18）。

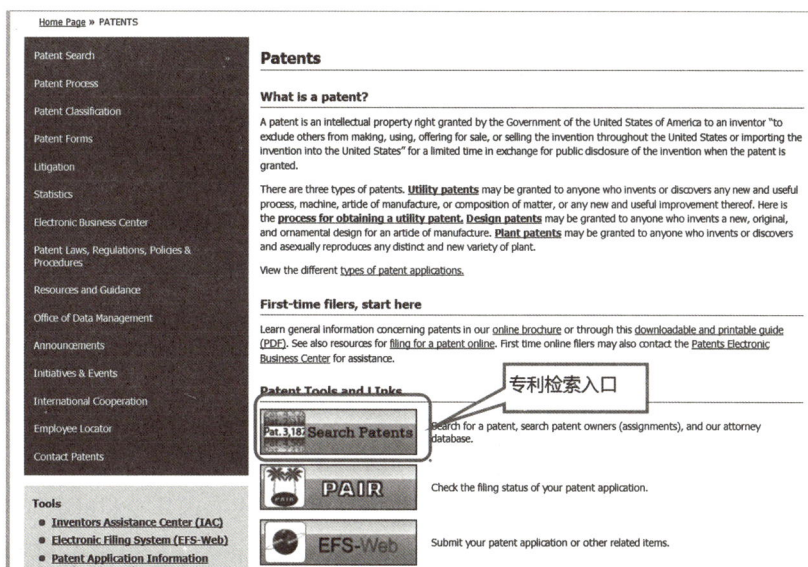

图8-18　美国专利数据库检索入口首页

这两个数据库均提供快速检索（Quick Search）、高级检索（Advanced Search）和专利号检索（Patent Number Search）（图8-19）。

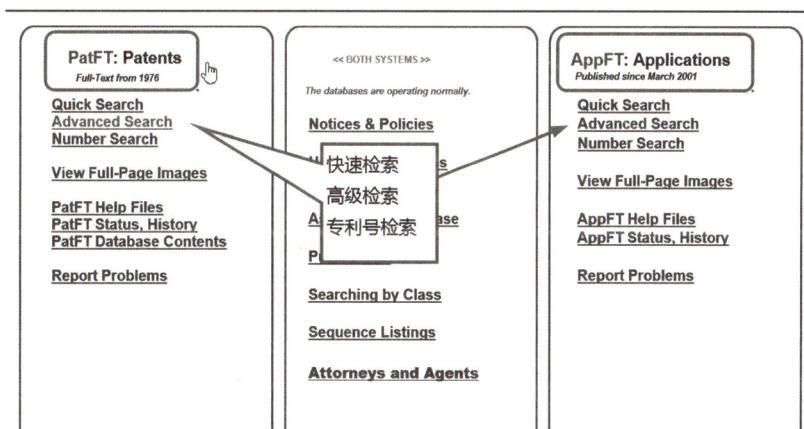

图8-19　美国专利数据库的3种检索方式入口界面

（四）　欧洲专利局专利检索系统

欧洲专利局专利检索系统是1998年10月欧洲专利局与欧洲共同体共同开发的面向公众的专利信息系统（http：//worldwide. espacenet. com/），包括欧洲专利局数据库、世界知识产权组织数据库及时间范围的专利文献，提供90多个国家的专利数据的网上免费专利信息查阅服务，包括著录项目、英文文摘，可免费下载或打印全文说明书的扫描图像。数据库更新较快，通常都能检索到当年、当月的专利文献，语种有英语、法语和德语3个版本，对于促进公众的发明创造能力起到重要的作用。

该系统提供智能检索、高级检索和分类号检索，用户可根据需要选择不同的检索方式。

（五）　其他专利检索系统

1. 中国专利信息中心（http：//www. cnpat. com. cn/）　该中心提供专利检索的全文检索数据库。该数据库集中了我国自1985年4月1日《专利法》实施以来全部的发明、实用新型和外观设计专利。用户注册并登录后可使用各种检索功能，输入检索词、专利号、分类号等即可，检索结果为专利的各项著录项目。免费会员只能查看专利说明书首页，一般会员或高级会员可浏览所有专利说明书的全文并可以打印、下载说明书的全部内容。

该中心还提供世界各国家、地区及专利组织的免费专利的链接。

2. 国家科技图书文献中心（National Science and Technology library，NSTL）   该中心是经国务院批准，于2000年6月12日成立的一个基于网络环境的科技信息资源服务机构。该中心提供中外专利检索，外文专利检索包括美国专利、英国专利、法国专利等。非付费用户登录，检索结果为专利的各项著录项目。用户通过付费，可以获取全文。

3. 万方中外专利库中外专利数据库   该数据库包括中国专利文献、国外与国际组织专利两部分，收录了国内外的发明、实用新型和外观设计等专利3400多万项，内容涉及自然科学各个学科领域。每年增加约25万条，国内专利每两周更新1次，国外专利每季度更新1次。

4. 中国专利数据库（知网版）   该数据库收录从1985年至今的中国专利，包含发明专利、实用新型专利、外观设计专利三个子库，可准确反映中国最新的专利发明。截至2014年5月，中国专利数据库共收录专利982多万条。

思考练习

1. 检索快速检测肝炎用试剂盒的专利。
2. 检索肿瘤治疗仪或肿瘤治疗器的专利。
3. 检索驱避蚊虫的药物、方法及活性物质。
4. 检索上海市血液中心申请的输血器。
5. 检索第二军医大学制备的重组人肿瘤坏死因子。
6. 检索美国在中国申请的生物传感器专利。
7. 检索山西中医学院郑磊教授申请的免疫传感器专利。
8. 检索治疗青光眼的5-羟色胺激活性激动剂。

第三节   科研基金的相关信息检索

【示例】某中医药大学王老师有一个关于中药材研究的项目，他希望申报国家自然科学基金资助。申报之前，他让研究生检索近5年国家自然科学基金资助的中药材研究的类似项目情况，同时要求了解哪些项目已经发表了相关论文、是否有获奖的项目。

一、科研基金概述

科学基金制度是指由出资人设置基金，采取自主申请、专家评审、择优支持的机制，用以资助特定科学技术研究的制度。1981年在89位科学家的联名倡议下，党中央、国务院批准设立自然科学基金，用于资助基础研究。30多年来，随着国家经济建设的发展和自主创新的需要，我国科研基金的种类越来越多，不仅设立了各级各类自然科学基金，而且设立了人文社会科学基金；不仅有重点基础研究计划基金，也有科技开发项目基金。随着科研基金经费大大增加，科研成效也十分显著。截至 2006 年，国家自然科学基金发放资助经费累计近 200 亿元，资助了近 10 万项研究项目，取得了一批在国内外具有领先水平的研究成果。数十万科研人员、研究生和博士后得到了资助，有的项目已经获得国家自然科学奖、国家科技进步奖、国家发明奖，有许多科研成果转化为生产力，为国家战略决策提供了智力支持。科研基金的设立对鼓励科研人员进行科学探索和发明创造起到了巨大的推动作用。

科研基金组织一般对社会公布资助的学科、领域、范围和经费强度，通过建立科技项目或科研课题的形式进行招标。

科研项目或课题的设置一般视国家需要、社会需求、经费来源、项目管理机构等因素而定。根据我国的国情，目前科研课题的来源有以下几方面。

1. 指令性课题　各级政府主管部门考虑全局或本地区公共事业中迫切需要解决的科研问题，指定有关单位或专家必须在某一时段完成某一针对性很强的科研任务。这类课题具有行政命令性质，故称之为指令性课题。该类课题的经费额度较大，时效性强，但要获得指令性课题必须具备雄厚的研究实力。如新中国成立初期的"两弹一星"计划、血吸虫病防治、计划生育等，中期的航空航天计划（包括载人航天计划）、抗击"非典"（SARS）和禽流感（H5N1）疫苗的研制开发等课题，这些课题都属于指令性课题。

2. 指导性课题　指导性课题也称为纵向课题，是指国家有关部门根据科学发展的需要，规划若干科研课题，通过引入竞争机制，采取公开招标方式落实项目。在招标中，实行自由申报、同行专家评议的原则，择优资助。

二、基金项目检索

（一）　中国知网　（CNKI）

进入中国知网（http：//www.cnki.net/）主页面，在左下方特色导航栏目点击"基金"（图 8-20），可免费检索基金相关信息的线索。要获取基金资助发表的成果全文，必须有授权许可。

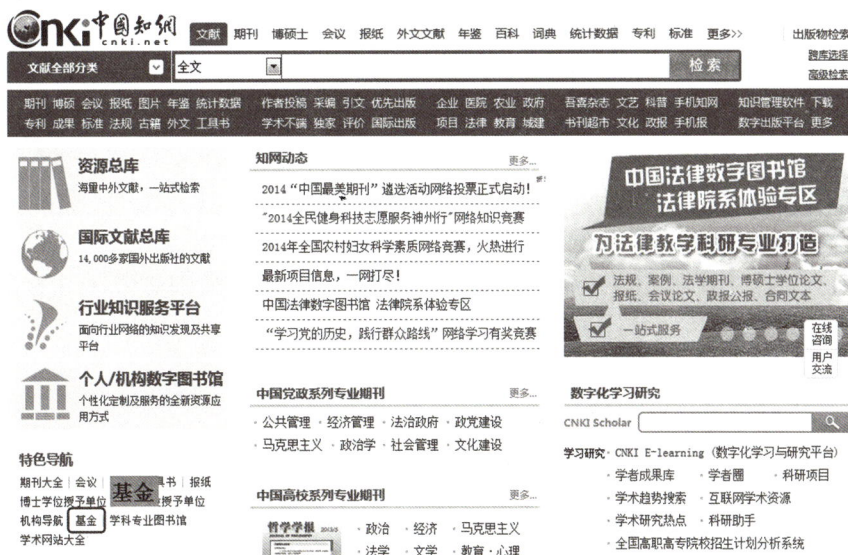

图 8-20　CNKI 主页面

在基金检索页面，可以通过基金分类导航、基金名称和学科导航 3 种途径检索基金项目（图 8-21）。

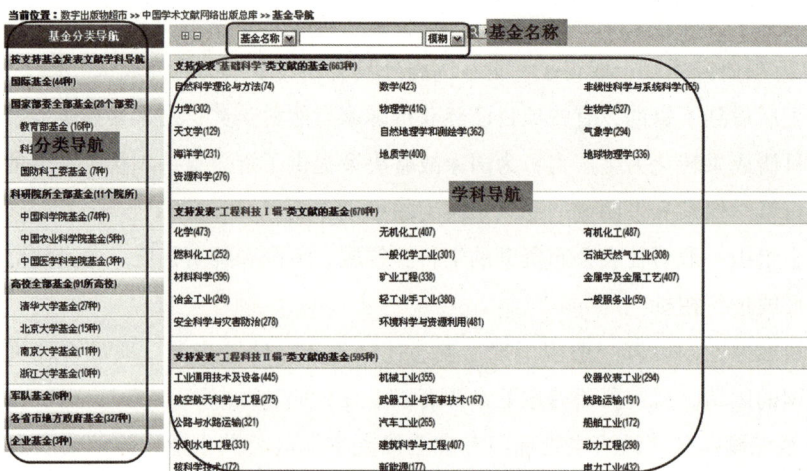

图 8-21   CNKI 的基金检索界面

1. 基金分类导航   根据基金管理单位的类型可分为国际基金、国家部委全部基金、科研院所全部基金、高校全部基金、军队基金、各省市地方政府基金和企业基金七大类。以国家部委基金为例，进入国家部委基金页面可以检索到支持国家部委基金的部门（图 8-22）。再进入"卫生部"基金页面，可检索出卫生部支持的基金名称列表。

图 8-22   CNKI 的国家部委基金项目列表界面

2. 基金名称   已知基金名称或者管理机构可以通过快速检索直接找到所需基金支持的科研项目。

【示例】检索"国家中医药管理局科研基金"支持的基金项目。

检索步骤：

在检索区选择"管理机构"字段，输入检索词"国家中医药管理局"，点击检出的基金名称，便可检索出此基金支持的文献（图 8-23）。

图 8-23   CNKI 的基金项目检索结果界面

3. 学科导航   根据 CNKI 的学科分类将支持基金按学科类别进行统计。点击"中医学"学科，进入资助"中医学"学科的基金页面（图 8-24）。

基金名称 模糊 检索

排序：基金名称 文献篇数 被引频次 下载频次

全选 清除 确定　　首页 上页 1 2 3 4 5 6 7 8 9 10 11 下页　　共有记录305条

序号	基金名称	管理机构	科技计划类别	文献篇数	被引频次	下载频次
1	国家自然科学基金	国家自然科学基金委员会	基础研究计划	1532607	9711548	23425960
2	国家社会科学基金	全国哲学社会科学规划办公室		154112	807703	41277938
3	国家高技术研究发展计划	科学技术部	国家高技术研究发展计划即863计划	239704	1580764	40214428
4	国家重点基础研究发展规划项目计划	科学技术部	基础研究计划	204582	1587780	37859650
5	基础研究重大项目前期研究专项	科学技术部	基础研究计划	4061	41200	817918
6	国国家基础研究和应用基础研究关键项目计划	科学技术部	基础研究计划	6710	107984	1051374
7	国家科技支撑计划	科学技术部	国家科技攻关计划	132337	495325	20159770
8	国家科技攻关计划	科学技术部	国家科技攻关计划	72078	964672	12121083
9	国家重点实验室建设项目计划	科学技术部	研究开发条件能力建设	967	3295	248497
10	哈尔滨工业大学现代焊接生产技术国家重点实验室开放课题基金	哈尔滨工业大学	研究开发条件能力建设	81	868	15889
11	西北工业大学凝固技术国家重点实验室开放课题基金	西北工业大学	研究开发条件能力建设	193	1879	39876
12	北京大学视觉与听觉信息处理国家重点实验室开放课题基金	北京大学	研究开发条件能力建设	192	1778	35373

图 8-24　CNKI 的资助“中医学”科研基金列表结果界面

【示例】检索关于“老年性痴呆”中医治疗最新的科研立项及获得基金资助情况，以及这些项目的相关研究信息。

分析：

（1）此内容专业性较强，标明使用中医治疗方法，属于中医学专业检索。

（2）检索要求最新科研立项情况，需要检索带有科研立项情况的数据库，根据题意“最新”应该选择在研项目。

（3）课题不仅要求检索出科研项目，还要扩展检索项目的相关信息。

根据题目分析要求，可以使用中国知网的学科专业数字图书馆进行检索。

检索步骤：

第一步：在 CNKI 主页面的“特色导航”中选择“学科专业图书馆”，在医药卫生科技馆选择“中医学”专业馆（图 8-25）。

○ 医药卫生科技（设28个学科馆，216个专业馆）

药学(8)	泌尿科学(9)	基础医学(12)
中医学(16)	妇产科学(6)	中西医结合(2)
中药学(11)	口腔科学(6)	生物医学工程(10)
儿科学(9)	神经病学(10)	预防医学与卫生学(9)
外科学(8)	精神病学(7)	军事医学与卫生(4)
肿瘤学(13)	特种医学(7)	皮肤病与性病(2)
临床医学(9)	急救医学(3)	眼科与耳鼻咽喉科(7)
感染性疾病及传染病(11)	心血管系统疾病(6)	呼吸系统疾病(6)
消化系统疾病(7)	内分泌腺及全身性疾病(2)	
医学教育与医学边缘学科(6)	医药卫生方针政策与法律法规研究(10)	

图 8-25　CNKI 的医药卫生科技专业馆界面

NOTE

第二步：中医学专业馆页面，上方是检索区，可以通过文献发表时间、文献出版来源、国家及各级科研项目、作者等字段进行文献检索。页面左侧和下方是中医学各专业领域、相关学科、学科文献出版报表、研究学者、各级科研课题立项、学科博导、科研成果、研究热点等检索模块（图8-26）。

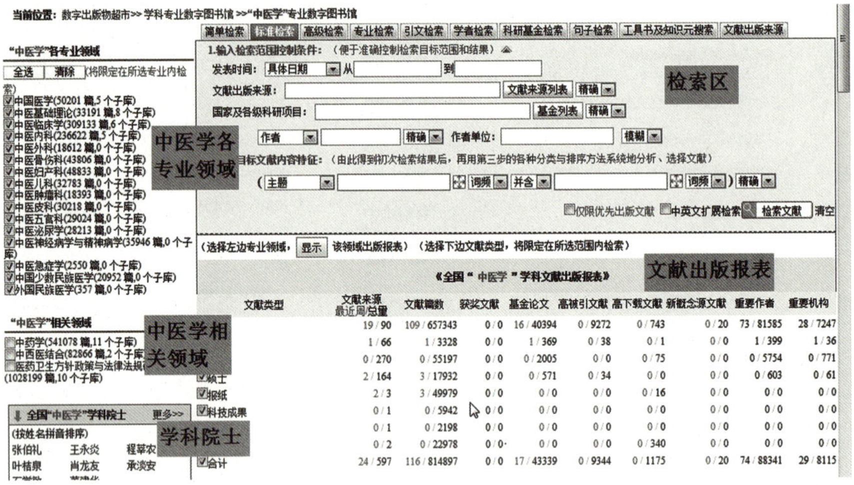

图8-26　CNKI的中医学专业馆界面

第三步：在中医学学科国家级、省部级课题模块（图8-27），包含有在研项目、待申请项目和已完成项目，示例要检索最新科研情况，所以选择在研项目，因页面局限性，不能显示全部在研项目，所以点击"更多"按钮，查看所有在研课题。

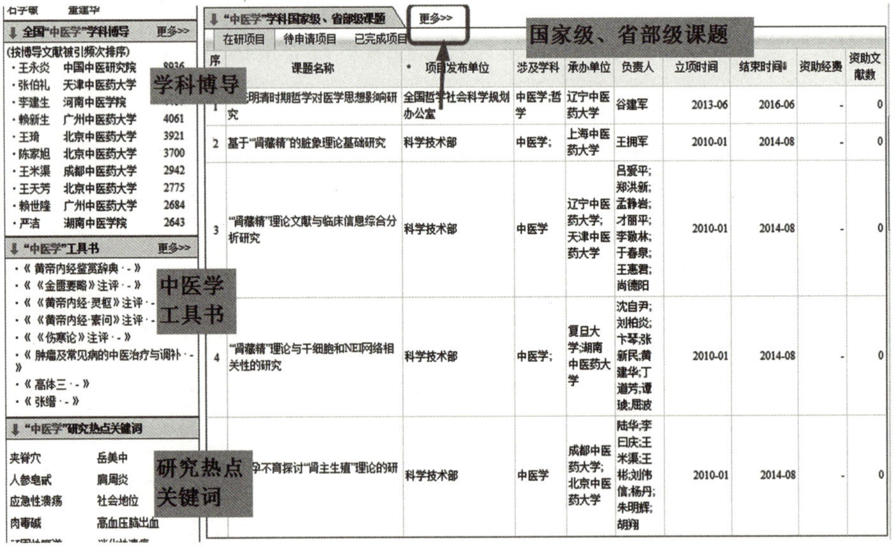

图8-27　CNKI的中医学专业馆课题显示界面

第四步：在科研课题导航页选择"项目名称"字段，输入"老年性痴呆"，在检索结果中即可了解其项目名称。进入项目的详细信息显示页面（图8-28），包括项目名称、项目编号、项目目标、项目关键词、项目承办单位等，以及与此项目相似的科研项目和所属大项目下的其他项目（图8-29）。

此外，也可以通过项目来源或项目编号进一步检索此项目的相关文献及研究人员情况（图8-30）。

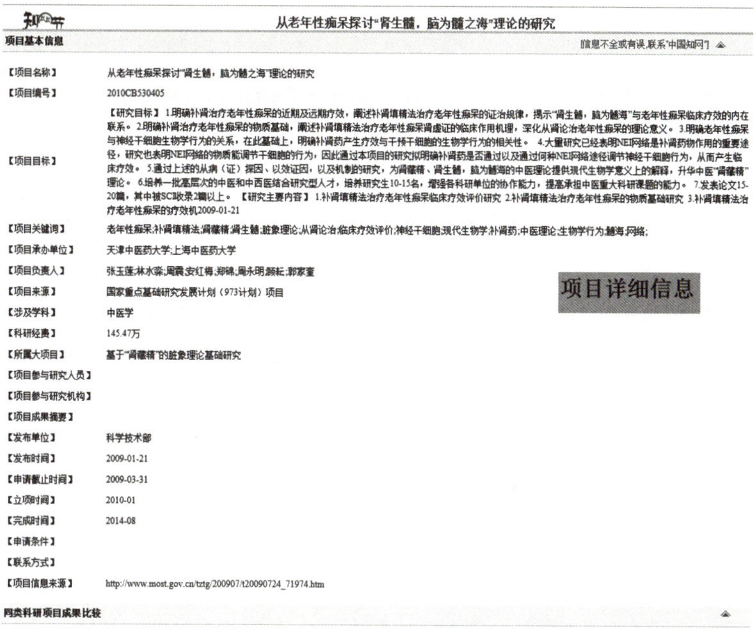

从老年性痴呆探讨"肾生髓，脑为髓之海"理论的研究

项目基本信息　　[信息不全或有误,联系"中国知网"]

【项目名称】从老年性痴呆探讨"肾生髓，脑为髓之海"理论的研究

【项目编号】2010CB530405

【项目目标】【研究目标】1.明确补肾治疗老年性痴呆的近期及远期疗效，阐述补肾填精法治疗老年性痴呆的证治规律，揭示"肾生髓，脑为髓海"与老年性痴呆临床疗效的内在联系。2.明确补肾治疗老年性痴呆的物质基础，阐述补肾填精法治疗老年性痴呆肾虚证的临床作用机理，深化从肾论治老年性痴呆的理论意义。3.明确老年性痴呆与神经干细胞生物学行为的关系，在此基础上，明确补肾药产生疗效与干预干细胞的生物学行为的相关性。4.大量研究已经表明NEI网络是补肾药物作用的重要途径，研究也表明NEI网络的物质能调节干细胞的行为，因此通过本项目的研究拟明确补肾药是否通过以及通过何种NEI网络途径调节神经干细胞行为，从而产生临床疗效。5.通过上述的从病（证）探因、以效证因，以及机制的研究，为肾藏精、肾生髓，脑为髓海的中医理论提供现代生物学意义上的解释，升华中医"肾藏精"理论。6.培养一批高层次的中医和中西医结合研究型人才，培养研究生10-15名，增强各科研单位的协作能力，提高承担中医重大科研课题的能力。7.发表论文15-20篇，其中被SCI收录2篇以上。【研究主要内容】1.补肾填精法治疗老年性痴呆临床疗效评价研究 2.补肾填精法治疗老年性痴呆的物质基础研究 3.补肾填精法治疗老年性痴呆的疗效机2009-01-21

【项目关键词】老年性痴呆;补肾填精法;肾藏精;肾生髓;脏象理论;从肾论治;临床疗效评价;神经干细胞;现代生物学;补肾药;中医理论;生物学行为;髓海;网络;

【项目承办单位】天津中医药大学;上海中医药大学

【项目负责人】张玉莲;林水淼;周震;安红梅;郑锦;周永明;顾耘;郭家奎

【项目来源】国家重点基础研究发展计划（973计划）项目

【涉及学科】中医学

【科研经费】145.47万

【所属大项目】基于"肾藏精"的脏象理论基础研究

【项目参与研究人员】

【项目参与研究机构】

【项目成果摘要】

【发布单位】科学技术部

【发布时间】2009-01-21

【申请截止时间】2009-03-31

【立项时间】2010-01

【完成时间】2014-08

【申请条件】

【联系方式】

【项目信息来源】http://www.most.gov.cn/tztg/200907/t20090724_71974.htm

同类科研项目成果比较

图 8-28　CNKI 的项目详细信息界面

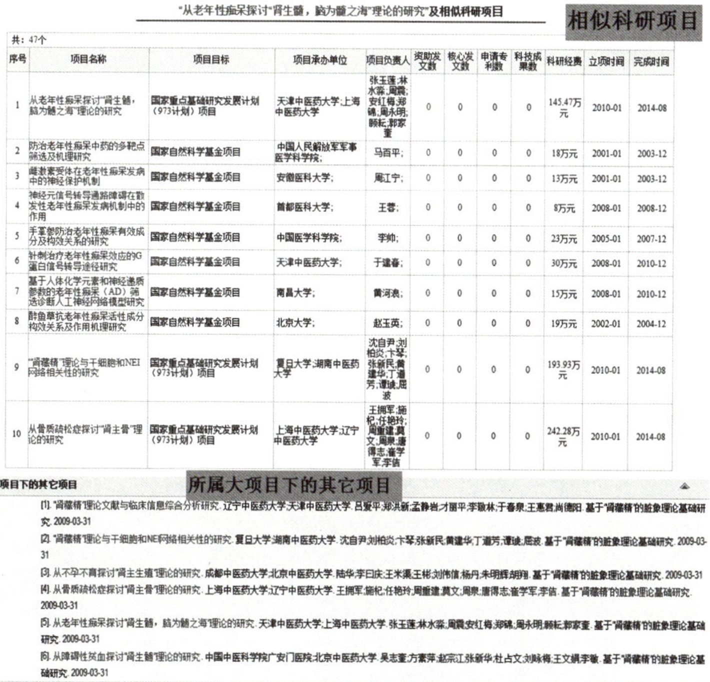

"从老年性痴呆探讨"肾生髓，脑为髓之海"理论的研究"及相似科研项目

共：47个

序号	项目名称	项目目标	项目承办单位	项目负责人	资助发文数	核心发文数	申请专利数	科技成果数	科研经费	立项时间	完成时间
1	从老年性痴呆探讨"肾生髓，脑为髓之海"理论的研究	国家重点基础研究发展计划（973计划）项目	天津中医药大学;上海中医药大学	张玉莲;林水淼;周震;安红梅;郑锦;周永明;顾耘;郭家奎	0	0	0	0	145.47万元	2010-01	2014-08
2	防治老年性痴呆中药的多靶点筛选及机理研究	国家自然科学基金项目	中国人民解放军军事医学科学院;	马百平;	0	0	0	0	18万元	2001-01	2003-12
3	雌激素受体在老年性痴呆发病中的神经保护机制	国家自然科学基金项目	安徽医科大学;	周江宁;	0	0	0	0	13万元	2001-01	2003-12
4	神经元信号转导通路障碍在散发性老年性痴呆发病机制中的作用	国家自然科学基金项目	首都医科大学;	王蓉;	0	0	0	0	8万元	2008-01	2008-12
5	手掌参防治老年性痴呆有效成分及构效关系的研究	国家自然科学基金项目	中国医学科学院;	李帅;	0	0	0	0	23万元	2005-01	2007-12
6	针刺治疗老年性痴呆效应的G蛋白信号转导途径研究	国家自然科学基金项目	天津中医药大学;	于建春;	0	0	0	0	30万元	2008-01	2010-12
7	基于人体化学元素和神经递质参数的老年性痴呆（AD）筛选诊断人工神经网络模型研究	国家自然科学基金项目	南昌大学;	黄河浪;	0	0	0	0	15万元	2008-01	2010-12
8	醉鱼草抗老年性痴呆活性成分构效关系及作用机理研究	国家自然科学基金项目	北京大学;	赵玉英;	0	0	0	0	19万元	2002-01	2004-12
9	"肾藏精"理论与干细胞和NEI网络相关性的研究	国家重点基础研究发展计划（973计划）项目	复旦大学;湖南中医药大学	沈自尹;刘柏炎;卞琴;张新民;黄建华;丁道芳;谭琥;屈波	0	0	0	0	193.93万元	2010-01	2014-08
10	从骨质疏松症探讨"肾主骨"理论的研究	国家重点基础研究发展计划（973计划）项目	上海中医药大学;辽宁中医药大学	王拥军;施杞;任艳玲;周重建;莫文;周泉;唐得志;崔学军;李佶	0	0	0	0	242.28万元	2010-01	2014-08

所属大项目下的其它项目

[1]. "肾藏精"理论文献与临床信息综合分析研究. 辽宁中医药大学;天津中医药大学. 吕爱平;郑洪新;孟静岩;才丽平;李敬林;于春泉;王惠君;尚德阳. 基于"肾藏精"的脏象理论基础研究. 2009-03-31

[2]. "肾藏精"理论与干细胞和NEI网络相关性的研究. 复旦大学;湖南中医药大学. 沈自尹;刘柏炎;卞琴;张新民;黄建华;丁道芳;谭琥;屈波. 基于"肾藏精"的脏象理论基础研究. 2009-03-31

[3]. 从不孕不育探讨"肾主生殖"理论的研究. 成都中医药大学;北京中医药大学. 陆华;李曰庆;王米渠;王彬;刘伟信;杨丹;朱明辉;胡翔. 基于"肾藏精"的脏象理论基础研究. 2009-03-31

[4]. 从骨质疏松症探讨"肾主骨"理论的研究. 上海中医药大学;辽宁中医药大学. 王拥军;施杞;任艳玲;周重建;莫文;周泉;唐得志;崔学军;李佶. 基于"肾藏精"的脏象理论基础研究. 2009-03-31

[5]. 从老年性痴呆探讨"肾生髓，脑为髓之海"理论的研究. 天津中医药大学;上海中医药大学. 张玉莲;林水淼;周震;安红梅;郑锦;周永明;顾耘;郭家奎. 基于"肾藏精"的脏象理论基础研究. 2009-03-31

[6]. 从障碍性贫血探讨"肾生髓"理论的研究. 中国中医科学院广安门医院;北京中医药大学. 吴志奎;方素萍;赵宗江;张新华;杜占文;刘咏梅;王文娟;李敏. 基于"肾藏精"的脏象理论基础研究. 2009-03-31

图 8-29　CNKI 的相似科研项目界面

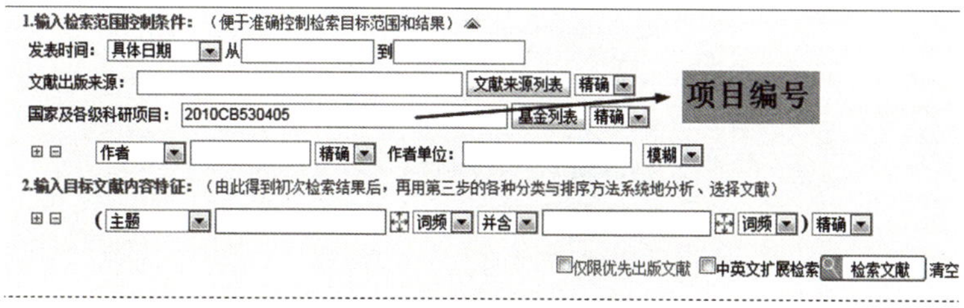

图 8-30　CNKI 按项目编号检索界面

（二）万方医学网

1. 基金信息　涵盖 1999~2012 年约 8.5 万条国家级基金数据，其中完整收录了国家自然科学基金自 1999 年至今的所有生物医学领域的约 7.6 万条立项数据，并通过基金数据与基金论文、作者空间、机构空间的关联实现资源共享。

万方医学网的基金信息提供一框式检索、高级检索和在结果内检索 3 种检索方式，辅助用户快速查询基金资助项目信息。

（1）一框式检索　一框式检索可通过输入项目题名、项目负责人或承担单位查询基金项目，选择基金类别限定检索范围（图 8-31）。

图 8-31　万方医学网基金检索的一框式检索界面

（2）高级检索　高级检索可以同时限定项目名称、项目负责人、项目单位、项目编号、批准时间及项目金额等多种检索条件实现基金项目的精准检索（图 8-32）。

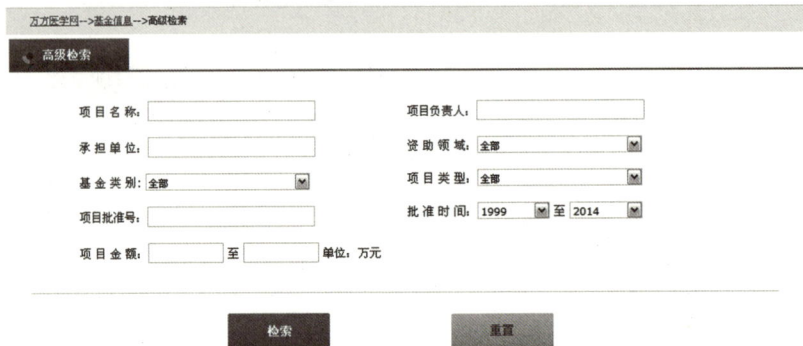

图 8-32　万方医学网基金检索的高级检索界面

（3）在结果内检索　面对较多条目的初检结果时，通过"在结果内检索"进一步缩小检索范围，使检索结果更加精确（图 8-33）。

图 8-33　万方医学网基金检索的在结果内检索界面

2. 数据类型 包括国家自然科学基金（NSFC）、国家重点基础研究发展计划（"973 计划"）、国家重大科学研究计划、国家高技术研究发展计划（"863 计划"）、国家科技重大专项、国家科技支撑计划等国家级基金。

3. 数据字段 包括基金类别、项目类型、批准年、批准号、资助领域、承担单位、项目负责人、资助年限、起止时间、资助金额等（图 8-34）。

图 8-34 万方医学网基金检索的数据字段检索界面

三、国家自然科学基金检索

国家自然科学基金自 20 世纪 80 年代设立以来，坚持支持基础研究，逐渐形成和发展了由研究项目、人才项目和环境条件项目三大系列组成的资助格局。30 多年来，自然科学基金在推动我国自然科学基础研究的发展，促进基础学科建设，发现、培养优秀科技人才等方面取得了巨大成绩。

（一）科学基金共享服务网

1. 资源概括 国家自然科学基金资助项目的检索和信息发布主要依托"科学基金共享服务网"（http://npd.nsfc.gov.cn），于 2006 年 5 月 16 日正式开通。

2012 年该网站更新公布了 2008~2011 年结题项目的基本信息和相关成果信息。从 2013 年开始逐步实现年度结题项目成果信息的发布（图 8-35）。该网站不提供当年度新中标的资助项目检索。

成果类型提供：

（1）资助领域 涵盖国家自然科学基金委员会 8 个科学部。

（2）项目类型 包括面上项目、青年项目、地区项目、重点项目、重大项目、国家杰出青年基金、创新研究群体项目、港澳青年学者合作研究基金项目等。

（3）成果类型 包括期刊论文、会议论文、著作、奖励和资助项目五方面的信息。

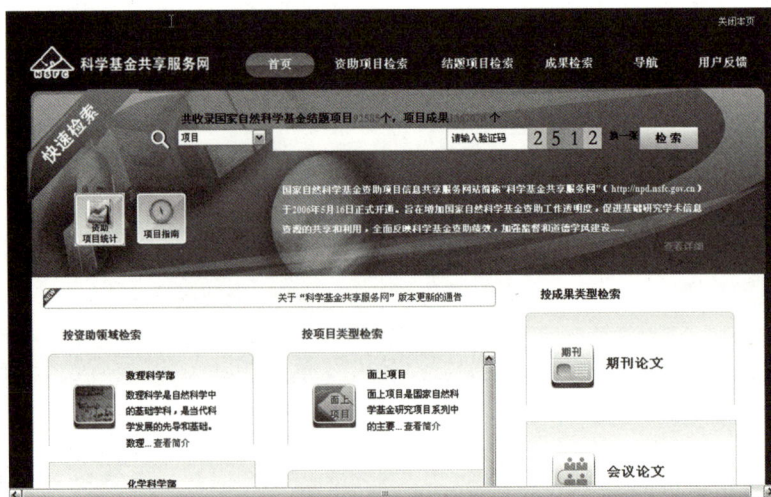

图 8-35 科学基金共享服务网首页

2. 检索方式与步骤 提供"资助项目检索""结题项目检索"和"成果检索"3 种方式。在首页的快速检索页面,可以直接选择"项目"或"成果",检索已经结题的项目,或已经获得的成果。

【示例】检索近 5 年国家自然科学基金资助的中药材研究的类似项目情况,同时要求了解项目已经发表的论文,是否有获奖的项目。

第一步:采用快速检索,选择项目途径,直接在检索框中输入"中药材"及验证码,检索出关于中药材的所有入库的结题项目数和项目名称列表。

第二步:再次限定依托单位,按照结题的时间升序或降序进行二次检索。

第三步:点击项目题名,可浏览选择项目的详细信息页面,通过每个项目,查看发表的论文、论著和奖项(图 8-36)。

(1)资助项目检索 在资助领域界面点击"医学科学部",进入医学科学部检索页面,可以从项目批准号、项目名称、项目负责人、项目依托单位、项目类型、批准年度几个字段进行项目检索(图 8-37)。

【示例】检索匡海学教授获国家自然科学基金资助的项目。

在项目负责人字段输入"匡海学",点击检索,可以检索出 3 条匡海学获国家自然科学基金资助的项目(图 8-38)。

(2)结题项目检索 包括资助项目批准号、项目名称、项目类别、申请领域、申请代码、项目负责人、项目负责人专业技术职务、依托单位、资助年限等,检索后有包含资助经费、内容摘要和关键词等基本信息供参考。

(3)成果检索 包括期刊论文(作者、篇名、刊物、发表日期、单位名称等)、会议论文(作者、篇名、会议名称、会议日期、会议地点、单位名称等)、专著(作者、书名、出版机构、出版日期、统一书号、单位名称等)、奖励(奖励编号、奖励名称、完成人、完成单位、奖励种类、授奖等级、授奖时间、授奖单位)等。

3. 导航检索 导航分为按申请领域查询和按项目类型检索两部分(图 8-39)。在申请领域查询模块,点击"医学科学部",页面下方会显示医学科学部所属的 11 个模块,将鼠标放在模块上,便会显示出该模块所收录的具体学科。

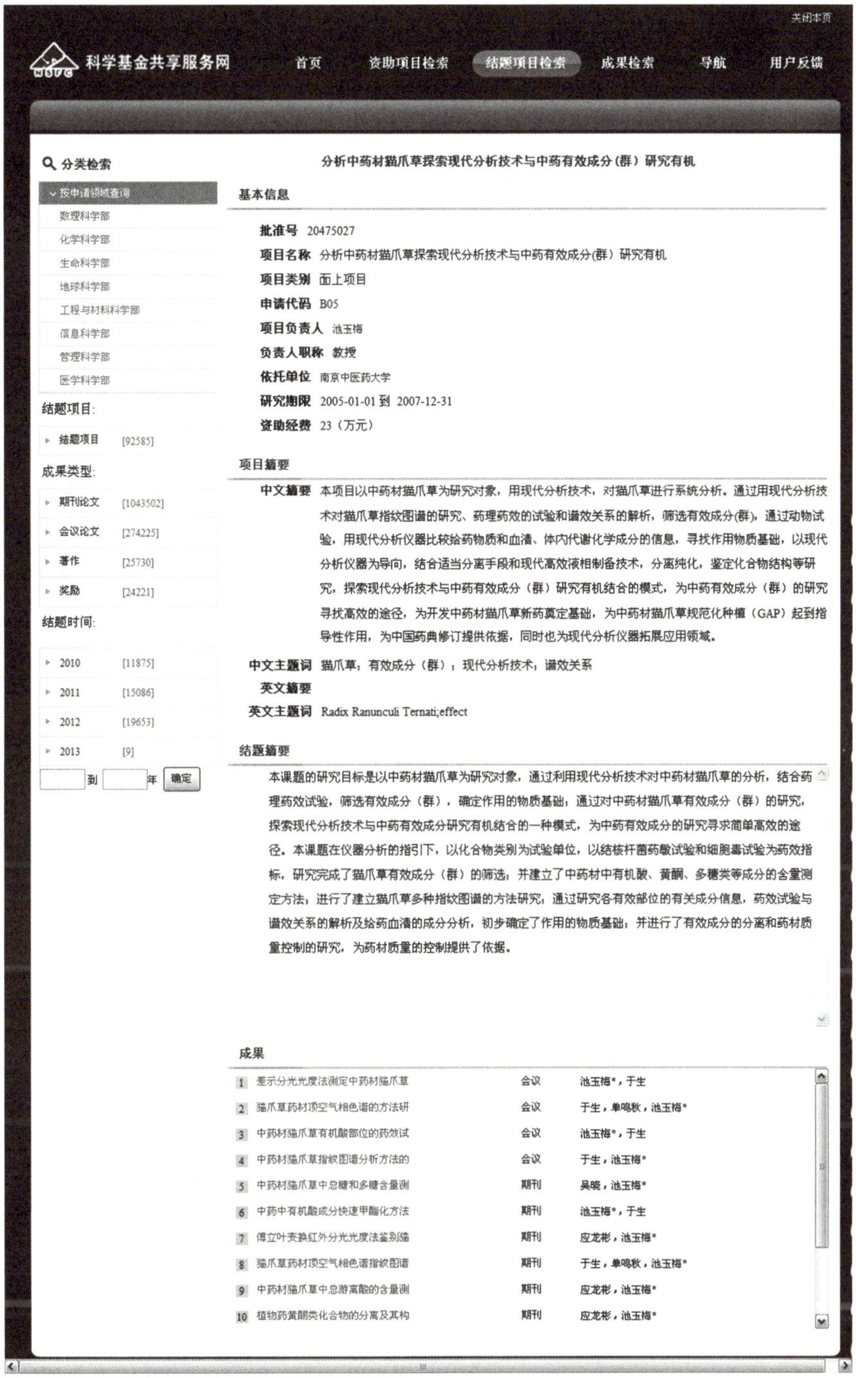

图 8-36　科学基金共享服务网的项目详细信息界面

图 8-37　科学基金共享服务网的项目检索界面

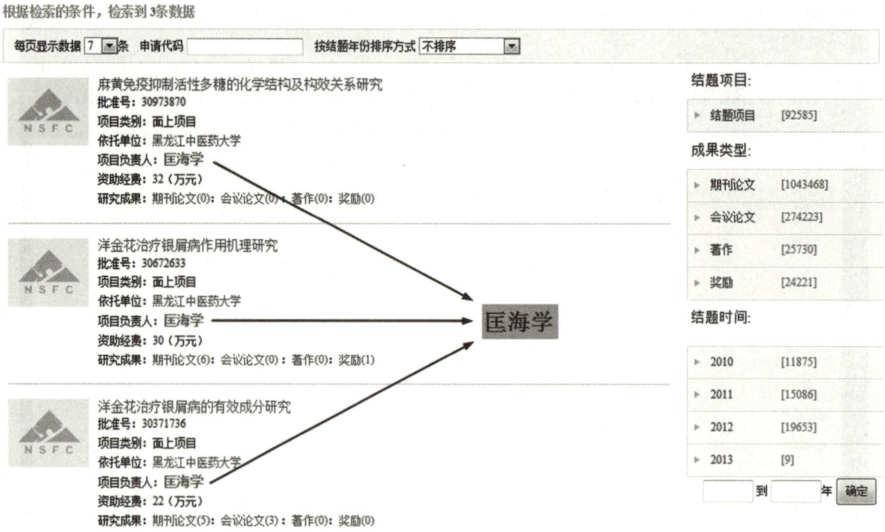

图8-38　科学基金共享服务网匡海学获国家自然科学基金资助的项目界面

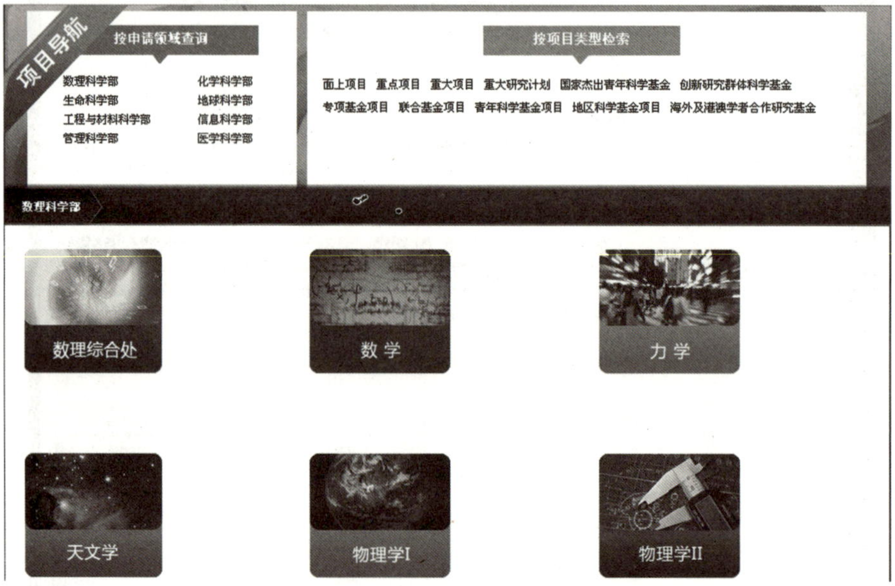

图8-39　科学基金共享服务网的导航检索界面

（二）科学基金网络信息系统

1. 资源概括　科学基金网络信息系统（Internet-based Science Information System，ISIS）（https：//isisn. nsfc. gov. cn/egrantweb）是国家自然科学基金委员会于2000年委托香港城市大学和爱瑞思软件（深圳）有限公司共同开发完成，用于辅助科学基金项目的全过程精细化管理的一个平台。非项目申请人或负责人仅能作为社会公众，可以查询项目名称、资助金额、研究进度等基本信息。ISIS支持当年度新资助的基金项目检索，与科学基金共享服务网形成互补。

ISIS系统对于依托单位需要注册确认，社会公众可以从单位查询和项目检索两个模块进行项目检索，无需注册（图8-40）。

图 8-40　ISIS 主页面

2. 单位查询　单位查询用于检索注册单位及代码，可以通过已知单位的名称查询代码，或者通过代码查询单位名称（图 8-41）。

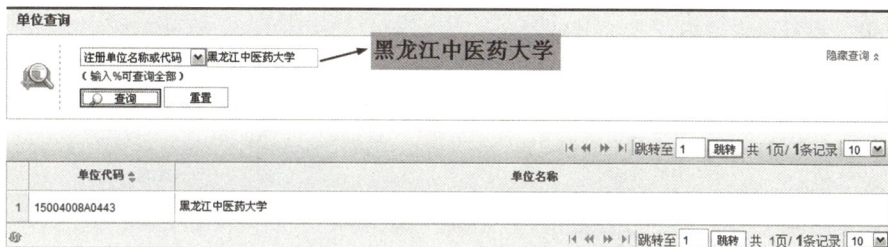

图 8-41　ISIS 的单位查询检索结果界面

也可以输入"%"查询全部单位名称和对应代码（图 8-42）。

图 8-42　ISIS 的单位名称和单位代码查询界面

3. 项目检索　项目检索可以检索项目的具体信息，通过批准号、项目名称、项目负责人、单位名称、申请代码、资助类别、亚类说明、附注说明、项目主题词、批准年度字段进行检索，其中单位名称、申请代码和项目关键词 3 个条件必须有 1 项要输入。

【示例】检索黑龙江中医药大学 2013 年度资助项目情况。

第一步：点击首页的项目检索，进入项目综合查询页面（图 8-43）。

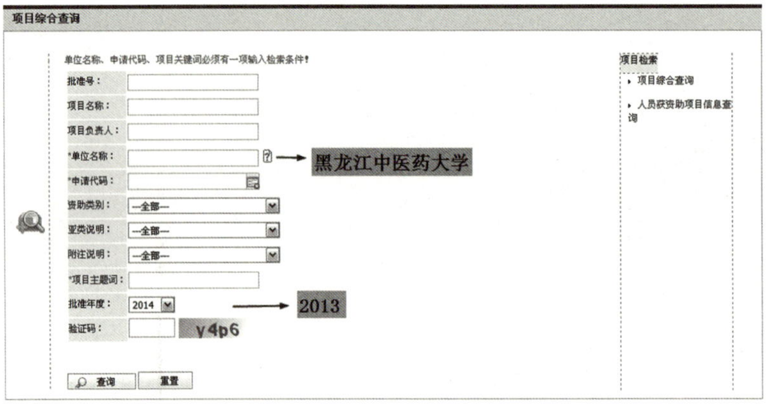

图 8-43　ISIS 的项目综合查询界面

第二步：查看检索结果（图 8-44）。

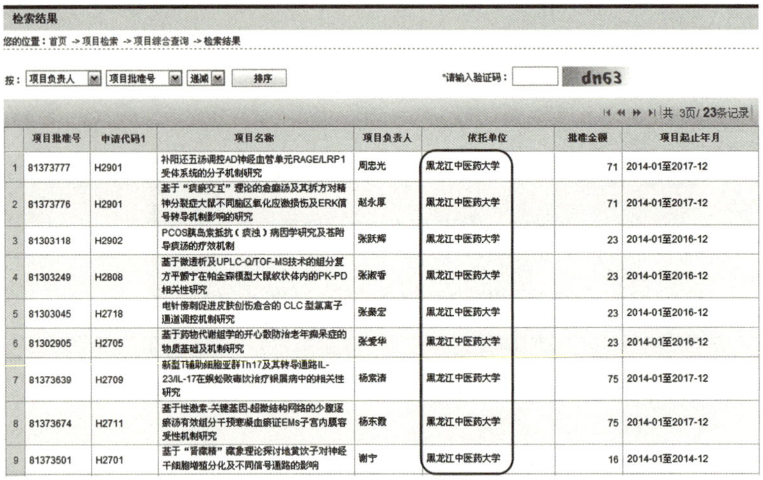
检索结果

您的位置：首页 -> 项目检索 -> 项目综合查询 -> 检索结果

按：项目负责人　项目批准号　递减　排序　　*请输入验证码：　dn63

共 3页/ 23条记录

	项目批准号	申请代码1	项目名称	项目负责人	依托单位	批准金额	项目起止年月
1	81373777	H2901	补阳还五汤调控AD神经血管单元RAGE/LRP1受体系统的分子机制研究	周忠光	黑龙江中医药大学	71	2014-01至2017-12
2	81373776	H2901	基于“痰瘀交互”理论的愈癫汤及其拆方对精神分裂症大鼠不同脑区氧化应激损伤及ERK信号转导机制影响的研究	赵永厚	黑龙江中医药大学	71	2014-01至2017-12
3	81303118	H2902	PCOS胰岛素抵抗（痰浊）病因学研究及苍附导痰汤的疗效机制	张跃辉	黑龙江中医药大学	23	2014-01至2016-12
4	81303249	H2808	基于微透析及UPLC-Q/TOF-MS技术的组分复方平颤宁在帕金森模型大鼠纹状体内的PK-PD相关性研究	张淑香	黑龙江中医药大学	23	2014-01至2016-12
5	81303045	H2718	电针傍刺促进皮肤创伤愈合的 CLC 型氯离子通道调控机制研究	张秦宏	黑龙江中医药大学	23	2014-01至2016-12
6	81302905	H2705	基于药物代谢组学的开心散防治老年痴呆症的物质基础及机制研究	张爱华	黑龙江中医药大学	23	2014-01至2016-12
7	81373639	H2709	新型T辅助细胞亚群Th17及其转导通路IL-23/IL-17在蜈蚣败毒饮治疗银屑病中的相关性研究	杨素清	黑龙江中医药大学	75	2014-01至2017-12
8	81373674	H2711	基于性激素-关键基因-超微结构网络的少腹逐瘀汤有效组分干预寒凝血瘀证EMs子宫内膜容受性机制研究	杨东霞	黑龙江中医药大学	75	2014-01至2017-12
9	81373501	H2701	基于“肾藏精”藏象理论探讨地黄饮子对神经干细胞增殖分化及不同信号通路的影响	谢宁	黑龙江中医药大学	16	2014-01至2014-12

图 8-44　ISIS 的项目检索结果界面

思考练习

1. 检索自己导师参与的一项基金项目，并写出项目名称、编号、所属基金项目。
2. 检索所在学校申请的国家自然科学基金项目，并写出项目数量、负责人情况。
3. 检索“国家留学基金”的管理机构和研究层次。
4. 自拟研究课题，通过基金相关信息检索，分析其最新研究进展和相关研究人员。
5. 尝试查找其他可以检索科研基金的相关网站。

第四节　定题检索与定题推送

【示例】某研究人员目前研究方向为“心力衰竭发展过程中离子通道表达干预研究”，经过前期详细检索调研后获取了相关文献。为保证研究期间定期跟进国外研究动态，以不断修正和借鉴相关最新研究成果，研究人员需借助哪些工具和手段才能实现此类信息的有效跟踪？

定题检索是根据用户的科研需求，定期或不定期对某一特定主题进行跟踪检索，将经过筛选的最新检索结果及时传送给用户，为用户提供从课题前期调研、开题立项、项目进展中和成

NOTE

果验收全过程的文献检索服务。定题检索包括主题的跟踪检索和文献的定题推送两部分。

为满足用户的个性化需求，各大数据库和网络学术信息资源（电子期刊、医学网站、学术论坛等）推出了基于不同信息推送方式的定题检索和推送服务，其实现过程是：信息发布者通过网络服务器，根据预先设置好的条件，而不是用户的即时要求，有目的性地将用户需要的信息主动发送到用户的信息终端。用户只需在初次使用时自主设定好所需信息范围、时效等自定义要求，以后则无需再进行任何信息检索操作，便可通过信息终端方便获取所需特定信息。目前，各大数据库和网络学术信息资源主要提供基于 E-mail Alerts 和 RSS 订阅两种方式的定题检索与推送服务。研究人员可根据自己的需求和使用习惯选择不同的推送方式，以获得学科领域的更新信息。

常见的类型有 4 种。

1. 定题推送　用户以自己的知识结构和信息素质为基础，根据研究方向、学科、课题等分析自身的信息需求，制定相应的检索策略，系统将符合条件的最新进展推送给用户。

2. 主题通报　推介经数据库统计分析的学科主题热点文献。

3. 期刊定制　及时将用户预先选定期刊的最新目次推送给用户。

4. 引文跟踪　跟踪所关注的高质量文献或自己文献的被引用情况，以跟进后续研究。

（一）　E-mail Alerts

E-mail Alerts 是数据库与网络学术资源根据用户需求，以 E-mail 形式定期将有关信息推送给用户的一种服务。多数数据库和网络学术资源都提供这项服务。用户只需按要求填写用户名、密码和有效的 E-mail 地址即可。如 PubMed 2005 年推出了 MyNCBI 个性化服务，用户注册登录后就可以使用包括 E-mail Alerts 在内的 MyNCBI 各项功能，如果拥有 Google 的注册账号可以直接登录。用户通过学科项目或课题需求分析涉及的检索词及限定条件，制定检索策略后保存检索策略到 MyNCBI，再对更新文献的频率、时间、形式、最高发送文献的数量等进行选择，还可通过检索过滤条件的设置实现对推送结果的限定，如一般限定条件免费全文、综述等，也可以针对专题进行限定，如 PubMed HEATH 专题下设有 clinical guides、dare reviews、diseases and conditions、drugs and supplements 等 10 个过滤条件。通过设置，以后 PubMed 会把更新的文献发送到指定的电子邮箱。

【示例】通过 E-mail Alerts 的方法在 PubMed 或 Google 学术搜索，如何实现推送"心力衰竭发展过程中离子通道表达干预研究"选题。

1. 分析　检索需求分析显示，其所涉及的检索词为 heart failure；ion channel；expression，根据 PubMed 与 Google 学术搜索的不同特色，分别制定检索策略。

PubMed——（"heart failure"［MeSH Terms］OR "heart failure"［All Fields］）AND（"ion channels"［MeSH Terms］OR "ion channels"［All Fields］）AND（"gene expression"［MeSH Terms］OR "gene expression"［All Fields］OR "expression"［All Fields］）。

Google 学术搜索——heart failure AND ion channel AND expression。需注意 Google 学术搜索并不具备主题词下位扩展检索的功能，所以在实际检索中如能根据课题研究方向，将 ion channel 具体化（比如钙通道 Calcium Channels、氯化物通道 Chloride Channels、钠通道 Sodium Channels 等），则检索效果会更好，heart failure AND（ion channel OR Calcium Channels OR Chloride Channels OR Sodium Channels）AND expression。

2. PubMed 定制步骤

步骤一：将检索式放入 PubMed 进行检索后，点击检索框下方的"Save Search"链接并打开相应页面，给此次检索命名，如心衰离子通道表达然后保存（图 8-45）。

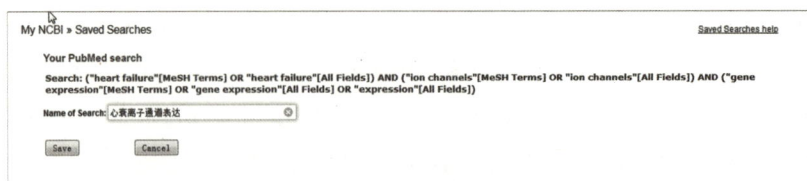

图 8-45　PubMed 系统的检索式保存界面

步骤二：对更新文献的频率、时间、形式、最高发送文献的数量等进行选择，保存即可（图 8-46）。

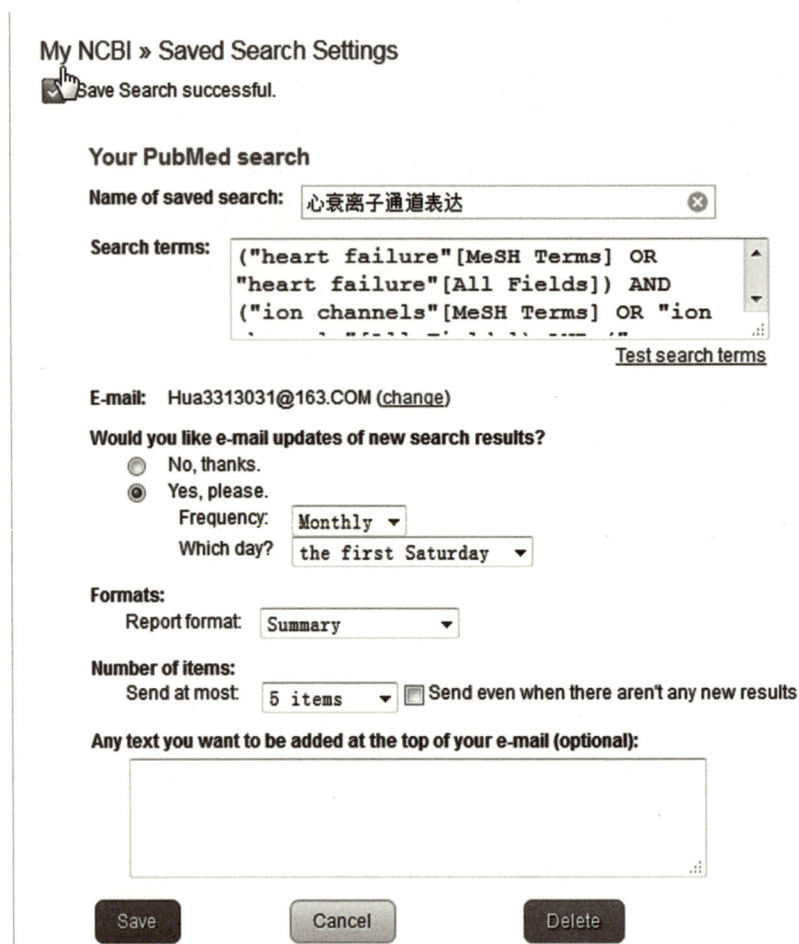

图 8-46　PubMed 系统的推送定制界面

3. Google 学术搜索定制步骤　采用制定的检索式在 Google 学术搜索检索进入检索结果页面，再点击左侧"创建快讯"链接并打开相应页面，进行相应推送设置即可（图 8-47）。

图 8-47　Google 学术搜索的推送定制界面

在科研过程中，一方面要关注和跟踪与自己研究相关的文献，另一方面还要紧跟最新学科研究热点与前沿文献，了解学科发展趋势，扩大研究视野，保持学科敏感度。如何定位与跟踪最新学科研究热点和前沿文献，数据库往往依据文献下载次数、被引频次、文献出版时间（主要针对会议）等客观数据的统计结果产生相关文献，部分数据库提供推送功能。如 Science Direct 的 Top 25 Hottest articles 提供每个季度各个学科主题与跨学科综合排名前 25 位的热点文献（依据文献下载次数统计），用户可通过 E-mail Alerts 进行跟踪订阅，了解当前的研究热点与学科的发展趋势。

（二） RSS 订阅与输出

1. RSS 简介与特点　RSS 是英文 Really Simple Syndication（真正的简单聚合）、Rich Site Summary（丰富的网站摘要）或 RDF Site Summary（RDF 站点摘要）的缩写，是一种基于 XML 标准，将信息主动推送到用户端的实用技术。网络信息资源的提供者只需在自己网站发布一个包含信息标题、摘要和能链接到源内容的 XML 格式的 RSS 文件即 RSS Feed，作为信息接受者的用户，就可以将自己感兴趣的信息内容的 RSS Feed 添加到 RSS 阅读器中，在不打开网站 html 页面的情况下直接阅读支持 RSS 输出的网站内容，并可及时更新。RSS 实现了信息迅速传递，与传统信息获取方式比较，具有其特点。

（1）多源的个性化聚合特性　用户可根据自己的喜好定制多个 RSS 信息源，并将其聚合到自己的 RSS 阅读器中，无需逐个搜索，通过 RSS 阅读器就可以实现多来源信息的即时阅读。RSS 为用户提供多来源信息的个性化信息套餐"一站式"服务。

（2）信息推送的即时性　RSS 技术可将用户订阅的源信息的最新更新内容，第一时间推送到用户端 RSS 阅读器中，极大地提高了用户获取信息的时效和价值。

（3）本地信息管理的便捷性　用户可对 RSS 阅读器中的订阅内容进行分类、标记、存档、排序等多种管理操作，使 RSS 阅读器充分发挥好一个随身信息资料库的功用。RSS 阅读器还可为用户屏蔽弹出广告、垃圾邮件等的无关信息。

2. 选择合适的 RSS 阅读器　利用 RSS 技术跟踪与获取信息首先必须选择合适的 RSS 阅读器。目前有浏览器 RSS 功能插件和专属阅读器两种，用户可根据 RSS 阅读器的不同特点和个人偏好选择适合的阅读器。

（1）浏览器 RSS 功能插件　Internet Explorer 8 以上的版本、Firefox、Maxthon 等浏览器内置 RSS 阅读器。此种方式可在浏览网页的同时收集 RSS 源，使用便捷，但管理功能相对比较简单。

（2）专属阅读器　专属阅读器又分为在线阅读器和离线阅读器，两者均可对 RSS 源实现个性化管理。在线阅读器主要有 Feedly、Old Reader、鲜果阅读器和有道阅读等。此类阅读器无需安装，注册登录后就可使用，阅读内容可实时同步。离线阅读器主要有 Feed Demon、sharpreader 和周博通 RSS 阅读器等，需下载安装客户端，可以离线阅读。随着科技的发展，支持手持设备的如 PDA、智能手机等的 RSS 阅读器也得到了飞速发展，相比传统的桌面阅读方式，使用手持设备阅读 RSS，在内容的可读性、使用成本、时间效益、便捷性等方面都具有很大的优势。

3. RSS 订阅操作与实例　选择合适的 RSS 阅读器后，只要点击提供 RSS 订阅的网页上的 XML，RSS 标记图标就可将相关的 RSS Feed 添加到自己的 RSS 阅读器中完成订阅。目前的电子期刊、数据库、学术网站、图书馆等均提供学术资源的 RSS 订阅。就数据库而言，主要提供期刊和检索策略两种形式的 RSS 订阅，大多数数据库能实现期刊的 RSS 订阅，提供检索策略的 RSS 订阅的数据库相对较少，如 SCI、PubMed、CNKI、SringerLink、Science Direct 等数据库能实现检索策略的 RSS 订阅，用户可根据数据库的实际情况进行合理选择。

【示例】某康复方向的研究人员在科研中需不断关注阅读该领域的核心期刊，如《中国康复理论与实践》《中国康复医学杂志》、Neurorehabilitation and Neural Repair（《神经康复与神经修复》）等的最新文献，如何无需多次进入不同数据库去查看这些学术期刊最新目次，并有效管理来自不同数据库的多个学术期刊呢？

（1）分析　要实现 3 本康复相关期刊的订阅，可通过查询数据库，亦可尝试通过电子期刊主页，应用 RSS 技术实现订阅与管理。

（2）订阅步骤

步骤一：通过 CNKI 期刊导航检索到《中国康复理论与实践》和《中国康复医学杂志》，进入期刊页面；通过搜索引擎检索到 Neurorehabilitation and Neural Repair 主页寻找 current issue（现期目次），在网页上均会出现 RSS 的标志，点击进入订阅操作（图 8-48、图 8-49）。

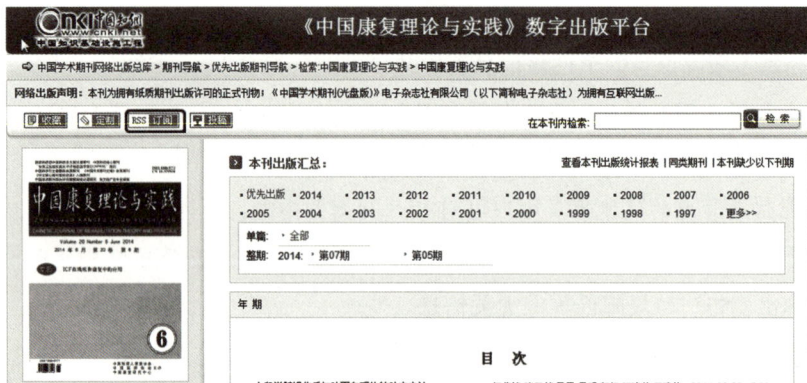

图 8-48　CNKI 的期刊订阅界面

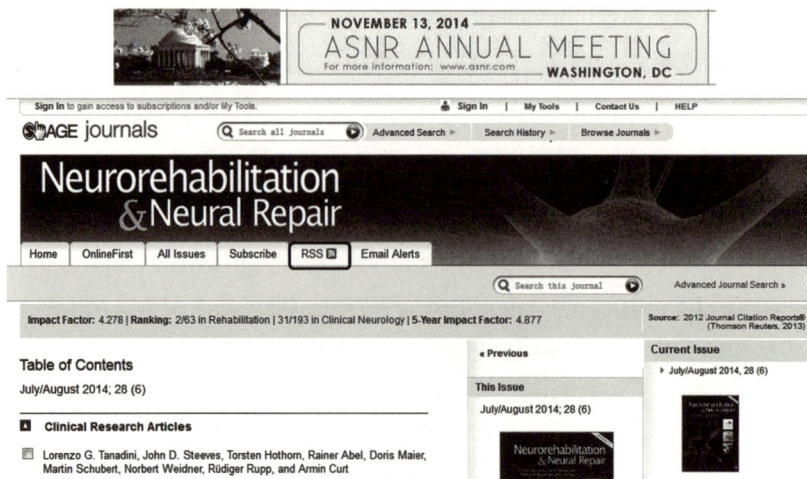

图 8-49　期刊主页的 RSS 订阅界面

步骤二：进入 RSS 订阅页面，如使用 IE 内置 RSS 阅读器，点击订阅，可以在 IE 收藏夹对 RSS 源右击进行命名、更新频率等内容进行管理；如果使用专属 RSS 阅读器，如鲜果阅读器，先将订阅页面地址栏的 URL 地址复制到鲜果阅读器"添加频道"，点击提交，完成订阅（图 8-50），然后在鲜果阅读器主页面对订阅内容进行多项个性化管理（图 8-51）。

图 8-50　RSS 订阅界面

图 8-51　鲜果阅读器界面

【示例】　在 SCI 检索与人相关的禽流感研究时发现，美国疾病控制和预防中心的相关研究文献最多，且被引频次较高，如何对其有关禽流感的研究进行追踪，并关注其中被引频次较高的 1 篇文献后续被引情况？

（1）分析　在 SCI 检索与人相关的禽流感研究，采用主题（avian influenza OR bird flu）AND human 进行检索后，利用 SCI 检索结果中的精炼与结果排序功能，可迅速锁定美国疾病控制和预防中心的相关禽流感文献及其中被引频次较高的文献（具体操作见 SCI 部分）。

（2）订阅步骤

第一步：在 SCI 检索结果精炼页面，点击"创建跟踪服务"，命名检索历史名称如"禽流感研究"，然后选择电子邮件跟踪或 RSS feed 保存检索历史（图 8-52）。如选择 RSS 方式跟踪文献，保存检索历史后点击 RSS feed，进入 RSS 源页面（图 8-53）。

第二步：点击 RSS 源进入 RSS 订阅页面，接下来 RSS 阅读器操作参见上例第二步。

第三步：返回精炼检索结果页面，通过对结果进行被引频次排序，选中引用次数最高的文献，点击创建"引文跟踪"，然后重复第二步。

第四步：可在检索历史中对创建跟踪的文献进行有效管理。

无论 E-mail Alerts 还是 RSS 订阅，这两种定题检索与推送技术都具有便捷性和即时性的特点，如能有效利用，一方面可以大大缩短查找信息和重要操作的时间，跟进学科领域发展动态；另一方面可以培养定期、及时阅读文献的习惯，从而提高信息获取与利用效率。有效利用

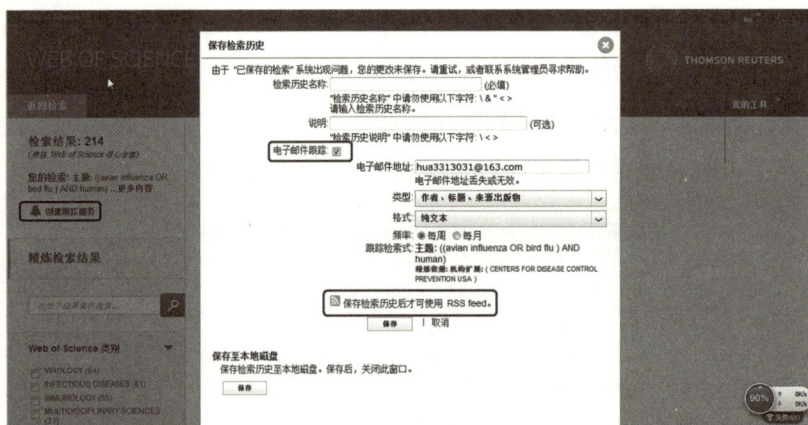

图 8-52　SCI 保存检索历史界面

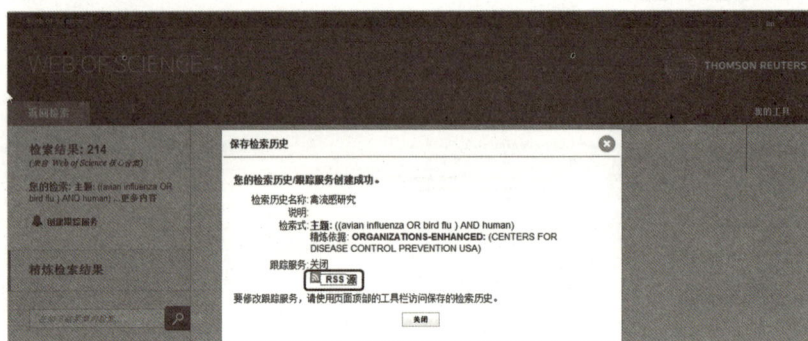

图 8-53　SCI RSS 源界面

的前提是在检索中应有意识地了解和总结各类信息资源（电子期刊、数据库、学术网站、图书馆服务）所提供的 E-mail Alerts 与 RSS 订阅功能、特点及实现方法，根据具体情况进行选择和灵活应用，如 PubMed 可以使用 E-mail Alerts 与 RSS 订阅，但它的 RSS 功能却不支持期刊订阅；Science Direct 的 E-mail Alerts 与 RSS 订阅均可实现定题推送、期刊定制、主题通报、引文追踪等；Google 学术搜索只提供 E-mail Alerts；万方只提供期刊的 RSS 订阅；SCI 的 RSS 订阅必须注册后才能使用等。

思考练习

1. 任选一个课题，利用 RSS 订阅器分别在 SCI、PubMed 里订阅所选课题的最新检索结果。

2. 归纳前面所学的检索工具，有哪些可以提供 RSS 订阅，尝试订阅一个课题的最新文献。

3. 分别利用手机、电脑安装鲜果阅读器，并订阅一个课题的最新文献，归纳手机阅读与电脑阅读的区别。

NOTE

知用篇

第九章　学术评价方法与工具

基于文献的学术评价，就是对学术研究成果做出定性、定量分析，对其学术水平进行评判。学术评价的基本方法有内容分析法、文献计量法、聚类分析法（大数据分析法），常用的学术分析与评价工具有 Arrowsmith、PubGene、Gopubmed、HistCite 和 F1000。

第一节　文献评价方法

【示例】中医妇科的李老师安排他的学生林珊在开题前完成"近 5 年期刊文献中有关中医药治疗更年期综合征证候分型的研究情况"，希望通过文献评价的方法分析目前国内该方面研究的总体情况，通过聚类分析法研究其脏腑辨证规律和遣方用药基本规律。林珊如何完成任务呢？

3 种基于文献的学术评价方法各自侧重点有所不同。其中内容分析法是基于学术发展的内在规律和学科本身逻辑结构的评价方法，侧重于内容。文献计量法是研究学术研究成果的外在特征与学术成果之间的形式联系。聚类分析法则是一种探索性的分析，从样本数据出发，自动进行分类。

一、内容分析法

内容分析法是一种对于传播内容进行客观、系统和定量描述的研究方法。其实质是对传播内容所含信息量及其变化的分析，即由表征意义的词句推断出准确意义、层层推理的过程。

1. 特性　内容分析法具有三个关键特性。

（1）**系统性**　即研究自始至终只使用一套评价规则，保证每个项目接受分析的机会相同，且所有的研究内容以完全相同的方法进行处理。

（2）**客观性**　指分析必须基于明确制定的规则执行，以确保不同的人可以从相同的文献中得出同样的结果。

（3）**定量**　指研究中运用统计学方法对类目和分析单元出现的频数进行计量，用数字或图表的方式表述内容分析的结果，需做到精确和简要。

定量性是内容分析法最为显著的特征，其通过频数、百分比、卡方分析、相关分析及 T-TEST 等统计技术揭示传播内容的特征。

内容分析的前期阶段，研究者选择分析总体、定义分析单位和分析维度等过程基本上是主观的，一旦评价标准、分析单位和维度得到确定，就不再受任何主观因素的影响。内容分析法并不排斥"解释"，研究者得出一组说明传播内容特征的数据后，需要对这组数据进行解释，以说明数据的意义。

2. 内容 内容分析法将非定量的文献材料转化为定量的数据，并根据这些数据对文献内容做出定量分析，最终做出关于事实的判断和推论。内容分析法包括建立研究目标、确定研究总体、选择分析单位、设计分析维度、分析材料、量化处理和统计处理等。

（1）研究目标 主要有趋势分析、现状分析、比较分析和意向分析。

（2）分析单位 描述或解释研究对象时，所使用的最小、最基本单位。

（3）分析维度 根据研究需要而设计的将资料内容进行分类的项目和标准。设计分析维度过程基本原则：分类必须适合于所有分析材料，所有分析单位都必须可归入相应类别，不能出现资料无处可归；分类中，应当使用同一个分类标准，即只能从众多属性中选取一个作为分类依据；分类的层次必须明确，不能越级和出现层次混淆的现象；设计时应考虑如何对内容分析结果进行定量分析，使结果适合数据处理。

（4）分析材料 一是界定总体，二是从总体中抽取有代表性的样本。可以进行来源取样、日期抽样和分析单位取样。

（5）量化处理 是样本数据化的过程，包括评判记录和信度分析两部分。

①评判记录：是根据分析维度和分析单位，对样本中的信息进行分类记录，确定其频率（有、无、百分比），做出总计，结果必须是数字形式。

②信度分析：指两个或两个以上的研究者按照相同的分析维度，对同一材料进行评判结果的一致性程度。

（6）统计处理 对评判结果进行统计处理，描述各分析维度特征及相互关系，并根据研究目标进行比较，得出关于研究对象的趋势或特征、异同点等方面的结论。

3. 方法 内容分析主要采用的是推理法和比较法。内容分析法的研究对象是文本、声音、图像等传播性信息，其过程是层层推理。

（1）推理法 最基本的推理有趋势推理、相关性推理和因果推理（如根据脉象推断病证等）3种。

（2）比较法 是对文献中有关信息单元进行比较，主要方法有趋势比较、不同内容群比较、内容比较、有标准的内容比较等。

中医学研究的资料以往多为传播性，主要为研究者个人的总结，其结论受个人因素的影响。内容分析法可在一定程度上解决中医文献的定量化和客观化问题。

4. 价值 内容分析法具有较好的概括功能，能够准确评价学科现状，预测其未来发展的趋势。运用内容分析法可以将非定量的中医文献资料转化为定量数据，并据此做出定量分析，得出基于事实的判断和推论。

该方法可深入中医学科体系内部，说明各中医概念本体及之间的内在联系，深度发掘中医资料，解决中医文献中系统性、逻辑性缺乏的问题，揭示中医学科的基本发展规律，为中医临床、科研和教学提供方向引领和具体指导。

【示例】运用内容分析法对"近5年期刊文献中有关中医药采用证候分型治疗更年期综合

征的研究"进行分析。

1. 分析样本的确定　明确研究目标和研究范围，避免研究范围过于宽泛，将一些无关因素纳入研究，同时研究所需文献资料的来源、年代、收集资料的范围等都需要明确。

（1）资料与方法　研究文献的来源：2009 年 1 月~2013 年 12 月发表在国内各种医学期刊上的有明确辨证分型的更年期综合征文献。

（2）检索策略　检索工具选择中国生物医学文献数据库（CBM）和中国知网（CNKI）。

病名选择：更年期综合征 OR 绝经综合征 OR 绝经前后诸症 OR 经断前后诸症。

二次检索：在摘要项检索分型。

限定：2009~2013 年；临床研究。

（3）文献整理方法　将 CBM、CNKI 检索结果进行合并，剔除重复，选出含有中医辨证分型的更年期综合征期刊文献 31 篇。

（4）内容分析法应用　31 篇文献中，证型分型最少者 3 种，最多者 7 种。将这 31 篇文献分为名医经验类、综述类和临床治疗类 3 类，其中，名医经验类 3 篇（9.68%）、综述类 6 篇（19.35%）、临床治疗类 22 篇（70.97%）。31 篇文献中，论述女性更年期综合征的 26 篇，论述男性更年期综合征的 5 篇。临床治疗研究类中，病例数最少 15 例，最多 256 例，平均72.4 例。

（5）统计学方法　主要采用 SPSS 13.0 建立数据库，将采集的数据录入后进行统计分析。

2. 结果　选取合适的分析单元，如单个的词、短语、主题、句子，甚至段落都可以作为分析单元。本研究主要针对证型、证候、症状进行分析，考察其本体及相互关系。研究时，需将研究内容根据其主要维度，将分析单元放入相应的类目中，注意分析类目必须满足互斥性和完备性两方面的要求。

（1）证型归类及证候名称的规范　根据内容分析法，同时参考《中国中医药学主题词表》等，按照语义相同者归为同一证型，如心肾不交、水不济火、心肾亏虚同属心肾不交证。根据更年期综合征的辨证特点，所分证型需确定病位（单脏腑心、肝、脾、肾，双脏腑）、病性（寒热虚实）和兼症（涉及病理产物，如痰饮、瘀血）等，以脏腑辨证为主，八纲辨证、气血津液辨证为辅，共归纳得到 35 个证型。

（2）对各证型出现的频数进行统计　31 篇文献中，共出现 35 个证型，其中肾阳虚 22 篇（占 70.97%），肾阴虚 20 篇（占 64.52%），心肾不交 10 篇（占 32.26%）。频率大于 25% 的证型有肾阴虚、肾阳虚、肾阴阳两虚、心肾不交、肝肾阴虚和脾肾阳虚 6 个。

（3）各证型所含症状归类：应用内容分析法，采集各证型的症状信息，将相似症状者进行归类，如将颧红、面红颧赤、面部潮红归为面部潮红。以肾阳虚证为例，22 篇文献涉及肾阳虚证的症状描述，归纳出 35 个，频率大于 50% 的症状有 8 个，依次为畏寒肢冷（95.45%）、舌淡（86.36%）、小便清长或夜尿频多（86.36%）、精神萎靡（72.73%）、面浮肢肿（68.18%）、便溏（63.64%）、腰腹冷痛（54.55%）和脉沉细无力（54.55%）。

（4）确定更年期综合征主要证型及兼夹证的主症和次症　经过定性分析和定量统计，对各证型症状的出现频率进行排序，主症主要提自频率排前 3 位的症状，次症主要提自频率超过50% 的症状。如肾阳虚，主症 3 个，畏寒肢冷、舌淡、小便清长或夜尿频多；次症 5 个，精神萎靡、面浮肢肿、便溏、腰腹冷痛、脉沉细无力。

3. 讨论　说明更年期综合征以肾虚为主，累及心、肝、脾等脏腑功能失调，主要有肾阴虚、肾阳虚、肾阴阳两虚、心肾不交、肝肾阴虚和脾肾阳虚 6 个证型，各型均有其主症，如肾阳虚证以畏寒肢冷、舌淡、小便清长或夜尿频多为主症，更年期综合征还常出现痰湿、瘀血、气郁等实证。该分析结果对更年期综合征的临床诊断和治疗具有一定的参考意义。

二、文献计量法

文献计量法是基于形式的学术评价，主要利用学术研究成果的客观性参量，对学术成果的客观特征及其与其他成果之间的相互关系进行描述，从而达到评价的目的。

文献计量法就是通常所说的文献统计分析，即利用统计学方法对包含战略情报的相关文献特征进行统计分析，用数据描述或解释文献的特征和变化规律。

1. 特性　文献计量法以统计学为基础，具有较深刻的描述性能、高度的概括性能和准确的评价性能，不仅能对文献信息的结构分布、数量关系、变化规律进行客观分析，进而探讨学术发展的现状和规律，还可对相关学科的未来发展作出预测。

2. 内容　文献计量法以文献体系和文献计量特征为研究对象，主要采用数学、统计学等方法。应用文献计量法，主要是对数量参量进行分析，以学术成果的数量特征为主要研究对象。数量特征可描述某位研究者的总体研究经验，也可对某个学科领域的整体研究情况进行描述，如可对学术成果按年度、来源期刊、作者单位、基金项目、相关主题词等进行计数，以期对学科或专题的年度文献发展趋势、研究者情况、基金资助情况等进行分析。

3. 方法　文献计量学方法的基础在于计量，统计对象包括出版物、科学术语、著者、引证文献和被引证文献，以及文献利用情况。

（1）出版物　如图书、期刊、科技报告、专利文献等。出版物的数量可以反映该学科研究和发展的状况，提示研究热点。

（2）科学术语　通过对科学术语的统计分析，可以规范科学语言的使用，同时为编制情报检索语言提供一定的科学依据。

（3）著者　通过统计、研究著者与出版物之间的关系，寻找某一学科或领域的活跃研究者，发现其研究思路与特点。

（4）引证文献和被引证文献　可揭示著作之间及研究者之间的学术关联，能在一定程度上反映论文和期刊的质量，被引用较多的文献学术价值相对较高。

（5）文献利用情况　文献的下载量（借阅量）等能反映该文献的受关注程度，间接反映其水平。

4. 价值　任何一项科研成果，最终都是以科技文献的形式发表和保存的，因此，科技文献客观地记录了各个学科或知识领域的发展概况。文献计量法可揭示文献的结构和数量变化规律，提高信息的科学性和精确性。

一门学科的发展情况一般与其表达科学成果的文献数量和文献内容结构具有一定的相关性，每年的相关主题研究热点会有所变化。根据一定的目的，运用文献计量法对其特征因素进行分析，就可判断某一学科在某一国家、地区的发展水平、研究重点、取得的成果或优势，以及发展趋势等。目前，文献计量法已广泛用于中医药文献研究。

【示例】运用文献计量法对国内近 10 年穴位贴敷治疗变应性鼻炎（AR）的研究文献进行分析，以便开展下一步的研究。

1. 资料收集

（1）检索工具的选择 中国期刊全文数据库（CNKI 包库）、万方数据资源系统（含中华医学会期刊）、维普中文期刊数据库（VIP）、中国生物医学文献网络版数据库（CBM）、中国生物医学期刊引文数据库（CMCC）和中国中医药期刊文献数据库等工具。

（2）检索表达式的构建 主题或任意字段：（变应性鼻炎+过敏性鼻炎+鼻鼽+AR）AND（穴位贴敷+天灸+三伏灸+三九灸+三伏贴+三九贴）。时间限定：2003~2013 年。

（3）文献排除标准 纯理论的临床研究的文献，翻译国外的或以摘要方式发表的文献，无法获得全文的文献，重复文献、一稿多投的文献只选其一。

（4）文献整合结果 经过整合，获得 2003~2013 年穴位贴敷治疗变应性鼻炎的研究文献216 篇。

2. 文献计量学分析

（1）主要分析指标 文献发表时间、研究地区、文献来源、研究类型、治疗方法、选穴、对照组使用药物情况。

（2）使用分析软件 使用 SPSS 13.0 统计分析软件，采用计数资料的统计描述进行统计分析。

3. 分析结果

（1）2003~2013 年发表文献数量的年度分布情况 2003~2013 年，穴位贴敷治疗 AR 的发文量呈逐年递增趋势。特别是 2009 年以来，增长趋势更加明显。2013 年的发文量占整体的23.15%，表明过敏性鼻炎的研究趋热（表 9-1）。

表 9-1 穴位贴敷治疗 AR 文献数量年度分布

年度	发文量（篇）	占总文献比例（%）
2003	4	1.85
2004	7	3.24
2005	6	2.78
2006	6	2.78
2007	10	4.63
2008	7	3.24
2009	17	7.87
2010	27	12.50
2011	40	18.52
2012	42	19.44
2013	50	23.15

（2）2003~2013 年文献数量居前 8 位的省市分布 216 篇文献中，第一作者主要集中在广东省，占 24.07%，其余分布于全国各省市，见表 9-2。

表 9-2   穴位贴敷治疗 AR 文献数量前 8 位省市分布（篇）

年度 省份	2003	2004	2005	2006	2007	2008	2009	2010	2011	2012	2013	总计（%）
广东	2	3	1	0	2	2	4	7	14	12	5	52（24.07）
山东	0	0	1	2	0	1	1	3	1	3	8	20（9.26）
浙江	0	0	0	1	0	0	1	2	1	6	2	13（6.02）
河南	0	0	1	1	0	0	2	3	1	0	3	11（5.09）
湖北	0	0	0	0	0	0	1	2	2	1	5	11（5.09）
福建	0	0	2	0	1	0	1	1	1	3	1	10（4.63）
北京	0	0	0	0	0	0	1	1	3	1	4	10（4.63）
湖南	0	0	0	1	3	1	0	1	1	1	1	9（4.17）

（3）2003~2013 年文献数量居前 8 位的期刊分布情况　216 篇文献分别刊载在 99 种期刊，期刊来源较分散，但总的以专题类刊物为多（表 9-3）。其中，刊登数量最多的期刊是《上海针灸杂志》，载有 13 篇，占文献总数的 5.38%。穴位贴敷治疗 AR 文献的研究类型分布见表9-4。

表 9-3   穴位贴敷治疗 AR 文献数量前 8 位的期刊

序号	期刊名称	载文量（篇）	比例（%）
1	上海针灸杂志	13	6.02
2	针灸临床杂志	11	5.09
3	中国针灸	8	3.70
4	新疆中医药	5	2.31
5	新中医	5	2.31
6	浙江中医杂志	5	2.31
7	中医儿科杂志	5	2.31
8	河南中医	4	1.85

表 9-4   穴位贴敷治疗 AR 文献的研究类型分布

研究类型	数量（篇）	比例（%）
临床研究	164	75.93
综述	30	13.89
临床经验总结	7	3.24
实验研究	5	2.31
理论分析	2	0.93
其他	8	3.70
合计	216	100.00

（4）2003~2013 年发表文献的类型分布　从研究类型看，文献涉及 6 个研究方向，其中临床研究最多，共 164 篇，占 75.93%；其次为综述，理论分析最少，仅 2 篇。

（5）2003~2013 年临床研究文献的治法情况　国内外关于 AR 的中医治法呈多样化。216 篇纳入文献中，91 篇采用单纯穴位贴敷疗法，占 55.49%，所以目前临床治疗 AR 仍以穴位贴敷作为主要治疗方法，见表9-5。

表9-5　穴位贴敷治疗 AR 的临床治疗文献的治法情况

名次	治疗方法	出现次数	出现率（%）
1	穴位贴敷	91	55.49
2	穴位贴敷+针灸	32	19.51
3	穴位贴敷+中药	20	12.20
4	穴位贴敷+西药	12	7.32
5	穴位贴敷+其他	9	5.49

（6）2003~2013 年发表文献中穴位贴敷治疗 AR 的对照组用药情况　在 164 篇穴位贴敷治疗 AR 的临床研究中，25.6%的采用西药作为对照组，西药主要为抗过敏药，药物使用较分散（表9-6）。

表9-6　穴位贴敷治疗 AR 的对照组用药情况

药物	氯雷他定	鼻炎康	麻黄素滴鼻液	色甘酸钠滴鼻液	地塞米松液	布地奈德鼻喷雾剂	曲安奈得	伯克纳鼻喷雾剂
使用次数	11	6	5	6	4	4	3	3
频率（%）	6.71	3.7	3.04	3.7	2.88	2.16	1.44	1.44

（7）2003~2013 年发表文献中穴位贴敷治疗 AR 的常用穴位　164 篇临床研究文献中，不同的研究者治疗 AR 的取穴各不相同，排前 8 位的穴位依次为肺俞、大椎、肾俞、风门、脾俞、膏肓、膻中和定喘（表9-7）。

表9-7　穴位贴敷治疗 AR 的常用穴位

穴位	肺俞	大椎	肾俞	风门	脾俞	膏肓	膻中	定喘
使用次数	144	91	79	78	64	60	33	29
频率（%）	87.8	55.49	50.61	47.56	41.46	36.58	20.12	17.07

4. 结论　通过文献计量学的统计分析，2003~2013 年，穴位贴敷治疗变应性鼻炎（AR）的文献数量呈逐年上升趋势，说明变应性鼻炎日益受到科研和临床工作者的重视，并逐步成为研究热点。从文献研究地区看，主要集中在广东省，这与穴位贴敷在广东省的大力推广和普通人群的接受度高密切相关。文献期刊来源和文献研究类型的统计结果显示，期刊分布的集中程度不高，核心期刊不多。总体研究以临床研究为主，实验研究、理论分析较少，说明目前穴位贴敷治疗 AR 的研究仍停留在临床观察上。分析结果提示，关于穴位贴敷治疗 AR 的实验研究值得深入开展，意义较大。穴位贴敷治疗 AR 常用的 8 个穴位分别为肺俞、大椎、肾俞、风门、脾俞、膏肓、膻中和定喘。对照药物的分析结果表明，比较研究主要以抗过敏药物对照为主，但药物使用情况较分散，说明西药治疗过敏性鼻炎尚未形成业内公认的经典药物。

三、聚类分析法（大数据分析法）

聚类分析（cluster analysis）是根据"物以类聚"之理，将随机现象归类的一种多元统计分析方法，在生物学和医学分类中应用广泛。中医药理论，尤其是证候、方药等具有一定的数学语言本质，所以一些学者引入聚类分析，尝试将中医药科研逐步从传统的以定性描述为主转向定量研究。

1. 特性   聚类分析简单、直观，主要用于探索性研究。其分析结果可以提供多个可能的解，选择最终的解需要研究者的主观判断和后续分析。聚类结果完全依赖于研究者所选择的聚类变量，增加或删除一些变量对最终的解都会产生实质性影响。因为异常值和特殊的变量对聚类有较大影响，所以当分类变量的测量尺度不一致时，需要事先做标准化处理。

2. 内容   聚类分析是指将抽象对象的集合分组成由类似的对象组成的多个类的分析过程。聚类分析的目标是在相似的基础上收集数据进行分类。

中医药科研中，学术内容与学术成果水平都可进行聚类研究。从学术内容看，临床研究、实验研究和文献研究都会遇到需进行数据分析的情况，如证候、诊法、方药、文献等，均可采用聚类分析。

3. 方法   传统的聚类分析方法包括系统聚类法、分解法、加入法、动态聚类法、有序样品聚类、有重叠聚类和模糊聚类等，主要采取的是将 k-均值、k-中心点等算法的聚类分析工具加入统计分析软件包中，如 SPSS、SAS 等。目前进行大样本聚类分析时，主要采用软件辅助。中医药科研人员除需搜集信息和管理信息外，还需掌握一定的信息分析能力。如某个研究方向有数千篇论文，哪些有价值，哪些可以剔除，就需要做出判断，有时引用次数并不一定代表学术价值。

从学术成果之间的关系看，对大样本文献进行聚类分析，能反映文献内容之间的联系。如利用主题词聚类分析法分析科技论文中高度概括文献内容并被专家规范的主题词，统计主题词出现的频度，可以形成主题词网络，确定文献之间的亲疏关系。

从学术成果水平看，聚类关系指标可以描述学术成果被同行认可的程度，由此可对医疗机构、中医科研机构和科研者水平进行评价。例如，学术成果发表在越专业的学术期刊上，其聚类性特征就越强，发表在核心期刊上的专业研究成果，其聚类性要强于发表于非核心期刊的成果。

4. 价值   中医文献研究是医学科研重要的基础性工作，对中医的继承与发展有重要意义。但传统文献研究存在一定的不足，研究者凭主观选择或抛弃文献，而不是以定量的方法进行分析。聚类分析能较好地去除数据处理时受到的主观影响，较为客观地反映研究对象，并在大量文献资料中发现其中蕴藏的客观规律。

聚类分析技术只是一种揭示工具，而不是问题的终结。在使用聚类分析技术时还须结合实际应用背景，只有将理论研究与实际应用相结合，才能充分发挥研究成果的价值和作用。

第二节   学术分析与评价工具

【示例 1】中医药能否治疗病毒性疾病，一直存在争议。有学者认为，中医药一般不能直接杀灭病毒，而是通过提高人体自身的免疫力发挥作用，中医药与病毒性疾病之间的隐性关系值得探究。如何通过文献研究发现两者之间的关系呢？

【示例 2】中医药有无与基因突变的相关性？中药能否促成或防止基因突变？相信所有中医药工作者都会对这个问题有兴趣，那我们如何通过相关工具来解决这个问题呢？

一、Arrowsmith

飞速发展的科技催生了大量信息。事物是具有普遍联系性的，各领域除显性知识和联系外，还有大量隐性知识和联系等待人们去发现、去挖掘，国外许多学者针对该领域进行了深入研究。

（一）资源概括

Arrowsmith（http：//arrowsmith. psych. uic. edu/arrowsmith_ uic/index. html）是一种基于非相关文献知识发现的代表性工具软件，目前可以免费获取与使用。1985 年美国芝加哥大学信息科学荣誉教授 Donald R. Swanson 创立了基于非相关文献的知识发现法，并对其发现的食用鱼油和雷诺病、镁与偏头痛间存在的隐含逻辑关联，从文献的角度进行了充分论证，后来均被临床所证实。1991 年 Swanson 教授设计出用于非相关文献知识发现的软件 Arrowsmith，成功将情报科学应用于医学，通过文献的研究提出科学的假设，使文献处于与临床实验同等重要的地位。Swanson 教授因此获得了 2000 年美国情报科学与技术学会最高成就奖。

非相关文献是指两类文献互不引用或很少被共同引用，文献间是相互独立的、非相关的。非相关文献知识发现法是对文献内容进行研究，更能体现情报学在医学研究中的价值和功能。利用 Arrowsmith 与 PubMed 紧密结合，使表面看似非相关的文献，通过分析发现非相关文献 A 与 C 在内容上的互补性，结合专业知识推测出两类文献内容之间的隐含关系，找到它们的共同相关语词集 B。

我们尝试使用 Arrowsmith 分析"中医药与病毒性疾病之间的关系"：以"中医药"作为 A 文献，"病毒性疾病"作为 C 文献，用 Arrowsmith 分析其语词集 B，以探求其隐含关系。

（二）检索方式与步骤

1. 登录 Arrowsmith 主页 进入 Arrowsmith 搜索页面（http：//arrowsmith. psych. uic. edu/arrowsmith_ uic/index. html）（图 9-1），点击 Begin Nes Serch 按钮，进入检索页面（图 9-2）。

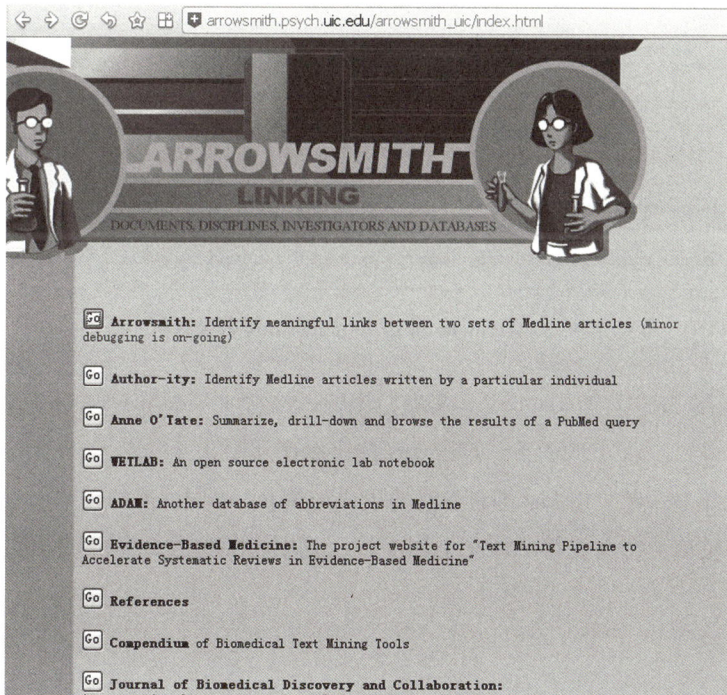

图 9-1 Arrowsmith 主页面

NOTE

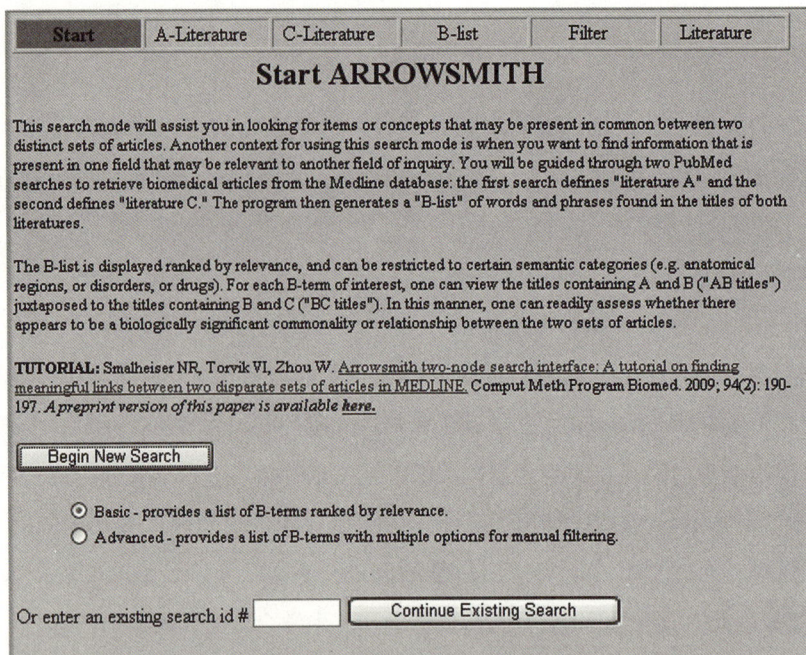

图 9-2　Arrowsmith 的检索界面

2. 查找 A 文献　在 A‑Literature（A 文献）中输入检索词 Traditional Chinese Medicine（中医药），点击 Search 按钮，得到文献 30408 条，点击 Yes 按钮保存（图 9‑3）。

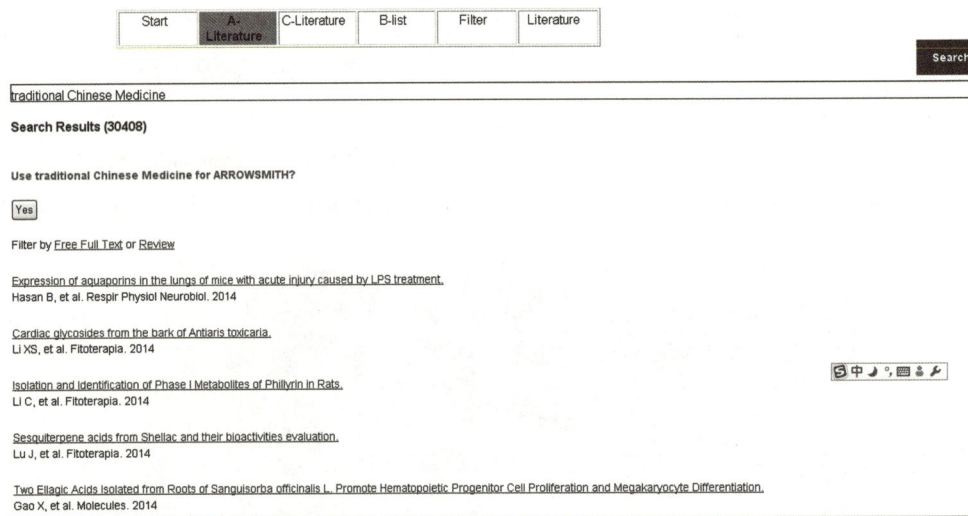

图 9-3　Arrowsmith 的 A‑ Literature 检索界面

3. 查找 C 文献　在 C‑Literature（C 文献）中输入检索词 Viral diseases（病毒性疾病），点击 Search 按钮，得到文献 769363 条，点击 Yes 按钮保存（图 9‑4）。

4. 输出语词集 B　点击 B‑List 即可自动输出语词集 B，语词前面的数字代表该语词与 A 文献、C 文献的相关度，总共获得 26689 个相关词，其中相关度在 0.90 以上的有 1181 个语词（图 9‑5）。

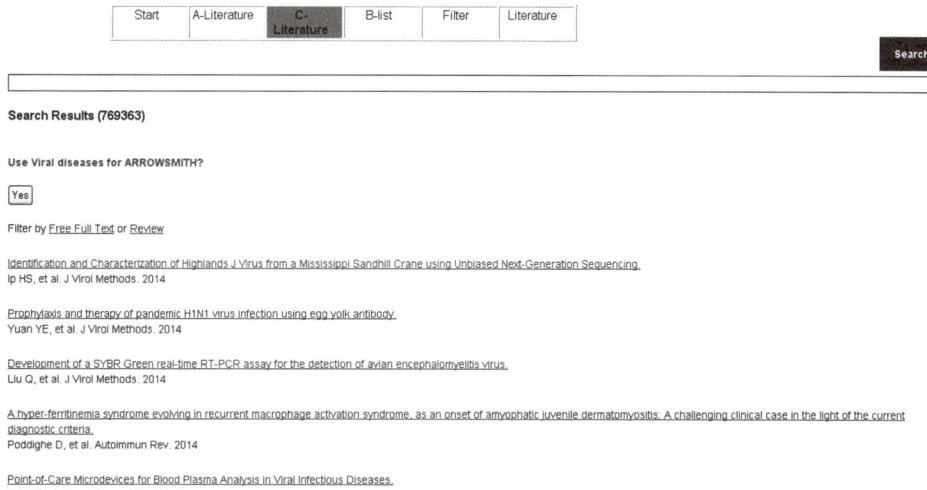

图 9-4 Arrowsmith 的 C- Literature 检索界面

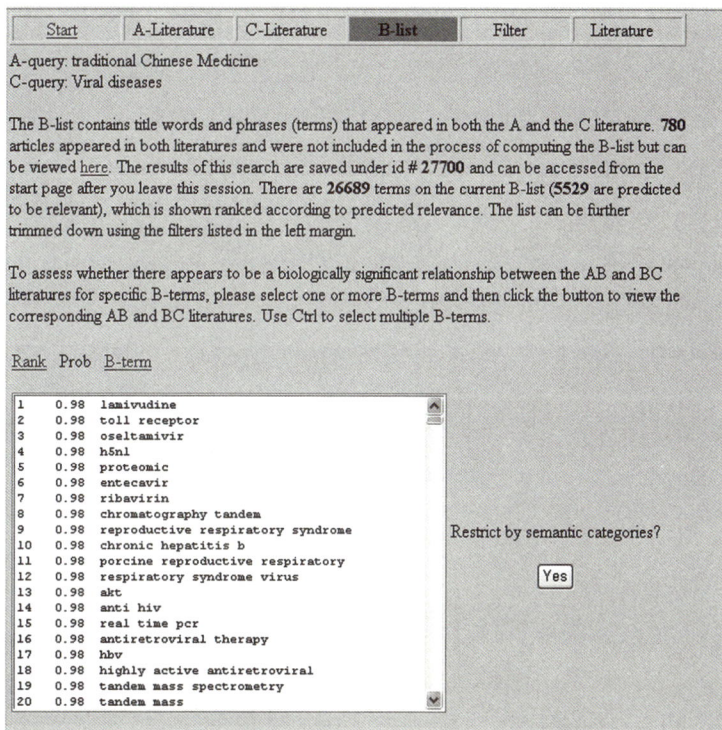

图 9-5 Arrowsmith 的语词集 B 输出结果界面

（三） 检索结果

可以按照提示"Restrict by semantic categories?"进行语义类别的限制，也可以选择使用 Filter（滤波器）进行筛选，以获得最终结果，并对最终结果进行人工解读。

我们可以把语词集 B 中的高关联度词分为几类：①疾病名称：如慢性乙型肝炎、生殖-呼吸系统综合征等，提示中医药（抗病毒）治疗有确定疗效的病种。②病毒名称：如 H5N1、HIV、HBV、呼吸道综合征病毒等，提示这几类病毒的中药抗病毒研究是热点。③疗法：如高活性抗反转录病毒疗法（HAART）。④西药：如拉米夫定、达菲、恩替卡韦、利巴韦林，提示中西医联合用药；蛋白质组学、蛋白激酶 B（akt）、toll 受体等词，提示研究中医药抗病毒作用的基本方法与研究对象。⑤研究技术：如实时 pcr 技术、色谱串联（串联质谱）等词，提示中医药抗病毒作用的常见研究手段和相关仪器。

上述语词提示我们：中医药与病毒性疾病之间存在一定的隐性联系，相应的研究方向可为今后研究提供参考。

二、PubGene

（一）资源概括

PubGene（人类基因文献网络系统）是挪威科技大学、挪威肿瘤医院和瑞典 Linkoping 大学三家机构合作，于 2001 年开发的一个基因文献网络系统。其从 MEDLINE（PubMed）中自动抽取出基因之间的关系网络，揭示基因与蛋白质、疾病、细胞过程、功能、突变、细胞成分，以及药物之间的关系。网址为 http：//www. coremine. com/medical，目前可免费在线使用。

PubGene 属于生物信息文本挖掘网站，主要依据共词聚类分析法，以寻找与某些特定基因有生物学关系的其他基因，以《医学主题词表》（MeSH）和 Gene Ontology 为基因名称、检索术语规范及基因功能表达注释的词表，将一组基因、基因-关键词对等，两两统计其在同一篇论文中出现的频次，进行聚类分析，以确定其间的关联性。使用者可以通过该系统了解某一基因与其他基因的关系网络图，还可以了解与该基因有关的生物学过程及所有相关文献。同类型的网站还有人类基因组关联分析和疾病分子流行病学网（http：//www. hugenavigator. net/HuGENavigator/home. do）等。

（二）检索方式与步骤

登录 PubGene 主页面 www.coremine.com/medical（图 9-6），原 pubgene. com 主页面（图 9-7）已不能用。

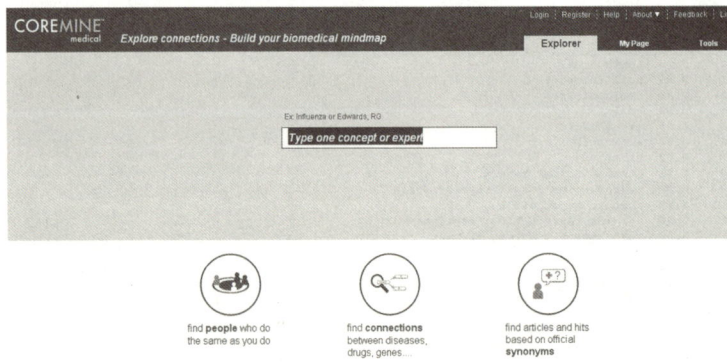

图 9-6　PubGene 搜索界面

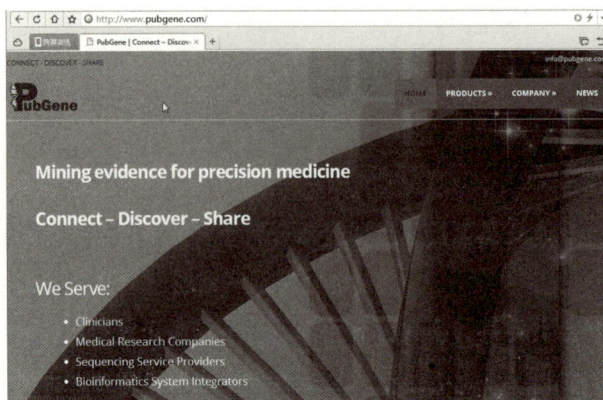

图 9-7　原 PubGene 主页面

【示例】分析中医药与基因突变之间的关系。

检索步骤：

第一步：输入检索词 Traditional Chinese Medicine（中医药）见图9-8。

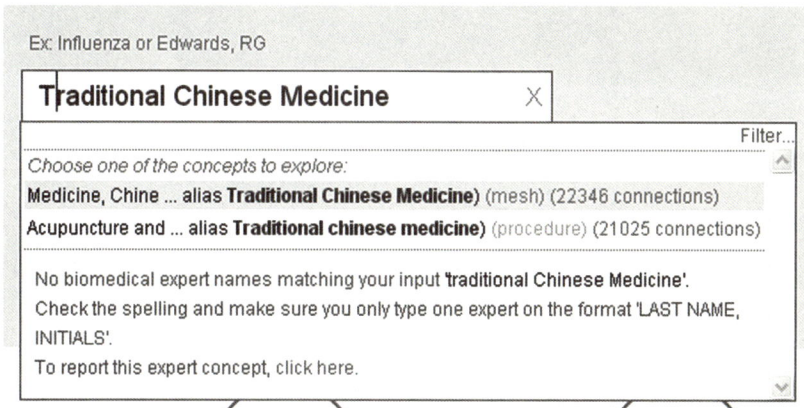

图9-8 输入检索词：**Traditional Chinese Medicine**（中医药）

第二步：点击"Click to modify your search"进入下一个检索页面，输入 Mutation（突变）（图9-9）。

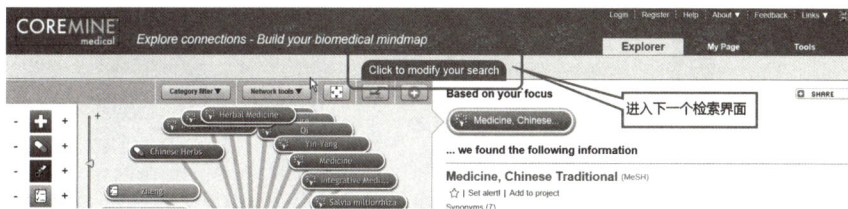

图9-9 **PubGene 进入下一个检索界面**

第三步：检索结果显示页面（图9-10）。

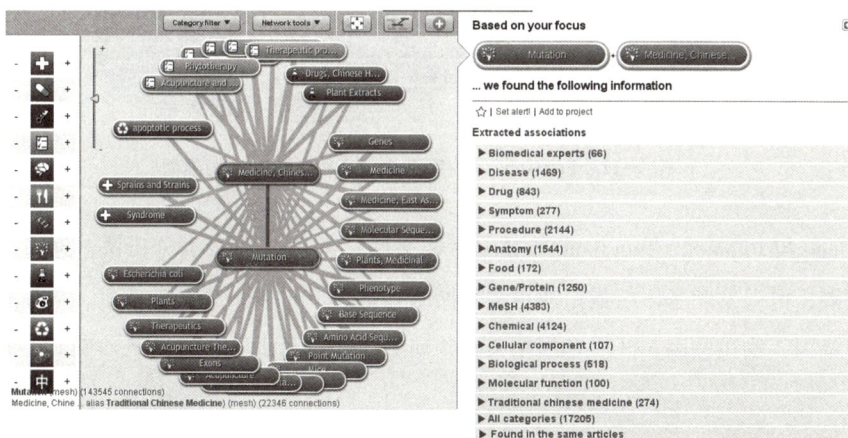

图9-10 **PubGene 中医药和基因突变联合检索结果界面**

第四步：Medline 收录有48篇论文，与二者直接相关（图9-11）。其他的连线各自表示中医药与各概念词之间的相关性。点击"中"字按钮，会显示中文相关名词，大黄、黄芪、黄芩、当归、人参等中药名词都被认为与该搜索有关，而显示在检索页面（图9-12）。

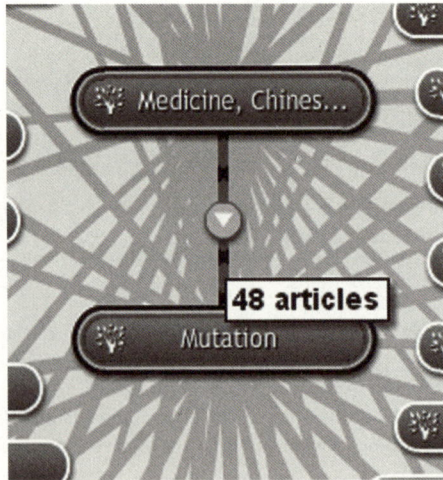

图 9-11　PubGene 中医药与突变之间的相关文献数界面

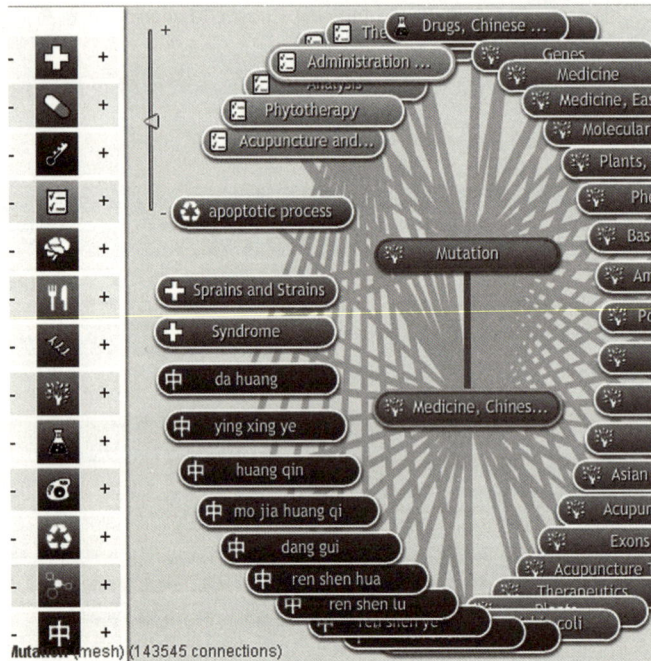

图 9-12　PubGene 的中医药与突变相关中文名词界面

　　PubGene 与 PubMed、DrugBank 等数据库相关联，使用共词聚类分析法，通过对文献文本信息的挖掘，可以发现基因与蛋白质组关系网络。通过 PubGene 查找的文献，可以帮助我们更好地了解基因、利用基因，开展基因相关药物研发工作，帮助我们预防、诊断和治疗与基因相关的疾病。

三、Gopubmed

（一）资源概括

　　Gopubmed（http：//www.gopubmed.com）是一款基于本体技术的生物医学专业搜索引擎，为德国 transinsight 公司 2005 年的产品。Gopubmed 是一种可对结果进行知识挖掘的后处理类型搜索引擎，本身无数据库支撑，其所有数据来源于 PubMed 数据库。

Gopubmed 与传统搜索引擎的区别在于其采用语义搜索技术。Gopubmed 的语义搜索知识库包括 480 万个词汇，其中 470 万个词汇来自作者，4.5 万个词汇来自基因本体和医学主题词表（包括 15 万个的同义词），6.2 万个词汇来自通用蛋白质资源，2.3 万个词汇来自期刊，1.3 万个词汇来自地理相关的概念，3.5 万个词汇来自时间相关的概念。Gopubmed 利用其庞大的语义知识库实现对检索结果的知识挖掘。

GO（Gene Ontology）基因本体，是一个由基因本体协会（The GO Consortium）建立和维护的用于对基因和基因产物进行规范描述的受控词表。该词表分为基因产物的分子功能、多级生物过程的作用和细胞成分三类。

UniProt（Universal Protein Resource）通用蛋白质资源是由欧洲生物信息研究所（European Bioinformatics Institute，EBI）、瑞士生物信息研究所（the Swiss Institute of Bioinformatics，SIB）和蛋白质信息资源（the Protein Information Resource，PIR）联合组建的一个蛋白质资源的数据库。该数据库包括 The UniProt Knowledgebase（UniProtKB）、UniProt Reference Clusters（UniRef）、UniProt Archive（UniParc）、UniProt Metagenomic 和 Environmental Sequences（UniMES）四部分，用以提供一个全面的、高质量的、开放的蛋白质来源序列和功能信息。

（二）检索方式和步骤

1. 检索流程　用户通过 Gopubmed 页面的检索框输入检索词，Gopubmed 将检索词提交给 PubMed。PubMed 按所提交的检索词进行检索（默认途径为"all fields"），并将检索结果返回 Gopubmed。Gopubmed 接收传回的检索结果后，利用 GO（基因本体）、MeSH（医学主题词表）和 UniProt（通用蛋白质资源）等对检索结果进行知识挖掘，整理后形成分类导航目录提供给用户。检索流程如图 9-13。

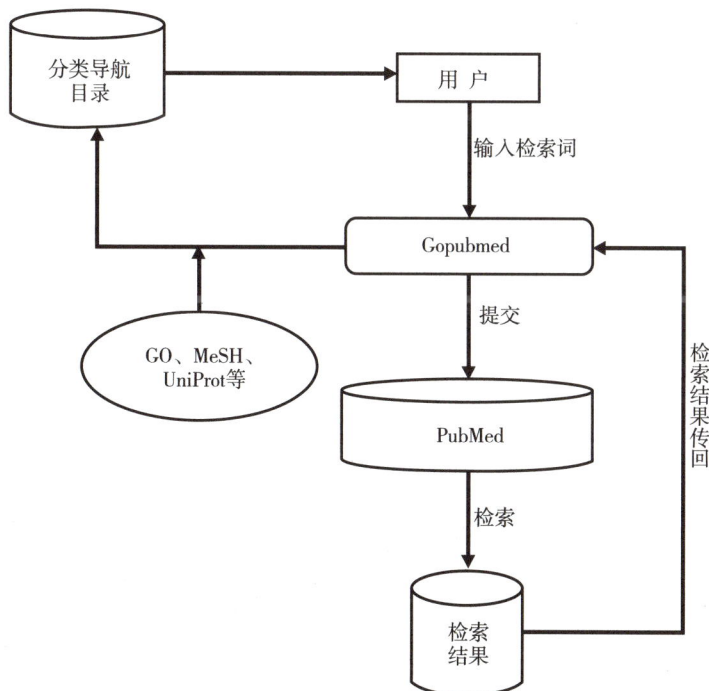

图 9-13　Gopubmed 检索流程

2. 检索页面　Gopubmed 检索页面分左右两部分。左侧为分类导航区，为用户提供检索结果的分类导航；右侧为检索区，用户可在此输入检索词或检式式进行检索（图 9-14）。

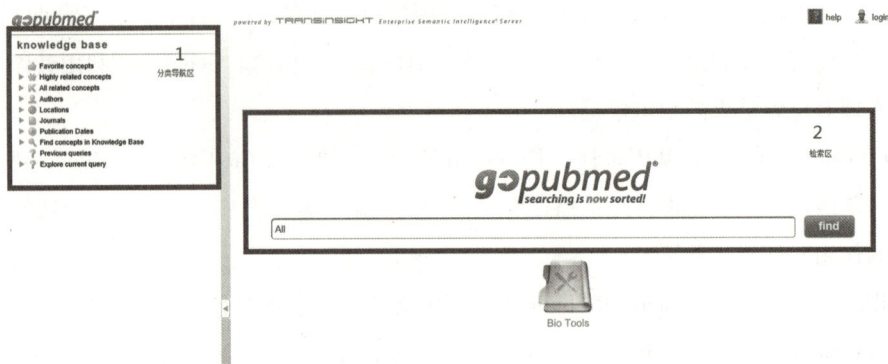

图 9-14　Gopubmed 的检索界面

（1）分类导航区　包括个人定制、高相关词汇、全部相关词汇、作者、地理位置、期刊、出版时间、背景知识库检索、检索历史和当前检索查看 10 个导航目录。导航目录以树形结构组织，点击左侧图标可展开导航目录。

①个人定制（Favorite concepts）：Gopubmed 从其背景知识库中挑选部分研究方向供用户选择，用户利用个人定制功能可方便筛选所需文献。用户使用个人定制功能需先行注册（图 9-15）。注册时既可选择感兴趣的研究方向，亦可在登录后通过点击注册名进行修改。

②高相关词汇（Highly related concepts）：Gopubmed 根据对检索结果的语义分析，在此处列出与检出文献高度相关的 GO 本体词汇和 MeSH 词汇。

③全部相关词汇（All related concepts）：Gopubmed 按照 GO 本体词汇和 MeSH 词汇的树形结构列出检索结果的全部相关词汇。

④作者（Authors）：此处列出检出文献的所有作者。需要注意的是，如果检出文献大于 2 万条，系统将花费大量时间进行语义分析，易导致时间过长而无响应。

⑤地理位置（Locations）：根据文献作者信息列出检出文献的地理分布。

⑥期刊（Journals）：列出检出文献的所属期刊，并按高影响因子期刊（High Impact Journals）、开放获取期刊（Open Access Journals）、其他类型期刊（Other Journals）、可读文献全文（Fulltext）、预览文献（Review）等进行分类。

⑦出版时间（Publication Dates）：根据检出文献的出版时间进行分类。

⑧背景知识库检索（Find concepts in Knowledge Base）：允许用户在 Gopubmed 的背景知识库中搜索特定词汇，并利用检出的词汇对检索结果进行分类。

⑨检索历史（Previous queries）：列出用户的检索历史。用户关闭检索页面后，系统将清空检索历史。

⑩当前检索查看（Explore current query）：以树形结构显示用户当前检索，根据不同层级的逻辑结构显示命中文献篇数。此功能在构建复杂检索式时较为实用。

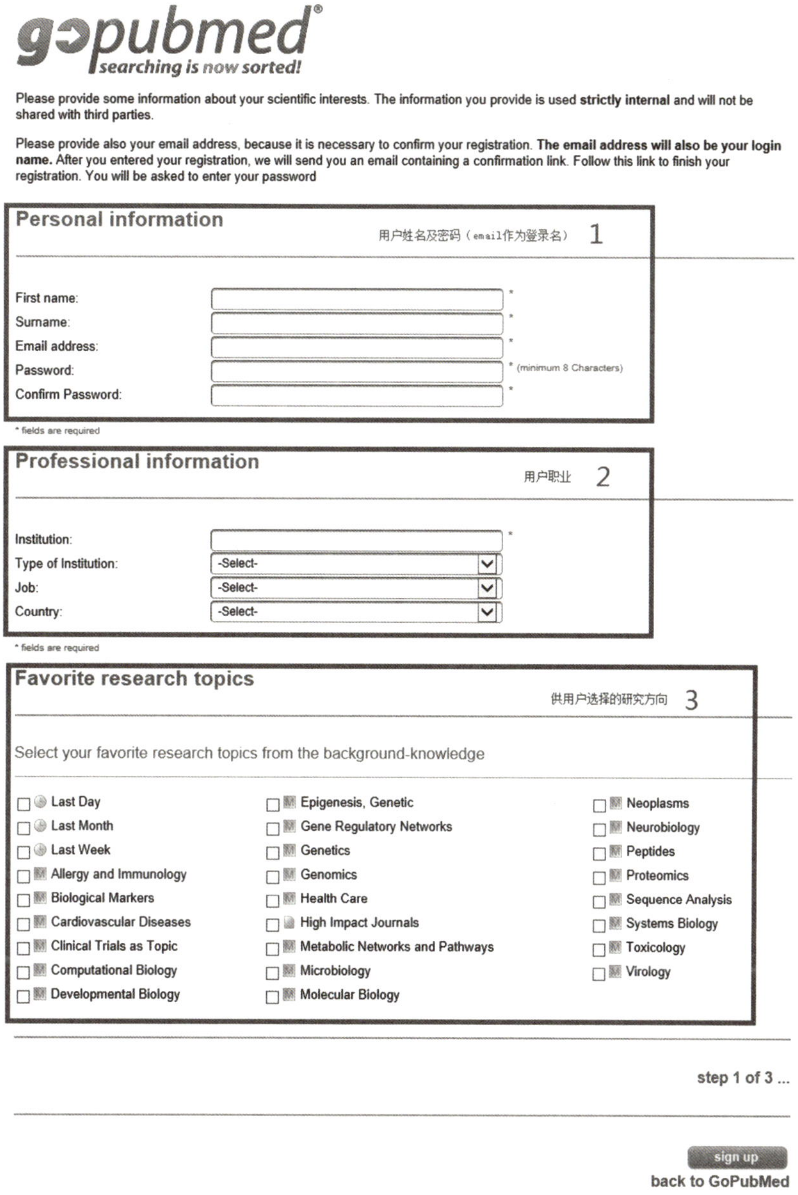

图 9-15 Gopubmed 的用户注册界面

（2）检索区 Gopubmed 的检索区较简单，仅有 1 个检索输入框和 1 个检索按钮。用户可在检索输入框中输入检索词或检索式进行检索。输入检索词进行检索时，Gopubmed 以默认途径 "all fields" 进行检索。此外也可输入检索式进行检索，检索式的构成方法与 PubMed 相似。

3. 检索方式与步骤 直接在检索词输入框中输入检索词进行检索，默认检索途径为 "all fields"。如果输入两个以上检索词（之间以空格分隔）则系统默认检索词之间的逻辑关系为 "逻辑与"（AND）。Gopubmed 支持的逻辑运算符包括 "逻辑与（AND）" "逻辑或（OR）" "逻辑非（NOT）"，并支持利用括号 "（ ）" 改变逻辑运算顺序。

检索途径：除 PubMed 的检索途径外，Gopubmed 新增若干检索途径，包括［go］（基因本体词汇）、［mesh］（医学主题词表词汇）、［geo］（地理位置）、［time］（出版时间）、［author］（无歧义作者）等途径。

（三）检索结果

Gopubmed 检索结果显示页面如图 9-16。

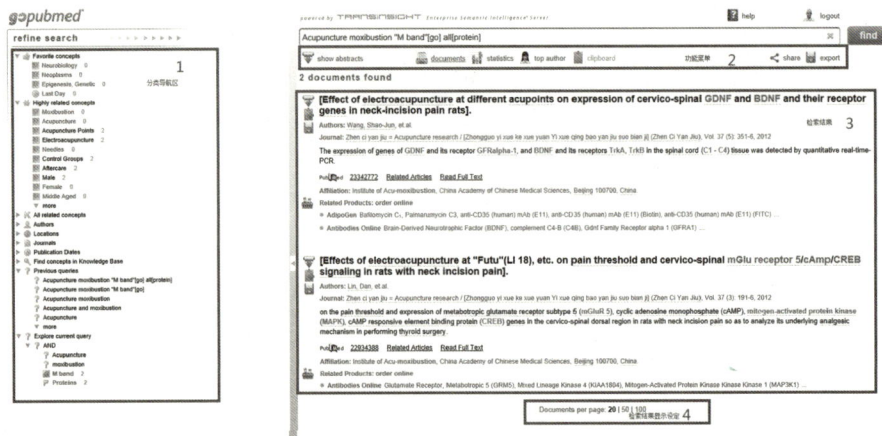

图 9-16 Gopubmed 的检索结果显示界面

1. 分类导航 Gopubmed 对检索结果进行语义分析后，按照前述的 10 种导航方式进行分类。用户可根据需要选择不同的分类方式筛选所需文献。点击某一分类下的子项，系统弹出如图 9-17 的语义搜索页面。

需要说明的是，在 Find concepts in Knowledge Base、Previous queries、Explore current query 无语义搜索界面。

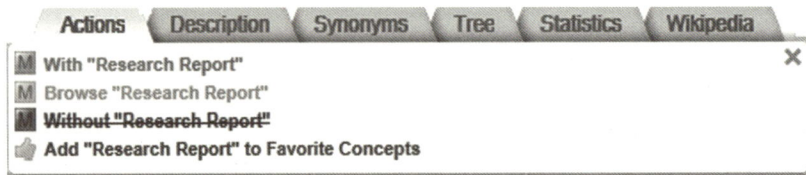

图 9-17 Gopubmed 的语义搜索界面

语义搜索页面一般包括动作（Actions）、描述（Description）、同义词（Synonyms）、树形结构（Tree）、统计（Statistics）、维基解释（Wikipedia）、简介（profile）等选项。

（1）动作 用户以所选的分类子项为检索词实现对检索结果的过滤或重新检索。with 是在检索结果中检索分类子项内容；without 是在检索结果中去除分类子项内容；browse 是在 PubMed 中重新检索分类子项；add 是将分类子项加入个人收藏。

（2）描述 该选项对用户所选分类子项进行解释描述。

（3）同义词 该选项提供用户所选分类子项的同义词。

（4）树形结构 该选项以树形结构显示用户所选分类子项在 Gopubmed 知识库中的位置。通过该选项可明确分类子项之间的概念关系。

（5）统计 以图形形式显示出版物年度曲线，以及相关研究的发展趋势。

（6）维基解释 在维基百科中搜索用户所选分类子项内容。

（7）简介 此选项只出现在作者分类中，显示所选作者的基本情况及联系方式。

2. 功能菜单 功能菜单提供显示摘要（Show abstracts）、返回检索结果（Documents）、统计

（Statistics）、重要作者（Top author）、剪贴板（Clipboard）、分享（Sharing）和输出（Export）功能。

（1）显示摘要 Gopubmed 默认检索结果不显示摘要，点击功能菜单中的图标或 show abstracts 链接显示全部检索结果的摘要。

（2）返回检索结果 当检索结果区显示的是统计或顶级作者等内容时，点击功能菜单中的图标或 documents 链接可以返回检索结果列表。

（3）统计 点击功能菜单中的图标或 statistics 链接可以进入 Gopubmed 的统计页面。Gopubmed 对检索结果按时间、国家、城市、期刊、分类、作者进行统计并以图表形式显示。此外 Gopubmed 的统计功能还能以图形形式显示出版物年度曲线，以及相关研究的发展趋势，以世界地图的形式反映文献分布情况，同时还能显示重要作者之间的关系网络。

（4）重要作者 此功能显示重要作者的简介。用户可以利用 Gopubmed 向作者发送消息。

（5）剪贴板 点击图标或"clipboard"链接，可以显示先前所选作者所发表的文献。

（6）分享 该功能允许用户将检索结果分享到推特、脸书等社交软件，或通过 E-mail 发送，亦可直接打印。

（7）输出 该功能允许用户将检索结果以不同格式的文件（如 pdf、文献管理软件格式）输出到本地计算机，每次输出的检索结果不能大于 100 条。

3. 结果显示 Gopubmed 的检索结果以列表形式显示，显示内容与 PubMed 基本相似。可以点击文献左侧的图标显示单篇文献摘要，或点击图标输出单篇文献。点击文献左侧图标可将文献作者保存到剪贴板中（参见功能中的"剪贴板"功能）。

4. 检索结果显示设定 检索结果显示可以设置每页显示的检索结果条数，有 20、50、100 三个选项可供选择。

四、HistCite

（一）资源概括

HistCite 即 histcite＝history of cite（引文历史），是引文图谱分析软件。由 SCI 创始人尤金·加菲尔德（Eugene Garfield）开发，用于对 SCI 检索结果进行分析。利用 HistCite 可以发现某一研究领域的核心文献，研究该学科领域的发展历史，对所分析文献的出版、引用等情况进行对比。HistCite 与 SCI 数据库自身携带的引文分析对比，SCI 引文分析局限性在于其 Citation Map 只能显示单篇文章的引证关系，无法展示多篇文献之间的相互关系。SCI 引用分析是基于全部引用的展示，此时被引频次越多并不代表它越有参考价值，而基于领域内相关的被引频次更具有参考价值。Hiscite 有效地弥补 SCI 引文分析的局限性，可展示某一领域不同文献之间的关系，定位出该领域的重要文献。

（二）HistCite 的下载与安装

1. HistCite 的下载 用户可通过 http：//www. histcite. com/网站下载 HistCite 软件，下载前需先行注册相关信息。注册页面见图 9-18。

2. HistCite 的安装 HistCite 软件仅能运行在 windows 平台下，运行该软件需要浏览器支持，建议使用微软公司的 Internet Explorer 浏览器（需 6.0 版以上），也可用其他公司的浏览器，但运行过程中可能会产生一些不可预计的问题。运行时，软件占用的磁盘和内存空间与用户所分析的记录数量有关，一般而言，2500 条数据占用 10M 磁盘空间，分析时需 80M 内存空间，软件本身占用的磁盘和内存空间可以忽略不计。

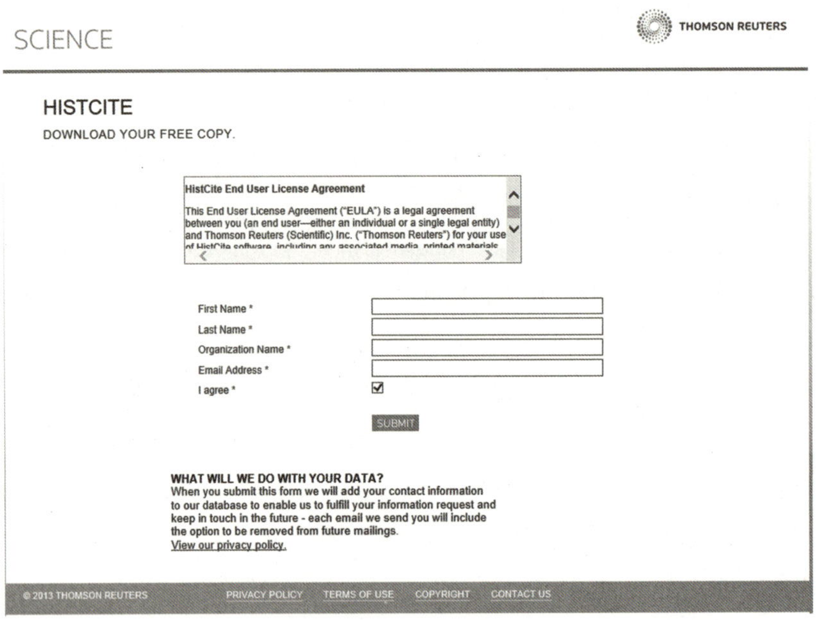

图 9-18　HistCite 的下载注册界面

　　双击 HistCite 安装文件（默认文件名为"HistCite Installer. msi"），选择软件默认设置即可完成软件安装。软件默认的安装目录为"C：/Program Files/HistCite"。

　　3. HistCite 的设置　HistCite 软件安装完成后，为了软件正常运行还需进行一些必要的设置。这些设置包括：①将 IE 的"Internet 选项"中安全设置的"将文件上载到服务器时包含本地目录途径"选项设置为"开启"。②将 HistCite 工作地址"127. 0. 0. 1"添加至"受信区域"。

（三）　HistCite 的使用

　　HistCite 主页面如图 9-19，包括文件（File）、分析（Analyses）、视图（View）、工具（Tools）和帮助（Help）五个菜单项。每个菜单项下有若干子菜单，用以实现 HistCite 的各种功能。

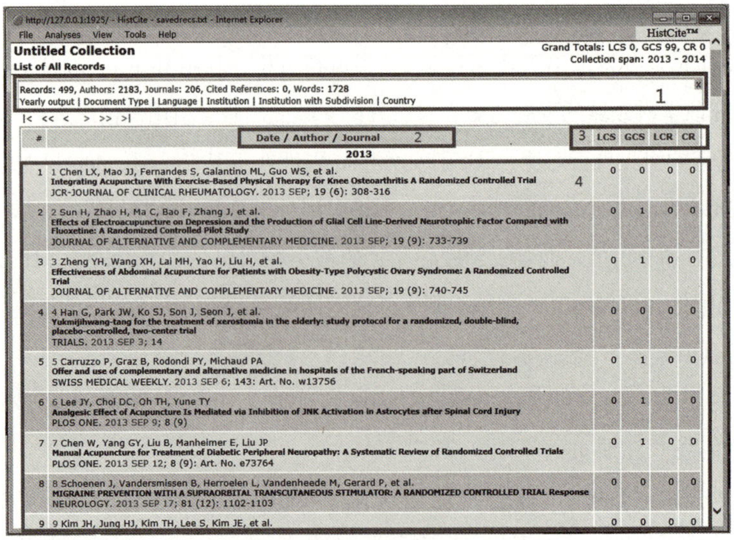

图 9-19　HistCite 主页面

　　1. 文件　文件菜单主要实现检索结果导入、导出和打印功能。

　　（1）数据导入　使用 HistCite 软件首先需要导入待分析的文献检索结果。导入检索结果的方式有两种，一种为批量导入，另一种为手工单条输入。HistCite 目前只接收 SCI 的检索结果的批量导入。

①批量导入：点击 File 菜单中的"Add File"子菜单，弹出批量导入页面（图 9-20），选择需导入的以全记录文本格式保存的 SCI 检索结果文件后，点击"Add File"按钮即可批量导入数据。

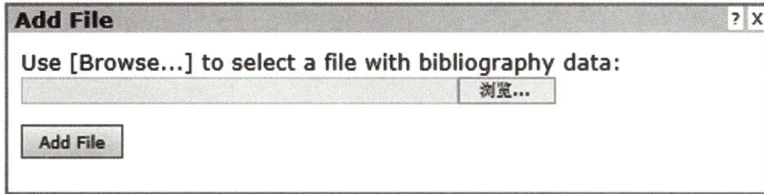

图 9-20　HistCite 的批量导入界面

②手工单条输入：点击 File 菜单中的"New Record"子菜单可手工单条输入数据（图 9-21）。用户输入相关字段后点击"Apply Changes"按钮完成输入。

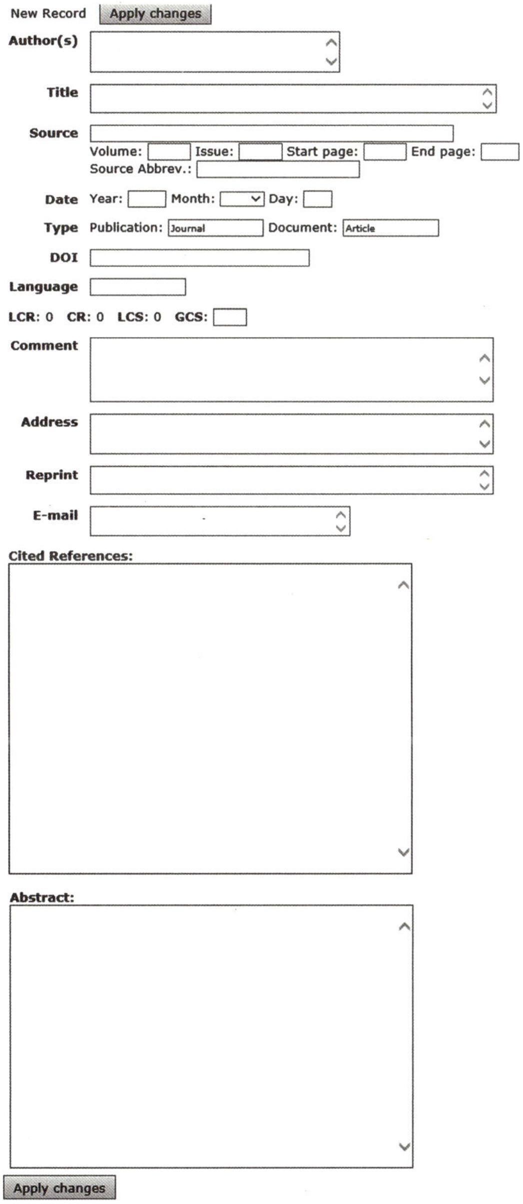

图 9-21　HistCite 的手工单条输入界面

（2）数据导出 点击 File 菜单中的"Export"子菜单可以将导入的数据以 HistCite 格式（扩展名为"hci"）、CSV 格式（扩展名为"csv"）或 HTML 格式（扩展名为"html"）输出。

（3）打印 点击 File 菜单中的"Print"子菜单可以打印导入的数据。

2. 分析 分析菜单实现按不同条件对导入的数据进行聚类分析，可用聚类包括作者（Authors）、期刊（Journals）、参考文献（Cites Reference）、单词（Word）、出版年（Yearly Output）、文献类型（Document type）、语言（Language）、机构（Institution）、机构细分（Institution with Subdivision）、国家（Country）、记录（Records）。用户可以通过点击"Analyses"菜单选择相应的子菜单或点击快捷链接实现聚类分析。

HistCite 的聚类分析指标包括 16 项。

（1）Recs 导入数据中聚类分析项的论文数量。

（2）TLCS 聚类分析项在导入数据中的总被引数量。

（3）TGCS 聚类分析项在 Web of Science 中的总被引频次。

（4）Percen 导入数据中聚类分析项占全部导入数据的百分比。

（5）LCS 单篇文献在导入数据中的总被引数量。

（6）GCS 单篇文献在 Web of Science 的总被引数量。

（7）LCR 单篇文献在导入数据中的引文数量。

（8）CR 单篇文献全部引文数量。

（9）NA 单篇文献作者数量。

（10）LCS/t 单篇文献在导入数据中的年平均被引量。

（11）LCSx 单篇文献在导入数据中的总被引数量（排除自引）。

（12）GCS/t 单篇文献在 Web of Science 的平均被引量。

（13）OCS 单篇文献其他被引数量。

（14）LCSb 单篇文献发表后在导入数据中前 3 年的被引数量。

（15）LCSe 单篇文献发表后在导入数据中近 3 年的被引数量。

（16）LCS（e/b） LCSe 与 LCSb 比值。

3. 视图 HistCite 提供标准视图（Standar）、文献计量视图（Bibliometric）和自定义视图（Custom）3 种显示方式。前两种显示方式根据系统内置的选项显示分析指标。用户可通过"View"菜单中的 Customize 选择在"自定义视图"中需要显示的分析指标。

4. 工具 工具菜单实现对导入数据搜索、标记、剔除以及制作引文编年图功能，主要包括检索（Search）、定位（Move to）、标记（Mark & Tag）和制图（Graph Maker）等功能。

（1）检索 点击检索子菜单（图 9-22），用户可在导入数据范围内通过作者、期刊、单词、出版年等途径进行检索。

图 9-22 HistCite 的检索界面

（2）定位　点击定位子菜单（图9-23），通过下拉菜单的选项，根据需求快速定位到某一条记录。

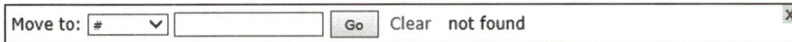

图9-23　HistCite 的定位界面

（3）标记　点击标记子菜单（图9-24），可根据需求某一条记录进行标记。

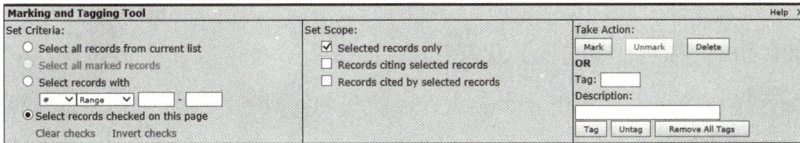

图9-24　HistCite 的标记界面

（4）制图　制图是 HistCite 最重要的一项功能。用户可通过此菜单生成引文编年图。所谓引文编年图是指根据引文的时间顺序生成的网络图。利用引文编年图可对某个研究主题的论文源流、发展历程及该研究主题的发展方向有一个大致了解。点击制图子菜单，弹出图9-25页面。

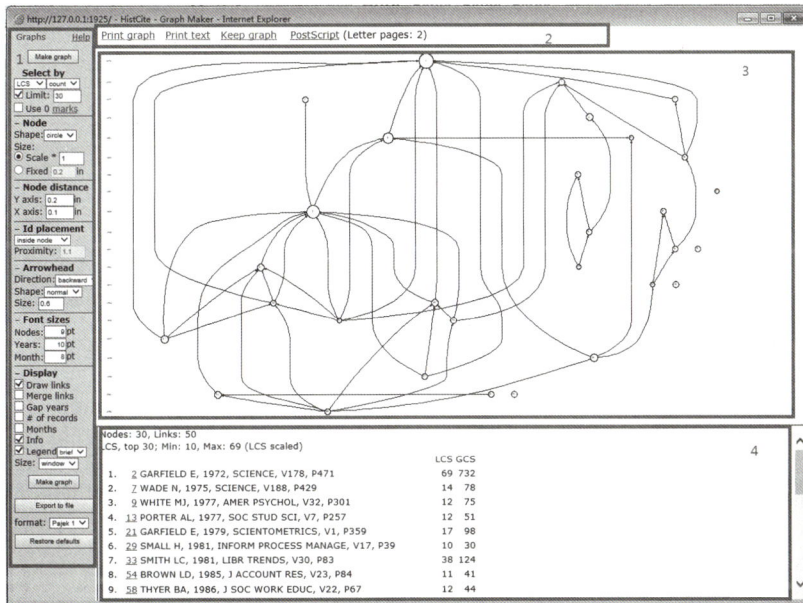

图9-25　HistCite 的引文编年图界面

①参数设置：生成引文编年图需要设置相关参数，如不设置参数，软件按默认设置生成引文编年图。引文编年图参数包括数据选择参数、节点参数、箭头参数、字体参数和显示参数。

数据选择参数是生成引文编年图的重要参数，包括数据选择方式和选择的数据量。软件提供两种数据选择方式，一种为按单篇文献在导入数据中的总被引数量（LCS）制图，另一种为按单篇文献在 Web of Science 的总被引数量（GCS）制图，一般选择 LCS 制图。在数据量参数设置上，建议将文献数量限制在30篇左右。设置的文献量过高会导致生成的引文编年图过于复杂，甚至出现环形引文网络；设置文献量过低会导致生成的引文编年图过于简单,甚至出现无引用关系的孤立点。文献量过高或过低都会影响论文源流、发展历程及发展方向的研究。

其他参数的设置如节点参数、箭头参数、字体参数和显示参数,主要用于控制节点形状、大小,数字的字号,箭头的类型,显示信息等。

②功能菜单:功能菜单提供引文编年图的打印、保存和输出功能。"Print graph"链接实现打印引文编年图;"Print text"实现打印引文编年图的总结和图例;"Keep graph"实现以HistCite格式保存引文编年图,保存的引文编年图可通过"Historiographs"子菜单打开;"Post-Script"实现以"ps"格式(矢量图)保存引文编年图。

③引文编年图:引文编年图由若干节点、带箭头的线段和年度纵坐标组成,用以显示文献之间的相互引用关系(图9-26)。

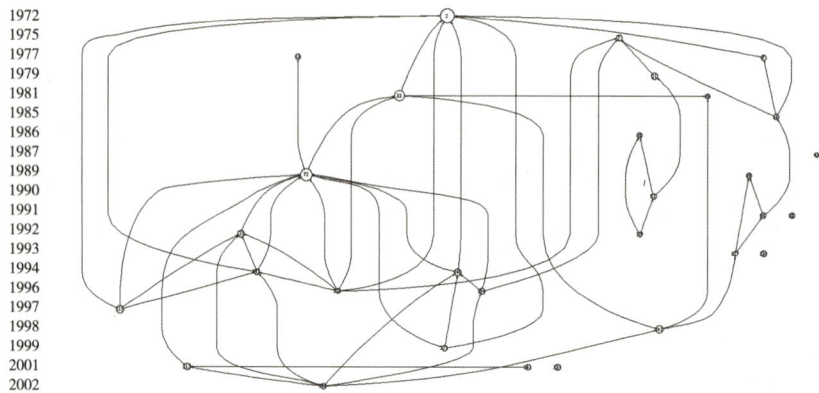

图9-26　HistCite 的引文编年图

节点为在参数设置中确定的文献,以圆形或方形表示(节点形状通过参数设置确定),节点内的编号为文献记录号,节点大小反映节点文献被引量,节点对应的纵坐标为该节点文献的出版时间,点击节点可显示节点文献的题录信息。无线段连接的节点称为孤立节点,表示改节点文献无引用关系。

带箭头的线段用以指示文献之间的引用关系。线段的密集程度反映研究的活跃程度和文献间相互引用的频繁程度。需要注意的是,较新文献的引用量有可能很低,但并不意味着该文献不重要。

④节点信息:用户可在节点信息区查看所选文献的信息,包括文献数量、文献题录及文献相关统计指标(LCS、GCS)等。

五、F1000

(一) 资源概括

F1000(http://F1000.com/)是一个基于同行评价的医学和生物学二次文献数据库,于2000年由出版家维特克·特拉茨(Vitek Tracz)创立。F1000包括F1000Prime、F1000Research和F1000Workspace三个产品(图9-27)。

1. F1000Prime　F1000Prime是F1000的核心数据库,于2002年推出。其收录的文献来自全球医学和生物学期刊中的重要文章,并全部由F1000组织世界各地超过5000名的评审专家进行评价。目前,该数据库收录文献超过100万篇,月更新数据量约1500篇。

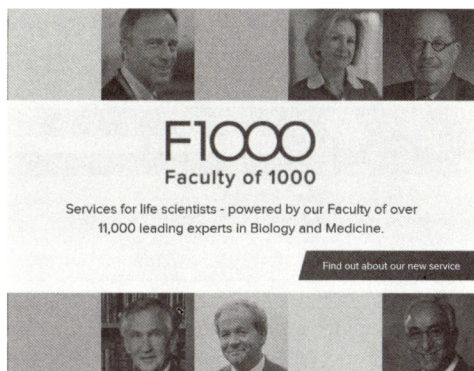

图 9-27 F1000 首页

F1000Prime 将评审专家按医学和生物学两个学科划分成 40 多个专业，评审专家阅读其感兴趣的文献，撰写评价意见，并根据好（Good）、很好（Very Good）或杰出（Exceptional）三个级别为文献打分，三个级别分别对应 1、2、3 颗星。F1000Prime 使用这些个体评级计算每篇文章的平均评级及总星级，并依评级确定文章的排名。

F1000Prime 还包括一个"F1000Prime Reports"开放存取期刊。该期刊报道医学和生物学学科的最新研究进展。

2. F1000Research F1000Research 是一个在线出版平台。用户可利用该平台发表在线出版文章或查找已出版的在线文章。F1000Research 在线出版的文章皆经过同行评议，并分为 Elasmobranch Biology & Conservation Collection、Cytoscape App Collection、BioJS Collection 三个子集。

3. F1000Workspace F1000Workspace 是一个在线开放的参考文献管理平台。该平台对搜狐、Google 浏览器的支持度较好，专门针对上述浏览器开发了嵌入插件。该平台还实现与 Mendeley、Zotero、EndNote、Google Drive 等国外流行参考文献管理工具的对接，用户可以直接从上述参考文献管理工具中导入文献到 F1000Workspace 中。

F1000Workspace 平台设置了 All References（所有参考文献）、Unsorted（未整理参考文献）、Missing Data（缺失数据）、Reading List（阅读清单）、Private Projects（私人项目）、Shared Projects（共享项目）等六个栏目实现对参考文献的在线管理。用户可以通过页面的 Import references（导入参考文献）实现批量导入文献。该平台提供浏览器插件、Word 插件的工具下载，还可进行当前所有参考文献的检索，方便用户快速定位所需参考文献。此外，该平台还提供 F1000 团队的在线咨询服务。

（二）检索方式与步骤

1. F1000Prime 检索 F1000Prime 为收费使用的数据库，需要事先注册账户，注册账户后即可以免费使用 1 个月，免费期后每月的使用费为 9.95 美元（2014 年 12 月报价）。

（1）检索方式 用户可通过简单检索、高级检索、专家推荐、评价星级排行 4 种方式查找所需文献。

①简单检索：简单检索为导航式三步检索。第一步，在检索框中输入检索词"acupuncture"，点击"NEXT"按钮，系统聚类显示该检索词涉及的研究方向等内容（图 9-28）。第二步，点击"学科领域"前的复选框，选择该检索词涉及的研究方向（可多选），如针灸的"Pain Management：Chronic Clinical""Musculoskeletal Pain & Analgesia""Headache"等

研究，亦可点击"show topic"按钮查看该学科领域描述。第三步，点击"NEXT"按钮，查看检索结果（参见"检索结果显示及保存"部分）。

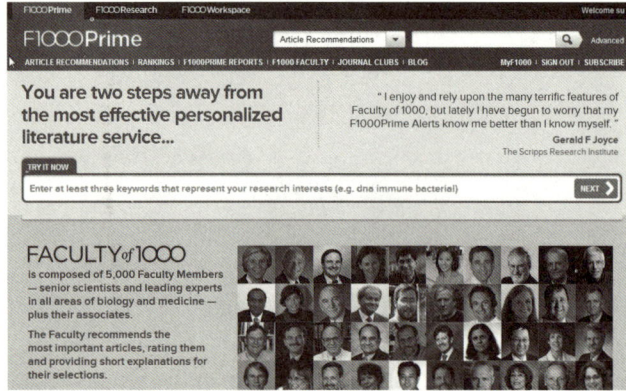

图 9-28   F1000Prime 的简单检索界面

②高级检索：可限定检索范围及检索条件，并可选择检索途径构建"逻辑与"关系的检索式（图 9-29）。

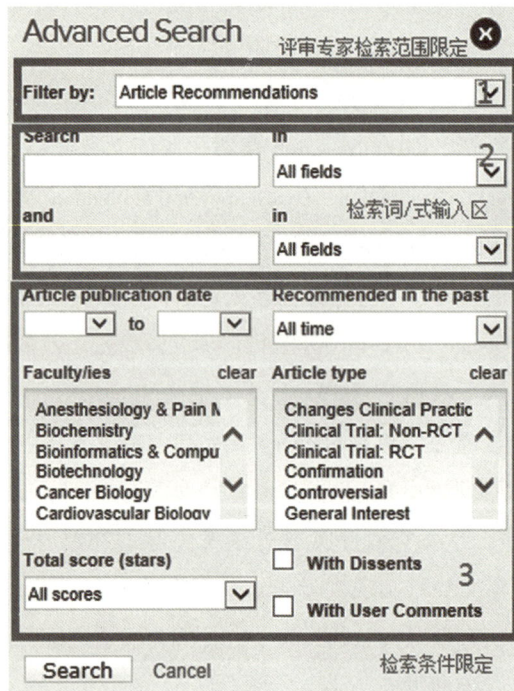

图 9-29   F1000Prime 的高级检索界面

F1000Prime 提供的检索范围包括 Article Recommendations、F1000Prime Reports、Posters、F1000 Faculty、PubMed。用户可限定检索条件，可供选择的限定条件包括论文出版年、专家评价时间、论文学科、论文类型及论文评价总星级等。用户可在检索词/式输入区选择检索途径并构建一个"and"关系的检索式。

③专家推荐：通过点击"Article Recommendations"链接快速浏览专家推荐的文献。专家推荐的文献按医学和生物学分为 44 个学科，用户可以通过左侧导航选择所需学科，查看专家推荐文献。

④评价星级排行：通过点击"Rankings"链接快速浏览星级排行前10位的文献。评价星级排行的文献按医学和生物学分为44个学科，用户可以通过左侧导航选择所需学科，查看评价星级排行前10位的文献。

（2）F1000Prime检索结果显示与保存　F1000Prime检索结果以列表形式显示（图9-30），用户可在此查看论文评价总星级、论文题录及评审专家评价意见等。点击单篇文献题录可浏览该文献详细信息（图9-31）。

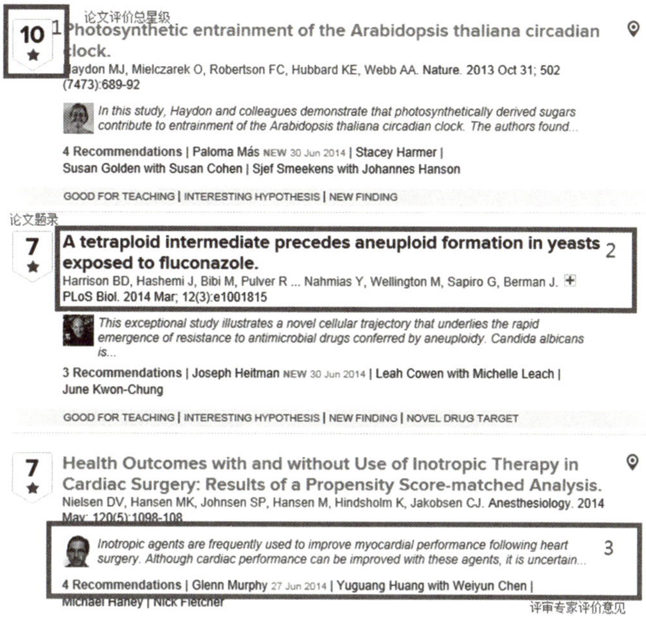

图9-30　F1000Prime的检索结果界面

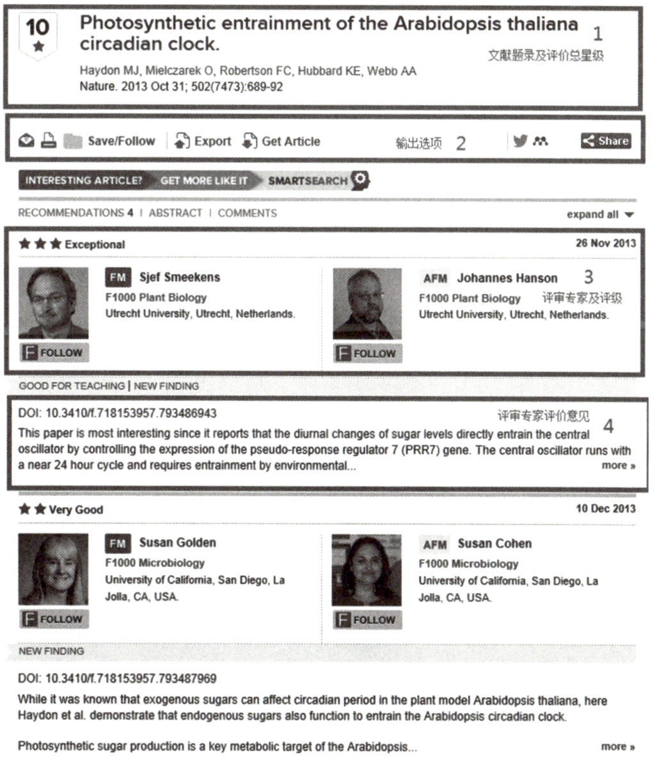

图9-31　F1000Prime的检索结果详细信息界面

用户可将检索结果发送至指定邮箱或打印检索结果，亦可点击"Export"链接以不同格式保存检索结果，还可将检索结果分享至"推特"等社交工具。

2. F1000 报告　F1000 报告是一个开放获取期刊，每月 1 期，用以报道新兴热门主题的研究进展。期刊报告所参考的文献来自 PubMed、Scopus 数据库、EMBASE、Global Health 和 CAB 文摘。

用户在"F1000Prime"中点击"F1000Prime Reports"链接即可进入 F1000 报告页面。F1000 报告以列表形式显示每期期刊中的文献题录，用户可点击"Full Text"或"PDF"链接查看或下载文献全文。同时用户亦可通过左侧学科导航快速查看相关学科的 F1000 报告文献。

3. F1000Research 检索　F1000Research 的检索方式包括简单检索和高级检索，此外还支持通过论文、论文所属数据集、作者、评议专家方式快速浏览在线出版文献。

（1）检索方式　简单检索和高级检索的使用方法与 F1000Prime 基本相同，几种快速浏览方式亦基本相同，仅以通过论文方式快速浏览为例介绍。

点击"Articles"链接即可进入文献列表页面（图 9-32），用户可以通过左侧学科导航栏选择所需学科浏览文献。

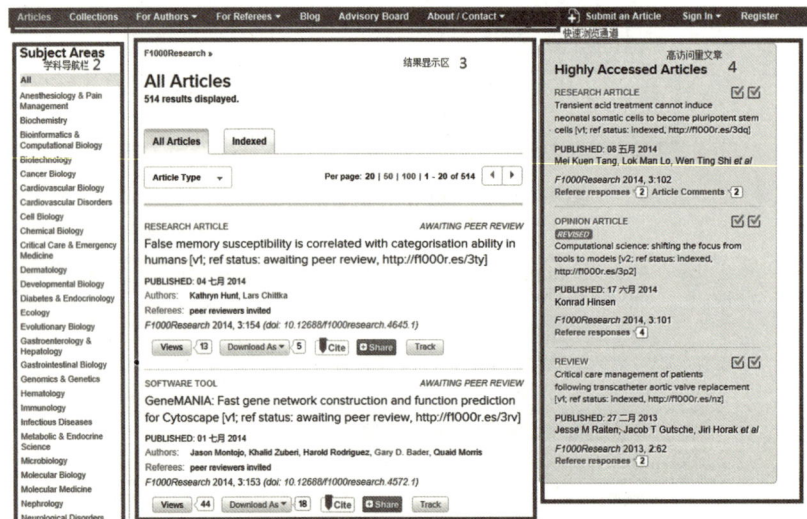

图 9-32　F1000Research 的文献列表界面

（2）检索结果显示与保存　F1000Research 检索结果以列表方式显示（图 9-32），同时显示高访问量文献。用户可在结果显示区查看在线出版文献的题录，以及浏览量、下载量、参考文献等信息，点击文献题录可以查看文献的详细信息，并可浏览、下载文献全文。

（3）发表论文　用户可利用 F1000Research 在线发表文章，使用该功能用户需事先注册账号。点击"Submit an Article"链接进入论文提交页面（图 9-33），用户需通过该平台提交论文并填写相关信息。论文提交后，由 F1000 组织专家进行同行评议，同行评议通过的论文以在线出版的方式发表于 F1000Research。

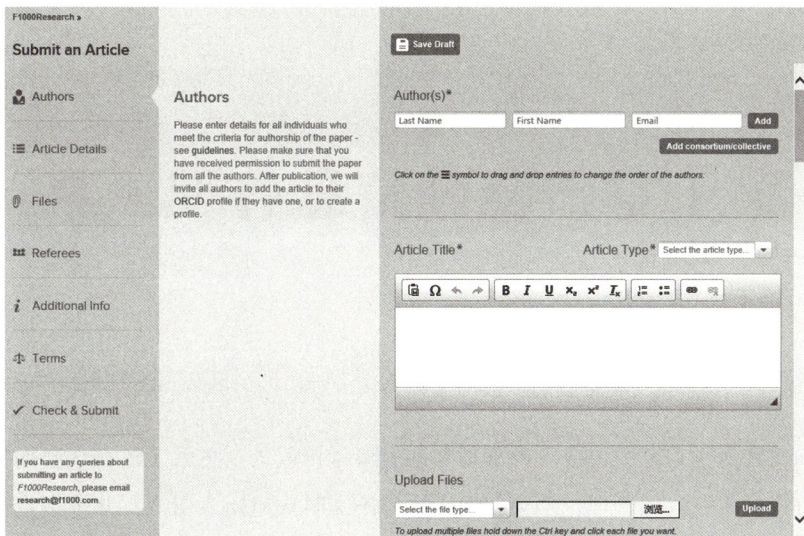

图 9-33　F1000Research 的论文提交界面

思考练习

1. 利用 Gopubmed 检索 2005~2014 年四逆汤的研究文献，分别列出中国科研机构的作者和非中国作者发表的文献，并简要概括四逆汤的研究要点。

2. 尝试用 HisCite 分析关于合成生物学（Synthetic Biology）非常具有参考价值的前 10 篇文献有哪些？

3. 分别利用 F1000 平台和 PubMed 平台检索近年针灸治疗咳嗽的 F1000 的专家推荐论文，比较两个平台的检索结果。

第十章　文献信息管理工具

第一节　概　述

掌握了如何在海量信息中快速、准确地获取有参考价值的信息后，还需学会如何对获取的文献信息进行科学、有效的管理，学会如何在写作论文时快速插入引文，并按指定格式自动生成参考文献列表。为此，文献管理软件应运而生。

文献管理软件是一种用于帮助用户获取、组织、管理与研究相关的文献资料，建立个人参考文献数据库，并进行论文写作的软件。目前的文献管理软件主要分两大类，一种是常见的单机版，也称桌面版，如 NoteExpress、EndNote、NoteFirst、医学文献王、CNKI E-Learning 等；另一种是在线版，也称网络版，如 EndNote Web、RefWorks、Zetero、新科学等。这些管理软件在功能上各有特色。

1. 构建个人文献库　可将零散文献资料或网上不易获得的文献信息集中管理，也可将网络数据库（如 CNKI、PubMed、维普等）的检索结果批量导入，建立自己的资源库。它是文献管理软件最基本的功能，也是实现文献信息的组织和管理功能的基础。

2. 文献管理功能　可对新建数据库中的文献进行任意添加、删除、编辑、排序、去重等一般性管理，也可进行自动分组、库内检索、统计分析、形成统计图表等智能化管理。

3. 笔记、注释、标识和全面的附件管理功能　可为题录添加笔记和注释，将研究想法、科研心得、重点摘抄等瞬间产生的隐性知识与题录直接关联在一起，方便以后阅读；可在文献条目中插入特有的标识，方便管理自己的文献数据；文献全文、参考文献全文、网址、影像资料等均可以通过添加附件统一组织和管理。

4. 协助论文写作功能　可在文字处理软件（如 Word）中插入引文标记，文后自动生成参考文献列表；论文中插入新的引文时，自动更新参考文献列表；可根据提供的期刊样式自动转换参考文献的格式。

第二节　NoteExpress

【示例】某老师进行文献调研后准备撰写一篇论文。在撰写过程中发现，引用他人文献或观点进行标注时，稍有一点改动就需从头修改，非常繁琐且费时间，还容易出错。投稿时不同的期刊，格式还不同。有人向他推荐 NoteExpress 文献管理软件，但这个软件如何下载、安装，使用是否方便呢？

NoteExpress（NE）是国内通用的一款参考文献管理软件，由北京爱琴海软件公司研制开发。它能够进行文献信息的检索与下载，同时管理参考文献的题录，并以附件方式管理参考文献全文或者其他格式的文件、文档，提供近 500 种中文期刊参考文献编辑样式，方便中文期刊投稿。NE 还提供对获取文献进行分析统计。

一、NE 下载与安装

下载网址：http：//www.inoteexpress.com/，提供个人版和集团版两种试用版的免费下载，试用期限为 60 天。下载安装后（图 10-1），可对文献进行导入、管理、分析等一系列操作，同时在计算机的 Mircrosoft Word（支持 2000 及以上版本）里安装论文写作插件。以 NoteExpress 2.9.8.5668 版本为例。

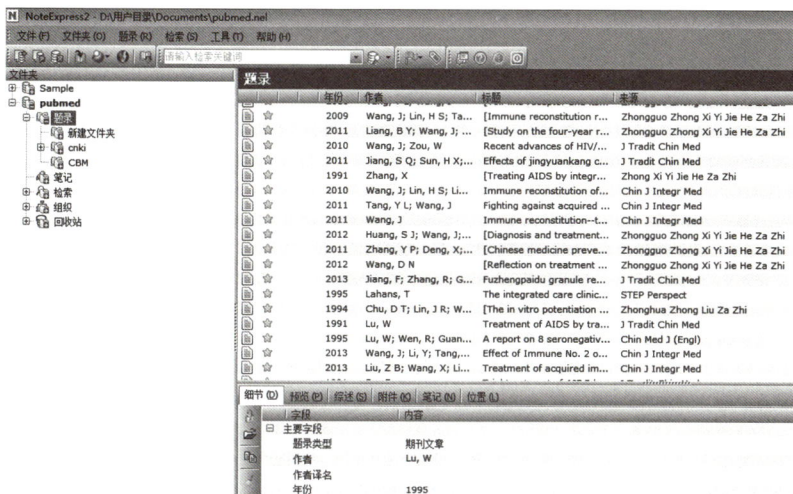

图 10-1　NE 的主页面

1. 菜单栏　菜单栏包括文件、文件栏、题录、检索、工具和帮助栏目，每个栏目下有具体的子栏目，如文件菜单栏下包含新建数据库、常用数据库、关闭数据库、导入题录等子栏目，具体操作时可选择对应的子栏目。

2. 工具栏　显示菜单栏子栏目里常用的快捷操作的图标，如"请输入检索关键词"对应菜单栏里检索菜单下的"在个人数据库中检索"子栏目。

3. 数据库和数据库结构目录栏　以树形结构显示打开的数据库目录和各个数据库结构目录，点击目录前的加号或减号可展开或收起子目录。

4. 表头列表　可以根据个人需求选择显示的题录字段，让信息一目了然。点击表头题录字段可根据该字段自动排序。

5. 题录列表栏　点击数据库题录目录下的文件，题录列表栏显示当前文件夹内的所有题录条目。

6. 题录相关信息命令　用来查看每一条题录的相关信息，如细节、预览、附件、笔记、位置等。细节显示题录的详细内容；预览显示当前输出样式下该题录生成的参考文献索引样式；附件显示该题录关联的所有附件；笔记显示为该题录所做笔记的内容，可以根据需要进行修改编辑；位置显示该题录在题录文件夹的位置。

NOTE

二、NE 文献导入方法

1. 在线检索导入

【示例】某学生在进行"中草药治疗艾滋病的相关研究"文献调研，他选择 CNKI、CBM、PubMed、Web of Science 等几个数据库进行文献查找。但如何将收集的文献导入 NoteExpress 中呢？可利用各数据库的检索页面进行简单检索，无需过滤器。就示例中的课题，如果选择在线检索 PubMed 数据库，具体操作如下。

（1）建立数据库　在"文件"菜单栏单击"新建一个空白数据库"，然后选择文件存放位置，赋予文件名称"PubMed"。

（2）选择数据库　在"检索"菜单栏单击"选择在线数据库"，在"请选择在线数据库"对话框内输入"PubMed"。

（3）检索　在 NE 提供的 PubMed 数据库检索页面检索完后，可以进行所需题录的选择。可选择批量获取，也可获取勾选的题录（图 10-2）。

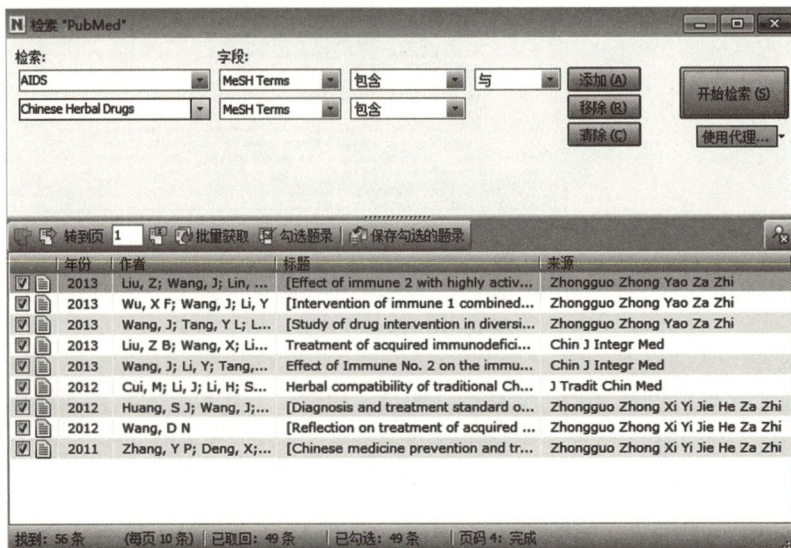

图 10-2　NE 提供的 PubMed 检索界面

（4）导入题录　在检索结果页面通过保存题录，即可保存在新建的 PubMed 数据库的"题录"文件夹中（图 10-3）。

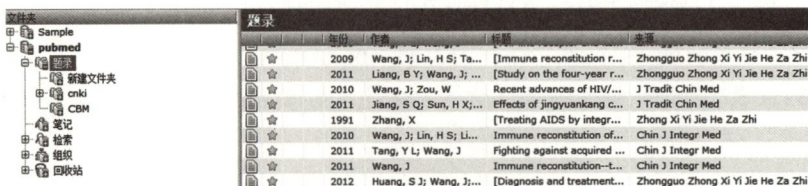

图 10-3　NE 的在线导入题录界面

2. 过滤器批量导入

从网上数据库获取文献题录，导入 NE 时，需选对过滤器，NE 过滤器管理器中有部分数据库的批量导入指南。就示例中的课题，以 CNKI 为例进行过滤器批量导入文献，具体操作如下。

（1）过滤器管理器 在"工具"菜单栏单击"过滤器管理器"，找到 CNKI 期刊全文（网络版）的导入指南，检索出结果后，点"全选"，然后再点"存盘"。在随后新弹出的窗口中，"输出字段"选"自定义"，然后在下一行中"自定义"后面将所有的选择框勾上，点"预览"。最后，全选当前网页，复制到剪贴板，即可在导入时，以"来自剪贴板"为"导入数据"进行导入。

（2）检索后题录保存 使用 CNKI 检索后勾选需导出的文献，然后选择"导出/参考文献"，点击左边的"NoteExpress"，最后单击"导出"，保存文件（图10-4）。

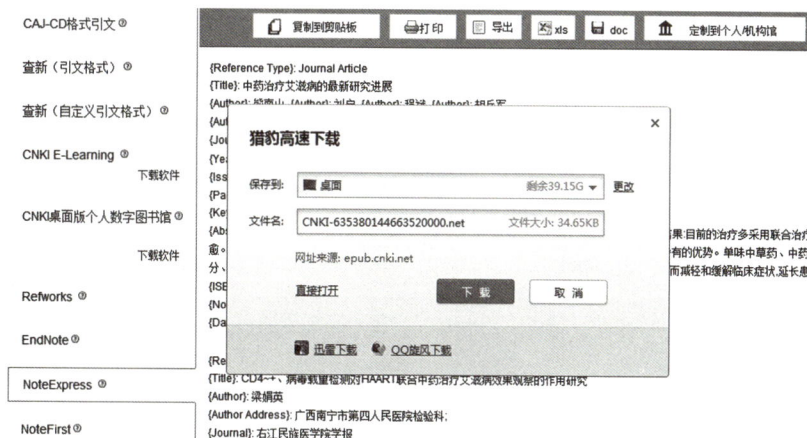

图 10-4　CNKI 的导出题录界面

（3）打开 NE 导入题录 点击"文件"菜单栏的"导入题录"，在对话框内选择相应的选项（图10-5）。

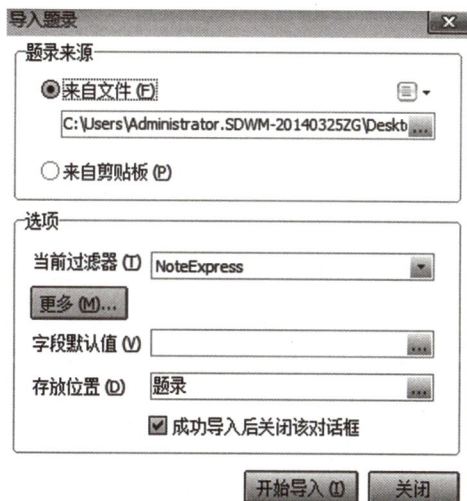

图 10-5　NE 的导入题录对话框

CNKI、维普数据库的题录只能一页一页勾选，不能全部题录一起选择，而且有数量限制（CNKI 为 500 条，维普为 50 条），这样过滤器批量导入不如在线检索导入方便。CBM、PubMed支持题录全选导出，过滤器批量导入非常方便。

3. 手工录入 用户根据题录字段将文献内容对应输入。从 NE "题录"菜单里选择"新建题录"，在新建题录页面进行具体字段内容的编辑，完成后可进行保存。

NOTE

三、NE 文献管理与分析

1. 查重与去重   NE 具有强大的文献管理和分析功能，就示例的课题，具体操作如下。

【示例】某研究生的论文题目是"柴胡桂枝汤方证研究"，使用 CNKI、CBM 各检索出 285 篇、273 篇题录，其中有一部分是相同的文献题录，如何将这些重复的题录进行去重。

（1）选择查重的文件   将 CNKI、CBM 中检索出的文献题录使用过滤器批量导入至"CNKI""CBM"文件夹，点击"检索"菜单栏的"查找重复题录"，在弹出的对话框内选择待去重的文件"CNKI""CBM"，以及查重的字段（标题、作者），点击"查找"即可（图 10-6）。

图 10-6   NE 的查找重复题录界面

（2）删除重复记录   NE 将查重后的结果放入"检索"中以"查重结果"命名的文件夹里。重复题录并排在一起，点击一条重复题录，按鼠标右键，可将重复题录从所有文件夹或指定文件夹中删除（图 10-7）。

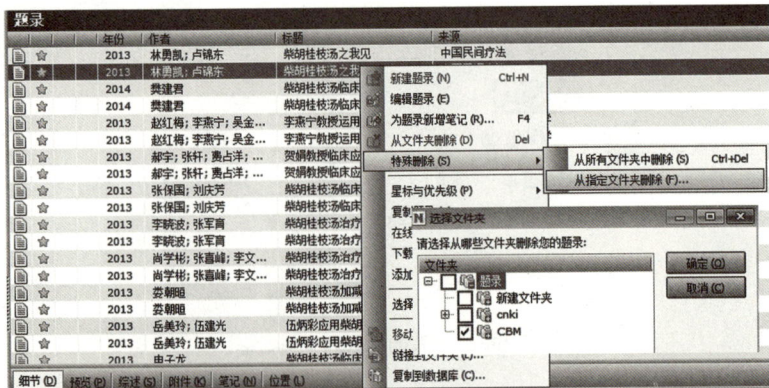

图 10-7   NE 的删除重复题录界面

2. 题录与文献全文关联

（1）添加附件   适合单篇文献全文添加。选中一条题录，单击该题录，选择添加附件进行对应全文的添加。

（2）批量链接   可以进行多篇文献全文的批量添加。选择"工具"菜单的批量链接附件，进行题录文件夹和目标全文文件夹的全文匹配，进行批量链接全文。

（3）下载全文　在线链接全文数据库进行全文下载，可以单篇题录下载，也可以选中多条题录批量下载，如将 CNKI 文件夹中的一条题录进行全文下载，可以选择链接对应的全文数据库全文下载成功后，该题录将会有附件文件的标记。

3. 笔记　可将一些简要信息（如研究想法、研究思路、解释等）通过 NE 自带的笔记功能给对应的题录记下笔记，所做笔记需要及时保存。笔记不仅可与相关的题录链接，还可单独管理，供其他题录使用；在撰写论文时，还可方便地直接插入笔记内容。

4. 编辑　可对题录字段内容进行修改、保存。

5. 检索　检索导入 NE 的所有文献，既可检索 NE 中的所有数据库，也可以检索特定的文件夹。

6. 文件夹统计分析　可对文件夹内的文献进行信息统计，并根据题录字段，如作者、年份、出版社等进行文献归类和排序；可以分析哪些作者发表文献最多、文献发表的趋势，以及哪些机构发表文献最多等。

四、NE 写作

NE 可以将参考文献题录作为文中注释插入文章中，并且在文章末尾按照各个期刊的格式要求自动生成参考文献列表。

安装 NE 软件后，Word 文档工具栏下方会自动增加一个工具栏，工具栏功能包括转到 NoteExpress、在数据库中检索、插入引文、插入注释、插入笔记、格式化参考文献、编辑引文、定位引文、查找引文、去除格式化、更新题录信息、设置、排列窗口位置、NoteExpress 帮助（图 10-8）。

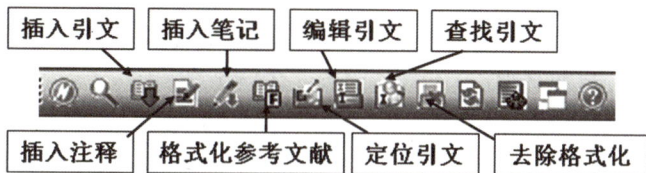

图 10-8　NE 在 Microsoft Word 中的常用插件界面

1. 插入引文　在 Word 文档中选中插入引文的位置，单击"转到 NoteExpress"按钮；在 NoteExpress 数据库中选择要插入的题录；回到 Word 文档，单击"插入引文"按钮，在插入处就会出现引文标注序号。

2. 格式化参考文献　插入引文后，论文后面会自动生成对应的参考文献，如果要进行更改，单击"格式化参考文献"按钮，在弹出的格式化对话框中单击"浏览"，在众多的期刊名称中选择输出样式。

3. 编辑引文　将光标停留在需要编辑引文处，单击"编辑引文"按钮，在弹出的对话框中根据需要进行设置。

4. 定位引文　将光标停留在待查找的引文处，单击"定位引文"按钮，系统会自动跳转到其对应的参考文献。

NOTE

第三节　其他文献管理软件

除 NoteExpress 文献管理软件外，比较常用的文献管理软件还有 EndNote、NoteFirst、医学文献王、CNKI E-Learning 和 EndNote Web。

一、基本信息、安装与使用性能

NoteExpress、EndNote、NoteFirst、医学文献王、CNKI E-Learning 和 EndNote Web 6 种文献管理软件的基本信息、安装与使用性能见表 10-1。

表 10-1　6 种文献管理软件的基本信息、安装与使用性能比较

软件名称	NoteExpress（V2.9 版）	EndNote（V7 版）	NoteFirst（V3.2 普通版）	医学文献王（V4 标准版）	CNKI E-Learning（V2.3 版）	EndNote Web（V7 版）
软件开发者与下载地址	北京爱琴海软件公司（http://www.inoteexpress.com）	Thomson Corporation 下属的 Thomson ResearchSoft（http://www.endnote.com）	西安知先信息技术有限公司（http://www.notefirst.com/download/）	北京金叶天翔科技有限公司（http://refer.medlive.cn/）	国家知识基础设施工程网络（CNKI）（http://www.cnki.net）	Thomson Corporation 下属的 ThomsonResearchSoft（http://myend noteweb.com）
软件的安装与注册	安装客户装及插件	安装客户装及插件	安装客户装及插件	安装客户装及插件	安装客户装及插件	网上账号注册、漫游访问需要权限，安装插件
支持语言	中文	英文	中文	中文	中文	英文
费用	收费，提供限期 60 天的试用版	收费，提供限期 30 天的试用版	普通版免费（文献管理容量、插入引文量等有限制）	标准版免费，专业版收费	免费	收费，提供限期 30 天的试用版

二、题录导入功能

NoteExpress、EndNote、NoteFirst、医学文献王、CNKI E-Learning 和 EndNote Web 6 种文献管理软件的题录导入功能比较见表 10-2。

表 10-2　6 种文献管理软件的题录导入功能比较

软件名称	NoteExpress（V2.9 版）	EndNote（V7 版）	NoteFirst（V3.2 普通版）	医学文献王（V4 标准版）	CNKI E-Learning（V2.3 版）	EndNote Web（V7 版）
在线检索导入题录	230 多个，支持 CNKI、维普、万方、web of science 等	440 多个，可添加，不支持 CNKI、维普、万方等	36 个，支持 CNKI、维普、万方、PubMed、web of science 等	支持 CNKI、PubMed、谷歌学术、web of science 等	支持 CNKI，其他不支持	4000 多个，不支持 CNKI、维普、万方等

续表

软件名称	NoteExpress（V2.9版）	EndNote（V7版）	NoteFirst（V3.2普通版）	医学文献王（V4标准版）	CNKI E-Learning（V2.3版）	EndNote Web（V7版）
内置过滤器的数量	支持中英文数据库190多个，支持维普、CNKI、万方等	支持中英文数据库200多个，支持维普、CNKI、万方等	支持EndNote、NoteExpress、RefManager、RefWorks等格式	支持中英文数据库70多个，还支持维普、CNKI、万方等浏览器检索	支持CNKI	支持中英文数据库700多个，支持维普、CNKI、万方等
PDF导入题录	PDF导入，可在线更新题录	PDF导入，可在线更新题录	PDF导入，可在线更新题录	PDF导入，可在线更新题录	PDF导入，可在线更新题录	不支持
手动导入	支持	支持	支持	支持	支持	支持
网页内容抓取为题录	支持	不支持	支持	支持	不支持	支持
RSS订阅	不支持	不支持	支持	支持	不支持	不支持

三、题录管理功能

NoteExpress、EndNote、NoteFirst、医学文献王、CNKI E-Learning 和 EndNote Web 6 种文献管理软件的题录管理功能比较见表10-3。

表10-3 6种文献管理软件的题录管理功能比较

软件名称	NoteExpress（V2.9版）	EndNote（V7版）	NoteFirst（V3.2普通版）	医学文献王（V4标准版）	CNKI E-Learning（V2.3版）	EndNote Web（V7版）
添加附件	PDF、文本、图表、音频、视频、网页	PDF、文本、图表、音频、视频、网页	PDF、文本、图表、音频、视频、网页	PDF、文本、图表、音频、视频、网页	PDF、文本、图表、音频、视频、网页	PDF、文本、图表、音频、视频、网页
批量链接附件	支持	不支持	不支持	不支持	不支持	不支持
全文下载	支持	支持	支持	支持	部分支持CNKI	不支持
分组	支持	支持	支持	支持	支持	支持
查重	支持	支持	支持	支持	没有查重键，重复不导入	支持
笔记功能	文字、图片、表格、公式	文字	文字	文字	文字、表格	无
附件与记录或笔记实时关联	支持	不支持	不支持	不支持	不支持	不支持
编辑功能	支持，可批量编辑、查找与替换字段内容	支持，可批量编辑、查找与替换字段内容	支持，不能批量编辑、查找与替换字段内容	支持，可批量编辑、查找与替换字段内容	支持，不能批量编辑、查找与替换字段内容	支持，不能批量编辑、查找与替换字段内容

四、统计分析功能

NoteExpress、EndNote、NoteFirst、医学文献王、CNKI E-Learning 和 EndNote Web 6 种文献管理软件的统计分析功能比较见表 10-4。

表 10-4 6 种文献管理软件的统计分析功能比较

软件名称	NoteExpress（V2.9版）	EndNote（V7版）	NoteFirst（V3.2普通版）	医学文献王（V4标准版）	CNKI E-Learning（V2.3版）	EndNote Web（V7版）
自动组织、索引和统计等	可按时间、作者、关键词等统计，可实时自动完成组织、索引等	可按时间、作者、关键词、刊名、主题词等统计，可实时自动完成组织、索引等	不支持	可按时间、作者、关键词、刊名、主题词等统计，可实时自动完成组织、索引等	不支持	不支持
排序功能	支持，可多字段排序，能区分特殊符号，增加、修改或删除记录时自动排序	支持，可多字段排序，不能区分特殊符号，增加、修改或删除记录时不能自动排序	支持，不可多字段排序，不能区分特殊符号，增加、修改或删除记录时不能自动排序	支持，可多字段排序，能区分特殊符号，增加、修改或删除记录时不能自动排序	支持，增加、修改或删除记录时自动排序，不能区分特殊符号及多字段排序	支持，增加、修改或删除记录时自动排序，不能区分特殊符号及多字段排序

五、协助写作功能

NoteExpress、EndNote、NoteFirst、医学文献王、CNKI E-Learning 和 EndNote Web 6 种文献管理软件的协助写作功能比较见表 10-5。

表 10-5 6 种文献管理软件的协助写作功能比较

软件名称	NoteExpress（V2.9版）	EndNote（V7版）	NoteFirst（V3.2普通版）	医学文献王（V4标准版）	CNKI E-Learning（V2.3版）	EndNote Web（V7版）
引文插入	支持	支持	支持	支持	支持	支持
格式化引文	支持	支持	支持	支持	支持	支持
内置引文样式	3700多种	500多种	5300多种	1000多种	只支持CNKI	500多种
样式修改	支持	支持	支持	支持	支持	支持
内置论文模板	200多种	200多种	50多种期刊论文、学位论文、实验记录模板	不支持	不支持	不支持
在线投稿	不支持	不支持	不支持	不支持	支持	不支持

EndNote 作为全世界使用最广泛的个人文献管理软件，在线数据库链接、期刊引文样式等非常丰富，适合于主要利用外文文献尤其是英文文献的用户，但由于没有中文界面、几乎不直接提供对中文期刊的论文手稿及引文格式化功能、分组限制较多等，不推荐学生等普通用户使用。

EndNote Web 作为 EndNote 的网络延伸版，可将基本功能延伸入网络，便于文献的共享，而且支持简体中文界面，但目前只具备个人文献管理软件的最基本功能，而且限制只能保存 1 万条记录，不适合大量的个人文献管理。

NoteExpress 目前基本涵盖了 EndNote 的全部功能，甚至开发出一些新功能。尤其是支持大量中英文数据在线检索和全文下载、大量中英文引文样式并支持中英文混合引用，适合所有科研工作者使用。缺点是稳定性不够好，打开记录数据较多的数据库时会有停滞现象等。

NoteFirst 的知识获取、RSS 订阅、期刊订阅、知识卡片、团队协作功能，拓展了用户获取知识、交流知识的渠道。NoteFirst 还可以实现网络自动存储和同步，对参考文献进行自动校对，并配备媒体国家城市字典，但其过滤器数量偏少，输出格式种类有限。

医学文献王内置期刊表和 MeSh 主题词表，可直接点击访问 PubMed，自动匹配期刊影响因子，可以帮助用户优先阅读高水平的期刊论文，适合生物医药类研究者使用。缺点是支持的在线数据库太少，全文获取速度慢。

CNKI E-Learning 依托于 CNKI 提供了大量其收录期刊的写作模板，并能在线投稿，但在更新题录方面和内置参考文献样式方面还需改进。

每一款文献管理软件都有自己的优势与不足，科研工作者需根据自身需求与实际情况选择适合的软件。

思考练习

1. 常用的个人文献管理软件有哪些？
2. 个人文献管理软件的主要功能有哪些？
3. 如何使用 NoteExpress 的笔记功能插入表格？
4. 将 CBM 中查找到的"中医药治疗哮喘的相关研究"的文献题录用过滤器导入功能导入到 NoteExpress 中。
5. 使用 CNKI E-Learning 格式化引文，并进行在线投稿。

第十一章　检索结果综合应用

第一节　文献的阅读与检索

一、熟悉你的文献来源

　　形象地说，搜寻文献如同研究者在寻找前人的足迹，以便从他们驻足的地方起步继续前进。不过，只有精品文献才有可能使阅读者"踩着巨人的肩膀"攀登。发现精品的前提是把握此类文献的创新特征。哪些堪称精品文献，或者是具有独到的思想和视角，或者是创造和发展了某种分析工具，抑或是蕴含着从当时来看前所未有的信息材料？如何定位专业领域的精品文献，这就需要与第七章第二节提到的学术影响力紧密结合起来，包括高被引的期刊论文、本学科的专著、高影响力学术人物发表的文献等。那么如何获取这些精品文献呢？这就要求我们融会贯通地使用数据库，掌握各类不同收录范围、不同检索功能的数据库的特点；对于你所从事的领域的重点杂志要了然于胸；了解与自己研究方向有关的机构，密切关注该研究领域的顶尖团队所发表的论文；对于本研究领域的国际领袖人物和实验室应多花一点时间去研究其主页。同时可以结合第八章第四节"学科定题跟踪检索与推送"介绍的方法和知识，利用数据库的 RSS 或 google 学术搜索免费订购你所感兴趣的选题，它们一般都会不间断地向你的信箱发送网上出现该话题的文章。经常上网看看最新的资讯会激发你的灵感。定期读几篇 cell、nature 或 science 上的文献，虽然暂时看不出与你的研究有多少联系，但了解这些信息很必要，不要认为与自己专业无关就不关心，其实目前生物医学界的许多方法和思路是相通的，将《nature》《science》上的一些新方法用于自己所研究的领域往往会使人豁然开朗。

二、文献的研读

　　之所以用"研读"二字来对待文献，是强调学习文献是一个包含着去粗取精、去伪存真、融会贯通和为我所用诸环节在内的研究阶段。面对海量的信息，谁也无法逐一阅读。如果能阅读最重要的文献，就可以短时间获得最有价值的信息。如同做拼图游戏，如果手上有几块大的组件，就很容易拼出全图；如果都是一些碎片，或许永远拼不出全貌。文献阅读亦是如此，其他领域的学习也是如此。不管你想了解什么领域，一定要尽可能阅读最重要的文献。这样才不会被海量的信息所淹没，才不会迷失方向。一个研究生在搜集到与自己的专题相关的文献后，一定先要浏览标题、提要、目录、序言、导言和结语，然后再决定是否精读全文或者某个章节。对筛选出来的文献，特别是精品文献，阅读时最好在要点处做上记号，或者将自己的归纳、评论、感想和相关页码摘录或复制下来，以便做笔记或文献综述的时候用。这如同在深山老林里勘探，边走边留下路标，才不至于迷失回返的路程。文献研读的方法大致包括五个方面。

1. 注重摘要　摘要可以说是一篇论文的窗口。多数文章的题目、摘要简单浏览后，一般能掌握大部分内容。

2. 通读全文　读第 1 遍的时候一定要认真，争取明白每句的大意。对于外文文献，能不查字典最好先不查字典。因为读论文的目的是获取信息。可以在读的过程中将生字标记，待通读全文后再查找其意思。

3. 归纳总结　较长的文章容易遗忘，虽然论文的句子长，但每段的句数并不多，可以每一段用一个词组标一个标题。

4. 确立句子的架构，抓住主题　读英文原版文献是有窍门的。每个单词都认识，读完了却不知在讲什么，这是最大的问题。在阅读的时候一定要仔细看大量的关系连词，它们具有承上启下、引领全文的作用。中文文献的特点是先给出一个观点，然后罗列大量事实。西方的文献注重逻辑和推理，就像 GRE 的文献是大量重复、新旧观点的支持和反驳，而且每篇文章都有严格的提纲。读每一段落都要找到它的主题，无用信息可以一带而过，以节约宝贵的时间和精力。

5. 增加阅读量　研究生由于刚刚接触某一领域，对许多问题还没有什么概念，读起来十分吃力，许多内容也读不懂。所以对初接触者而言，应当重视阅读文献的数量，积累多了，自然就由量变发展到质变了。

三、提高阅读的效率

1. 集中时间阅读文献　阅读文献的时间越分散，浪费的时间越多。集中时间阅读，内容连贯，更容易形成整体印象。

2. 做好记录和标记　阅读专业文献是为了提取精华和推进研究。读书笔记可以说是一种有效的工具。记读书笔记并无定式，针对单篇/本文献，既可以是三言两语的概要，如对几篇感触很深的文献的介绍；也可以是构建提纲，还可以是书评等。如果文献令自己茅塞顿开，也可将启发个人心智的"钥匙"绘制出来。无论何种形式的读书笔记，都可作为专题文献综述的构件。针对特定领域的多种读物，还可做专题文献研究的读书笔记。

复印或打印的文献可直接用笔标记或批注。pdf 或 html 格式的文献，可用编辑器标亮或改变文字颜色。这是避免时间浪费的又一重要手段。

3. 阅读顺序　根据阅读目的选择合适的顺序，一般先看 abstract、introduction，然后看 discussion，最后看 result 和 method（结合图表）。

四、文献的整理

目前可供使用的管理软件有很多种，第十一章介绍的两种工具都可以尝试。

1. 下载电子版文献时（caj，pdf，html），将文章题目粘贴为文件名（文件名不能有特殊符号）。

2. 不同主题存入不同文件夹。文件夹的题目要简短，如 PD、LTP、PKC 等。

3. 看过的文献归入子文件夹，最起码要把有用的和没用的分开。

4. 重要文献根据重要程度在文件名前加标签或编号，然后按重要程度排列图标。重要文献还要注意追踪。这样你可以得到更多的线索，据此修正你的实验。

五、文献研读过程中不断调整检索策略

1. 归纳整理初步获得的文献　通过学习已经收集到的文献，形成自己的专题分析框架。在这一阶段，最低限度应形成一个粗略的提纲，或者制定出路线图，明确自己的研究从哪里来，到哪里去。

2. 调整研究内容　沿着已经形成的提纲脉络进一步搜寻和学习文献，用新增的信息修正、填补或细化已有的思路，反思乃至调整论文题目和所要研究的问题。

3. 研究后期　在完成论文其他部分的写作后，再次审视和修订检索策略，验证自己的研究。

我们知道，搜寻、鉴别和阅读精品文献都不难，难的是深入思考，汲取文献的营养，将所学知识用于铺设自己的专题研究轨道。为了克服其中的困难，可以借助团队的智慧和由此而产生的激励。例如，写出提纲式文献简介，向同学、指导教师或课题组报告文献学习心得，在交流中升华自己的思想。上述的每一个过程都可能因思考或对比得到新的检索思路而产生新的检索策略，因此不要忽略及时调整和补充检索新的文献，但无论多么好的阅读方法、多么精品的文献，如果懒于思考，怯于动笔，那么包括文献综述在内的整个专题研究则都无从谈起。

第二节　文献综述

医学院校的研究生除了学位论文需要比较详细的与研究选题对应的国内外研究概况，通常还要求正式发表与自己的研究相关的综述。写综述可贯穿整个研究生的学习过程。其目的在于考察、培养学生科学研究的逻辑思考能力和文献归纳总结的研究能力。

一、文献综述的类型、特点

文献综述可简称综述，是利用已发表的文献资料为原始素材撰写的论文。

综述包括"综"与"述"两个方面。综是指作者必须对现有的大量素材进行归纳整理、综合分析，而使材料更加精炼、更加明确、更加层次分明、更有逻辑性。述就是评述，是对所写专题比较全面、深入、系统的论述。综述是对某一专题、某一领域的历史背景、前人工作、争论焦点、研究现状与发展前景等方面，以作者自己的观点写成的严谨而系统的评论性、资料性科技论文。

（一）文献综述的类型

根据搜集的原始文献资料数量、提炼加工程度、组织写作形式，以及学术水平的高低，综述可分为归纳性、普通性和评论性三类。

1. 归纳性综述　归纳性综述是作者将搜集到的文献资料进行整理归纳，并按一定顺序进行分类排列，使它们互相关联，前后连贯而撰写的具有条理性、系统性和逻辑性的学术论文。它能在一定程度上反映出某一专题、某一领域的当前研究进展，但很少有作者自己的见解和观点。

2. 普通性综述　普通性综述是具有一定学术水平的作者，在搜集较多资料的基础上撰写的系统性和逻辑性都较强的学术论文，文中能表达出作者的观点或倾向性。其论文对从事该专题、该领域工作的读者有一定的指导意义和参考价值。

3. 评论性综述　评述性综述是由较高学术水平、在该领域有较高造诣的作者，在搜集大量资料的基础上，对原始素材进行归纳整理、综合分析后所撰写的反映当前该领域研究进展和发展前景的评论性、资料性科技论文。

文献综述不同于普通的论文，它是一篇反映所写专题的全貌，包括历史概况和最新进展，以及存在的问题和发展方向的综述性文章。它既不是某一科研课题成果的报告，也不是论文摘要的汇编和索引，更不是将所收集的文献进行堆砌和罗列，而是将许多互有关联的文献进行分析对比后加以评论，使读者通过该文献的阅读，能大致了解该某一学科的研究概况，以确立专题研究的方向，避免科研课题的重复研究，是一项基于文献的基础性工作。

（二）　文献综述的特点

1. 综合对比性　以某一研究内容为线索，广泛阅读相关文献，对原始文献中数据、资料、不同观点加以梳理，经过综合分析、归纳整理、消化鉴别，纵横比较，探讨本专题的发展规律和预测发展趋势。

2. 分析评价性　对所综述的专题在理解原文内容的基础上，对原始文献中的各类理论、观点进行综合、分析和评价，撰写中不是简单地照抄或摘录，而是采用简洁、精练的语言进行概括，以反映作者的观点和见解，并与综述的内容构成整体。

3. 信息时效性强　通过搜集最新资料，获取最新信息，经过加工整理后，其内容具有一定的新颖性、前沿性和全面性，可将最新的信息和科研动向及时传递给读者。

4. 列出回溯性检索文献和综述参考文献　为读者深入探讨有关问题提供文献查找线索。

二、文献综述的内容

文献综述的内容不受限制，理论研究、临床研究、方药研究、方法技术等均可作为综述内容。但要求所选内容需经过周密构思、精心策划，能有机地组织和整合前期的研究成果，准确反映该选题理论和方法技术的新趋势、新成果，并对该研究具有一定的参考价值。

1. 题名　题名具有文献综述的特征，常在介绍所研究的对象、研究方法之后，加上诸如"进展""概况""回顾与展望""述评"等标志性的词语，如"经络诊断的现代研究概况"，反映综述的时间有"近几年"等字样，例如"最近几年中医药防治糖尿病研究进展"等。

2. 前言　前言又称引言，通常用 200~300 字说明综述的目的、范围，提出问题，指出深入研究该课题的意义，综述问题的历史、资料来源、现状和发展动态，有关概念和定义，选择该专题的目的和动机、应用价值和实践意义。如果属争论性课题，需指明争论的焦点所在，开门见山，简明扼要，重点突出，引导讨论进入正文。

3. 正文　正文是综述的主体部分，写法多样，没有固定格式。先需将所收集的文献资料根据内容的不同进行整理、归类，通过分析，突出重点，参照理论著述的论文形式，将具有内在联系的各类文献，按事物的发展顺序或不同性质分成若干层次分项讨论，最后综合成文。

文献综述的正文需突出两大特点，即文献资料的系统性和所反映信息的时效性。系统性要求资料要翔实，对一定时期内相关文献的收集要系统、完备，能充分反映该专题研究的全貌，所引参考文献较多，通常达数十条。时效性是要求所收集的文献资料时间越近越好。信息越新，越能反映最新进展，参考价值也越高。通常进展性的综述，时间跨度以近两三年的文献为宜，如重在回顾，时间跨度可略大一些。

4. 讨论（结论）　文献综述的讨论部分，应以综述者本人观点为主，结合综述中所收集的相关研究文献进行讨论，包括归纳研究结果的意义、研究中还存在哪些不足、今后研究应该突出哪些重点、在方法和管理上哪些地方需要改进等，同时表明自己赞同或否定的观点，对综述内容作出客观、公正的评价，引起人们的思考。结语的作用是突出重点，结束整篇文献。

5. 参考文献　列出综述引用和参考的文献，需详细列举并注明作者、题名、出处等，做到逐字逐句地核实，引用内容字字有根据，句句有出处，标注规范。列出参考文献可体现作者对被引用文献劳动成果的尊重和引用文献依据的可靠性。

三、文献综述的撰写

文献综述是进行专题研究的基础。一篇高质量的文献综述，应能使读者看到撰写者开展专题研究的逻辑性，以下几个步骤是必不可少的。

1. 初定标题　选题没有固定的模式，往往是作者根据自身的兴趣或研究而定，原则上要做到能反映该学科的新成果和新动向。拟定标题时要注意，标题所含概念既不能过大，也不能过小。概念过大，需要很多文献进行佐证，不仅会增加阅读文献和整理文献的难度，而且探讨的问题难以深入，导致内容空泛、一般化。概念过小，难以揭示各事物之间的有机联系。标题必须能反映综述的内容，避免小题大做或大题小做，更不能文不对题。好的标题可让人一目了然，看标题便可大略了解内容梗概。

2. 收集和学习文献　沿着标题的脉络搜寻和学习文献，用新增的信息修正、填补或细化已有的选题思路，反思乃至调整论文题目和所要研究的问题。这一步骤的最低限度是把学习过的文献分门别类，根据提炼的问题附加小标题，选择和串联阅读笔记，分别填入不同的标题下。

文献收集时，要由近及远，查找最前沿的研究成果，因为这些成果常常包括前期成果的概述和参考资料，可以很快了解某一研究问题的现状。

3. 拟定提纲　文献收集后，先大致浏览，形成专题分析框架和粗略的提纲。然后对收集到的文献进行筛选，做好笔记，进一步明确综述研究的目的、方法、结果和结论等。提纲要缜密，要能反映文献整体的结构和层次，先写什么、后写什么，准备引用哪些文献、到什么程度，每一段落的内容如何安排，文献内容需前后呼应等。在综合他人重要观点、结论和数据时，对所引用的文献要根据其在论文中出现的顺序，标出参考文献序号。

4. 选定参考文献　参考文献的选用要具有代表性、可靠性和科学性。初稿完成后，需认真核实、审视和修订，确保参考文献贴近主题，而不是单纯追求引用最新文献。

四、撰写文献综述的注意事项

1. 文献综述资料贵在详实，撰写前需大量阅读相关文献，所收集的资料应尽可能详实，且具有权威性和独特观点，并尽可能是新近成果，以了解其研究现状。

2. 文献综述的文献资料要求相对较多，对于各条文献应详细写明出处，并尽可能忠实于原始文献的方法、结果和观点，为读者提供进一步查阅文献的线索。

3. 我国颁布的科技论文题名字数的国家标准规定，论文标题字数一般不超过 20 个汉字，避免使用不常见的缩略词、首字母缩写字符、代号和公式，要使用规范化的名词和术语。20 个字应是论文的总纲，需认真斟酌。如标题不易简化，可采取加副标题的办法。

4. 文献综述的篇幅，期刊一般为 5000~8000 字，如用于论文答辩，字数可略多些。

5. 尽量使用关键词语和规范词语，有助于概括论文的基本思想，并可减少标题字数，增加论文被检次数，便于传播中摘引和检索，增加被引次数。

第三节 开题报告的格式与撰写

开题报告是指开题者对科研课题的一种文字说明材料，是选题者将自己所选的课题概况（即"开题报告内容"），向有关专家、学者、科技人员进行陈述，然后由其对科研课题进行评议。目的是请导师及专家判断该选题有无研究价值，研究方法是否可行，论证逻辑有无明显缺陷。

一、开题报告的格式

1. 选题 开题报告首先提出选题，选题内容应是前人没有专门研究过或虽已研究但尚无理想结果，有待进一步探讨和研究的；或是学术界有分歧，有必要深入研究探讨的问题；要简明扼要地说明选题的目的、目前相关课题的研究情况、理论适用、研究方法、必要的数据等。

2. 提纲 开题报告包含的论文提纲可以是粗线条的，是一个研究构思的基本框架。在开题阶段，列提纲的目的是让人清楚论文的基本框架，无需像论文那样详细。

3. 参考文献 开题报告需包括相关参考文献的目录。

二、开题报告的内容

1. 课题来源，研究的目的和意义。

2. 国内外的研究现状与分析。

3. 主要研究内容与创新点。

4. 研究方案与进度安排，预期达到的目标。

5. 为完成课题已具备和所需的条件和经费。

6. 预测研究中可能遇到的困难和问题，以及解决的措施。

7. 主要参考文献。

三、开题报告的撰写

1. 课题名称 开题报告要求课题名称准确、规范，言简意赅。

准确是指开题报告的题目要用简洁的文字将研究的问题和研究对象交代清楚。如"湖南省邵阳地区老年性骨质疏松症的中医证型研究"。其表明研究对象是湖南邵阳地区，研究问题是老年性骨质疏松症的中医证型。

NOTE

规范是指语言使用要规范，不可使用似是而非的词语，避免使用口号式、结论式句式。语言表述要做到言简意赅，以能准确表达主旨思想和观点为宜。

2. 研究的目的、意义　研究的目的、意义是指为什么要进行研究，有什么实际价值，研究背景是什么。要求具体、客观，且具有针对性，注重资料分析基础，注重时代、地区或单位发展的需要，切忌空洞无物的口号。

3. 国内外的研究现状　所查文献需与研究问题相关，不能过于局限，应是在他人成果的基础上展开的更加深入的研究，避免不必要的重复研究。此研究目前国内外还有哪些方面没有涉及；或者研究不深入；有哪些理论或技术问题没有解决；或者研究方法上有什么缺陷等。要提出自己的独到见解，突出创新点和研究重点，突出所选课题与同类其他研究的不同之处。

4. 研究的目标与基本内容　只有目标明确、重点突出，才能保证研究方向稳定，排除研究过程中各种因素的干扰。

5. 研究的方法、步骤和进度　选题确立后，需确定研究方法。研究对象不同，研究方法各异。研究的步骤和进度是指研究在时间和顺序上的安排。研究的步骤和进度需充分考虑研究内容的相互联系和难易程度。一般情况下是从基础问题开始，分阶段进行，每个阶段的开始时间、结束时间都要有明确规定。

6. 拟解决的关键问题　对可能遇到的最主要和最根本的关键性问题要进行科学的估计和判断，并提出可行的解决方法和措施。

第四节　期刊投稿指南

期刊是传递最新情报、反映最新动态的信息载体，具有短、快、精、新、专等特点，愈来愈受到广大读者的重视。要想使论文在本学科中具有一定的影响力，选择投稿期刊也很重要。

一、期刊的选择

国内正式期刊的刊号由国际标准刊号（ISSN）和国内统一刊号（CN）两部分组成。国内标准刊号（CNXX-YYYY/Z）中的CN是中国国别代码，XX-YYYY为报刊登记号，Z为分类号。其中XX为期刊出版单位所在地区代号，YYYY为出版管理部门分配的序号（期刊的序号范围为1000~4999），分类号是用以说明期刊所属的主要学科范畴。ISSN代表国际标准刊号。

国内期刊根据发行情况及学科影响程度又分为核心期刊和普通期刊。

1. 筛选投稿期刊　投稿前对自己前期的资料准备、论文的价值贡献、等级水平作出客观、正确的评估，尤其要明确所撰论文与期刊的栏目存在相关性。可仔细阅读预选期刊已发表的论文和栏目类型，避免文不对题地投稿。不同类型的论文的投向取决于预选期刊的类型。

2. 核心期刊和期刊影响因子　科技期刊的学术地位和学术影响因子主要体现在期刊所收录论文的水平高低、期刊在本学科中的学术地位，以及学术影响因子的大小、是否被国内外检索工具收录、是否为学科核心期刊等。

3. 年出版周期　出版周期是指某刊的出版频率。每种期刊都有自己特定的办刊方针和宗旨，有自己的读者对象，投稿前必须先对此进行了解。出版频率一般分为年刊、半年刊、季刊、双月刊、月刊、半月刊、周刊和不定期刊。以选择季刊、双月刊、月刊、半月刊、周刊为宜。

4. 出版论文容量　期刊的论文容量是指某刊一年或一期能发表多少篇论文。一般来说，应尽量选择出版周期短、容量大的期刊投稿，这样发表的概率大些。

5. 论文格式是否标准　期刊投稿信息中很重要的部分就是撰写格式。目前，为实现期刊编辑的现代化、标准化和规范化，我国已有许多期刊采用《对生物医学期刊文稿的统一要求》，即国际上通用的"温哥华格式"（1978 年英、美、加三国 19 个杂志编辑在加拿大温哥华集会提出文献统一格式，1979 年开会通过，定为"温哥华式"）。一般包括题目、作者署名、摘要、关键词、前言、材料与方法、结果、讨论和参考文献等部分的规范要求。这种格式并非一成不变，根据文稿的具体情况，有时可将结果与讨论合并、小结与讨论合并、免写内容摘要等。这些书写格式各有其特定的内容。文章在组织时，应将材料分配到各个部分，缺一不可。

二、投稿信息的获取

期刊投稿信息获取途径大致有三种。

1. 纸质期刊　通常期刊都会在每年的第 1 期或最后 1 期刊登投稿须知，使投稿者选择期刊时能够有的放矢。

2. 网络获取

（1）上网的杂志直接进入主页。

（2）从万方数据库、CNRI 数据库、维普数据库收录的数字期刊中检索相关信息，包括简介、稿约、征订启事、主要栏目、网上站点链接等。这些信息都是免费的，如果是这些数据库的用户，还可看到数据库收载的全文信息。

（3）搜索引擎：如 google、百度等，用"期刊名"＋"投稿须知"或"稿约"，也能快速获取有用信息。

3. 直接联系杂志社　通过期刊、网络、数据库、杂志征订目录等途径获取相关杂志社的地址、电话、电子信箱，直接与杂志社取得联系。

三、信息管理工具的利用

随着计算机技术、网络技术的日益普及，要求作者利用网络方式完成投稿的学术期刊越来越多。通过信息管理工具投稿是今后作者向科技期刊投稿的趋势。

国内期刊大多数编辑部已经建立了自己的网站，这些网站主要采用玛格泰克、勤云、三才等国内公司提供的系统，也有编辑部自主开发或使用 Elsevier 的投审稿系统。这些期刊管理系统及网站的功能主要面对三类用户，即投稿者、审稿专家和管理员。由于系统面对的用户不同，功能也不同，具有相对独立性，但又是紧密联系和相互关联的，在线投稿，在线查询，留言咨询，编辑在线审稿，稿件在此之间的传递和交流构成了稿件日常业务处理工作的主线索。

投稿之前仔细阅读投稿说明并进行注册登录是至关重要的一环。投稿者只有阅读投稿说明并成功进行注册登录后才能进行后续步骤。一般投稿者注册包括投稿者姓名、单位、文章题名、联系方式（包括电话、电子邮件等），便于后台获知投稿者的基本信息。

每个期刊都有"投稿须知"，仔细阅读、理解其中各项要求尤为重要。"须知"里有投稿流程、数据政策、格式规范、投稿时需递交的文件及其他信息等。由于每家期刊有自己的要求，因此投稿时一定要仔细阅读"投稿须知"。

以中华中医药杂志（China Journal of Traditional Chinese Medicine and Pharmacy）投稿须知为例。

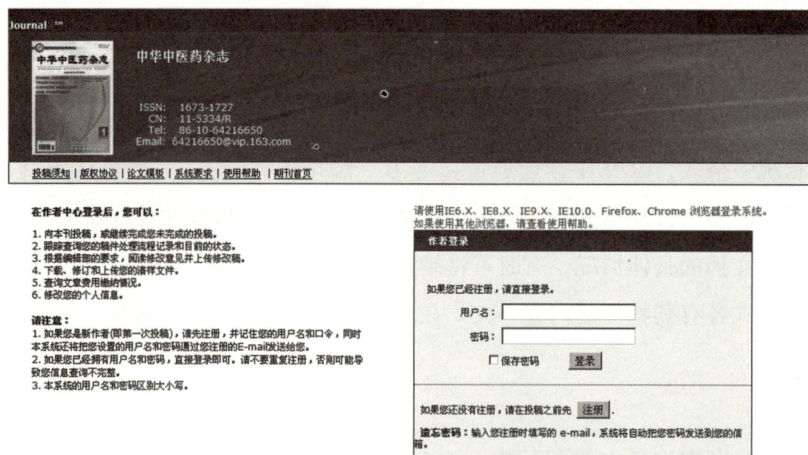

图 11-1　中华中医药杂志投稿界面

1. 本刊要求研究论文必须有创新性，内容充实完整；研究快报必须含有首创性成果；研究简报着重创新性；文献综述需由该领域内知名专家结合本人近年研究成果完成，要求有较强的前瞻性和指导性。

2. 我刊严禁一稿两投、重复内容多次投稿（包括将以不同文种分别投稿），以及抄袭他人论文等现象。一旦发现有上述情况，该作者的稿件将被作退稿处理，同时通知所在单位严肃处理，并向兄弟期刊通报。我刊将拒绝发表通讯作者作为主要作者的所有投稿。

3. 上传电子稿件应为 Word（＊.doc）和 LaTeX（＊.tex）文档，排版时请采用双倍行距，以邮寄方式投稿的打印稿须单面打印。所投稿件必须含有高质量的照片和曲线图（建议用 Origin 制图，再拷贝到文档中）。文稿务求论点明确，文字精练，数据可靠。在正文前，加 5 个以内关键词和 300 字左右的摘要。参考文献需 20 条以上，要能反映该学科近年来的发展情况。

4. 稿件审查结果一般 2~3 个月通知作者，个别稿件可能送审时间较长。如果超过 3 个月仍未接到审稿结果，作者可与编辑部取得联系后自投他处。

5. 稿件的作者必须是直接参与研究工作或对其有重要指导作用的成员（如研究生导师等），协助做实验的人员可放入致谢中。作者人数请控制在 6 人以下，严禁与论文无关人员挂名。联系人请注明姓名、性别、年龄、职务、职称、学位等自然情况。

6. 论文如果是省部级以上任何一种基金资助项目，请注明基金号，放入相应栏目中。

7. 通过审查后需要修改和补充实验的稿件，最晚不超过 4 个月将修改稿返回编辑部，如有困难需及时向编辑部说明情况，半年不返回，按自动撤稿处理。

8. 论文发表后，版权即属编辑部所有，其中包括网上的版权。

主要参考文献

［1］林丹红．中西医学文献检索．北京：中国中医药出版社，2012.

［2］贺巍，盛利群．迈向新平衡学习——美国 21 世纪学习框架解析．远程教育杂志，2011，（6）：79-87.

［3］朱玲．文献研究的途径．经济研究，2006，（2）：116-119，127.

［4］李晓玲，夏知平．医学信息检索与利用．第 4 版．上海：复旦大学出版社，2008.

［5］聂绍平．医学信息搜集的途径与方法．北京：人民卫生出版社，2008.

［6］吉久明，孙济庆．文献检索与知识发现指南．上海：华东理工大学出版社，2010.

［7］黄瑞敏．中西医学查新理论与实证研究．北京：军事医学科学出版社，2012.

［8］袁曦临．信息检索：从学习到研究．南京：东南大学出版社，2011.

［9］仇晓春，张文浩．医学信息检索．第 2 版．北京：科学出版社，2006.

［10］林丹红．中西医学文献信息获取与利用．北京：中国中医药出版社，2010.

［11］曹洪欣．医学信息检索与利用．上海：第二军医大学出版社，2008.

［12］闫安．文献追踪服务探究．图书馆论坛，2012，32（5）：134-138.

［13］王震，张云秋，沈林，等．医学信息检索策略优化实例及专题文献的追踪方法．中华医学图书情报杂志，2012，21（9）：76-79.

［14］来茂德，马景娣．医学研究必备手册．杭州：浙江大学出版社，2007.

［15］周金元．研究生信息素质高级教程．南京：江苏大学出版社，2009.

［16］兰州大学．2013 年中国科技论文统计结果发布［EB/OL］．http：//zczx.lzu.edu.cn/homepage/infoSingleArticle.do？articleId=669&columnId=343.［2014-08-21］.

［17］本刊编辑部．期刊被收录与论文被收录的区别．中华放射肿瘤学杂志，2006，15（5）：383.

［18］刘克英．网络数据库 Alerts 及其使用方法．图书馆工作与研究，2007，（3）：23-24.

［19］林晓华，钟伶．基于 PubMed 开展学科服务的探索．图书馆学研究，2013（4）：56-58，51.

［20］霍金荣，邵荣．RSS 在获取网络医学信息资源中的应用．中华医学图书情报杂志，2010，19（1）：47-49.

［21］邓克武，郝晋清，王娟萍，等．网络学术资源的 RSS 定制与管理．图书馆工作与研究，2009，（9）：27-30.

［22］李一梅．化学化工文献信息检索．合肥：中国科学技术大学出版社，2012.

［23］葛敬民．在职工程硕士网络检索指南．北京：人民邮电出版社，2013.

［24］冯颖，史丽英，陈几香．4 种文献管理软件的功能分析与比较．科技情报开发与经济，2013，23（20）：157-159.

［25］郑玉萍．参考文献管理软件比较分析参考．科技情报开发与经济，2013，23（10）：122-124.

［26］刘菊红．网络版参考文献管理软件——NoteFirst 评析．科技视界，2012，（12）：168-169.

［27］NoteExpress 官方网站 . http：//www. inoteexpress. com ［2015-02-02］.

［28］EndNote 官方网站 . http：//endnote. com/ ［2015-02-02］.

［29］NoteFirst 官方网站 . http：//www. notefirst. com/download/ ［2015-02-02］.

［30］医学文献王官方网站 http：//refer. medlive. cn/ ［2015-02-02］.

［31］CNKI 官方网站 http：//www. cnki. net ［2015-02-02］.

［32］EndNote Web 官方网站 http：//myendnoteweb. com ［2015-02-02］.

［33］杜亮，陈耀龙，李晓，等 . 中国医学核心期刊在线投稿与审稿系统调查 . 中国科技期刊研究，2008，19（4）：608-611.

［34］董丽波，马爱芳 . 我国自然科学核心期刊网络在线投稿系统利用现状分析 . 中国科技期刊研究，2008，19（2）：248-252.

［35］关伟杰，郑劲平，谢燕清，等 . SCI 期刊审稿流程及医学类杂志投稿的选择 . 中国科技期刊研究，2013，24（4）：753-756.

［36］百度文库 . http：//www. baidu. com ［2015-02-02］.

［37］Faculty of 1000 ［EB/OL］. ［2014-03-27］. http：//en. wikipedia. org/wiki/F1000.

［38］What is F1000Prim ［EB/OL］. ［2014-03-27］. http：//F1000. com/prime/about/whatis.